Fei He

Die Wirtschaftsbeziehungen der BRD mit der VR China

Jahrbuch für Wirtschaftsgeschichte

Im Auftrag der Herausgeber des Jahrbuchs
für Wirtschaftsgeschichte herausgegeben von
Alexander Nützenadel and Jochen Streb

Beiheft 32

Fei He

Die Wirtschafts-beziehungen der BRD mit der VR China

1949 bis zur chinesischen Reform- und Öffnungspolitik

DE GRUYTER
OLDENBOURG

ISBN 978-3-11-124549-2
e-ISBN (PDF) 978-3-11-124580-5
e-ISBN (EPUB) 978-3-11-124592-8
ISSN 1869-0971

Library of Congress Control Number: 2023944390

Bibliografische Information der Deutschen Nationalbibliothek
Die Deutsche Nationalbibliothek verzeichnet diese Publikation in der Deutschen Nationalbibliografie; detaillierte bibliografische Daten sind im Internet über http://dnb.dnb.de abrufbar.

Einbandabbildung: Delegation in Rheinhausen im Oktober 1958, Historisches Archiv Krupp, Essen, Signatur WA 16 v/913.
Satz: bsix information exchange GmbH, Braunschweig
Druck und Bindung: CPI books GmbH, Leck

www.degruyter.com

Dank

Bei der Untersuchung handelt es sich um eine geringfügig überarbeitete Dissertation, die unter dem Titel „Die Wirtschaftsbeziehungen der BRD mit der VR China von 1949 bis zur chinesischen Reform- und Öffnungspolitik" im Sommersemester 2020 von der Fakultät für Geschichtswissenschaften der Ruhr-Universität Bochum angenommen worden ist. Entstanden ist sie im Rahmen eines von der Fritz Thyssen Stiftung finanzierten und an den Universitäten Bochum und Marburg durchgeführten Forschungsprojektes „Die deutschen Wirtschaftsbeziehungen im Kalten Krieg". Für die dreijährige Förderung gebührt der Stiftung mein herzlicher Dank.

Zu danken habe ich auch den Leitern und Mitarbeitern zahlreicher Archive, die ich im Laufe der Recherchen konsultieren durfte. Dabei handelt es sich um das Historische Archiv Krupp, das Bayer Unternehmensarchiv, das Bundesarchiv in Koblenz, das Salzgitter AG-Konzernarchiv/Mannesmann-Archiv, das Thyssenkrupp Konzernarchiv, das Historische Archiv der Deutschen Bank, das Politische Archiv des Auswärtigen Amtes und das Siemens-Archiv in München. Als Nicht-Muttersprachlerin haben sie mich bei der Recherche nicht nur begleitet, sondern vermutlich auch mehr unterstützt als es bei deutschen Forscherinnen und Forschern notwendig ist. Zu danken habe ich auch dem vor einiger Zeit verstorbenen ehemaligen Vorstandssprecher der Deutschen Bank, Herrn Hilmar Kopper, der mir in einem ausführlichen Interview einen tiefen Einblick in das damalige China-Geschäft der Deutschen Bank vermitteln konnte.

Besonderer Dank geht an Fabian Klein, einen meiner wichtigsten Freunde im Leben, der hochprofessionelle Korrekturarbeit für das Buch geleistet hat. Ohne seinen Beitrag wäre es unmöglich für mich gewesen, meine Gedanken und Forschungsergebnisse fehlerfrei in deutscher Sprache niederzuschreiben.

Herzlichen Dank richte ich auch an meinen zweiten Gutachter Herrn Prof. Dr. Jörn-Carsten Gottwald von der Fakultät für Ostasienwissenschaften der Ruhr-Universität Bochum. Er hat mich mit seinen umfassenden, aber auch tiefgreifenden Kenntnissen und seinem Verständnis von internationaler Politik sowie China-Forschung dabei unterstützt, eine interdisziplinäre Arbeit verfassen zu können.

Zum Schluss bedanke ich mich insbesondere bei meinem Doktorvater Herrn Prof. Dr. Dieter Ziegler, der mein Interesse für die historische Forschung überhaupt geweckt hat. Er hat mich während des gesamten Forschungsprozesses inspiriert, motiviert und in jeder Hinsicht unterstützt. Prof. Dr. Ziegler stellt durch seine hohe Arbeitsmoral und sein großes Engagement in der akademischen Welt auch heute noch ein Vorbild für mich dar.

Das Buch widme ich meinen Eltern und Xiaolai.

https://doi.org/10.1515/9783111245805-200

Inhaltsverzeichnis

Abbildungsverzeichnis

https://doi.org/10.1515/9783111245805-202

Abkürzungsverzeichnis

ADE	Außenhandelsvereinigung des Deutschen Einzelhandels e. V.
AmlA	Ausschreibung mit laufender Antragstellung
ASEAN	Association of Southeast Asian Nations
BASF	Badische Anilin- und Soda-Fabrik
BDGA	Bundesverband des Deutschen Groß- und Außenhandels
BDI	Bundesverband der Deutschen Industrie
BdL	Bank deutscher Länder
BELF	Bundesministerium für Ernährung, Landwirtschaft und Forsten
BFM	Bundesfinanzministerium
BIP	Bruttoinlandsprodukt
BoC	Bank of China
BWM	Bundeswirtschaftsministerium
CCIC	China Chemical & Industrial Corporation
CCPIT	China Council for the Promotion of International Trade
CEC	China Export Corporation
CHICOM	Coordinating Commitee (Koordinierungsausschuss zur Kontrolle des Exports strategisch wichtiger Güter nach China)
CIF	Cost, Insurance, and Freight (Incoterm)
CNCIEC	China National Chemical Import & Export Corporation
CNIEC	China National Import and Export Corporation
CNMI	China National Machinery Import
CNMMIEC	China National Minerals and Metals Import and Export Corporation
CNTIC	China National Technical Import Corporation
CoCom	Coordinating Committee on Multilateral Export Controls
DAB	Deutsch-Asiatische Bank
DEMAG	Deutsche Maschinenbau-Aktiengesellschaft
DIHT	Deutscher Industrie- und Handelskammertag
ECE	Economic Commission for Europe
FDI	Foreign Direct Investment
FOB	Free on Board (Incoterm)
FPA	Foreign Policy Analysis
GATT	General Agreement on Tariffs and Trade
IAEO	Internationale Atomenergie-Organisation
JEIA	Joint Export Import Agency
KPCh	Kommunistische Partei Chinas
KSZE	Konferenz über Sicherheit und Zusammenarbeit in Europa
MACHIMPEX	China National Machinery Import and Export Corporation
NATO	North Atlantic Treaty Organization
NRC	National Role Concept
OEEC	Organization for European Economic Co-Operation
OSTAG	Arbeitsgemeinschaft der am Handel mit dem Osten beteiligten Firmen / Arbeitsgemeinschaft westdeutscher Industrie- und Handelsfirmen GmbH
RGW	Rat für gegenseitige Wirtschaftshilfe
RMB	Ren Min Bi (chinesische Währung)
ZK	Zentralkomitee

https://doi.org/10.1515/9783111245805-203

1 Einführung

1.1 Vorwort

Seit dem Amtsantritt von Donald Trump 2016 nahmen die Spannungen zwischen den USA und China stetig zu. Angesichts gegenseitiger Konsulatsschließungen, des Handelskriegs und unternommener Militärmanöver wurde in immer mehr Medien von einem neuen Kalten Krieg gesprochen.[1] Chinas Staatspräsident Xi Jinping schlug während des Auftakts des 15. Gipfeltreffens der Staats- und Regierungschefs der G20 vor, dass China eine größere Führungsrolle in der globalen Governance in der Zeit nach der COVID-19-Pandemie spielen solle.[2] Es ist eindeutig, dass die rasanten Entwicklungen Chinas sowohl in der internationalen Wirtschaft als auch in der Weltpolitik eine neue Weltordnung mit sich bringen. Einen neuen Tiefpunkt erreichten die Beziehungen zwischen den USA und der VR China, als die chinesische Seite wegen des Besuchs der US-Kongressabgeordneten Nancy Pelosi im Jahr 2022 mit einem militärischen Angriff auf Taiwan drohte und die US-Regierung im Februar 2023 einen chinesischen Ballon über dem Staatsgebiet der USA abschießen ließ. Neue Weltordnung geht immer mit einer gewissen Instabilität, mit Konflikten und Konfrontationen zwischen verschiedenen Ländern und Interessengruppen einher. Deutschland muss sich im Rahmen seiner Führungsrolle in der EU auf die kommenden Veränderungen vorbereiten. China ist für die Bundesregierung einerseits ein „wichtiger Partner", andererseits aber auch ein „gefährlicher Rivale"; die Volksrepublik gilt sowohl als ein gigantischer „Absatzmarkt" als auch als „autoritär regierter Staat".[3] Die Bundesregierung geriet in ein Dilemma.[4] So warnte der deutsche Außenminister Heiko Maas Trump schon im November 2018, den Handelskrieg zwischen China und den USA so schnell wie möglich zu beenden – ansonsten „everyone will suffer".[5] Dieter Kempf, Präsident des Bundesverbands der Deutschen Industrie (BDI), schätzte, dass auch die deutsche Wirtschaft erhebliche Verluste in einem Wirtschaftskrieg gegen die VR China erleiden würde.[6] Unterstützung bekam diese Haltung auch von Henning Voepel, dem Direktor des Hamburgischen Weltwirtschaftsinstituts: „In Germany, we are thinking about new strategic alliances because

1 Deutsche Welle: Auf den Punkt – USA gegen China: Ein neuer Kalter Krieg? Online im Internet: https://www.dw.com/de/auf-den-punkt-usa-gegen-china-ein-neuer-kalter-krieg/av-54379016. Datum: 29.12.2020.

2 Generalkonsulat der Volksrepublik China in Düsseldorf 22.11.2020: Xi Jinping unterbreitet Vorschläge zur Führungsrolle der G20 für Post-COVID-19-Ära. Online im Internet: http://dusseldorf.china-consulate.org/det/zgyw/t1836581.htm. Datum: 29.12.2020.

3 Küstner 2020: Schwieriger Umgang mit einem Giganten. In: tagesschau.de. Online im Internet: https://www.tagesschau.de/inland/deutsche-china-politik-101.html. Datum: 29.12.2020.

4 Kaiser 2018: Angst vor dem großen Wirtschaftskrieg.

5 Mansfield 2018: ‚Everyone will SUFFER' Germany warns Trump to end US trade war with EU and China.

6 Yedroudj 2018: US-China trade WAR will hit Germany NEXT – shock warning.

https://doi.org/10.1515/9783111245805-001

we have a feeling that we cannot trust our old alliances and that we need to adapt to a new world order".[7] Mit den „new strategic alliances" war die VR China gemeint, mit den „old alliances" die USA. Auch in der deutschen Bevölkerung scheint die grundsätzlich proamerikanische Stimmung gerade umzuschlagen. So sprachen sich nach einer Erhebung des Pew Research Center 67 % der deutschen Befragten für eine stärkere Kooperation mit China aus. Den Willen, enger mit den USA zusammenzuarbeiten, äußerten dagegen nur 41 % der Befragten.[8] Die Position der Bundesregierung ist nicht ganz so eindeutig, zumal aus ihrer Sicht in dieser Frage eine enge Abstimmung unter den EU-Staaten erforderlich ist. Klar äußerte sich aber Kanzlerin Merkel auf der Münchner Sicherheitskonferenz 2019, als sie in ihrer Rede deutlich auf Distanz zur US-amerikanischen Handelspolitik ging.

Die deutsche Haltung lässt sich vor allem mit der Bedeutung des deutsch-chinesischen Handels erklären: Die VR China ist mit einem Handelsvolumen von fast 200 Milliarden Euro mittlerweile der größte Handelspartner Deutschlands (2018 und 2019).[9] Aber so wie Rom nicht an einem Tag erbaut wurde, geht auch die wirtschaftliche Verbundenheit zwischen Deutschland und der Volksrepublik China weit zurück. Sie entstand zudem nicht erst mit der chinesischen Reform- und Öffnungspolitik, sondern hat eine noch längere Geschichte. Sie begann bereits 1949, als die zwei Staaten gegründet wurden.

Meist wird angenommen, dass die Reform- und Öffnungspolitik von Deng Xiao-Ping ab 1978 der Wendepunkt für die Wirtschaftsbeziehungen zwischen der VR China und Deutschland, insbesondere der Bundesrepublik Deutschland, gewesen sei. Das soll auch an dieser Stelle nicht grundsätzlich bestritten werden. Denn ohne Zweifel wurde die chinesische Außen- und Wirtschaftspolitik nach marktwirtschaftlichen Prinzipien umstrukturiert, wobei sich das Land gleichzeitig von der maoistischen autarkieorientierten Politik abwandte und sich vorsichtig in den Weltmarkt einzugliedern begann. Allerdings sollte bei einem Rückblick auf die Außenwirtschaftsgeschichte zwischen der BRD und der VR China auch die Phase zwischen 1949 und 1978 nicht übersehen werden.

Diese Arbeit beschäftigt sich mit der Geschichte der Wirtschaftsbeziehungen zwischen der VR China und der BRD von der Gründung der beiden Staaten 1949 bis zur Reform- und Öffnungspolitik Dengs im Jahr 1978. Die Entwicklung der Wirtschaftsbeziehungen zwischen der BRD und der VR China war in diesen 29 Jahren keineswegs

---

7 Eckardt 2018: China aims to boost economic ties with Germany in Trump era.

8 Poushter/ Castillo 2018: Americans and Germans are worlds apart in views of their countries' relationship.

9 Auswärtiges Amt: Deutschland und China: Bilaterale Beziehungen. Online im Internet: https://www.auswaertiges-amt.de/de/aussenpolitik/laender/china-node/bilateral/200472. Datum: 29.12.2020. / J. Rundnicka 2019: Wert der deutschen Importe aus und Exporte nach China von 2006 bis 2018 (in Milliarden Euro), Online im Internet: https://de.statista.com/statistik/daten/studie/73860/umfrage/deutschland-import–exporthandel-mit-china-seit-2006/. Datum: 11.12.2019.

die eines kontinuierlichen Aufstiegs, sondern war von dramatischen Schwankungen geprägt.[10]

1.2 Fragestellung und Zielsetzung

In den fast drei Dekaden der Forschungszeitspanne erlebte die VR China zahlreiche große nationale Ereignisse: Der Koreakrieg, die Bodenreform, der Große Sprung nach vorn, die Kulturrevolution, der Abbruch der Beziehungen zur Sowjetunion, die Annäherung an die USA und viele weitere Ereignisse prägen den im Rahmen dieser Arbeit betrachteten Zeitraum. Sie gingen mit Veränderungen der internationalen politischen Positionen im Kalten Krieg einher. Auf deutscher Seite waren die drei Dekaden ebenfalls ereignisreich: Aufhebung des Besatzungsstatus, schnelle Wirtschaftserholung, Hallstein-Doktrin, Wirtschaftsrezession, Ostpolitik usw. Dynamisch war auch die internationale Umwelt: Bedeutende Ereignisse in diesem Zeitraum waren unter anderem die Einrichtung des Warschauer Paktes sowie der NATO, der Prager Frühling, die Kubakrise, der Vietnamkrieg und die Ölkrise. Die zwei Länder hatten sowohl eine sehr unterschiedliche Kultur und Tradition als auch sehr verschiedene Gesellschaft- und Wirtschaftssysteme. Auch die Interessenlagen der beiden Länder waren sehr weit voneinander entfernt. Im Hinblick auf den komplizierten historischen Hintergrund ergibt sich fast zwangsläufig folgende übergeordnete Forschungsfrage: Welche Faktoren hatten vor der Normalisierung der Wirtschaftsbeziehungen entscheidende Auswirkungen auf die Wiederaufnahme sowie auf die Entwicklung der Wirtschaftsbeziehungen zwischen der VR China und der BRD?

Erst im Jahr 1972 nahmen die beiden Länder diplomatische Beziehungen auf. Auch die Wirtschaftsbeziehungen wurden erst im Jahr 1973 normalisiert: Mit Ausnahme eines kurzen Zeitraums im Jahr 1957 handelten deutsche Unternehmen mehr als zwei Jahrzehnte ohne institutionelle Absicherungen mit der VR China. Die Bundesregierungen unterstützten die deutsche Außenwirtschaft durch andere Maßnahmen, ohne dass es zu einer außenpolitischen Annäherung zur VR China kam. Die Wirtschaftsbeziehungen zwischen den beiden Ländern spielten eine große Rolle sowohl in der Innenpolitik als auch in der Außenpolitik. Umgekehrt hatte die Entwicklungen der politischen Beziehungen aber natürlich auch einen entscheidenden Einfluss auf die Weiterentwicklung der Wirtschaftsbeziehungen. Diese Arbeit fragt deshalb danach, wie sich die politischen und wirtschaftlichen Beziehungen zwischen den beiden Ländern gegenseitig beeinflussten. Dabei ist es besonders interessant zu untersuchen, ob und wieweit es vor der Aufnahme diplomatischer Beziehungen Versuche vonseiten der deutschen Wirtschaft, deutscher Unternehmen gab, die Bundesregierungen bei ihrer Außenpolitik gegenüber der VR China zu beeinflussen.

10 He 2018: 288.

Trotz der nationalen und internationalen Faktoren sowie der großen geografischen Distanz zwischen den beiden Ländern war die deutsche Wirtschaft, besonders die deutsche Exportwirtschaft, schon ab 1949 auf dem chinesischen Markt aktiv. Ab den 60er Jahren begannen deutsche Unternehmen sogar, Anlagen mit hohem Wert unter Bedingungen von Lieferantenkrediten in die VR China zu liefern. Allerdings konnte die deutsche Außenwirtschaft in der Zeit des „Wirtschaftswunders" durch den Handel mit EWG-Ländern und osteuropäischen Ländern auch ohne den China-Handel gute Ergebnisse erzielen. Welche Chancen und Risiken sahen westdeutsche Unternehmen bei einem Engagement in der VR China? Welche dementsprechenden Strategien und Aktivitäten verfolgten deutsche Unternehmen in Bezug auf die China betreffende Politik der Bundesregierungen und wie reagierten sie auf die politische Instabilität der VR China besonders in den 60er Jahren?

Ziel dieser Arbeit ist nicht nur, die Wirtschaftsbeziehungen zwischen den beiden Ländern sowohl auf der Makro- als auch auf der Mikroebene darzustellen, sondern auch, die Interaktion verschiedener Akteure und Faktoren der Wirtschaftsbeziehungen zwischen der VR China und der BRD darzulegen. Dabei steht neben dem Austausch zwischen der BRD und der internationalen politischen Umwelt (vor allem mit der VR China, den USA und der Sowjetunion) auch die Interaktion zwischen der deutschen Außenwirtschaft und den Bundesregierungen im Mittelpunkt des Forschungsvorhabens. Im Rahmen der Forschung soll nicht nur die Entwicklung der Wirtschaftsbeziehungen zwischen der VR China und der BRD beschrieben werden, sondern es soll darüber hinaus auch der Versuch unternommen werden, Gründe für das Geschehen zu benennen.

1.3 Forschungsstand und Problemstellung

Historische Studien zur Geschichte der Wirtschaftsbeziehungen zwischen der BRD und der VR China, die auch die Unternehmensebene einbeziehen, gibt es bislang nicht. Im Unterschied zum Osthandel mit den Ländern Ost- und Ostmitteleuropas ist das Engagement deutscher Unternehmen in der VR China bis zur chinesischen Reform- und Öffnungspolitik in den 1980er Jahren bisher nicht Gegenstand wirtschaftshistorischer Forschungen gewesen. Eine US-amerikanische Publikation von Stahnke aus dem Jahr 1972 stellt die Wirtschaftsbeziehungen zwischen den beiden Ländern dar, berücksichtigt jedoch ausschließlich die Makroebene. Zwar wird das Projekt einer Walzanlage der DEMAG erwähnt, aber die Darstellung ist recht kurz und bleibt eher oberflächlich.[11] Das liegt wahrscheinlich daran, dass die Geschäfte deutscher Unternehmen in China in den 50er und 60er Jahren nur wenig Resonanz in der Presse erhielten, weil die Deutschen wegen des US-Embargos wenig Interesse an öffentlichem Aufsehen hatten. Die Archive der Bundesministerien und Unternehmensarchive standen damals für die

11 Stahnke 1972.

jüngste Vergangenheit – sofern sie überhaupt schon als historische Archive existierten – nicht zur Verfügung. Daneben existieren spätere Publikationen über die deutsche Diplomatie der Wirtschaft von Sven Jüngerkes.[12] In seiner Arbeit ist der VR China jedoch nur ein Kapitel gewidmet. Ähnlich wie bei Stahnke ist der Blick bei der Erforschung der Wirtschaftsbeziehungen zur VR China zudem nur auf die Makroebene gerichtet.

Die Forderungen der deutschen Wirtschaft gegenüber den Bundesregierungen bezüglich des China-Handels sind bislang ebenfalls nicht ausführlich untersucht worden. Zwar gibt es Publikationen, die durchaus Interesse an der Unternehmensperspektive zeigen – deren Untersuchungszeitraum umfasst allerdings nur die Zeit nach dem Beginn der Reform- und Öffnungspolitik. Dies gilt z. B. für den Beitrag von Ricardo Schäfer aus dem Jahr 2008.[13] Auch die Forschungsarbeit von Martin Albers an der Universität Cambridge, die im Jahr 2013 veröffentlicht wurde, richtet den Fokus ausschließlich auf die Zeit ab den 70er Jahren.[14] Gelegentliche Rückgriffe auf die bilateralen Wirtschaftsbeziehungen vor der chinesischen Reform- und Öffnungspolitik, wie sie in der 1999 erschienenen Publikation von Neßhöver[15] und dem Sammelband von Margot Schüller[16] vorgenommen werden, bilden nicht mehr als eine Folie, um die späteren Entwicklungen besser verstehen zu können. Einige Publikationen über die Geschichte deutscher Unternehmen in China liegen in den jeweiligen Unternehmensarchiven vor, so etwa in dem der Deutschen Bank. Diese Publikationen dienen jedoch eher Marketingzwecken der Unternehmen. Eine Ausnahme hierzu bildet die Publikation über Krupp in China von Georg Bauer aus dem Jahr 2005,[17] die erfasste Zeitspanne liegt jedoch nur um das Jahr 1900 herum. Eine andere wissenschaftliche Arbeit ist die 2015 erschienene historische Publikation von Grabicki[18] zur Geschichte von BASF in China.

Deutsche Historiker haben sich mehr mit der Geschichte der politischen Beziehungen zwischen der VR China und der Bundesrepublik Deutschland während des Kalten Krieges beschäftigt als mit der Wirtschaftsgeschichte in diesem Zeitraum. Die Publikationen von Trampedach und Leutner behandeln die Wirtschaftsbeziehungen eher als Hintergrundfolie für die Entwicklung der politischen Beziehungen, wobei ihren Forschungen hauptsächlich Quellen aus Medien und Presse sowie aus Archiven von Bundesministerien wie dem Auswärtigen Amt zugrunde liegen.[19] Unternehmensarchive sind in den Forschungen von Leutner und Trampedach hingegen nicht berücksichtigt. Das wirtschaftliche Engagement deutscher Unternehmen und die Auswirkungen der politischen Entwicklungen auf der Unternehmensebene liegen außerhalb des For-

12 Jüngerkes 2012.
13 Schäfer 2008.
14 Albers 2013.
15 Neßhöver 1999.
16 Schüller 2003.
17 Bauer 2005.
18 Grabicki 2015.
19 Leutner 1995; Trampedach 1997.

schungsinteresses. Insbesondere in Bezug auf die Interaktionen zwischen der deutschen Wirtschaft und den Bundesregierungen fehlen Erkenntnisse wegen dieses Verzichts auf eine Recherche in Unternehmensarchiven. Auch die 2006 erschienene chinesische Publikation von Pan[20] behandelt die chinesisch-deutschen Beziehungen nur auf der politischen Ebene. Die Ereignisse sind zwar aus der chinesischen Perspektive beschrieben, die Darstellung unterscheidet sich jedoch wenig von jener in den Publikationen von Leutner und Trampedach.

Als Ursachen des mangelnden Forschungsinteresses dürfen neben den Sprachproblemen wohl auch Schwierigkeiten beim Zugang zu den chinesischen Archiven vermutet werden: Viele Akten zum Untersuchungszeitraum wurden in China im Zuge der innenpolitischen Kämpfe vernichtet oder höchst ungeordnet abgelegt. Erst seit den 90er Jahren wurden die erhaltenen Akten durch die verschiedenen staatlichen Archive langsam wieder geordnet. Nichtsdestotrotz ist der Zugang für die Forschung weiterhin stark eingeschränkt. Auf deutscher Seite sind zwar sowohl die staatlichen Archive – unter Beachtung der dreißigjährigen Sperrfrist – als auch die Unternehmensarchive der wichtigsten Akteure des deutsch-chinesischen Handels zugänglich, aber der Handel mit der VR China hat bisher – anders als der „Osthandel" mit der UdSSR – wegen seiner lange Zeit quantitativ unbedeutenden Rolle bei den Untersuchungen zu den Internationalisierungsstrategien deutscher Unternehmen wenig Berücksichtigung gefunden. Dies ändert jedoch nichts daran, dass die deutschen Unternehmen schon ab den 50er Jahren ein großes Interesse am chinesischen Markt hatten. Wie Leutner in ihrer Forschung gezeigt hat, wurde die VR China im Kalten Krieg vonseiten der deutschen Wirtschaft als „Markt der Zukunft" bezeichnet.[21] Hilmar Kopper von der Deutschen Bank erklärte in einem persönlichen Interview, das im Rahmen des vorliegenden Forschungsprojekts geführt wurde, abgesehen von Wirtschaftsinteressen sei es für einen Unternehmer auch eine große Ehre gewesen, als Erster auf dem chinesischen Markt Fuß zu fassen. Wegen der Schwierigkeiten des Zugangs zu den chinesischen Archiven ist auch die Verfügbarkeit primärer Quellen zur chinesischen Perspektive stark eingeschränkt.

1.4 Quellenlage und -auswahl

Zugang zu den chinesischen Archiven zu erhalten ist zwar schwierig, aber nicht unmöglich. Die Shanghai Municipal Archives (上海市档案馆) wie auch die Beijing Municipal Archives (上海市档案馆) sind relativ offen für wissenschaftliche Forschungen. Besonders in den Shanghai Municipal Archives ist viel Forschungsmaterial zu finden. In Shanghai als der größten kommerziellen Hafenstadt in China gab es schon ab 1949 einige private Handelsunternehmen, die geschäftliche Beziehungen zu deutschen Un-

20 Pan 2006.
21 Leutner 1995.

ternehmen unterhielten. Auch in Peking waren Unternehmen ansässig, die in den 50er Jahren in enger Beziehung zu chinesischen Regierungsstellen standen und Güter aus der BRD importierten. Ebenso sind einige Berichte zum Empfang deutscher Wirtschaftsdelegationen von Staatsunternehmen in den Beijing Municipal Archives zugänglich. In einem von der National Archives Administration of China veröffentlichten Aktensammelband (中华人民共和国经济档案资料选编) liegt Forschungsmaterial für den Zeitraum von 1958 bis 1965 vor.

Für die deutsche Seite wurde der Fokus zunächst auf die Auswertung schriftlichen Quellenmaterials in staatlichen Archiven gelegt. Auf der Makroebene bzw. in Bezug auf die Außen- und Wirtschaftspolitik der Bundesregierungen wurden Quellen aus dem Bundesarchiv Koblenz (Bestände des Bundesministeriums für Wirtschaft und der Hermes Kreditversicherungs-AG) und aus dem Politischen Archiv des Auswärtigen Amtes einbezogen. Zur Untersuchung der Mikroebene wurden Unternehmensarchive besucht. Hinsichtlich der Warenstruktur des Handels zwischen der VR China und der BRD wurden Unternehmensarchive aus den folgenden Bereichen untersucht: Stahl- und Metallindustrie, Maschinenbauindustrie, Chemieindustrie und Elektrotechnische Industrie. Die für die Forschung ausgewählten Unternehmen sind für die jeweilige Branche repräsentativ. Dementsprechend wurden Recherchen im Historischen Archiv Krupp und im Konzernarchiv von ThyssenKrupp (Stahl- und Metallindustrie), im Konzernarchiv der Mannesmann – Salzgitter AG (Maschinenbauindustrie), im Unternehmensarchiv von Bayer (Chemieindustrie) und im Siemens Archiv München (Elektrotechnische Industrie) durchgeführt. Für den Bankensektor bzw. in den Archiven der Dresdner Bank, der Deutschen Bank und der Commerzbank ist wenig Forschungsmaterial zu finden, besonders im Bereich Kreditausleihe. Ursächlich dafür ist zum einen die Weigerung der chinesischen Seite, westliche Banken als Kreditgeber in den Westhandel einzubeziehen; zum anderen liegen aber auch Hinweise darauf vor, dass die Dresdner Bank auf ein wirtschaftliches Engagement in der VR China verzichtete, um ihre geschäftlichen Beziehungen mit der Sowjetunion nicht zu gefährden. Nach Auskunft des Historischen Archivs der Deutschen Bank unterhielt auch die Deutsche Bank bzw. deren Tochtergesellschaft, die Deutsch-Asiatische Bank, nach dem Zweiten Weltkrieg bis zum Beginn der Öffnungs- und Reformpolitik keine Geschäftsbeziehungen mit der VR China. Allerdings wurde das Land im Vorfeld der (Neu-)Gründung der Repräsentanz in Peking im Jahr 1981 von Vertretern der Deutschen Bank mehrfach bereist.

Mittelständische und kleine deutsche Unternehmen werden in der Untersuchung nicht berücksichtigt. Einerseits waren solche Unternehmen wegen eines Kapitalmangels in der Forschungszeitspanne wenig in der VR China aktiv. Andererseits haben die mittelständischen und kleinen deutschen Unternehmen keine historischen Archive. Als Forschungsgegenstände sind solche Unternehmen im Kontext der hier verfolgten Fragestellung daher nicht geeignet.

Während der Untersuchungen im Konzernarchiv der Salzgitter AG und im Unternehmensarchiv von Bayer ist umfassendes Forschungsmaterial zum Ostausschuss und zum BDI gefunden worden. Dies hängt damit zusammen, dass die Vorsitzenden von Bayer und Mannesmann wichtige Mitglieder im Ostausschuss und im BDI waren. Die Funde in diesen zwei Unternehmensarchiven sind als Ergänzung zu den Forschungsergebnissen aus dem Rheinisch-Westfälischen Wirtschaftsarchiv (Bestand des Ost-Ausschusses der Deutschen Wirtschaft) von Jüngerkes[22] geeignet. Die Interaktionen zwischen der deutschen Wirtschaft[23] und den Bundesregierungen können im Rahmen der Forschung gut analysiert werden.

Um den Einfluss der USA auf die deutsche Außen- und Wirtschaftspolitik anhand primärer Quellen zu untersuchen, wurden die National Archives at College Park, Maryland (Bestand zur US-Außenpolitik) in den USA besucht. Es wurde allerdings nur wenig Forschungsmaterial gefunden, das Aufschluss über die deutsche China-Politik gibt. Aufgrund der sprachlichen Barriere sind Untersuchungen von Primärliteratur der sowjetischen Seite im Rahmen der Forschung nicht möglich gewesen.

Für die Arbeit ist es von Bedeutung, die chinesische Geschichte darzustellen, da die chinesische Politik und Wirtschaft wichtige Faktoren für die Analyse der Entwicklung der chinesisch-deutschen Wirtschaftsbeziehungen und der Aktivitäten sowie Strategien der deutschen Unternehmen auf dem chinesischen Markt sind. Neben zahlreichen anderen Sekundärquellen wurden hauptsächlich die Cambridge History of China – zur Erfassung der westlichen Perspektive – und Publikationen von Wu Li – für die chinesische Perspektive – genutzt. Wu Lis Publikationen gelten in China als vorbildlich für die Forschung zur chinesischen Wirtschaftsgeschichte und werden von chinesischen Wirtschaftshistorikern als Lehrbücher verwendet. Die in der vorliegenden Forschungsarbeit angeführten Statistiken sind größtenteils den Statistischen Jahrbüchern für die Bundesrepublik Deutschland und der offiziellen Statistik des Chinese National Bureau of Statistics entnommen.

1.5 Theoretischer Rahmen

1.5.1 Die Anwendung der Internationalen Politischen Ökonomie in dieser Dissertation

Als theoretische Ansätze, um die Forschungsfragen zu beantworten, kommen die Ansätze der Internationalen Politischen Ökonomie (IPÖ) in Frage. Die Ökonomie der internationalen Politik zeigen Wechselwirkungen zwischen dem Wirtschaftszustand sowie Wirtschaftsentwicklungen und der internationalen Politik auf.[24] In den letzten zwei Dekaden wurde die IPÖ im englischen Sprachraum für verschiedenste Themenge-

22 Jüngerkes 2012.

23 Eine Erklärung zum Begriff der deutschen Wirtschaft sowie zu den Interaktionen zwischen Wirtschaft und Bundesregierungen wird am Ende des Kapitels zum theoretischen Rahmen gegeben.

24 Frey 1985.

biete angewendet.[25] Die IPÖ bietet drei Grundrichtungen an: merkantilistischer Realismus, liberaler Internationalismus und Strukturalismus. Der merkantilistische Ansatz betrachtet die Nationalstaaten als Handlungsträger, die die nationalen Machtinteressen durchsetzen und die staatliche Autorität sowie die territoriale Einheit verstärken. Die Wurzeln dieses Ansatzes liegen in der Forschung zur Entwicklung der Kolonien und zu internationaler Arbeitsteilung zwischen den Industrie- und Entwicklungsländern: industrielle Fertigprodukte gegen Rohstoffe.[26] Dieser Ansatz sieht im internationalen Handelssystem ein Nullsummenspiel. Die Aufgabe des Staates wird darin gesehen, den Exportüberschuss möglichst zu steigern und Importe zu verringern. Dieser Ansatz kann zwar einige der chinesischen wirtschaftspolitischen Entscheidungen im Kalten Krieg erklären, er ist jedoch insgesamt für die Forschung zu den Beziehungen zwischen der BRD und der VR China im Kalten Krieg nicht geeignet, da die politischen Entscheidungen der Bundesregierungen damit nicht analysiert werden können. Der liberale oder neoliberale Internationalismus orientiert sich an Adam Smith und sieht die Ursache des gesellschaftlichen Wohlstands in einem effizienzmaximierenden Handel von freien Individuen.[27] Die liberalen Ansätze passen keinesfalls zu Forschungen über die chinesische Wirtschaft vor 1978, und sie ermöglichen auch keine zielführende Auseinandersetzung mit den Beziehungen zwischen der VR China und der BRD. Beim Strukturalismus wird zwischen zwei Richtungen unterschieden: der radikalen oder marxistischen Sicht und der reformerischen Sicht.[28] Der Begriff des Klassenkampfes bzw. der Forschungsfokus des Strukturalismus entspricht jedoch nicht den Forschungsbedürfnissen dieser Dissertation. Die Forschung geht nicht davon aus, dass die VR China und die BRD in der Weltwirtschaft und Weltpolitik im Kalten Krieg in einem hierarchischen Verhältnis standen. Auch die Voraussetzung der IPÖ, alle Akteure als ausschließlich „rational" handelnde anzusehen, ist für die Forschung über den Kalten Krieg nicht geeignet, insofern politische Entscheidungen stark ideologisch geprägt waren. Daher wird die IPÖ in der vorliegenden Dissertation nicht als theoretischer Rahmen verwendet.

Allerdings lassen sich die drei Hypothesen der IPÖ, auf die Frey in seiner Publikation aus dem Jahr 1985 hinweist, mit den Fragestellungen der Dissertation gut in Verbindung bringen. Die drei Hypothesen lassen sich wie folgt zusammenfassen: Der Außenhandel folgt der internationalen Politik; Handel vermindert die Feindseligkeit zwischen Nationalstaaten; internationaler Handel bringt gegenseitige Abhängigkeiten zwischen Industrieländern und Entwicklungsländern hervor.[29] In der vorliegenden Dissertation sollen diese drei Hypothesen der IPÖ geprüft werden, allerdings anhand

25 Bieling 2007: 7.
26 Ebenda: 29 ff.
27 Smith 1974: 17.
28 Frey 1985.
29 Ebenda: 2 f.

eines anderen theoretischen Rahmens. In Bezug auf das Forschungsziel können die Hypothesen wie folgt formuliert werden:

1. *Die Entstehung sowie die Entwicklung der Wirtschaftsbeziehungen zwischen der VR China und der BRD folgten der Entwicklung der internationalen Politik im Kalten Krieg.*
2. *Die Entwicklung der Wirtschaftsbeziehungen verminderte die Konflikte zwischen der VR China und der BRD und hatte positive Auswirkungen auf die politischen Beziehungen zwischen den beiden Ländern.*
3. *Durch die Entwicklung der Wirtschaftsbeziehungen zwischen der VR China und der BRD nahm die Abhängigkeit der zwei Länder voneinander zu.*

Um die Geschichte über fast drei Dekaden zu betrachten und die internationalen politischen Bedingungen im Kalten Krieg sowie die Interaktion zwischen den Bundesregierungen und der deutschen Wirtschaft (insbesondere der deutschen Exportwirtschaft) zu untersuchen, bedarf die vorliegende Arbeit eines theoretischen Rahmens. Um die Arbeit sinnvoll zu strukturieren und die Hypothesen zu prüfen, wird die Rollentheorie genutzt. Der Ansatz der Rollentheorie ist auch sinnvoll für die Forschung, um obengenannte Hypothesen der IPÖ zu überprüfen. Rollentheoretischen Ansätzen kommt in der Außenpolitikanalyse (Foreign Policy Analysis) in der letzten Zeit eine zunehmende Bedeutung zu, da mit ihnen sowohl Akteure und Strukturen analysiert werden können als auch ihre Anschlussfähigkeit an die historische und kulturwissenschaftliche Forschung allgemein gegeben ist.[30] Sie stellen somit eine wichtige Bereicherung der historischen Forschung dar. Bisher liegen keine Forschungen zur Politik der Bundesregierungen in Bezug auf die VR China vor, in denen die Rollentheorie angewandt wird. Dies bringt für die vorliegende Arbeit interessante Herausforderungen mit sich.

Die Rollentheorie ist ursprünglich zur Erklärung individuellen Verhaltens konzipiert worden und findet seit einiger Zeit in der Politikwissenschaft im Rahmen der Foreign Policy Analysis Anwendung. Der Rollentheorie zufolge hat jeder Staat bestimmte Rollen in der internationalen Politik. Die außenpolitischen Entscheidungsträger legen die Rollen eines Staats vor dem Hintergrund der Rollenerwartungen fest. Ähnlich wie bei dem „Societal Approach" von Moravcsik und Schirm werden die innenpolitischen Interessen und Ideen bei der Analyse des außenpolitischen Entscheidungsprozesses anhand der Rollentheorie einbezogen.[31] Aus Sicht der Rollentheorie sind jedoch auch die internationalen Akteure und die Umwelt essenziell bei außenpolitischen Entscheidungen. Bei der Rollentheorie werden die Erwartungen von Innen- und Außenakteuren bei der Analyse des Entscheidungsprozesses ins Zentrum gerückt. Anders als IPÖ beruht die Rollentheorie nicht ausschließlich auf Rational-Choice-Ansätzen, bei denen eine konstante Kalkulation von Kosten und Nutzen bei den Handlungen, Verhandlungen und Entscheidungen aller Akteure vorausgesetzt wird. Die Analyse anhand der

30 Cantir /Kaarbo 2012; Harnisch 2012; Thies/Breuning 2012; Thies / Brummer 2015.
31 Schirm 2011: 7 ff.

Rollentheorie fasst unter dem Begriff *Erwartung* also nicht nur die Interessenlagen, sondern auch die außenpolitischen Ideen bzw. Vorstellungen der jeweiligen Akteure. Bei diesen Ideen und Vorstellungen sind auch ideologische Perspektiven, Diskurse und Interpretationen der Angemessenheit einbezogen. Die Erwartungen sind nicht uniform, sondern unter Umständen sogar gegensätzlich, sodass der Entscheidungsträger entweder einer Rollenerwartung entspricht – und damit die konkurrierende enttäuscht – oder versucht, auf dem Kompromissweg verschiedenen Erwartungen gerecht zu werden. Bei der Rollentheorie wird davon ausgegangen, dass die Entscheidungsträger Entscheidungen über die Rollenübernahme nicht immer nur treffen, um eigene Wirtschafts- oder Machtinteressen zu verfolgen. Die Rolle eines Staats wird der nationalen Identität untergeordnet. Die Wahrnehmung der Rollenerwartungen liegt nicht allein in den Verhandlungen mit den verschiedenen Akteuren begründet. Vermutungen und Einschätzungen der Entscheidungsträger in Abhängigkeit von Handlungen der Akteure im In- und Ausland und bestimmten Umweltbedingungen sind bei dem Entscheidungsprozess ebenfalls von großer Bedeutung.

Die Rollentheorie der internationalen Beziehungen ist als Rahmen besonders geeignet für die in dieser Dissertation betrachtete Konstellation, bei der etwa die Bundesregierung als Entscheidungsträger mit unterschiedlichen Rollenerwartungen seitens der deutschen Wirtschaft sowie der chinesischen, der US-amerikanischen und der sowjetischen Regierungen konfrontiert war. Manche dieser Rollenerwartungen waren über die Zeit betrachtet stabil, andere unterlagen Veränderungen. Die verschiedenen, sich widersprechenden Rollenerwartungen führten fast zwangsläufig zu Konflikten, die die Bundesregierungen entweder durch eine eindeutige Festlegung zugunsten einer Seite entscheiden oder durch Kompromisse zu kaschieren versuchen konnten. Die Rollentheorie verfolgt in der Analyse der internationalen Beziehungen durch den Ansatz des „As-if Role taking“ eine interaktionistische Perspektive. Außerdem erlaubt sie es, bei der Auseinandersetzung mit Quellen von einer nicht rein rationalen Perspektive der beteiligten Akteure auszugehen. [32] Für die Forschung über die Zeit des Kalten Kriegs ist dieser Ansatz besonders vorteilhaft, da der Kalte Krieg nicht nur die Konfrontation zweier Machtblöcke, sondern auch die zweier gesellschaftlicher Vorstellungen war. Im Folgenden werden die wichtigsten Begriffe und Methoden der Rollentheorie, die für die Arbeit relevant sind, vorgestellt. Um die Methode und Anwendung der Rollentheorie der internationalen Beziehungen zu verstehen, muss die Rollentheorie in der Analyse der internationalen Beziehungen kurz dargestellt werden, da dieser theoretische Rahmen seinen Ursprung in der sozialwissenschaftlichen Forschung hat.

32 Elgström/ Smith 2006: 5.

1.5.2 Die Rollentheorie in der Analyse der internationalen Beziehungen

Die Analyse der internationalen Politik anhand der Rollentheorie bedeutet die Auseinandersetzung der Positionen und Politik sowie Politikumsetzung eines Staates in einer internationalen politischen Struktur.[33] In der Analyse der internationalen Politik betrifft das „I"[34] das innerstaatliche Set, z. B. die Lokation eines Staates, die Ressourcen des Landes, sozialwirtschaftliche Bedürfnisse usw.[35] Dieser Ego-Teil eines Staates umfasst die kollektive Selbsterkennung der außenpolitischen Entscheidungsträger in der internationalen Politik.[36] Das „Me" wird teilweise durch die internationale Umwelt bzw. andere Staaten, internationale Organisationen, Vereinbarungen sowie die World Opinion und teilweise durch die Interpretationen, Vermutungen sowie Einschätzungen der Entscheidungsträger eines Staates bezüglich der internationalen Umwelt bestimmt.[37]

Als Akteure der internationalen Umwelt werden nicht alle Staaten einbezogen, sondern nur die Significant Others und the Other. [38] Die Significant Others sind die außenpolitische Peergroup in der internationalen Politik. Diese Peergroup hat bestimmte Erwartungen an die politischen Entscheidungsträger jeweiliger Staaten: Es wird von diesen Staaten erwartet, dass sie eine bestimmte Rolle in der Weltpolitik oder bei bestimmten Ereignissen einnehmen. The Other ist als weiterer Akteur in der internationalen Umwelt die Zielgruppe der Außenpolitik und Rollenaufnahme eines Staates. Diese Zielgruppe ist ähnlich wie die Significant Others. Als Empfänger der außenpolitischen Entscheidungen hat the Other – wie die Significant Others – bestimmte Erwartungen. [39]

Ein wichtiger Begriff in der Rollentheorie der internationalen Beziehungen ist das National Role Concept (NRC): die Rollenkonzepte eines Staates in der internationalen Politik. Das NRC ist „an important aspect of the total intellectual setting in which day-to-day decisions on foreign policy are made".[40] Die NRC sind in diesem Sinne ein Set der dynamischen außenpolitischen Normen und Intentionen, [41] die die Verantwortun-

---

33 Aggestam 2006: 12.

34 In Meads Ansatz stehen die Begriffe „I" und „Me" im Zentrum. „I" und „Me" stehen in einem stetigen Austausch (Mead 1967). Während „I" der impulsive, nicht reduzierbare und kreative Ego-Teil einer Person ist, ist „Me" das Verständnis und die Interpretation dieser Person von sich selbst in den Augen anderer Menschen bzw. ein Eigenbild, das durch die Gesellschaft strukturiert ist. Das „I" einer Person wird in einer Gesellschaft durch das „Me" kontinuierlich eingeschränkt. Das Konzept zeigt die Interaktion zwischen Individuen und der Gesellschaft (Harnisch 2011 *Dialogue and emergence*: 245).

35 Holsti 1970: 245.

36 Frank 2011: 132.

37 Holsti 1970: 245.

38 Frank 2011: 132.

39 Harnisch 2012: 49.

40 Holsti 1970: 246.

41 Aggestam 2006: 19 f.

gen und Pflichten eines Staates in der Außenpolitik definieren.[42] Der Begriff NRC bzw. Rollenkonzept eignet sich besonders für diese Arbeit und wird daher in der Analyse verwendet. In dieser Dissertation werden Rollenkonzept und NRC synonym gebraucht. Beide Begriffe repräsentieren das nationale Konzept einer Rolle in der internationalen Politik. Vor 1972 bzw. vor der Aufnahme diplomatischer Beziehungen zwischen der BRD und der VR China verfolgten die Bundesregierungen keine China-Politik. Das bedeutet allerdings nicht, dass sich das NRC gegenüber der VR China nicht schon zuvor ausgebildet hätte. Die außenpolitischen Entscheidungsträger entscheiden über das NRC, wobei die Entscheidungen für die nationalen Rollenkonzepte von der internationalen Umwelt abhängig sind.[43] Jedoch sind die NRC nicht nur durch die Erwartungen der Significant Others und von the Other bestimmt, sondern auch durch die nationale Identität, „domestic needs and demands"[44] sowie durch Versprechen und Regeln der Entscheidungsträger eines Staates.[45] Harnisch und Maull weisen darauf hin, die NRC seien „inherently complex and multi-dimensional, bundling several specific and distinctive role conception elements into a whole".[46] Mit „multi-dimensional" meinen sie die außenpolitischen und innenpolitischen Dimensionen. Harnisch definiert die „domestic needs and demands" bzw. die Erwartungen in den innenpolitischen Dimensionen als „Ego-Erwartungen".[47] Für die Entscheidung für ein NRC sind die Ego-Erwartungen genauso entscheidend wie die Erwartungen der Significant Others und von the Other. Die Entscheidungsträger müssen bei der Entscheidung für ein NRC die internationalen Erwartungen und jene im Inland stetig gegeneinander abwägen.[48] Daher bleiben die Rollenkonzepte eines Staates nicht stabil.[49]

Oft stehen die inneren und äußeren Rollenerwartungen in Konflikt miteinander. Laut Brummer und Thies gibt es einige Strategien, um solche Konflikte zu lösen. Zwei Strategien wurden von den Bundesregierungen angewandt, um die Konflikte hinsichtlich die VR China betreffender Erwartungen zu entschärfen. Die eine besteht darin, manche Rollenerwartungen vollständig zu ignorieren, bis die Erwartungen von den wichtigeren Akteuren (z. B. den USA) erfüllt werden. Die zweite Strategie besteht in der Durchführung von „instrumental or ritual acts that are designed to change the external world of events and occurences". Das heißt, dass die Entscheidungsträger mit der Einrichtung verschiedener Instrumente und Policies versuchen, die Rollenerwartungsträger davon zu überzeugen, die Rollenerwartungen zu ändern oder die Konflikte zwischen den Erwartungen zu überbrücken. Durch die zweite Strategie können die Entscheidungsträger eventuell die Intensität bestimmter Rollenerwartungen verrin-

42 Frank 2011: 132.
43 Ebenda: 132.
44 Holsti 1970: 243.
45 Cantir/ Kaarbo 2012: 5.
46 Nabers 2011: 79.
47 Harnisch 2011: 8.
48 Aggestam 2006: 12, 16.
49 Cantir/ Kaarbo 2012: 5–24.

gern, damit ein Kompromiss der verschiedenen Rollenerwartungen erzielt werden kann.[50]

Bei der Entscheidung für ein Rollenkonzept sind die nationalen Identitäten von besonderer Bedeutung. Diese werden durch die NRC umgesetzt.[51] Nationale Identität umfasst das gemeinschaftliche Verhalten, das Denken, die Überzeugungen und emotionalen Bezüge einer Nation. Die NRC unterstützen, bestätigen und verstärken die nationalen Identitäten, und die NRC werden immer an nationalen Identitäten orientiert wie auch durch sie begrenzt. Die Veränderung nationaler Identitäten führt zur Veränderung der NRC.[52] Es gibt keine institutionellen Zwangsmittel, um einen Staat zur Aufnahme oder zum Wechsel einer Rolle und eines NRC zu drängen. Auch ohne formale Institutionen und konstitutiven Zwang werden eine Rolle und ein NRC in der internationalen Politik übernommen.[53] Die Entscheidung für ein NRC ist funktional und zeitlich begrenzt, weil es immer bestimmten temporären Gruppenzwecken dient. Ein NRC hat keinen formalrechtlichen Charakter.[54] Die Umsetzung der NRC ist vielmehr als Role Performance zu verstehen.[55] Daher liegt das Ergebnis einer Entscheidung in der Außenpolitik nicht nur im NRC begründet, sondern wird auch durch die Role Performance bestimmt.[56] Die Role Performances können von den verschiedenen Rollenerwartungen stark abweichen. Durch die Role Performances wird die Position eines Staats in der internationalen Politik bestimmt.[57]

Nach der Rollentheorie der internationalen Politik werden die Rollenerwartungen von Eliten konzipiert und interpretiert. Rollenkonzepte werden ebenfalls von den Eliten übernommen. Die politischen Eliten in der internationalen Politik bzw. die Entscheidungsträger treffen die außenpolitischen Entscheidungen für einen Staat und legen außenpolitische Strategien fest. Ihre Entscheidungen werden aber von verschiedenen Akteuren im Inland eingeschränkt.[58] In dieser Dissertation werden die politischen Eliten bzw. die Entscheidungsträger als eine Blackbox bzw. als gemeinsame Einheit betrachtet. Rollentheoretiker wie Cantir und Kaarbo kritisieren die Methode der Blackbox, weil die Opposition von verschiedenen Eliten nach dieser Methode nicht erfasst werden kann.[59] Wegen des erschwerten Zugangs der empirischen Forschung bzw. des Fehlens historischer Primärliteratur zur Opposition verschiedener Eliten in der BRD, den USA, der UdSSR und der VR China bezüglich des hier verhandelten Themas ist eine Analyse in diesem Sinne allerdings nicht möglich. Die Öffnung der Black-

50 Brummer/ Thies 2014: 7 f.

51 Aggestam 2006: 16.

52 Nabers 2011: 82 ff.

53 Harnisch 2014: 20 ff.

54 Ebenda: 10.

55 Elgström/ Smith 2006: 6.

56 Aggestam 2006: 20 f.

57 Harnisch 2011: 9.

58 Cantir/ Kaarbo 2012: 5 ff.

59 Ebenda: 7.

box könnte im Rahmen der vorliegenden Arbeit zudem zu einem Verlust des „roten Fadens" führen.

Wie bereits erwähnt wurde, sind die nationalen Rollenkonzepte nicht stabil, sondern dynamisch. Eine Veränderung der Rollenkonzepte kann einerseits durch Role Adaption und andererseits durch Role Learning verursacht werden. Bei beiden Möglichkeiten sind die Auslöser Rollen- oder Rollenerwartungskonflikte.[60] Role Adaption bedeutet die Veränderung der Rollen oder des Rollenkonzepts während der Umsetzung der Rollen bzw. der Role Performance. Solche Veränderungen werden durch einen Wandel der Rollenerwartungen im In- und Ausland verursacht. Wenn neue Rollenerwartungen entstehen, kann die Role Performance eines Staates durch die Entscheidungsträger geändert werden. Dadurch kann ein NRC durch die Role Performance anders als am Anfang definiert werden.[61] Dabei bleiben die nationale Identität und die Hauptvorstellungen der Position eines Staates in der internationalen Politik unverändert. Beim „Role Learning" hingegen ändern sich die nationale Identität und die Hauptvorstellungen der Position eines Staates in der internationalen Politik. Die Veränderung der nationalen Identität führt zur Veränderung der Rollen und Rollenkonzepte eines Staats. Die nationale Identität ist abhängig von den Veränderungen der weltpolitischen Situation und den kulturellen, gesellschaftlichen und wirtschaftlichen Präferenzen eines Staates.[62] Darüber hinaus können die Entscheidungsträger anhand der Rollentheorie als reflexiv betrachtet werden.[63]

In der Rollentheorie der internationalen Beziehungen gibt es zwei Ansätze zur Veränderung der Rolle oder des Rollenkonzepts. Beim Altercasting-Ansatz ist die Aufnahme einer Rolle oder die Entscheidung für ein Rollenkonzept konzipiert als „conscious manipulation of one's own role taking behavior to (re)shape the role of another actor [...] ". Bei diesem Ansatz wissen die Entscheidungsträger um ihre Präferenzen in Bezug auf die Rollenaufnahme und wählen die Rollen bewusst und zielgerichtet. Bei dem Ansatz des „As-if Role taking" wird von einem interaktionistischen Prozess ausgegangen. Die Entscheidungsträger treffen in der Auseinandersetzung mit der inländischen und internationalen Umwelt die Entscheidung, welche Rolle oder welches Rollenkonzept aufgenommen werden sollte.[64] Da im Rahmen der vorliegenden Dissertation versucht wird, die Interaktion der Bundesregierungen und der deutschen Außenwirtschaft auseinanderzusetzen, wird der Ansatz des „As-if Role taking" genutzt.[65] Entscheidungen hinsichtlich der Rollen und Rollenkonzepte haben vor allem Einfluss auf die Bildung weiterer Rollenerwartungen sowohl von Akteuren im Inland als auch von den Significant Others und the Other. Weiterhin kann die internationale

60 Elgström/ Smith 2006: 5.
61 Frank 2011: 132.
62 Harnisch 2011: 10.
63 Harnisch 2012: 54.
64 Harnisch 2015: 22 ff.
65 Elgström/ Smith 2006: 5.

Umwelt durch die Aufnahme und den Wechsel der Rollen sowie der Rollenkonzepte verändert werden. Harnisch betont in Bezug auf die Rollentheorie: „It is the social process in group life that creates and upholds the rules, not the rules that create and uphold group life".[66] Im Kontext der internationalen Beziehungen ist „group life" die Weltpolitik, während die Entscheidung für Rollen und Rollenkonzepte zum „social process" gehört.[67] Anders als Institutionentheorien betont der Ansatz des „As-if Role taking" im Rahmen der Rollentheorie den interaktionistischen Nexus der Rollen und der Umwelt.

1.5.3 Die Anwendung der Internationalen Politischen Ökonomie in dieser Dissertation

Laut Harnisch, Schild und Maull zielte die Gestaltung der Nachkriegsordnung auf das Leben in einem „sozialisierten Gemeinwesen", wobei die Bundesrepublik Deutschland wegen der Reflexion über das Nazi-Regime und die Kriegserfahrungen besondere „zivilisierte Charakteristika" mitgebracht habe.[68] Das Streben nach einer Demokratie nach westlichem Vorbild sowie die Abneigung gegenüber einer neuen Diktatur führten dazu, dass Deutschland eher zur Westintegration tendierte. Diese Tendenz ist auch ein Grund für die spätere deutsche Wiedervereinigung. Unter der Einflussnahme der westlichen Alliierten entwickelte die BRD ihre nationale Identität als „normal West European nation state".[69] Statt selbst nach dem Status einer Weltsupermacht zu streben, versuchte sich die BRD vor der Entspannungspolitik in die bestehende Nachkriegsweltordnung zu integrieren und mit friedlichen Methoden den Status quo zu pflegen. Um dieses Ziel zu erreichen, sollte die Bundesregierung in der Weltpolitik eine Rolle als *„reliable team player"* des Westblocks spielen.[70] Für diese Rolle waren die Bundesregierungen bereit, „materiellen und immateriellen" Ressourcen zu entsagen.[71] Um diese Rolle zu erfüllen, mussten die Bundesregierungen stetig Entscheidungen treffen, mit denen sie eigene Interessen, z. B. im Wirtschaftsbereich, nicht maximal verwirklichen konnten. Das NRC gegenüber der VR China wurde dieser Rolle untergeordnet. Zu Beginn der 70er Jahre wurde die Intensität der deutschen nationalen Identität unter anderem durch die Zunahme der Selbstständigkeit der BRD und den Beitritt zur UNO reduziert. Die Bundesregierung unter Brandt und Scheel versuchte nicht nur den Status quo der Weltpolitik zu pflegen, sondern auch aktiv an der Entspannung mitzuwirken. Auch die Rollenkonzepte gegenüber der VR China änderten sich dadurch.[72]

---

66 Harnisch 2012: 54.
67 Cantir/ Kaarbo 2012: 5.
68 Harnisch/ Schild 2014: 7 ff.
69 Wolf 2004: 18 f.
70 Ebenda.
71 Harnisch/ Schild 2014: 7 ff.
72 Wolf 2004: 19 f.

Innerhalb des Rahmens der deutschen nationalen Identität in der Weltpolitik entschieden sich die Bundesregierungen in verschiedenen Phasen für verschiedene NRC gegenüber der VR China. Anhand der Rollentheorie in der Analyse der internationalen Politik werden die folgenden Aspekte in der Dissertation untersucht:

1. die Rollenkonzepte/ NRC der Bundesregierungen gegenüber der VR China,
2. die Role Performance der Bundesregierungen in unterschiedlichen Phasen,
3. deren Einfluss auf die internationalen Beziehungen sowie die Erwartungen von verschiedenen Akteuren (As-if Role taking) und
4. die Rollenerwartungen der Significant Others und von the Other sowie jene der Akteure im Inland an die Bundesregierungen.

Wie dargestellt wurde, gibt es Rollenerwartungen von Akteuren im Inland und aus dem Ausland. Letztere betreffen die Significant Others und the Other. Als zentraler innerstaatlicher Akteur gilt in dieser Arbeit aufgrund ihrer spezifischen Fragestellung die deutsche Wirtschaft, insbesondere die Exportwirtschaft. Denn die deutsche Exportwirtschaft war im China-Handel während des Untersuchungszeitraums wesentlich bedeutsamer als die Importwirtschaft. Der Begriff der deutschen Wirtschaft umfasst in dieser Dissertation die deutschen Unternehmen sowie private und semi-staatswirtschaftliche Organisationen wie Unternehmensverbände. Der Schwerpunkt der Auseinandersetzung mit dem Austausch zwischen der deutschen Wirtschaft und den Bundesregierungen liegt auf der Interaktion zwischen Wirtschaftsorganisationen und den Bundesregierungen. Obwohl sich die Interessen verschiedener Branchen und verschiedener Unternehmen in den einzelnen Phasen unterschieden, gingen die Unternehmer, um eine bessere Verhandlungsposition gegenüber den Bundesregierungen zu erreichen und mehr Spielräume zu bekommen, bei den Verhandlungen innerhalb der Wirtschaftsorganisationen stets Kompromisse ein und äußerten eine gemeinsame Position gegenüber den Bundesregierungen. Bei der Analyse der Einflüsse, die die NRC gegenüber der VR China auf die deutsche Wirtschaft nahmen, ist die Untersuchung der deutschen Unternehmensstrategien auf dem chinesischen Markt von großer Bedeutung für diese Studie. Auf der Mikroebene kann untersucht werden, warum bestimmte Erwartungen bezüglich der VR China vonseiten der deutschen Unternehmen bzw. der deutschen Wirtschaft gegenüber den Bundesregierungen entstanden.

Im Folgenden werden die USA und die Sowjetunion als die Significant Others betrachtet. Diesen zwei Supermächten kommt vor dem Hintergrund des Nachkriegsstatus Deutschlands eine besondere Bedeutung für die deutsche Außenpolitik und Wirtschaftspolitik zu. Bei jeder außenpolitischen und außenwirtschaftlichen Entscheidung musste die jeweilige Bundesregierung die Erwartungen der USA und der Sowjetunion berücksichtigen. Die VR China wird dagegen als The Other angesehen. Es wird untersucht werden, welche Erwartungen die VR China an die Bundesregierungen in Bezug auf deren NRC gegenüber der VR China hatte. Die Erwartungen der VR China an die Bundesregierungen spielten auch eine entscheidende Rolle bei den Handelsbeziehungen zwischen China und der deutschen Wirtschaft. Die VR China versuchte kontinuierlich, durch die Verhandlungen mit der deutschen Wirtschaft eine Weiterleitung der eigenen Erwartungen an die Bundesregierung zu erreichen und Druck auszuüben.

1.5.4 Eigene Definitionen der verschiedenen Rollen und Rollenkonzepte

Es gibt bei der Rollentheorie keine universalen Begriffe für die Rollen oder Rollenkonzepte. Im Folgenden werden die Rollen und Rollenkonzepte, wie sie in dieser Arbeit bezeichnet werden, kurz definiert:

- *inoffizieller Handelspartner*: Handel mit dem anderen Land ist erlaubt, aber ausschließlich auf der privaten Ebene. Regierungsunterstützungen sind erlaubt, wenn sie keinerlei außenpolitische Bedeutung haben. Deswegen dürfen keine bilateralen Verträge über die Regulierung der Beziehungen (ob politisch oder wirtschaftlich) abgeschlossen werden. Somit hat der Staat die Rolle/ das Rollenkonzept eines *inoffiziellen Handelspartners* eines anderen Lands.
- *semi-offizieller Handelspartner*: Handel mit dem anderen Land ist erlaubt, und Verhandlungen durch semi-staatliche Organe sind ebenfalls zulässig. Verträge und Abkommen dürfen zwischen semi-staatlichen Organen und dem anderen Land abgeschlossen werden. Die Verhandlungen und Unterstützungen haben zwar keine offizielle politische Bedeutung, dienen aber der diplomatischen Annäherung. In diesem Fall hat der Staat die Rolle/ das Rollenkonzept eines *semi-offiziellen Handelspartners* eines anderen Lands.
- *offizieller Handelspartner*: Handel mit dem anderen Land ist erlaubt, und auch Verhandlungen auf der Staatsebene sind möglich, wobei Verträge und Abkommen auf dieser Ebene abgeschlossen werden. Die Regierungen ergreifen aktiv die Initiative, um die Handelsbeziehungen zu verbessern. Eine außenpolitische Bedeutung ist somit nicht zu vermeiden. Der Staat hat in diesem Fall die Rolle/ das Rollenkonzept eines *offiziellen Handelspartners* eines anderen Lands.
- *Feind*: Handel mit dem anderen Land wird entweder verboten oder vom Staat stark eingeschränkt. Ziel dieser Rollenzuschreibung ist, dem anderen Land so weit wie möglich wirtschaftlich zu schaden.
- *neutral*: Mit diesem Begriff wird die Situation beschrieben, in der keine besondere Erwartung geäußert wird.
- *zurückhaltend*: Im Vergleich zu anderen Akteuren, die in der Außenpolitik gegenüber einem Land aktiv die Initiative ergreifen, beschränkt sich der Staat in diesem Fall darauf, den Status quo in Bezug auf dieses Land zu erhalten.

1.6 Vorgehensweise

Der Untersuchungszeitraum von insgesamt 29 Jahren wird im Folgenden in fünf Phasen eingeteilt, denen jeweils ein eigenes Kapitel gewidmet wird. Die erste Phase, die in Kapitel 2 beschrieben wird, umfasst die Zeit nach der Gründung der BRD und der VR China bis zur Gründung des Ostausschusses der deutschen Wirtschaft und seines China-Arbeitskreises. Das von der Bundesregierung gegründete Gesprächsforum fungierte als Zwischeninstanz zwischen deutscher Wirtschaft und Bundesregierung und sollte der Pflege des Osthandels allgemein wie auch des China-Handels im Sinne der Bundesregierung und der deutschen Außenwirtschaft dienen. Von 1949 bis 1952 versuchte die deutsche Außenwirtschaft ohne Rücksprache und Austausch mit der Bundesregierung, Wirtschaftsbeziehungen mit China wiederaufzunehmen. Die zweite Phase ist Gegenstand des dritten Kapitels – sie umfasst die Zeitspanne von 1953 bis 1957, dem Jahr, in dem das erste inoffizielle Handelsabkommen auf semi-staatlicher Ebene zwischen dem Ostausschuss und dem China Council for the Promotion of International Trade (CCPIT) abgeschlossen wurde. Diese Phase ist vor allem durch die Bemühungen der deutschen Wirtschaft um die Regulierung des China-Handels gekennzeichnet. Die dritte Phase, der das vierte Kapitel gewidmet ist, beginnt 1958 und endet mit dem Scheitern der Verhandlungen über das erste offizielle Handelsabkommen im Jahr 1965. In dieser Phase kam es zu großen Schwankungen des Handelsvolumens. Wirtschaftskontakte zwischen den beiden Ländern wurden auf der Staatsebene aufgenommen, sodass die Bundesregierung in die Entwicklung der Wirtschaftsbeziehungen zwischen der BRD und der VR China direkt involviert war. Die vierte Phase umfasst den darauf folgenden Zeitraum bis zum Jahr 1971 bzw. bis zur Aufnahme diplomatischer Beziehungen zwischen den beiden Ländern und wird im fünften Kapitel thematisiert. In dieser Phase befand sich die deutsche Wirtschaft auf dem chinesischen Markt im Vergleich zu Konkurrenten aus anderen westeuropäischen Ländern im Nachteil. Zu Beginn der letzten Phase, die mit dem Jahr 1972 beginnt, wurden diplomatische Beziehungen zwischen der BRD und der VR China aufgenommen. Das diese Phase behandelnde sechste Kapitel stellt die Wirtschaftsbeziehungen zwischen den beiden Ländern bis zum Ende des Jahres 1978 dar.

In jedem Kapitel wird zunächst die jeweilige chinesische und deutsche Wirtschafts- und Außenpolitik vorgestellt, wobei auch die Darstellung der internationalen Umwelt in die Analyse einbezogen wird. Vor diesem Hintergrund werden anschließend die Wirtschaftsbeziehungen zwischen den beiden Ländern untersucht. Die Wirtschaftskontakte sowie die allgemeinen Handelsbeziehungen zwischen den beiden Ländern wie auch die Interaktion zwischen der deutschen Wirtschaft und den Bundesregierungen bezüglich des China-Handels werden auseinandergesetzt. Darauf folgt eine Analyse der Strategien und Aktivitäten deutscher Unternehmen auf dem chinesischen Markt in der jeweiligen Phase als Folge bestimmter politischer Ereignisse. Am Ende jedes Kapitels werden die zentralen Ergebnisse anhand der Rollentheorie im Rahmen eines Zwischenfazits zusammengefasst. Die Rollenerwartungen der Significant Others (USA und UdSSR), von the Other (VR China) und die der Akteure im Inland (der deutschen Außenwirtschaft, insbesondere von Wirtschaftsorganen wie dem Ostausschusses) werden aufgezeigt. Anschließend werden die Entscheidungen der Bundesregierungen für Rollen und die Entscheidungen für die NRC gegenüber der VR China vor dem Hintergrund verschiedener Rollenerwartungen dargestellt. Im Fall sich widersprechender Erwartungen in den jeweiligen Phasen werden die Strategien der Bundesregierungen aufgezeigt. Außer für die erste Phase wird am Anfang jedes Zwischenfazits die durch die Rollenkonzepte angeleitete Role Performance analysiert. Die Darstellungen der Role Performances bieten teilweise Erklärungen der Ausbildung der Rollenerwartungen. Im Fazit werden die Hypothesen geprüft.

2 Die Wirtschaftsbeziehungen zwischen der BRD und der VR China 1949–1952

Sowohl die BRD als auch die VR China wurden im Jahr 1949 offiziell gegründet. Beide Länder waren infolge des Zweiten Weltkriegs wirtschaftlich und gesellschaftlich erheblich geschädigt. Die beiden neuen Regierungen mussten den Nachkriegsherausforderungen begegnen: Die BRD stand als Verlierer des Kriegs unter strenger Kontrolle der Siegermächte, und die deutsche Wirtschaft war im Krieg fast vollständig zerstört worden; die VR China musste sich auf der einen Seite auf einen eventuellen militärischen Angriff aus Taiwan vorbereiten und auf der anderen Seite die inländische Armut bekämpfen. Die wichtigste Aufgabe beider Regierungen bestand vor allem darin, den Staat wiederaufzubauen und politisch zu konsolidieren. Die beiden Länder wurden allerdings zwangsweise in den Kalten Krieg hineingezogen, weil sie militärisch und wirtschaftlich abhängig von den zwei Supermächten waren. Da die Staaten zwei ideologisch antagonistischen Blöcken angehörten, waren die beiden Regierungen gezwungen, Distanz zu wahren.

Die BRD und die VR China sind zwar geografisch weit voneinander entfernt, hatten aber seit Jahrhunderten gute und intensive Handelsbeziehungen unterhalten, bevor diese wegen des Zweiten Weltkriegs fast komplett abgebrochen wurden. Die Handelsbeziehungen wurden nach dem Krieg schnell wieder aufgenommen, entwickelten sich aber nur mühsam. Ursächlich dafür waren sowohl die Wirtschaftssituation als auch die politischen Bedingungen in beiden Ländern.

2.1 Die Wirtschafts- und Außenpolitik der VR China 1949–1952

Das Wirtschaftssystem der VR China in der Phase zwischen 1949 und 1952 kann als vormodern bezeichnet werden.[1] Die Wirtschaft war überwiegend durch traditionelle Landwirtschaft geprägt. Eine umfassende industrielle Revolution wie in Europa hatte vor dem Zweiten Weltkrieg nicht stattgefunden. Der Modernisierungsversuch der Qing-Dynastie war wegen des Ausbruchs des Ersten Japanisch-Chinesischen Kriegs gescheitert.[2] Zum Zeitpunkt der Gründung der VR China machte die traditionelle Landwirtschaft 83 % des gesamten chinesischen Bruttoinlandsprodukts (BIP) aus.[3] Aber die für den Anbau geeigneten Landflächen reichten nicht aus für die Ernährung der gesamten chinesischen Bevölkerung. Neben der Landwirtschaft trugen traditionelle Handwerksbetriebe mit rückständigen Technologien einen großen Teil zum BIP bei.

1 Lardy 1987: 145.
2 Wu 2010: 39.
3 Ebenda: 45

https://doi.org/10.1515/9783111245805-002

Außer in einigen großen Kolonialstädten war das Niveau der Serviceindustrie sehr gering.[4]

Neben den historischen und geografischen Nachteilen führten auch die kontinuierlichen Kriege und so entstandenen gespalteten Regierungssysteme zu weiteren Schwierigkeiten für die Kommunistische Partei Chinas (KPCh), die chinesische Wirtschaft wiederaufzubauen und weiter zu entwickeln. Ein einheitlicher chinesischer Binnenmarkt war wegen der getrennten Regime der Nationalen Volkspartei Chinas bzw. der Guomindang (国民党) einerseits und der KPCh andererseits nicht entstanden. Zu der Zerstörung der Infrastruktur während der Kriege kam hinzu, dass die Guomindang vor der Flucht nach Taiwan große Flächen Ackerboden absichtlich ruiniert hatte,[5] damit die KPCh vor größeren Schwierigkeiten stehen würde, die eigene Regierung zu konsolidieren. Unter der Regierung der Guomindang herrschte in vielen Regionen Hyperinflation wegen der finanziellen Belastungen durch den Kriegsaufwand.[6] Deswegen war die neu gegründete Volksrepublik ein Land der Armut. Die erste Aufgabe der KPCh bestand darin, ein eigenes Wirtschaftssystem aufzubauen und zu entwickeln. Dies war der erste Schritt zur Konsolidierung der VR China.

2.1.1 Der Wirtschaftswiederaufbau der VR China 1949–1952

Schon vor der offiziellen Gründung der VR China begann die KPCh ab Ende Mai 1949 das eigene Wirtschaftssystem aufzubauen.[7] Unter den Begriffen der „Bodenreform" (土地改革)und der „sozialistischen Umgestaltung" (社会主义改造) wurde die Wirtschaft neu strukturiert. Dieser Strategie lag die im Jahr 1940 von Mao angekündigte Wirtschaftspolitik der „Gleichstellung des Landeigentums" (平均地权) und der „Regulierung des Kapitals" (节制资本) zugrunde.[8] Aufgrund der großen Landfläche der VR China wurde ein dezentrales Wirtschaftssystem etabliert, um die Umsetzung des Wirtschaftsaufbaus und der Reform in bürokratischer Hinsicht zu erleichtern: Die Planung und Verwaltung der Produktion erfolgten durch ein hierarchisches System: vom Zentrum in Peking über die Provinzen, die städtischen Bezirke usw. bis hin zu den einzelnen Arbeitseinheiten (单位). Peking bestimmte die allgemeinen Wirtschaftsstrategien, die unteren Ebenen waren zuständig für die Implementation der Zielsetzungen. Die KPCh hatte auf jeder Ebene die Kontrolle: Die Parteizentrale war zuständig für die Rekrutierung und Beaufsichtigung von Führungskräften bzw. Kadern auf allen Ebenen sowie in den Produktionseinheiten.[9] Die VR China hatte somit ein hierarchisch aufge-

---

4 Wu 2010: 40; Lardy 1987: 147

5 Lardy 1987: 145 ff.

6 Ebenda: 149.

7 Wu 2010: 70.

8 Ebenda: 83.

9 Heilmann 2004: 66.

bautes, zentral kontrolliertes Wirtschaftssystem.[10] Der erste Schritt der chinesischen Wirtschaftsrestrukturierung war die Bodenreform.

Die Bodenreform war für die Regierung der KPCh die wichtigste Strategie des Wirtschaftsaufbaus,[11] da die Landwirtschaft, wie im Kapital 2.1 dargestellt wurde, für die chinesische Wirtschaft eine zentrale Rolle spielte. Die Bodenreform war eine Reallokation des Ackerbodens und des Eigentums auf dem Land.[12] Nach dem Prinzip der Egalität durften die chinesischen Bauern zum ersten Mal in der Geschichte Boden als Eigentum besitzen.[13] Die Bodenreform begann in den von der KPCh beherrschten Regionen schon im Jahr 1947.[14] Um die Reform durchzuführen, wurde der Begriff des Klassenkampfes propagiert. Neben der Klasse der Landbesitzer wurden auch die Bauern je nach der Menge und dem Wert ihres Eigentums in sechs Klassen eingeordnet, von „reiche Bauern“ (富农) bis zu „sehr arme Bauern“ (雇农).[15] Landbesitzer und reiche Bauern wurden als Volksfeinde angesehen. Den Landbesitzern und „reichen Bauern“ wurden im Zuge von Enteignungen schrittweise Teile ihres Eigentums genommen. Zunächst durften die Landbesitzer den Boden behalten, und die Bauern, die auf dem Boden der Landbesitzer arbeiteten, zahlten Miete und Zins für die Ausleihe und Benutzung des Bodens. Enteignungen betrafen nicht die „mittelreichen Bauern“ (中农). Im zweiten Schritt wurden Landbesitzer komplett enteignet. Dies betraf den Boden und die Produktionsmittel; anderes privates Vermögen wie z. B. Schmuck durften sie behalten. Besitzer von Bauernhöfen mit moderner Produktion wurden nicht enteignet, um die Modernisierung der Landwirtschaft zu unterstützen. Erst im letzten Schritt wurden die sehr armen bis armen Bauern durch Massenkampagnen mobilisiert, die Landbesitzer vollständig zu enteignen und gewaltvoll zu unterdrücken. Um den Zusammenbruch der landwirtschaftlichen Produktion zu vermeiden, wurde die Bodenreform schrittweise in den einzelnen Regionen durchgesetzt. In manchen Regionen begann die Reform erst nach 1952. [16]

Durch die Bodenreform erhielt die KPCh die Loyalität der Mehrheit der Bauern als der größten Bevölkerungsgruppe in der VR China. Ein Nachteil der Landreform war aber, dass die Arbeitseffizienz der Bauern sank. Dies lag vor allem an dem mangelnden Management in der landwirtschaftlichen Arbeit, für das die Landbesitzer zuständig gewesen waren; außerdem ging durch die gewaltvolle Unterdrückung der Landbesitzer viel landwirtschaftliches Know-how verloren. Um die landwirtschaftliche Arbeitseffizienz zu verbessern, wurden „Mutual Aid Teams“ (生产互助队) nach dem Prinzip des Skaleneffekts gebildet. Die „Mutual Aid Teams“ hatten das Nutzungsrecht an allen pri-

10 Ebenda: 173.

11 Schier 1988: 64.

12 Domes 1985: 37.

13 Grabicki 2015: 87.

14 Wu 2010: 89 ff.

15 Neben „reichen Bauern“ und „sehr armen Bauern“ gab es auch „arme Bauern“ (贫农), „obermittelreiche Bauern“ (上中农), „mittelreiche Bauern“(中农) und „untermittelreiche Bauern“(下中农).

16 Wu 2010: 89 ff.

vaten Produktionsmitteln und dem Boden der Mitglieder bzw. der Bauern. So sollten alle Produktionsmittel in einem „Mutual Aid Team" effizient genutzt werden können. Aber die Produktionsmittel blieben weiterhin privat. Die Produkte wurden im Team gleichmäßig verteilt. Ende 1952 waren 40 % der chinesischen Bauern in solche „Mutual Aid Teams" eingetreten.[17]

Durch die Bodenreform konsolidierte die KPCh ihre Macht auf dem Land. Bis zum Ende des Jahres 1952 wurden 40 % des chinesischen Ackerbodens neu zugeteilt. Mehr als 120 Millionen Bauern erhielten eigenes Land. Das Lebensniveau der „armen Bauern", die den größten Teil der landwirtschaftlichen Bevölkerung ausmachten, stieg massiv. Die „reichen Bauern" mussten zwar einen Teil ihres Eigentums abgeben, konnten aber weiter überleben.[18] Die Bodenreform sorgte dafür, dass sich bei 80 % der im Bereich Landwirtschaft beschäftigten chinesischen Bevölkerung Zufriedenheit mit der neuen Regierung einstellte.[19] Die Bodenreform führte vor allem zu einer Konsolidierung der landwirtschaftlichen Produktion, die für die Wirtschaft der neu gegründeten Volksrepublik die größte Bedeutung hatte. Durch die Bodenreform wurde der von der maoistischen Ideologie versprochene Egalitarismus teilweise umgesetzt, was eine starke ideologische Unterstützung für die KPCh bedeutete.

Neben der Bodenreform fand in den Städten eine Regulation der Produktion im Rahmen der Strategie der „sozialistischen Umgestaltung" statt. Die Staatsunternehmen und das Vermögen der Guomindang wurden direkt von der KPCh übernommen.[20] Insgesamt vier Unternehmensformen waren erlaubt. Zunächst gab es Staatsunternehmen, die direkt zur KPCh gehörten und unmittelbar von der KPCh verwaltet wurden. In den für einen Staat wichtigsten Branchen, wie Energie, Verkehrswesen und Schwerindustrie, waren ausschließlich Staatsunternehmen tätig. Die zweite erlaubte Unternehmensform war die Genossenschaft (合作社). Dabei handelte es sich um eine Organisation der kollektiven Produktion, die halb staatlich und halb privat war. Das Kapital für die Genossenschaften kam meistens vom Staat. Die Arbeiter in der Genossenschaft durften Eigentum besitzen. Das Ziel der Produktion einer Genossenschaft war aber nicht die Gewinnmaximierung, sondern bestand darin, den Eigenbedarf der Mitglieder zu decken – die Produkte wurden nicht für den Markt hergestellt. Der lebensnotwendige Bedarf der Mitglieder galt als das wichtigste Produktionsziel; der Lebensstandard der Mitglieder sollte gesichert werden. Nur der Überschuss der Produktion wurde mittels eines zentralisierten Systems weiterverkauft. Der Staat profitierte nicht von den Genossenschaften. Diese befanden sich nicht nur in den Städten, son-

17 Lardy 1987: 154 f.

18 Domes 1985: 37.

19 Bericht über die Reise einer Wirtschaftsdelegation der Bundesrepublik Deutschland in die VR China unter Leitung von Herrn Berthold Beitz von Rolf Audouard, 15.06.1973, HA Krupp: WA160/193: 5 f.; Lardy 1987: 145.

20 Wu 2010: 58.

dern auch auf dem Land.[21] Daneben waren private und halbstaatliche Unternehmen weiterhin als Unternehmensformen erlaubt.[22] Firmen, deren Kapital teilweise von der Guomindang stammte, wurden nicht enteignet, aber streng von der KPCh kontrolliert.[23] Von einigen die Sowjetunion betreffenden Ausnahmen abgesehen waren Joint Ventures verboten. Um eine wirtschaftliche Abhängigkeit von anderen Staaten zu vermeiden, waren Foreign Direct Investments (FDI) nicht erlaubt. Niederlassungen sowie Tochtergesellschaften von ausländischen Firmen wurden ebenfalls verboten. Ausländische Unternehmen, die vor der Gründung der VR China gegründet worden waren, durften weiter betrieben werden, mussten sich aber bei der Regierung registrieren. Ihre Geschäfte wurden von der KPCh kontrolliert und eingeschränkt.[24]

Eine der zentralen Aufgaben für die neu gegründete Volksrepublik bestand darin, das Problem der Hyperinflation zu lösen. Durch die Zwangsreallokation der Ressourcen, die Zentralisierung des Steuer- und Finanzsystems, die Verringerung der Steuern und die Regulierung des Preises gelang es, die Inflation innerhalb von sechs Monaten zu kontrollieren. Einem Befehl aus Peking zufolge durften die lokalen Regierungen keine Haushaltsdefizite haben.[25] Um den Binnenmarkt wieder zu aktivieren, kaufte der Staat bei privaten Betrieben in großem Umfang ein. Die Zinsen für private Kreditausleihen wurden verringert. War das Angebot auf dem Markt deutlich größer als die Nachfrage, wurden die entsprechenden Produkte von der Regierung zwangsmäßig beschränkt. Staatliche Investitionen flossen vor allem in den Wiederaufbau der Infrastruktur. Die vom Krieg zerstörte Eisenbahn und andere Teile des Verkehrswesens wurden repariert.[26] Mit der Bodenreform und der sozialistischen Umgestaltung wurde die Grundlage der chinesischen Wirtschaft geschaffen. Die Volksrepublik ging somit nicht an der Nachkriegsarmut oder einer Hungersnot zugrunde.

Neben der inländischen Produktion war auch die Regulierung des Außenhandels von Bedeutung für die junge Volksrepublik. Aus eigener Kraft wäre es für die VR China problematisch gewesen, sich wirtschaftlich weiter zu entwickeln. Durch Registrierung und Auditing der Betriebsergebnisse, ausländischer Netzwerke sowie des Managements sorgte die KPCh dafür, dass Handelsfirmen, die ihrer Ansicht nach nicht erfolgreich agierten oder nicht zu der sozialistischen Entwicklung passten, geschlossen wurden. Handelsfirmen mit guten Ergebnissen durften aber weiter privat betrieben werden. Vor dem US-Embargo betrug der Umsatz der privaten Handelsfirmen ein Drittel des gesamten Außenhandelsvolumens der VR China.[27]

---

21 Lardy 1987: 152; Wu 2010: 72, 108.
22 Wu 2010:71 f.
23 Ebenda: 83.
24 Ebenda: 118 f.
25 Lardy 1987: 150.
26 Wu 2010: 97 ff.
27 Ebenda: 121.

Allerdings veränderte sich die Situation des Außenhandels ab 1952. Nach der Fünf-Anti-Kampagne belief sich der Anteil des privaten Sektors am Handelsvolumen nur noch auf 7,2 %. Die Fünf-Anti-Kampagne war aber nicht nur auf die privaten Unternehmen im Bereich Außenhandel ausgerichtet, sondern auf die Gesamtheit der privatwirtschaftlichen Sektoren in der VR China.

Durch die Drei-Anti-Kampagne (ab 1951) und die Fünf-Anti-Kampagne (ab 1952) versuchte die KPCh ihre Wirtschaftsumstrukturierung in den Städten weiter zu konsolidieren. Die Drei-Anti-Kampagne richtete sich offiziell gegen Korruption, Bürokratie und Verschwendungen. Die Fünf-Anti-Kampagne nahm Bestechung, Veruntreuung von Staatseigentum, Steuerhinterziehung, Betrug bei staatlichen Aufträgen und den Verrat von Staatsgeheimnissen in den Fokus.[28]

Der Außenhandelsbereich war von den Kampagnen stark betroffen. Einem Brief des Handelspartners der Bayer AG in Shanghai zufolge stand in der Zeitung,[29] dass insgesamt 70.000 Briefe mit Anklagen und Selbstbezichtigungen bei der chinesischen Regierung eingegangen seien. Praktisch alle privaten Firmen waren vor diesem Hintergrund mit Problemen konfrontiert. Die Mitarbeiter aller Firmen wurden im Rahmen der Kampagnen in mehrere Gruppen eingeteilt. Aus jeder Firma musste mindestens ein Angestellter in den Aktivisten-Ausschuss des jeweiligen Bezirks eintreten. Die Aktivisten besuchten die Firmen reihum und „knie[te]n den Angestellten auf der Seele, dass sie beichten soll[t]en, dann würden sie selber straffrei ausgehen“ [30]. Firmen und Händler gerieten in einen Wettlauf darum, wer wen zuerst anzeigte. Das Haupteinkommen der meisten Handelsfirmen basierte auf mit dem Ausland getätigten Kommissionsgeschäften. Diese konnten das Kapital wegen der Kampagne allerdings nicht in die VR China einbringen, weil sie vermeiden wollten, deswegen angezeigt zu werden. Dies führte zu einer großen Geldknappheit bei den Handelsunternehmen, und fast alle Firmen erzielten nur noch einen geringen Umsatz. Viele drängten zur Bank, um Gold zu verkaufen. Bei der Kampagne im Jahr 1952 durfte keine Firma Insolvenz anmelden. Außerdem durften Firmen niemanden entlassen und keinerlei Gehaltsreduzierungen vornehmen.[31]

Die Kampagnen, insbesondere die auf die privaten Unternehmen ausgerichtete Fünf-Anti-Kampagne, stellten ein großes Hindernis für die Entwicklung des privatwirtschaftlichen Sektors dar. Letztendlich geriet der private Sektor durch die Fünf-Anti-Kampagne vollständig unter die Kontrolle der KPCh.

---

28 Ebenda: 106 f.

29 Brief von Intropa Handels A. G. an Farbenfabriken Bayer Verkauf Pflanzenschutz, 29.02.1952, BAL: 329/688.

30 Ebenda.

31 Ebenda.

2.1.2 Die Außen- und Handelspolitik der VR China 1949–1952

Im Frühjahr 1949 entschied sich die KPCh für ein Bündnis mit der Sowjetunion statt mit den USA.[32] Diese Entscheidung hatte nicht nur ideologische, sondern auch strategische Gründe: Zu einer militärischen Konfrontation mit dem Nachbarland Sowjetunion wäre die VR China Anfang der 50er Jahre nicht in der Lage gewesen. Wäre die VR China eine Allianz mit den USA eingegangen, hätte die Sowjetunion eine große Bedrohung dargestellt.[33] Außerdem musste Mao die Sicherheit des chinesischen Territoriums wegen der speziellen sowjetischen Rechte in der Mandschurei, Dalian und Lüshun nach der Konferenz von Jalta 1945 berücksichtigen.[34] Ein Bündnis mit der Sowjetunion bedeutete auch, dass Stalin unter Umständen die sowjetischen Sonderrechte von Jalta aufgeben würde.[35] Dennoch schlug Außenminister Zhou En-Lai die Aufnahme diplomatischer Beziehungen mit dem Westen vor, darunter mit den USA, Großbritannien und Frankreich. Ziel des Vorschlags war, die Regierung der Guomindang in Taiwan außenpolitisch zu isolieren. Allerdings waren die USA nicht bereit, die Verbindung mit der Guomindang zugunsten einer Beziehung zur KPCh abzubrechen, und hatten keine diplomatischen Beziehungen mit der VR China aufgenommen. Im Gegensatz dazu hatten die Sowjetunion und ihre Satellitenstaaten die VR China schnell anerkannt.[36]

Aufgrund dieser Situation kündigte Mao die außenpolitische Richtlinie „zu einer Seite neigen“ an. Die Allianz mit der Sowjetunion und dem Ostblock wurde dadurch zur Grundlage der chinesischen Außenpolitik in der folgenden Dekade.[37] Ende des Jahres 1949 reiste Mao nach Moskau, um die strategische Partnerschaft zwischen den beiden Ländern zu bestätigen und einen neuen Bündnisvertrag einzugehen.[38] In diesem neuen Bündnisvertrag versprach die Sowjetunion militärische Unterstützung, wenn die VR China von einer dritten Macht – gemeint waren vor allem Taiwan und die USA – angegriffen werden sollte.[39] Für die neu gegründete Volksrepublik, die über keine modern ausgerüstete Armee verfügte, war diese militärische Sicherung vor allem wegen der Taiwan-Frage von besonderer Bedeutung.

Nach dem Abschluss des Sicherheitsabkommens unterzeichnete die Sowjetunion im Frühjahr 1950 mit der VR China auch ein Kreditabkommen über 300 Mio. US-Dollar zu einer Zinsrate von 1 % pro Jahr. Die VR China durfte diesen Kredit jedoch nur für die Beschaffung sowjetischer Güter und Industrieanlagen ausgeben.[40] Es handelte sich für die VR China somit nur um eine begrenzte Unterstützung aus der Sowjetunion. Da-

32 Banken 2005: 22.
33 Nakajima 1987: 264.
34 Kissinger 2011: 115.
35 Stolberg 1997: 181.
36 Ebenda: 176 ff.
37 Möller 2005: 45.
38 Banken 2005: S. 26f; Heilmann/ Schmidt 2012: 17.
39 Dallin 1961: 82.
40 Stolberg 1997: 193.

her nahm die VR China auch wieder Wirtschaftskontakte mit dem Westen auf. Schon ab 1950 äußerte die KPCh offen ihren Wunsch nach einer wirtschaftlichen Zusammenarbeit mit den USA und Westeuropa.[41]

Der im Sommer 1950 ausgebrochene Koreakrieg beeinträchtigte die Handelskontakte zwischen der VR China und dem Westen jedoch. Die Sperrung der Meeresstraße von Taiwan durch die siebte US-Flotte zur Verhinderung eines militärischen Angriffs auf Taiwan nahm die KPCh als eine aggressive Bedrohung und als Ausdruck einer großen Feindschaft der USA gegenüber der VR China wahr.[42] Daher befürchtete die chinesische Regierung, dass, wenn die USA Nordkorea besetzten, die Sicherheit der Küste im Süden und auch die der Region Mandschurei durch die USA bedroht wäre.[43] Angesichts des Bedrohungsgefühls wegen der US-Flotte und des Angriffs auf Nordkorea trat die VR China 1950 in den Koreakrieg ein, obwohl die chinesische Regierung sich auf den wirtschaftlichen Wiederaufbau konzentrieren wollte: Die erste Ankündigung der chinesischen Seite war es gewesen, sich nicht in die inneren Angelegenheiten von Korea einmischen zu wollen.[44] Der Eintritt in den Koreakrieg hatte einen großen Einfluss auf den chinesischen Außenhandel.

Nach dem Ende des Zweiten Weltkriegs begannen die USA einen Handelskrieg. Die Embargopolitik fing Ende 1947 an und richtete sich gegen den gesamten Ostblock einschließlich der VR China. Der Export von ungefähr 500 Sorten amerikanischer Güter in den Ostblock wurde verboten. Die Güter wurden je nach Relevanz für die Rüstungsindustrie in vier Klassen eingeteilt: Die erste Klasse umfasste Rüstungsgüter wie Panzer, Schiffe, Flugzeuge und die zur Herstellung von Rüstungsgütern erforderlichen Technologien; Lokomotiven, Kräne, Lastwagen, Aluminium, Magnesium, Zeitungspapier und DDT gehörten zur zweiten Klasse; die dritte Klasse beinhaltete Waren, die indirekt von militärischer Bedeutung waren, z. B. Textil; die vierte Klasse schließlich umfasste strategisch unbedeutende Güter.[45]

Im Juni 1950 wurde das Embargo gegenüber der VR China wegen des Koreakriegs verschärft: Es galt fortan nicht nur im Außenhandel, sondern auch im internationalen Zahlungsverkehr. Chinesisches Vermögen in den USA wurde eingefroren, und auch Transaktionen mit der VR China in US-Dollar waren nicht länger möglich.[46] Somit wurden die Geschäfte nicht nur beeinflusst, wenn Waren auf der Embargoliste standen; auch Geschäfte mit sonstigen Waren wurden wegen des Verbots der Währungstransaktion mit der VR China gestört. Ab Anfang 1951 weigerten sich wegen des China-Embargos viele ausländische Banken, unter anderem die schweizerischen Banken, Kredit-

41 Ebenda: 199.

42 Nakajima 1987: 272.

43 Osterhammel 1989: 362.

44 Stolberg 1997: 225.

45 Cain 2010: 438.

46 Zhang 2010: 457.

briefe für China zu eröffnen.[47] Viele schon bestehende Kreditbriefe wurden zurückgenommen.[48] Nur Kreditbriefe, die vor dem 17.12.1950 eröffnet wurden, waren gültig, insbesondere bei einer amerikanischen Bank. Auch diese Geschäfte mussten aber vor dem 17.01.1951 abgeschlossen werden.[49]

Gegen die Verschärfung des Embargos ergriff die VR China eine Reihe von Gegenmaßnahmen: Die bereits für den Export verladenen Güter im Wert von ungefähr 130 Mio. US-Dollar wurden umgehend verschifft, wodurch der Verlust bei aus dem Ausland bestellten Waren auf ca. 27 Mio. US-Dollar begrenzt wurde. Als Reaktion auf das Einfrieren der ausländischen Guthaben verbot die VR China ihrerseits Kreditausgaben und forderte vergebene Kredite zurück.[50] Gleichzeitig fror die KPCh auch die amerikanischen Guthaben von Unternehmen in China ein. Keine Transaktion durfte in US-Dollar abgewickelt werden. Keine telegrafische Zahlungsanweisung und keine Bankschecks wurden von der Bank of China (BOC) akzeptiert. Nach einem Bericht des chinesischen Handelsministers Ye Ji-Zhuang aus dem Jahr 1951 wurden 90 % der vom Embargo betroffenen Vermögenswerte und Güter sichergestellt und ins Land gebracht.[51]

Neben diesen gegenüber dem Ausland ergriffenen Maßnahmen führte die KPCh auch eine entsprechende Wirtschaftspolitik im Inland ein: Die VR China fing an, den Außenhandel stark zu beschränken. Zeitgleich mit der Fünf-Anti-Kampagne wurde der Außenhandel einer strengeren Kontrolle unterworfen. Vom zentralen Plan abweichende lokale Regeln und Maßnahmen wurden automatisch außer Kraft gesetzt. Über Menge und Art der Güter für den Export und den Import entschied die Parteizentrale direkt.[52] Obwohl der Import nicht grundsätzlich verboten war, durften nur Waren in die VR China importiert werden, die für diese von außerordentlicher Bedeutung waren. Eine offizielle Liste zugelassener Waren gab es nicht. Importeure mussten in jedem Fall einen Antrag bei dem Foreign Trade Control Bureau stellen.[53] Die ausländischen Devisen wurden streng vom Staat kontrolliert. Private Firmen und Personen durften keine ausländischen Währungen besitzen. Diese mussten in der BOC gegen Währungsbonds umgetauscht werden – nur mit diesen Währungsbonds konnten die Firmen oder Personen ausländische Währungen gegen RMB wechseln. Die BOC als staatliche Bank war die einzige Bank in China, die Devisengeschäfte tätigen durfte. Nur mit ihrer Genehmigung durften ausländische Banken bei den chinesischen privaten Banken De-

47 Brief von the China Mercantile Co. Ltd. an Messrs. Carlowitz & Co. / 华贸行与 Carlowitz & Co. 通信, 12.02.1951, Shanghai Municipal Archives /上海市档案馆: Q448-5-22-3.

48 Ebenda.

49 Brief von the China Mercantile Co. Ltd. an Messrs. Carlowitz & Co. / 华贸行与 Carlowitz & Co. 通信, 22.02.1951, Shanghai Municipal Archives /上海市档案馆: Q448-5-22-4.

50 Ebenda.

51 Cain 2010: 438 f.

52 Naughton 2007: 55.

53 Bericht über allgemeine Lage in Rotchina im Brief von Heinrich Vogel an Farbenfabriken Bayer, 21.02.1952, BAL: 317/24.

visen an- und verkaufen. Für alle Geschäfte, die ausländische Devisen der BOC berührten, musste eine Genehmigung beim Staat beantragt werden.[54] Viele für den Export produzierte Waren wurden auf dem Binnenmarkt verkauft. Die Kaufkraft wurde gestärkt: Bauern wurden für den durch das Embargo entstandenen Verlust von der KPCh entschädigt. Der Güteraustausch zwischen verschiedenen Regionen und Städten wurde gestärkt.[55] Die Folge war somit auch ein aktiverer Binnenmarkt in der VR China.

Der Außenhandel wurde von der chinesischen Seite auf Bartergeschäfte beschränkt, um die mit ausländischen Währungen und Konten gegebenenfalls verbundenen Risiken zu reduzieren. Nur noch selten wurden von der chinesischen Seite Geschäfte mit Barzahlung getätigt, wobei in solchen Fällen Sterling oder Schweizer Franken als Handelswährungen verwendet wurden,[56] weil laut Vorschrift der USA „transactions in non-Dollar currencies which do not touch the US in any way" erlaubt waren.[57] Da Kreditbriefe als Garantie seit dem Embargo nicht mehr ohne Weiteres möglich waren, wurden Bartergeschäfte durch vier von der chinesischen Seite vorgegebene Formen betrieben: „Link Barter", „Barter by back to back credit", „Direct Barter" und „Barter by escrow credit". Bei einem „Link Barter" sollten die chinesischen Waren vor einer Gegenlieferung ausgeliefert werden, während ein „Barter by back to back credit" vorsah, dass die beiden Seiten die Waren gleichzeitig ausliefern sollten. „Direct Barter" war die von der chinesischen Regierung favorisierte Geschäftsform. Dabei sollten die chinesischen Waren erst ausgeliefert werden, wenn die Gegenlieferung in China ankam.[58] „Barter by escrow credit" wird später im Kapitel 2.4.2 erklärt.

Infolge der chinesischen Gegenmaßnahmen kam der chinesische Außenhandel nicht vollständig zum Erliegen. Die VR China war immer noch in der Lage, mit dem Westen zu handeln. Nach Berichten des chinesischen Handelsministeriums hielten die Verbündeten der USA das Embargo nicht vollständig ein und konkurrierten weiterhin miteinander um den chinesischen Markt.[59] Zwar hatte das US-Embargo einen starken negativen Einfluss auf den chinesischen Außenhandel, laut dem UN-Beschluss über das China-Embargo war die Lieferung der verbotenen Waren aus dem Westen aber weiterhin möglich. Der von der chinesischen Regierung gecharterte Dampfer „AXIOS", der eine Woche nach dem Inkrafttreten des China-Embargos Europa verlassen hatte, traf im Jahr 1951 in Kanton (einem der wichtigen chinesischen Häfen) ein. Die Güter, die AXIOS geladen hatte, standen teilweise auf der Embargoliste und stammten größ-

---

54 Wu 2010: 23.

55 Zhang 2010: 459 ff.

56 Zhang 2010: 459 ff.

57 Abschrift Memorandum, 29.10.1952, BAL: 335/2.

58 Brief von the China Mercantile Co. Ltd. an Messrs. Carlowitz & Co. / 华贸行与 Carlowitz & Co. 通信, 22.02.1951, Shanghai Municipal Archives/上海市档案馆: Q448-5-22-4.

59 Zhang 2010: 459 ff.

tenteils aus der Schweiz. Andere neutrale Länder setzten die Lieferung solcher Waren in die VR China ebenfalls fort.[60]

Auch die BRD war – trotz des Embargos – ein Handelspartner der VR China. Obwohl dies mit großen Schwierigkeiten verbunden war, war die Wiederaufnahme der Wirtschaftsbeziehungen mit der VR China sowohl für die Bundesregierung als auch für die deutsche Wirtschaft bedeutsam. Ursächlich hierfür war vor allem die deutsche Wirtschaftssituation nach dem Zweiten Weltkrieg.

2.2 Die Nachkriegswirtschaft und die Politik der BRD 1949–1952

Bei der Außenministerkonferenz 1947 scheiterten die Verhandlungen über die Einheit der Wirtschaftsgebiete Deutschlands, das in vier Zonen aufgeteilt war. Die erste Berlin-Blockade und die im Jahr 1948 durchgesetzte Währungsreform waren entscheidend für die Teilung Deutschlands in zwei Staaten. Zwischen 1949 und 1952 hatte die BRD keine amtliche Außenpolitik. Die Staatsgründung der BRD beendete nicht den Besatzungsstatus Westdeutschlands, auch wenn sie mit einer juristischen Neudefinition einherging.[61] Die westlichen Besatzungsmächte übernahmen die Regierungsgewalt durch den Alliierten Kontrollrat. Der Besatzungsstatus von Westdeutschland wurde erst im Mai 1955 aufgehoben. Zwar durfte die westdeutsche Regierung in größtmöglichem Maße selbst regieren, militärische Sicherheitsfragen, auswärtige Angelegenheiten und Wirtschafts- sowie Außenhandelsbeziehungen mit anderen Ländern standen jedoch unter dem Vorbehalt der Zustimmung der Besatzungsmächte.[62]

Der Außenwirtschaftsbereich der BRD unterlag strengen Beschränkungen. Die Joint Export Import Agency (JEIA) wurde im Jahr 1946 von den Alliierten gegründet, um die amtlichen deutschen Außenhandelsbeziehungen zu übernehmen. Sie verhinderte direkte Kontakte zwischen der deutschen Außenwirtschaft und anderen Staaten. Im Jahr 1949 erhielt die Bundesrepublik die Vollmacht zur Verhandlung von Handelsabkommen,[63] das Handelsvolumen und die Handelspartner wurden aber weiterhin von den Alliierten begrenzt. Bis September 1949 mussten alle von der BRD exportierten Waren in US-Dollar bezahlt werden; eine weitere Einschränkung der westlichen Alliierten sah vor, dass die Hälfte der westdeutschen Importe aus dem OEEC-Raum eingeführt werden musste.[64] Mit der Revision des alliierten Besatzungsstatus wurde der Bundesrepublik eine stark beschränkte Souveränität im Außenhandel und im Devisenverkehr mit dem Ausland zugesprochen: Zum ersten Mal mussten nicht alle Geschäfte

---

60 Brief von the China Mercantile Co. Ltd. an Messrs. Carlowitz & Co., / 华贸行与 Carlowitz & Co. 通信 23.07.1951, Shanghai Municipal Archives / 上海市档案馆: Q448-5-22-2.

61 Benz 2005: Zwei Staatsgründungen auf deutschem Boden.

62 Lehmann 1981: 28.

63 Rudolph 2004: 15; Jüngerkes 2012: 19.

64 Alecke 1999: 46.

mit dem Ausland von den Alliierten genehmigt werden.[65] Der Eintritt in das Allgemeine Zoll- und Handelsabkommen (General Agreement on Tariffs and Trade, GATT) bedeutete für die BRD zunächst keine vollständige Handelssouveränität. Die Kontrolle der Alliierten über den Wechselkurs endete erst im Jahr 1952. Durch den Generalvertrag in diesem Jahr erhielt die BRD das Recht zur Initiative im Außenhandel.[66] Bis zum Jahr 1953 wurde der internationale Kapitalverkehr allerdings weiter von den westlichen Besatzungsmächten kontrolliert.[67]

Wie im Kapitel 1.5.3 erwähnt wurde, versuchte die BRD nach dem Zweiten Weltkrieg „zivilisierte Charakteristika“ auszubilden[68] bzw. eine nationale Identität als „normal West European nation state“ zu entwickeln – sowohl infolge der Reflexion über den Krieg als auch wegen des Drucks der USA. Die USA versuchten vor dem Hintergrund eigener strategischer Interessen, die BRD sowohl militärisch als auch wirtschaftlich zur Westintegration zu bewegen.[69] Der Bundesregierung blieb keine andere Option, wollte sie den Besatzungsstatus beenden.[70] Ein Teil der Integration bestand in der Bildung eines Marktwirtschaftssystems wie in den anderen westeuropäischen Ländern. Die Hungerkrise und die hohe Arbeitslosigkeit in Europa nach dem Zweiten Weltkrieg führten zu einer Welle der Sympathie mit dem Sozialismus und Kommunismus. Sogar in der konservativen Partei CDU fanden im Jahr 1947 Diskussionen darüber statt, ob die Schlüsselindustrien in der BRD wie in den sozialistischen Ländern verstaatlicht werden sollten.[71] Für die antikommunistische Regierung Truman waren solche Erscheinungen unerwünscht. Daher boten die USA an, den Wiederaufbau in Europa zu unterstützen. Neben politischen Gründen hatte die US-Regierung auch ein Interesse daran, Europa als Handelspartner und Absatzmarkt zurückzugewinnen. [72] Deswegen wurde das European Recovery Program, der sogenannte Marshallplan, von der US-Regierung verabschiedet. Der Marshallplan war von entscheidender Bedeutung für den Wiederaufbau in Westeuropa, und auch das westeuropäische Währungssystem wurde mithilfe dieses Programms wiederhergestellt. Von 1948 bis 1952 flossen durch den Marshallplan ca. 14 Mrd. Dollar in Form von Hilfen von den USA nach Westeuropa.[73]

Der Beitritt in die Marshallplan-Organisation im Jahr 1949[74] war äußerst bedeutsam für die Wiedererholung der westdeutschen Wirtschaft. Nach dem Zweiten Weltkrieg und der Demontage der deutschen Industrie sowie der Aneignung vieler Ressour-

65 Jüngerkes 2012: 24.
66 Ebenda.: 36.
67 Rudolph 2004: 16.
68 Harnisch/ Schild 2014: 7 ff.
69 Seppain 1992: 103 f.
70 Rudolph 2004: 15.
71 Jüngerkes 2012: 21.
72 Ebenda: 20.
73 Alecke 1999: 43.
74 Rudolph 2004: 15.

cen und Produkte durch die Alliierten war die BRD anfangs wirtschaftlich in einer sehr schlechten Situation. Die Teilung Deutschlands hatte die Kaufkraft auf dem Binnenmarkt massiv verringert. Viele notwendige Ressourcen sowie große Flächen Ackerboden lagen in der DDR. Außer der Steinkohle aus dem Ruhrgebiet standen der BRD nur noch wenige Rohstoffe für die Industrieproduktion zur Verfügung,[75] sodass die BRD von Importen abhängig war.[76] Für Lebensmittel mussten die wenigen vorhandenen ausländischen Devisen ausgegeben werden. Für Rohstoffe, die für die Industrieproduktion benötigt wurden, reichten die Devisen deswegen nicht aus. Ohne die Möglichkeit des Exports von Industrieprodukten konnte die BRD das Handelsdefizit nicht ausgleichen. Mit dem Marshallplan wurde die Demontage in Deutschland beendet und die Beschränkungen in der Schwerindustrie wurden aufgehoben. Zudem gelangten Lebensmittelspenden sowie andere Wirtschaftshilfen in die BRD.[77] Mit den aus den USA stammenden US-Dollar konnte die BRD wieder Importe finanzieren.[78]

2.3 Die Wiederaufnahme des deutschen Osthandels und die Gründung des Ostausschusses der deutschen Wirtschaft

Mit der Unterstützung des Marshallplans im Jahr 1949 stieg die industrielle Produktion in der BRD um 23 %, im Jahr 1950 verdreifachte sie sich.[79] Für die weitere Entwicklung mussten die BRD und andere westeuropäische Länder jedoch unabhängig von der US-Hilfe werden, da der Marshallplan für die USA eine starke Belastung darstellte. Der Ausgleich des westdeutschen Handelsdefizits war sowohl für die BRD als auch für die USA von großer Bedeutung. Der Osthandel war eine Möglichkeit, dieses Ziel zu erreichen.

Im Jahr 1950 begannen Händler und große deutsche Unternehmen gegen die Embargopolitik zu protestieren. Ab Beginn des Koreakriegs stiegen die Rohstoffpreise auf dem internationalen Markt massiv, die westdeutschen Währungsreserven verringerten sich weiter, und diese Situation führte zu illegalem Handel in großem Umfang. [80] In viele Oststaaten, auch in die VR China, wurden Waren von Westdeutschland illegal transportiert.[81] Der Osthandel und auch der Chinahandel waren nicht mehr zu blockieren, da der „Warenhunger“ [82] zu groß war. Neben den illegalen Wegen konnten gegenseitige Lieferungen zwischen Ländern des Ostens und der BRD durch Händler trotz al-

75 Jüngerkes 2012:19.
76 Jakubec 2006:18.
77 Jüngerkes 2012: 22 f.
78 Alecke 1999: 44.
79 Seppain 1992: 114.
80 Rudolf 2004: 29 f.
81 Wörmann 1982: 17.
82 Brief von Ludwig Erhard an Bundeskanzler, Betr.: Ost-West-Handel, 13.06.1950, Bundesarchiv: B136/7807, siehe auch AAPD: 1949/50, Dok. 70.

ler Überwachungsmaßnahmen auch über dritte Länder, die Ostzone oder über den Seeweg erfolgen.[83] Eine Legalisierung und offizielle Regulierung des Osthandels wurden zunehmend wichtiger. Daher äußerte der Direktor des Verwaltungsrats für Wirtschaft des Vereinigten Wirtschaftsgebietes Ludwig Erhard im Jahr 1950 nach einem Gespräch mit den Vertretern des BDI über den Osthandel[84] den Wunsch nach einer Wiederaufnahme der Wirtschaftsbeziehungen mit dem Osten, u. a. auch mit der VR China. Würden Wirtschaftsaustauschmöglichkeiten auf legalen und kontrollierten Handelswegen unterstützt, so argumentierte er, könne der illegale Schmuggel reduziert werden. Durch die Legalisierung und durch Genehmigungen erhalte die Bundesregierung eine bessere Kontrolle über den Osthandel und auch über den Handel mit der VR China.[85] Aber unter Adenauers Formel der „Wiedervereinigung durch Westintegration"[86] und vor dem Hintergrund seines Engagements für die Orientierung der BRD an den anderen westlichen demokratischen Ländern[87] konnte die Bundesregierung nicht gegen den Strom des Antikommunismus zu Beginn der 50er Jahre schwimmen. Ein Wirtschaftsaustausch und eine Kooperation mit dem Osten widersprachen teilweise der antikommunistischen Ideologie. Außerdem hatte Adenauer die Hoffnung, durch die Unterstützung der westlichen Alliierten die deutsche Wiedervereinigung zu erreichen, weshalb er keine Politik gegen die Wünsche der westlichen Alliierten umzusetzen gedachte.[88] Erst nach Rücksprache mit den Wirtschaftsberatern der Alliierten Hohen Kommission wurde festgelegt, dass es der Bundesrepublik erlaubt sei, im Rahmen der durch die bekannten Vorbehaltslisten gezogenen Grenzen mit den Ostblockstaaten Handel zu treiben. Die alliierten Vertreter erklärten, dass auch Handelsverträge zwischen der BRD und den Staaten des Ostblocks, einschließlich der VR China, erlaubt seien. Die Alliierten seien auch bereit, Vermittlungen durch ihre diplomatischen Vertretungen in solchen Ländern anzubieten, damit die Bundesrepublik „die erforderlichen wirtschaftspolitischen Verbindungen" aufbauen könne.[89] Ab 1951 durfte die BRD selbstständig Handelsvereinbarungen mit anderen Ländern, auch den Oststaaten, eingehen.[90] Dem lagen, wie bereits im Kapitel 2.2 erwähnt wurde, vermutlich die Interessen der Alliierten zugrunde, die immer größer gewordene deutsche Dollarlücke durch den Osthandel zu verkleinern. Eine Intensivierung des Handels ohne Involvierung von US-Dollar bot sich als Lösung für die Dollarkrise in der BRD an. Es bestand die Hoffnung aufseiten der Alliierten, dass Wirtschaftskontakte sowie Abhän-

83 Ebenda.

84 Rudolph 2004: 47.

85 Schriftverkehr von Ludwig Erhard an Bundeskanzler, Betr.: Ost-West-Handel, 13.06.1950, Bundesarchiv B136/7807, siehe auch AAPD: 1949/50, Dok. 70.

86 Schröder 1997: 107.

87 Konrad Adenauer Stiftung, Westintegration, URL: http://www.konrad-adenauer.de/stichworte/aussenpolitik/westintegration/, Datum: 11.01.2016.

88 Rudolph 2004: 31.

89 Bundesminister Erhard an Bundeskanzler Adenauer, 13.06.1950, AAPD: 1949/50, Dok. 70.

90 Jüngerkes 2012: 20.

gigkeiten zwischen der BRD und den Oststaaten auch zu einer gewissen Isolierung der DDR führen würden[91] und dass die Entspannung der Wirtschaftsbeziehungen zwischen der BRD und dem Ostblock die wirtschaftliche Abhängigkeit der BRD von den USA verringern könnte.[92]

Aber der Osthandel der BRD wurde nicht vollständig liberalisiert. Westdeutschland wurde auf den Märkten des Ostblocks im Vergleich zu anderen Ländern weiterhin benachteiligt. Die von dem Coordinating Committee on Multilateral Export Controls vorgegebene Embargoliste (CoCom-Liste) für die BRD war schärfer als für die anderen westeuropäischen Staaten, und auch die Kontrolle war strenger.[93] Viele Waren wurden infolgedessen weiterhin auf illegalem Weg von der BRD in den Ostblock transportiert. Im Jahr 1954 wurden 42 deutsche Firmen von der Alliierten Hohen Kommission sanktioniert, weil sie strategisch relevante Güter in den Ostblock geliefert hatten.[94] Die deutschen Unternehmen brauchten weiterhin Regulierungen und Unterstützung für den deutschen Osthandel durch die Bundesregierung.

Wie im Kapitel 2.2 erwähnt wurde, konnte die BRD ab dem Jahr 1952 die Initiative im Außenhandel ergreifen. Im gleichen Jahr gründete die Bundesregierung auf Wunsch des BDI ein Gesprächsforum in Form eines Arbeitsausschusses. Sowohl die deutsche Wirtschaft als auch die Bundesregierung profitierten von der Einrichtung des Ausschusses: Die deutsche Wirtschaft erfuhr rechtzeitig von den aktuellsten Vorschriften im Rahmen der Embargopolitik, und durch die rechtzeitige Erkundigung nach den Wünschen der deutschen Industrie und nach der Produktionslage hatte die Bundesregierung bessere Verhandlungsmittel beim CoCom-Treffen in Paris.[95] Mit voller Unterstützung aus der Wirtschaft, von Regierungsseite und auch vonseiten des Bundestags wurde der Arbeitsausschuss im Herbst 1952 offiziell in den Ostausschuss der deutschen Wirtschaft umgewandelt.[96] Das Marshallplan-Ministerium bzw. die USA unterstützten die Gründung des Ostausschusses ebenfalls.[97] Dessen Aufgabe bestand in der Verstärkung der Zusammenarbeit zwischen der Bundesregierung und der deutschen Wirtschaft im Bereich des Osthandels. Der Ostausschuss erlaubte es der deutschen Wirtschaft, ihre Wünsche in Bezug auf den Osthandel direkt gegenüber der Bundesregierung zu äußern. Die Bundesregierung sollte – mittels der Beratung durch den Ostausschuss sowie nach Rücksprache mit diesem – die deutsche Außenwirtschaft vor der Manipulation durch die Oststaaten bei Verhandlungen und bei der Umsetzung der Geschäfte schützen. Außerdem sollte der Ostausschuss als ein „amtliches Hilfsorgan" Wirtschaftsbeziehungen zu den Ländern aufnehmen und pflegen, die noch keine Han-

---

91 Rudolph 2004: 48 f.; Jüngerkes 2012: 23.
92 Jackson 2001: 183.
93 Wörmann 1982: 17.
94 Ebenda.
95 Jüngerkes 2012: 30.
96 Rudolph 2004: 50.
97 Jüngerkes 2012: 38.

delsabkommen mit der BRD abgeschlossen hatten.[98] Er wurde bevollmächtigt, Delegationen in andere Länder zu entsenden, um semi-staatliche Handelsabkommen abzuschließen.[99] Die Bundesregierung versuchte auch, durch den Ostausschuss das Auftreten eventueller Provisionsjäger zu verhindern.[100] Durch den Ostausschuss übte die Bundesregierung einen indirekten Einfluss auf die deutschen Unternehmer aus und erlangte umfassendere Informationen über den Osthandel.[101]

Die Bundesregierung konzipierte den Ostausschuss nicht als politisch tätiges Gremium, da Erhard und Adenauer eine „Kartellherrlichkeit" und „unternehmerische Planwirtschaft" vermeiden wollten.[102] Die Mitglieder des Ostausschusses waren ausschließlich Experten für den Osthandel, die von den Industrieverbänden und Industrie- und Handelskammern nominiert wurden. Firmen durften nicht selbst an Sitzungen des Ostausschusses teilnehmen. Der BDI stellte die Geschäftsführung des Ostausschusses.[103] Der China-Arbeitskreis des Ostausschusses galt als deutsches semistaatliches Unterstützungsorgan für den Handel mit der VR China.[104]

2.4 Die Wirtschaftsbeziehungen zwischen der BRD und der VR China 1949–1952

2.4.1 Die Entwicklung der Handelsbeziehungen zwischen der BRD und der VR China 1949–1952

Vor dem Zweiten Weltkrieg waren China und Deutschland gute Handelspartner gewesen. Daher wurden die Handelsbeziehungen auf der Unternehmensebene schon ab dem Jahr 1949 wieder aufgenommen. Durch die effektive Wirtschaftsumstrukturierung in der VR China erholte sich die chinesische Wirtschaft schnell, und auch der BRD gelang es, mit dem Marshallplan viele Wirtschaftsschwierigkeiten nach dem Zweiten Weltkrieg zu überwinden. Beide Seiten hatten daher ein großes Interesse daran, die Handelsbeziehungen zu erweitern. Im Jahr 1950 äußerte Erhard nach dem Gespräch mit Vertretern des BDI über den Osthandel[105] den Wunsch nach einer Verbesserung der Wirtschaftsbeziehungen mit der VR China. Er schrieb an Adenauer:

98 Rudolph 2004: 54 f.
99 Stahnke 1972: 140.
100 Rudolph 2004: 54 f.
101 Jüngerkes 2012: 39.
102 Ebenda.: 35.
103 Ebenda.: 38 f.
104 Stahnke 1972: 140.
105 Rudolph 2004: 47.

> „Der Wirtschaftsverkehr Deutschlands mit China (einschl. Hongkong und Mandschukuo) betrug 1936 auf der Einfuhrseite 2,7 %, auf der Ausfuhrseite 2,8 %. 1949 war China an der Einfuhr der Bundesrepublik mit 0,3 % und an der Ausfuhr der Bundesrepublik mit 0,03 % beteiligt."[106]

Vor diesem Hintergrund hatte die VR China großes Potenzial, ein wichtiger Handelspartner der BRD zu werden und für die BRD mindestens wieder die Bedeutung im Außenhandel zu erreichen, die sie in den 30er Jahren gehabt hatte. Im Jahr 1950 kam es zu einem schnellen Anstieg des Exportvolumens von der BRD in die VR China. So berichtete die Wochenzeitung Die Zeit, dass sich der „deutsche Chinahandel binnen weniger Monate auf das 27-fache erhöht habe" [107]. Der Hamburger Hafen wurde als „Schmuggelzentrum" bezeichnet, durch den große Mengen Stahl, Waffen oder Rohstoffe in die VR China transportiert würden.[108]

Die DDR versuchte, sich als Mittler zwischen der BRD und den Oststaaten einzuschalten. Eine Wirtschaftsdelegation aus der DDR war im Sommer 1950 in die VR China gefahren. Einige westdeutsche Unternehmen wollten sich bei dieser Delegation der DDR über die Handelsmöglichkeiten mit der VR China informieren. Die Bundesregierung verbot solche Wirtschaftskontakte mit der DDR. Sie schlug vor, dass der Handel der westdeutschen Unternehmen mit der VR China über Hongkong, New York, Südkorea und Tientsin vermittelt werden sollte.[109] Es war also nicht die Intention der Bundesregierung, Handelsbeziehungen mit der VR China zu verhindern, soweit die deutsche Wiedervereinigung dadurch nicht erschwert würde.

Aber wegen des Kalten Kriegs und der ideologischen Abweichungen sowie aufgrund der Innenpolitik der beiden Länder gab es viele Hindernisse auf dem Weg der Entwicklung der Wirtschaftsbeziehungen zwischen der BRD und der VR China. Wie im Kapitel 2.1.1 dargestellt wurde, wurden nicht alle privaten Unternehmen und auch nicht alle Handelsunternehmen nach der Gründung der VR China enteignet oder geschlossen. Die verbliebenen Unternehmen zeigten ein Interesse an Geschäften mit westlichen Handelspartnern. Die Drei-Anti- und die Fünf-Anti-Kampagne hatten jedoch einen starken Einfluss auf die Handelsbeziehungen. Nach dem Ausbruch des Koreakriegs und der Verschärfung des Embargos gegenüber der VR China verlangten fast alle chinesischen Unternehmen beim Import aus der BRD eine sofortige Lieferung,[110] um die Risiken vor dem Hintergrund des US-Embargos und der instabilen internationalen Politik zu reduzieren. Diese Bedingung war aber für die deutschen Lieferanten fast unmöglich zu erfüllen. Weiterhin musste jedes Geschäft, sowohl für den Import

---

106 Schriftverkehr von Ludwig Erhard an Bundeskanzler, Betr.: Ost-West-Handel, 13.06.1950, Bundesarchiv B136/7807, siehe auch AAPD: 1949/50, Dok. 70.

107 Zeit Online 1952: Große Mauer im Chinahandel.

108 Ebenda.

109 Bundesminister Erhard an Bundeskanzler Adenauer, 13.06.1950, AAPD 1949/50, Dok. 70.

110 Brief von the China Mercantile Co. Ltd. an Messrs. Carlowitz & Co. / 华贸行与 Carlowitz & Co. 通信, 06.03.1951, Shanghai Municipal Archives / 上海市档案馆: Q448-5-6.

als auch für den Export, von dem Foreign Trade Control Bureau der KPCh genehmigt werden. Die Wartezeit für den Genehmigungsprozess war oft sehr lang.[111]

Die Schwierigkeiten resultierten nicht nur aus dem Handeln der chinesischen Seite: Wegen der großen Dollarlücke und des Embargos wurde der Wirtschaftsverkehr zwischen der BRD und der VR China auch von deutscher Seite strenger kontrolliert. Für Waren, die nicht auf der Vorbehaltsliste standen, mussten die westdeutschen Firmen Ausfuhrgenehmigungen beantragen. Beispielsweise schrieb die Firma Messrs. Carlowitz & Co. ihrem Handelspartner in Shanghai:

> „Wir haben vor einigen Tagen schon telegrafieren müssen, dass die Sendungen… disponiert waren, angehalten werden und ferner, dass alle Lieferungen für China künftig genehmigungspflichtig sind.“[112]

Auf der Einfuhrseite mussten alle Anträge, die Geschäfte mit einem Wert von mehr als 30.000 D-Mark betrafen, vom Bundeswirtschaftsministerium genehmigt werden.[113] Das Genehmigungsverfahren für Gegenseitigkeitsgeschäfte mit der VR China war kompliziert und langwierig: Die Antragsteller mussten zuerst die für die Bartergeschäfte vorgesehenen Formulare bei den fachlichen Gruppen der Zentralen Ausfuhrkontrolle (ZAK) in Frankfurt zur Vorprüfung der Zulässigkeit der vorgesehenen Ausfuhren einreichen. Die ZAK erteilte dem Antragsteller eine schriftliche Bestätigung über die Einreichung des Antrages und leitete dem Bundeswirtschaftsministerium zwei Ausfertigungen des Antrages mit dem Ergebnis ihrer Prüfung zu. Wurden die Geschäfte von der ZAK als zulässig beurteilt, wurde dem Antragsteller eine Vorgenehmigung erteilt, mit der es ihm erlaubt war, Verträge mit den chinesischen Handelspartnern abzuschließen. Die endgültige Genehmigung musste der Antragsteller beim Bundeswirtschaftsministerium beantragen. Einzureichen waren neben den entsprechenden Formularen auch Kopien der mit dem chinesischen Partner abgeschlossenen Verträge. Erst nach dem Erhalt der endgültigen Genehmigungen durften die Waren ausgeliefert werden.[114] Mit einem solchen Genehmigungsprozess war eine sofortige Lieferung deutscher Waren, wie die chinesischen Unternehmen es verlangten, unmöglich.

Vor der Verschärfung der Kontrolle der China-Geschäfte von deutscher Seite und der Gründung des Ostausschusses vereinigten sich mehrere deutsche Firmen zur „OSTAG“ (Arbeitsgemeinschaft der am Handel mit dem Osten beteiligten Firmen[115] / Arbeitsgemeinschaft westdeutscher Industrie- und Handelsfirmen GmbH) und schlossen mit der China National Import and Export Corporation (CNIEC) im Juni 1952 einen

111 Ebenda.

112 Brief von Messrs. Carlowitz & Co. an the China Mercantile Co. Ltd., / Carlowitz & Co. 与华贸行通信, 06.12.1951, Shanghai Municipal Archives/上海市档案馆: Q448-5-6.

113 Sitzungsprotokoll der Geschäftsführung vom Arbeitskreis China, 21.01.1952, BAL: 335/1.

114 Rundschreiben Betr.: Genehmigungsverfahren für Gegenseitigkeitsgeschäfte mit der Volksrepublik China, Unter Bezugnahme auf Rundschreiben Nr. 1/52 vom 29.10.52, BAL: 335/1.

115 Mai 1990: 189.

Handelsvertrag über 250 Mio. US-Dollar ab. Die CNIEC war die Zentralstelle der Einkaufsorganisation der VR China in Peking.[116] Der Vertrag wurde aber von der Bundesregierung abgelehnt, weil sie eine Monopolisierung des China-Handels befürchtete und kritisierte, dass der Vertrag über Stellen der DDR abgewickelt worden sei.[117] Nichtsdestotrotz beweist das Abkommen zwischen der VR China und der OSTAG, dass trotz der Schwierigkeiten auf beiden Seiten noch ein großes Interesse am Handel bestand. Vor diesem Hintergrund nahm eine deutsche Wirtschaftsgruppe, die zur Moskauer Wirtschaftskonferenz fuhr, Kontakt mit der VR China auf.[118]

Kurz nach der von der UN-Wirtschaftskommission für Europa organisierten Genfer Konferenz, bei der staatliche Wirtschaftskontakte aufgenommen werden konnten, bot die Sowjetunion eine ähnliche Plattform für den Ost-West-Handel an. Die Moskauer Konferenz wurde vom Westen als eine sowjetische Strategie gegen die amerikanische Embargopolitik angesehen: Der Beobachtung der deutschen Gruppe zufolge war die Konferenz eine Veranstaltung, durch die die Sowjetunion versuchte, die westlichen Länder mit verlockenden Angeboten zur Intensivierung ihres Osthandels zu bewegen. Die Moskauer Konferenz wurde auch als Wendepunkt der sowjetischen Generallinie in der Außenwirtschaftspolitik bewertet.[119]

Nach Moskau zu fahren war für die deutsche Wirtschaft mit Schwierigkeiten verbunden, da Adenauer die Moskauer Konferenz als „Täuschungsmanöver“ der Sowjetunion ansah.[120] Die Moskauer Konferenz fand kurz nach der Ankündigung der Stalin-Note statt. Laut der Stalin-Note unterstützte die Sowjetunion Deutschlands Wiedervereinigung und Neutralisierung.[121] Die Stalin-Note widersprach dem Diskurs der Westintegration von Adenauer. Es wurde befürchtet, die Fahrt zur Moskauer Konferenz könne bei den westlichen Alliierten zu dem Missverständnis führen, die Bundesregierung akzeptierte die Stalin-Note.

Wie bereits dargestellt wurde, hatte die Bundesregierung aber auch ein Interesse daran, den Osthandel schnellstmöglich wieder aufzunehmen. Daher reiste schließlich doch eine deutsche Gruppe mit der Rückendeckung des Bundeswirtschaftsministeriums nach Moskau. Bei den Mitgliedern der Gruppe handelte es sich hauptsächlich um wichtige Personen der Stahl- und Eisenindustrie, da Stahl- und Eisenprodukte die Produkte waren, die am meisten in den Osten exportiert wurden. Die Unternehmer, die zur Konferenz fuhren, durften sich aus außenpolitischen Gründen jedoch nicht als Delegation bezeichnen und reisten nur als eine Gruppe nach Moskau. So wollte die Bun-

116 Bericht von kaufmännischem Zentralbüro Bayer, Betr.: China Besuch – Peking, Tiantsin und Shanghai, 19.03.1958, BAL: 329/688.
117 Vortrag von Dr. Dittmar am 16. Juni 1975, Betr.: China-Seminar in Köln, 28.05.1975, Bundesarchiv: B102/240578.
118 Bericht über die Moskauer Weltwirtschaftskonferenz vom 03.-12.04.1952, Bundesarchiv: B136/7807.
119 Aktenvermerk, 19.02.1952, Bundesarchiv: B136/7807; Schlarp 2000: 28 ff.
120 Rudolph 2004: 36.
121 Wettig 2002: 139 ff.; Seppain 1992: 129.

desregierung vermeiden, dass das Missverständnis entstünde, die BRD hätte ein Interesse an der Stalin-Note.[122]

Die Moskauer Konferenz war wegen des westlichen Boykotts nicht gut besucht.[123] Die VR China nahm an der Konferenz teil, und die chinesische Delegation brachte auf der Konferenz ihren Wunsch nach Handelsbeziehungen mit allen Ländern auf der Welt zum Ausdruck: Der Bedarf an Produktionsmitteln und Konsumgütern sei in China sehr hoch, und auch Mittel für den Ausbau des Verkehrswesens seien gefragt. Ausländische Unternehmen hätten sehr gute Absatzmöglichkeiten auf dem chinesischen Markt.[124]

Die deutschen Unternehmer nahmen Kontakt zu den Delegierten aus der VR China auf – es war die erste direkte Kontaktaufnahme der deutschen Wirtschaft mit der chinesischen Regierung auf einer offiziellen Plattform nach dem Zweiten Weltkrieg.[125] Mit der Delegation der VR China sprach die deutsche Gruppe in einer „völlig losen" Form über ein Abkommen.[126] Der Besuch der deutschen Wirtschaftsgruppe auf der Moskauer Konferenz führte auch zu einer Reihe von Lockerungen der US-Handelspolitik gegenüber der BRD. Die USA erkannten durch die Moskauer Konferenz die Bedeutung, die der Osthandel für die deutsche Wirtschaft hatte.[127]

2.4.2 Die Geschäftsform und die Zahlungsbedingungen beim Handel zwischen der VR China und der BRD 1949–1952

Wie im Kapitel 2.1.2 dargestellt wurde, war der Handel der VR China mit dem Westen hinsichtlich der Handelsform hauptsächlich auf Kompensationsgeschäfte beschränkt. Vielen westdeutschen Unternehmen bot die VR China den „Barter by escrow credit" an: Ein Importeur in der VR China sollte die Waren zuerst nach China bringen und musste mit der Bezahlung so lange warten, bis ein entsprechender privater Export (auch durch andere Handelsunternehmen) die erforderlichen Devisen lieferte. Dadurch mussten die Handelsunternehmen nicht immer direkt Waren mit eigenen Handelspartnern im Westen austauschen. Die Devisen durch die Exporte anderer Handelsunternehmen ermöglichten die Bezahlung für die deutschen Unternehmen. Auf diese Art und Weise wurden viele deutsche Lieferanten jedoch finanziell belastet; die meisten deutschen Firmen mussten monatelang auf ihre Bezahlung warten. Dies führte zu

---

122 Rudolph 2004: 38 ff.

123 Schlarp 2000: 35.

124 Bericht über die Moskauer Weltwirtschaftskonferenz vom 03.-12.04.1952, Bundesarchiv: B136/7807.

125 Die Moskauer Weltwirtschafskonferenz in der Kommentierung des Ostblocks, 28.04.1952, Bundesarchiv: B136/7807.

126 Mai 1990: 189.

127 Rudolph 2004: 39.

Cashflow-Problemen für viele deutsche Unternehmen, während es der chinesischen Regierung dadurch gelang, den Zahlungsausgleich zu erzielen.[128]

Um die den Cashflow betreffenden Probleme vieler Unternehmen beim China-Handel so weit wie möglich zu vermeiden, wurde die Einfuhr von Waren chinesischen Ursprungs über Hongkong ab 1952 vom Bundeswirtschaftsministerium verboten. Das bedeutete, dass keine chinesischen Waren mehr aus Hongkong in die BRD importiert werden durften, die nicht in Hongkong bearbeitet oder verarbeitet worden waren. Durch diese Vorschrift konnte die Bundesregierung sicherstellen, dass möglichst viele chinesische Waren durch Gegenseitigkeitsgeschäfte in die BRD eingeführt werden konnten. Dadurch stieg das deutsche Exportvolumen in die VR China, sodass sich die Wartezeit bis zur Bezahlung für die deutschen Exporteure verkürzte.[129] Aber eine Bundesgarantie für die Einfuhrseite der Kompensationsgeschäfte war nicht möglich.[130]

Eine direkte Zahlung wurde allerdings nicht komplett ausgeschlossen. Mit Transitgeschäften war eine Zahlung in Cash möglich. Wurden deutsche Waren durch polnische Häfen weiter nach China geliefert, war eine Auszahlung gegen Aufladen der Waren in Gdingen möglich. Viele deutsche Unternehmen, vor allem aus dem chemischen Bereich, akzeptierten auch eine Zahlung gegen Ankommen der Waren in Tanggu in der VR China. Solche Lieferungen wurden durch Garantiebriefe einer Bank gesichert. Eine weitere Möglichkeit der Zahlung bestand bei nicht strategischen Gütern in dem Reexport der Güter aus England. Bei dieser Möglichkeit war die Lieferbedingung Zahlung gegen Dokumente in Liverpool.[131] Die Devisen für den chinesischen Import stammten hauptsächlich aus dem Export nach Indien.[132]

Chinesische Staatsunternehmen wie die CNIEC beauftragten in dieser Phase hin und wieder private Unternehmen, mit deutschen Unternehmen zu handeln. Der Grund dafür war vermutlich, dass die CNIEC die Erfahrungen und Kontakte zum Westen nutzen wollte, über die die chinesischen privaten Unternehmen verfügten. Die privaten Unternehmen erhielten für diese Geschäfte eine Provision. Zum Beispiel bekam die private Handelsfirma China Mercantile Co. Ltd. eine Provision in Höhe von 7 % des Einkaufspreises. Die CNIEC legte bestimmte Bedingungen fest, um die eigenen Interessen zu schützen. Vor allem verlangte die CNIEC die Zahlungsbedingung, dass eine Auszahlung ausschließlich gegen Ankommen der Waren in Tanggu erfolgte. Ausnahmen

128 Brief von Heinrich Vogel an Farbenfabriken Bayer, Bericht über allgemeine Lage in Rotchina, 21.02.1952, BAL: 317/24.

129 Brief vom Ostausschuss an das Bundeswirtschaftsministerium, Betr.: Ursprungzeugnis Hongkong, 20.11.1952, BAL: 335/2.

130 Sitzungsprotokoll der Geschäftsführung vom Arbeitskreis China, 21.01.1952, BAL: 335/1.

131 Brief von the China Mercantile Co. Ltd. an Messrs. Carlowitz & Co. / 华贸行与 Carlowitz & Co. 通信, 23.09.1952, Shanghai Municipal Archives/上海市档案馆: Q448-5-22-1.

132 Brief von the China Mercantile Co. Ltd. an Messrs. Carlowitz & Co. / 华贸行与 Carlowitz & Co. 通信, 23.10.1952, Shanghai Municipal Archives/上海市档案馆: Q448-5-22-2.

galten nur für Sonderwaren und bei kleinen Bestellmengen.[133] Beispielsweise wurde bei der Bestellung von 50 Zeiss-Winkel-Mikroskopen eine Zahlung 24 Stunden nach der Ausschiffung aus Antwerpen akzeptiert.[134] Alle anderen von der deutschen Seite vorgeschlagenen Zahlungsbedingungen wurden nicht akzeptiert. Weitere Einschränkungen seitens der CNIEC betrafen die Lieferbedingungen: Alle deutschen Lieferanten mussten eine Liefergarantie von 2 % bis 3 % des Werts der Waren ausstellen, um die Lieferzeit und die Qualität der Waren sicherzustellen. Ferner mussten die Waren von der chinesischen Prüfstelle, dem China Bureau of Inspection and Testing of Commodities, quantitativ und qualitativ geprüft werden. Diese Prüfung der Waren wurde innerhalb von 55 Tagen nach deren Ankunft durchgeführt. Diese Bedingungen waren verbindlich für alle Geschäfte zwischen der VR China und den westlichen Handelspartnern.[135]

Durch die genannten Bedingungen wurden die Geschäftsbeziehungen zwischen der VR China und der BRD zwar stark eingeschränkt, aber die Risiken für die chinesische Seite wurden verringert. Insbesondere ab der Verschärfung der Embargopolitik gegenüber der VR China war es für die KPCh sinnvoll, den eigenen Außenhandel zu schützen. Maßnahmen dieser Art trugen dazu bei, dass der chinesische Außenhandel infolge des Embargos nicht ganz abbrach. Die Wirtschaftsbeziehungen zwischen der VR China und der BRD entwickelten sich somit langsam weiter, und es fanden Gespräche zwischen Vertretern der deutschen Wirtschaft und der VR China statt.

Mehrere deutsche Außenhandelsfirmen trafen sich im Jahr 1952 im Hotel Johanneshof in Ost-Berlin mit der Delegation der CNIEC; dies war den Bundeswirtschaftsministerien (BWM) bekannt. Gegenstand der Verhandlungen waren Gegenseitigkeitsgeschäfte in Höhe von 5 Mio. D-Mark in jeder Richtung und pro Firma. Die Ziffern wurden auf Weisung des BWM festgelegt. Die Warenliste für die Ein- und Ausfuhr wurde von der Bundesregierung nach dem Bedarf der Bundesrepublik vorgegeben. Thematischer Hauptgegenstand des Treffens war die Zahlungsmethode.

Bei diesen Geschäften sollte eine Bewegung von Devisen grundsätzlich nicht erfolgen, alle Lieferungen der einen Seite sollten durch Gegenlieferungen der anderen Seite ausgeglichen werden. Wegen der komplizierten internationalen politischen Bedingungen waren Akkreditive für die beiden Seiten erforderlich, um termingerechte Lieferungen sowie Gegenlieferungen sicherzustellen. Wenn die vereinbarten Lieferungen von einer Seite innerhalb der Frist nicht erfüllt wurden, durfte die andere Seite auf die Akkreditive zurückgreifen. Als Verrechnungseinheit wurden Schweizer Franken gewählt, weil Transaktionen und Akkreditive in US-Dollar für die VR China wegen des

133 Brief von the China Mercantile Co. Ltd. an Messrs. Carlowitz & Co./ 华贸行与 Carlowitz & Co. 通信, 10.10.1952, Shanghai Municipal Archives/上海市档案馆: Q448-5-22-1.

134 Brief von the China Mercantile Co. Ltd. an Messrs. Carlowitz & Co./ 华贸行与 Carlowitz & Co. 通信, 23.10.1952, Shanghai Municipal Archives/上海市档案馆: Q448-5-22-1.

135 Brief von the China Mercantile Co. Ltd. an Messrs. Carlowitz & Co./ 华贸行与 Carlowitz & Co. 通信, 10.10.1952, Shanghai Municipal Archives/上海市档案馆: Q448-5-22-1.

Embargos nicht möglich waren.[136] Nach dem Sterling-Desaster 1947 wurde Sterling als nicht stabil genug angesehen.[137]

Die Geschäfte sollten auf Basis von Bartergeschäften durchgeführt werden. Die chinesische sowie die deutsche Seite sollten dafür ein gemeinsames Clearing-Konto eröffnen, auf dem die Werte der Lieferungen gutgeschrieben werden sollten. Für den Saldo, der sich auf diesem Clearing-Konto nach dem Ende der Geschäfte oder nach dem Ablauf einer vereinbarten Frist ergab, sollte ein Ausgleich in Schweizer Franken erfolgen. Eine Auszahlung durfte aber erst drei Monate nach der vereinbarten Frist vorgenommen werden, sofern die Gegenlieferungen auf dem Konto bis dahin nicht erschienen waren.[138]

Bei dem Treffen diskutierten die zwei Delegationen über die Frage, bei welchen Banken die Akkreditive eröffnet werden konnten. Die chinesische Seite wollte die Akkreditive zugunsten der deutschen Seite (für die eventuelle Auszahlung an die deutschen Firmen) bei der Banque Commerciale pour l'Europe du Nord in Paris (einer von der Sowjetunion kontrollierten Bank) eröffnen. Dieser Vorschlag wurde von der deutschen Seite als ungeeignet abgelehnt. Für die chinesische Seite war die Eröffnung der Akkreditive zugunsten der chinesischen Lieferungen (für die eventuelle Auszahlung an die chinesischen Firmen) bei einer deutschen Außenhandelsbank ebenfalls nicht angemessen. Daher sollte idealerweise eine zusätzliche Garantie für die beiden Seiten bei einer schweizerischen Bank gestellt werden. Der Erfahrung des BWM zufolge vermieden es die schweizerischen Banken wegen der China-Politik der USA jedoch, in Geschäften zwischen der BRD und der VR China mitzuwirken. Es war kaum vorstellbar, dass sie eine Garantie für eine geschäftliche Abmachung von 100 Mio. Schweizer Franken zwischen den beiden Ländern stellen würden, weil die wirtschaftspolitischen Beziehungen zu den USA für die schweizerischen Banken wichtiger schienen. Die BRD lehnte auch eine Involvierung französischer Banken ab. Eine Offenlegung der Geschäfte zwischen der Bundesrepublik und der VR China gegenüber einem nicht neutralen dritten Land war von deutscher Seite nicht erwünscht. Die Besprechungen über die finanziellen Abwicklungen waren ergebnislos.[139]

Ein weiterer Vorschlag war, dass die deutschen Außenhandelsfirmen über ihre Außenhandelsbank bei einer schweizerischen Bank ein Akkreditiv eröffnen und die Bank deutscher Länder (BdL) eine Swing-Garantie (kurzfristige Garantie für maximal drei Jahre) in Höhe von 50 % des Werts der Waren einräumen sollte. Die chinesischen Unternehmen sollten entweder über die Banque Commerciale pour l'Europe du Nord

136 Auszug aus dem Exposé zur Frage der finanziellen Abwicklung von Gegenseitigkeitsgeschäften mit der VR China von Heinz Beutler 1952 im Brief von Gerhold aus der Industrie- und Handelskammer zu Solingen an Farbenfabriken Bayer A. G., 07.11.1952, BAL: 335/1.

137 Alecke 1999: 45.

138 Auszug aus dem Exposé zur Frage der finanziellen Abwicklung von Gegenseitigkeitsgeschäften mit der VR China von Heinz Beutler 1952 im Brief von Gerhold aus der Industrie- und Handelskammer zu Solingen an Farbenfabriken Bayer A. G., 07.11.1952, BAL: 335/1.

139 Ebenda.

oder über eine andere Bank die Akkreditive auch bei einer schweizerischen Bank eröffnen. Dazu räumte die Bank of China eine Swing-Garantie in der gleichen Höhe ein. In diesem Fall mussten die schweizerischen Banken sich nicht direkt in die Geschäfte zwischen der BRD und der VR China einschalten und es sah aus, als liefen die Geschäfte durch zwei andere Banken. Die schweizerischen Banken mussten zudem keine Garantie für die Geschäfte ausstellen. Der Abschluss eines Handelsabkommens wurde bei dem Treffen erwähnt.[140]

2.4.3 Aktivitäten und Strategien westdeutscher Unternehmen in Bezug auf die VR China 1949–1952

Schon vor und unabhängig von dem gemeinsamen Treffen im Jahr 1952 waren viele deutsche Unternehmen durch ihre Handelspartner oder Vermittler in einem dritten Land auf dem chinesischen Markt aktiv. Dies galt vor allem für die Unternehmen aus der chemischen Industrie.

Schon vor dem Koreakrieg begann die Bayer AG durch ihren ausländischen Vermittler, erneut mit Festlandchina zu handeln. Beispielsweise verhandelte Bayer mit einem chinesischen Handelsunternehmen, der China Chemical & Industrial Corporation (CCIC) aus Tiantsin (einer wichtigen chinesischen Hafenstadt), über ein devisenfreies Bartergeschäft, das den Tausch von 5.000 Tonnen Anilinfarben gegen Sojabohnen im Wert von 550.000 US-Dollar betraf.[141] Die Anfrage kam vom North China Foreign Trading Bureau der Nordchina-Regierung und wurde durch das Unternehmen in Tiantsin an Bayer weitergeleitet.[142] Da die kommunistischen Regierungen schon im Jahr 1948 auf dem mandschurischen Gebiet und im Januar 1949 in Peking gebildet wurden,[143] stellte die KPCh diese Nordchina-Regierung. Die CCIC war ein privates Handelsunternehmen, das eng mit deutschen Unternehmen zusammenarbeitete und die Aufgabe der Qualitätsüberwachung der chinesischen Waren übernahm.[144] Da der chinesischen Seite in dieser Phase nicht genügend ausländische Devisen zur Verfügung standen, musste der chinesische Import der Bayer-Farben durch eine Gegenlieferung in Form chinesischer Rohprodukte bezahlt werden.[145]

140 Ebenda.

141 Abschrift vom Brief zwischen der Firma Schnabel, Gaumer & Co. und Bayer, Betr.: Gegenseitigkeitsgeschäft, 09.08.1949, BAL: 370-018; Abschrift vom Brief von Farbenfabriken Bayer an Schnabel, Gaumer & Co., 08.08.1949, BAL: 370-018.

142 Abschrift der Besprechung in Hamburg 16.-18.07.1949, BAL: 370-018.

143 Grabicki 2015: 86; Party History Research Center of the CPC Central Committee 2015: 中国共产党大事记·1949年 (Chronology of the Events of the Communist Party of China 1949).

144 Abschrift vom Brief der Firma Schnabel, Gaumer & Co. an die Bank Deutscher Länder, Betr.: Gegenseitigkeitsgeschäft, 05.08.1949, BAL: 370-018.

145 Abschrift vom Brief von Schnabel, Gaumer & Co. an die Aussenhandelsstelle der Verwaltung für Ernährung, Landwirtschaft & Forsten, 01.08.1949, BAL: 370-018.

Dieses Tauschgeschäft war von großer Bedeutung für die Wiederaufnahme der Handelsbeziehungen zwischen den beiden Ländern und wurde auch von den Alliierten abgesegnet. Vor dem Zweiten Weltkrieg hatte Deutschland pro Jahr 200.000 Tonnen Sojabohnen, einen Teil davon aus Nordchina, für die Produktion von Margarine und zu Futterzwecken importiert. Während des Zweiten Weltkriegs war der Import gestoppt worden. Die BRD litt in der Phase zwischen 1949 und 1952 unter der großen Dollarlücke. So verfügte die BRD nicht über genügend Devisen für den Import von Sojabohnen aus anderen Ländern. Die Verhandlungen über das Tauschgeschäft waren eine Chance für die BRD, die Sojabohnen betreffende Handelstradition mit China wieder aufzunehmen.[146] Für Bayer handelte es sich um eine gute Möglichkeit, den chinesischen Markt erneut zu erschließen, nachdem China in den Vorkriegsjahren ein wichtiger Absatzmarkt von Bayer für Farben und Chemikalien gewesen war.[147] Die Sojabohnen, die den Bedarf der BRD überstiegen, sollten durch das Büro von Schnabel, Gaumer & Co. in New York in andere Länder verkauft werden.[148] Bayer hatte diese Firma einschalten lassen, weil sie „eine alte, gut eingeführte China-Firma darstellt". Sie hatte umfangreiche Produktkenntnisse und stand in enger Beziehung zu den relevanten deutschen Stellen.[149]

Das Geschäft musste vor allem von der deutschen Verwaltung für Wirtschaft und der Verwaltung für Ernährung, Landwirtschaft und Forsten genehmigt werden. Die Prüfstellen mussten kontrollieren, ob die Sojabohnen als Lebensmittel in der BRD notwendig waren.[150] Wegen der Mangelernährung in der BRD wurde die Einfuhr von Sojabohnen für die Produktion von Margarine als geeignet angesehen.[151] Der Preis der Sojabohnenlieferung überstieg weder den Weltmarktpreis noch den Exportpreis für Sojabohnen aus den USA. Der Preis von Anilinfarben lag ebenfalls in Höhe des internationalen Standard-Exportpreises.[152]

Die Alliierten waren zu Beginn skeptisch in Bezug auf dieses Bartergeschäft.[153] Der Importbereich der JEIA hatte Bedenken, einer deutschen Firma zu erlauben, mit dem kommunistischen Regime der KPCh zu handeln. Der Partner der Bayer AG, die Firma Schnabel, Gaumer & Co., konnte aber nachweisen, dass es Firmen sowohl in Großbri-

146 Abschrift vom Brief von Administration for Food, Agriculture and Forestry an Bipartite Control Office Food, Agriculture and Forestry Group, 04.08.1949, BAL: 370-018.

147 Abschrift vom Schriftverkehr von der Firma Schnabel, Gaumer & Co. An die Bank Deutscher Länder, Betr.: Gegenseitigkeitsgeschäft, 05.08.1949, BAL: 370-018.

148 Abschrift der Besprechung in Hamburg 16.-18.07.1949, BAL: 370-018.

149 Ebenda.

150 Abschrift des Briefs von Firma Schnabel, Gaumer & Co., Betr.: Gegenseitigkeitsgeschäfte lt. Bekanntgabe der Verwaltung des Vereinigten Wirtschaftsgebietes v.7.5.1949 Ausfuhr- Rundschreiben 4/49. 14.06.1949, BAL: 370-018.

151 Abschrift vom Brief von der Firma Schnabel, Gaumer & Co. An die Bank deutscher Länder, Betr.: Gegenseitigkeitsgeschäft, 05.08.1949, BAL: 370-018.

152 Abschrift vom Brief von Administration for Food, Argriculture and Forestry an Bipartite Control Office Food, Agriculture and Forestry Group, 04.08.1949, BAL: 370-018.

153 Abschrift der Besprechung in Hamburg 16.-18.07.1949, BAL: 370-018.

tannien als auch in den USA erlaubt war, mit der nordchinesischen Regierung zu handeln.[154] Letztendlich erteilte die JEIA eine Genehmigung für das Geschäft. Der Export nach China versprach, die Tür zu einem Land zu öffnen, das eine lange Handelstradition mit Deutschland hatte. Zudem bestand die Aussicht, den deutschen Devisenmangel eventuell zu verringern.[155]

Obwohl das Geschäft devisenfrei abgewickelt werden sollte, mussten die zwei Handelsfirmen zwei Kreditbriefe bei einer Bank oder zwei verschiedenen Banken in gleicher Höhe in US-Dollar eröffnen, einen von deutscher Seite zur Bezahlung der Sojabohnen und einen anderen von chinesischer Seite zur Zahlung der Farben. Zweck der Kreditbriefe war die Garantie der Lieferungen sowie der Gegenlieferungen.[156] Bayer musste für dieses Geschäft mit der Bank deutscher Länder (BdL) eine Vereinbarung treffen, wonach Kreditbriefe zur Deckung der Käufe in einer Form erstellt werden sollten, die das deutsche Dollarguthaben nicht gefährden würden.[157] Die JEIA schlug der BdL vor, dass die Kreditbriefe von diesem Geschäft durch eine New Yorker Bank abgewickelt werden sollten, auch wenn die Kosten dadurch höher würden. Ein möglicher Grund hierfür war, dass die Alliierten die Abwicklung dieses Geschäftes dadurch bestmöglich kontrollieren konnten. Die JEIA war der Ansicht, dass die Kreditbriefe eine Klausel enthalten sollten, dass ein eröffneter Kreditbrief nur dann Gültigkeit hatte, wenn ein Gegenakkreditiv zur Zahlung der Gegenlieferung eröffnet wurde. Beide Kreditbriefe durften entweder über New Yorker Banken oder die Tientsin-Niederlassung der Banque Belge por l'Etranger resp. der Banque de l'Indochina eröffnet werden, wobei die New Yorker Korrespondenzbanken der oben angeführten Häuser eingeschaltet werden sollten.[158] Neben der Zustimmung der JEIA in Düsseldorf war auch eine politische Zustimmung des State Department in Washington erforderlich.[159]

Die Verhandlungen über das Sojabohnen betreffende Bartergeschäft waren nicht der einzige Versuch von Bayer im Jahr 1949, wieder auf dem chinesischen Markt Fuß zu fassen. Mit dem Handelsunternehmen Pei-Fung in Shanghai nahm Bayer im gleichen Jahr Kontakt auf, um Lithoponen anzubieten. Es kam jedoch nicht zu weiteren Verhandlungen, da die chinesische industrielle Produktion und der Handel wegen der militärischen Spannungen im Bürgerkrieg fast vollständig eingestellt wurden. Keine

---

154 Abschrift vom Brief von Farbenfabriken Bayer an Schnabel, Gaumer & Co., 08.08.1949, BAL: 370-018.

155 Abschrift vom Brief von der Firma Schnabel, Gaumer & Co. An die Bank Deutscher Länder, Betr.: Gegenseitigkeitsgeschäft, 05.08.1949, BAL: 370-018.

156 Abschrift vom Brief von der Firma Schnabel, Gaumer & Co. An die Bank Deutscher Länder, Betr.: Gegenseitigkeitsgeschäft, 05.08.1949, BAL: 370-018.

157 Abschrift vom Brief von Administration for Food, Argriculture and Forestry an Bipartite Control Office Food, Agriculture and Forestry Group, 04.08.1949, BAL: 370-018.

158 Abschrift vom Brief von der Firma Schnabel, Gaumer & Co. An die Bank Deutscher Länder, Betr.: Gegenseitigkeitsgeschäft, 05.08.1949, BAL: 370-018.

159 Abschrift vom Brief von der Firma Schnabel, Gaumer & Co., Betr.: Sojabohnen, 10.08.1949, BAL: 370-018.

chinesische Fabrik war in der Lage gewesen, die Bayer-Produkte für die Produktion anzunehmen. Der Außenhandel in Shanghai kam zum Stillstand. Obwohl neue Regulierungen des Außenhandels von der kommunistischen Partei seit der Shanghaier „Liberalisierung" (so bezeichneten die offiziellen Medien der KPCh den Sieg gegen die Guomindang) angekündigt wurden, verhielten sich die privaten Handelsfirmen noch immer sehr vorsichtig gegenüber den westlichen Handelspartnern. Sie warteten auf weitere Regulierungen durch die KPCh.[160]

Nach der offiziellen Gründung der VR China wurden die Handelsbeziehungen zwischen der BRD und der VR China auf der Unternehmensebene schnell wieder aufgenommen. Aber die instabile chinesische Innenpolitik erschwerte die Verhandlungen und erhöhte auch die Risiken. Einer der wichtigsten Vermittler von Bayer in Tiantsin, Eutraco S. A., war wegen der Fünf-Anti-Kampagne in eine „hässliche Angelegenheit verwickelt" [161], da ein Mitarbeiter von Eutraco dem Wunsch eines Einkäufers der CNIEC nach Rückvergütung auf geschlossene Kontrakte stattgegeben hatte. Er wurde inhaftiert. Der Geschäftsleiter von Eutraco wurde für diesen Vorfall von den Justizbehörden als „Agent of imperialists"[162] verantwortlich gemacht und wurde ebenfalls dem Gericht übergeben. Der Direktor der CNIEC gab zwar an, dass er mit Eutraco weiterhin vertrauensvoll zusammenarbeiten werde, aber die Zahlung für die durch Eutraco bestellten Waren von Bayer, die schon ausgeschifft worden waren, verzögerte sich.[163] Außerdem konnten andere Handelspartner von Bayer in der VR China keine nennenswerten Aufträge vermitteln.[164] Der Anti-Verschwendungs-Diskurs im Rahmen der Drei-Anti-Kampagne hatte einen negativen Einfluss auf den Farbenexport von Bayer, da die Konsumwirtschaft in der Leichtindustrie stark beeinträchtigt wurde.[165] So berichtete auch die technische Abteilung der Vertretung von BASF in China:

> „Die staatliche Propaganda ermahnt das Volk täglich zur Sparsamkeit. Bis zur Erreichung des paradiesischen Zustands muss zunächst einige Jahre gespart werden. So ist heute verpönt, europäische Wollanzüge zu tragen; ebenso sind die chinesischen Ishangs aus Wolle und Seide aus der Mode gekommen und dafür die liberation dress in Mode. Desgleichen gehören bereits Lederschuhe zum Luxus... Wer nicht auffallen will, fügt sich der neuen Sparsamkeitsmode. Auf diese Weise sind Wolle, Seide und Leder für den hiesigen Konsum überflüssig gemacht worden, und die Regierung hat in den beiden letzten wichtige Exportgüter zur Verfügung."[166]

160 Brief von C. L. Hsueh aus der Firma Pei-Feng an Farbenfabrik Bayer/培丰公司与 Bayer 往来, 25.08.1949, Shanghai Municiple Archives/上海市档案馆: Q448-1-135.

161 Brief von Verkauf Pflanzenschutz an Direktions Antlg., Betr.: Eutraco S. A., Tientsin, 07.03.1952, BAL: 329/688.

162 Ebenda.

163 Ebenda.

164 Brief von Intropa Handels A. G. an Farbenfabriken Bayer Verkauf Pflanzenschutz, 29.02.1952, BAL: 329/688.

165 Bericht über allgemeine Lage in Rotchina im Brief von Heinrich Vogel an Farbenfabriken Bayer, 21.02.1952, BAL: 317/24.

166 Grabicki 2015: 91.

BASF hatte in dieser Phase wie Bayer wenig Erfolg auf dem chinesischen Markt. Die Monopolisierung des Außenhandels durch die KPCh schränkte die Geschäftsbeziehungen zwischen chinesischen Privatunternehmen und BASF ein: Für die Handelspartner der BASF in der VR China war es schwierig, an Importlizenzen für die BASF-Produkte zu gelangen. Die traditionellen Exportgüter von BASF, Farbstoffe für die Leichtindustrie, entsprachen nicht mehr dem chinesischen Bedarf. BASF konnte nur noch auf den Export von Drucktinte in die VR China für die Nutzung beim Druck der chinesischen Propaganda hoffen. Neben aus den politischen Bedingungen und geringen Absatzmöglichkeiten resultierenden Problemen war die Vertretung der BASF in der VR China auch mit Schwierigkeiten in Bezug auf die Werkleiter der chinesischen Betriebe konfrontiert. Diese hatten kein Interesse daran, die Produktion und die Geschäfte zu verbessern, da „die eventuellen Gewinne der Unternehmen nicht den Besitzern zugutekommen." Deswegen hatte BASF in dieser Phase keinen großen Erfolg in der VR China.[167]

Auch andere Firmen erhielten zwar weiterhin Aufträge und Bestellungen aus der VR China, aber die Verhandlungen waren seit dem Koreakrieg durch das US-Embargo stark eingeschränkt. Beispielsweise scheiterten einige Kontrakte zwischen der Shanghaier Handelsfirma China Mercantile Co. und Messrs. Carlowitz & Co. Die Firma Messrs. Carlowitz & Co. hatte schon Anfang des 20. Jahrhunderts Geschäftsbeziehungen mit Festlandchina unterhalten.[168] The First Military Medical University of People's Liberation Armed Forces in Tiantsin beauftragte das private Unternehmen China Mercantile Co. Ltd. damit, hundert Mikroskope von der Firma Messrs. Carlowitz & Co. aus der BRD einzukaufen. Der Kreditbrief der chinesischen Seite für die Zahlung der Mikroskope wurde jedoch wegen des US-Embargos eingefroren.[169] Obwohl die chinesische Seite mehrere Möglichkeiten zu nutzen versuchte, das Geschäft weiter abzuwickeln, war keine Bank bereit, in dieses Geschäft involviert zu sein, weil die Bank die Transportrisiken hätte übernehmen müssen. Die Bank of China verlangte bei diesem Geschäft darüber hinaus eine zusätzliche Garantie, dass die ausgezahlte ausländische Währung von der China Mercantile Co. Ltd. wieder einbezahlt würde.[170] Trotz der Bemühungen der China Mercantile Co. Ltd. scheiterte das Geschäft.[171]

Die Bayerische Reisszeugfabrik AG begegnete im Jahr 1951 ähnlichen Problemen, die durch das China-Embargo verursacht wurden. Für die chinesische Seite gestaltete es sich schwierig, gültige Akkreditive für die deutschen Lieferungen zu eröffnen. Die

167 Ebenda: 88 ff.

168 Leutner 2006: 77.

169 Brief von China Mercantile Co. Ltd. An Messrs. Carlowitz & Co./ Messrs. Carlowitz & Co. 华茂天津分公司代天津军医大学, 西德礼和央行订购显微镜一百支美汇被冻结来往新建及简略报告, 09.01.1951, Shanghai Municipal Archives/上海市档案馆: Q448-5-6.

170 Ebenda.

171 Interner Bericht von China Mercantile Co. Ltd./ Messrs. Carlowitz & Co. 华茂天津分公司代天津军医大学, 西德礼和央行订购显微镜一百支美汇被冻结来往新建及简略报, 27.03.1952, Shanghai Municipal Archives/上海市档案馆: Q448-5-6.

deutschen Banken hatten große Schwierigkeiten mit den in Tientsin und Shanghai eröffneten Akkreditiven, weil die Auszahlung von der Zahlungssperre betroffen sein konnte.[172]

2.5 Zwischenfazit

In der Phase zwischen 1949 und 1952 bildeten die relevanten Akteure Rollenerwartungen an die Bundesregierung in Bezug auf die VR China aus. Unmittelbar nach dem Zweiten Weltkrieg brauchten the Other und die Significant Others – die VR China, die Sowjetunion und die USA – Zeit, in Abhängigkeit von ihrer jeweiligen Situation Positionen und Erwartungen gegenüber der BRD hinsichtlich der deutschen China-Politik auszubilden.

Für die KPCh bestand das vorrangige Ziel darin, die junge Volksrepublik zu konsolidieren. Dies bedeutete, dass im Inland die wirtschaftlichen sowie die ideologischen Bedürfnisse des Großteils der Bevölkerung befriedigt werden sollten, während es außenpolitisch für die chinesische Regierung von Bedeutung war, Taiwan zu isolieren und sich gegen die eventuelle Invasion anderer Länder zu wappnen. Hinsichtlich der Bedürfnisse im Inland konzentrierte sich die KPCh auf die Bodenreform und die soziale Umgestaltung, wodurch die neue Regierung ihre Machtposition in der VR China absicherte. In diesen zwei Politikbereichen stand die Erhöhung des Lebensstandards der Bauern und Arbeiter (über 80 % der chinesischen Bevölkerung) im Zentrum; so setzte die KPCh die versprochene Egalität teilweise um. Außenpolitisch entschied sich die VR China aus strategischen Erwägungen für die Allianz mit der Sowjetunion und trat aus Furcht vor einer US-Attacke in den Koreakrieg ein. Der Koreakrieg führte zur Verschärfung des US-Embargos gegenüber der VR China, wodurch der chinesische Außenhandel stark beeinflusst wurde. Die VR China geriet dadurch in eine wirtschaftliche Abhängigkeit von der Sowjetunion, deren Unterstützung jedoch stark eingeschränkt war. Um das Lebensniveau der Bevölkerung weiter aufrechtzuerhalten, brauchte die VR China alternative Handelspartner. Daher richtete sich die Aufmerksamkeit der KPCh am Ende dieser Phase auf Wirtschaftsbeziehungen zum Westen einschließlich der BRD. Auch vor dem Koreakrieg hatten die ideologischen Abweichungen nicht zu einem vollständigen Abbruch des Handels mit dem Westen durch die KPCh geführt. Auf der Moskauer Konferenz äußerte die VR China den Wunsch nach Handelsbeziehungen mit allen Ländern inklusive der BRD. Die chinesische Seite traf sich auch mit deutschen Wirtschaftsvertretern in Ostberlin, um ein Handelsabkommen zu besprechen. Die VR China strebte die Intensivierung der Wirtschaftsbeziehungen an, hatte aber keine konkreten Vorstellungen in Bezug auf die vertraglichen Vereinbarungen. Die Erwartung der VR China war somit, *Handelspartner* der BRD zu werden – unab-

172 Brief von Bayerische Reisszeugfabrik AG an Whitney Engineering & Trading Corp., 05.04.1951, Shanghai Municipal Archives/上海市档案馆: Q448-6-1-2.

hängig davon, ob als *inoffizieller Handelspartner, semi-staatlicher Handelspartner* oder *offizieller Handelspartner*, solange eine Verbesserung der Wirtschaftsbeziehungen zwischen den beiden Seiten in Aussicht stand.

Vor dem Hintergrund des antikommunistischen Diskurses waren die Rollenerwartungen der USA an die Bundesregierung in Bezug auf das Verhältnis der BRD zur VR China schnell gebildet. Die USA als Supermacht im Westblock sahen in der jungen Volksrepublik, die von der Sowjetunion unterstützt wurde, eine potenzielle Gefahr. Nach der Regierungsübernahme vertrieb die KPCh die Guomindang, den Kooperationspartner der USA, vom chinesischen Festland, was eine Bedrohung der US-Macht in Ostasien bedeutete. Die USA hatten zwar nicht die Intention, die VR China nach dem Koreakrieg anzugreifen, aber die VR China nahm trotzdem an dem Krieg teil. Die militärische Intervention der VR China in den Koreakrieg schädigte die Beziehungen zwischen China und den USA weiter. Das US-Embargo gegenüber der VR China war eine wirtschaftliche Maßnahme der USA, um die VR China zu sanktionieren. Aus der US-Perspektive war die VR China ein *Feind*. Die USA erwarteten, dass alle Empfänger der US-Unterstützungen im Rahmen des Marshallplans die VR China ebenfalls als *Feind* ansehen sollten. Daher war in dieser Phase die Rollenerwartung der USA an die Bundesregierung, dass diese die VR China als *Feind* betrachten sollte.

Mit der Ankündigung der chinesischen außenpolitischen Richtlinie, „zu einer Seite neigen“ zu wollen, ging die VR China eine offizielle Allianz mit der Sowjetunion ein. Die VR China und die Sowjetunion hatten auch friedliche Lösungen zu Fragen wie jener nach den sowjetischen Sonderrechten in der Mandschurei gefunden. Mit der Intervention in den Koreakrieg war die Position der VR China im Kalten Krieg noch eindeutiger geworden: China stand auf der Seite des Ostblocks. Daher unterstützte die Sowjetunion die Entwicklung der VR China. Allerdings sah Stalin in der Stärkung der jungen Volksrepublik auch eine potenzielle Gefahr. Er hatte die Befürchtung, die VR China könnte doch zu einer Bedrohung für die Sowjetunion werden. Daher war die sowjetische Unterstützung beim chinesischen Wiederaufbau begrenzt. Für die Sowjetunion, die ihre Macht vor allem in Europa verstärken wollte, spielte die VR China in dieser Phase kaum eine Rolle: China war weder ein starker strategischer Partner noch stellte es eine große Bedrohung für die Sowjetunion dar. So waren die Erwartungen der Sowjetunion an die Bundesregierung in Bezug auf deren Handeln gegenüber der VR China *neutral*.

Für die deutschen Unternehmen war der China-Handel in der Phase zwischen 1949 und 1952 ein kompliziertes Thema. Auf der einen Seite wollten sie den chinesischen Markt wieder erschließen, auf der anderen Seite begegneten sie aber wegen des Kalten Kriegs und der instabilen chinesischen Innenpolitik vielen Risiken und Hindernissen. Die deutschen Unternehmen nahmen viel früher wieder Kontakt zur VR China auf als die Bundesregierung und versuchten, wieder mit China zu handeln. Einige Firmen trieben unter großen Mühen Geschäfte mit der jungen Volksrepublik, obwohl die Kontrolle durch die Alliierten, das US-Embargo und die chinesische Politik gegenüber privaten und ausländischen Unternehmen den Handel mit China für die deutsche

Wirtschaft schwierig und in den meisten Fällen unmöglich machten. Deutsche Firmen aus verschiedenen Branchen schlossen sich schnell zu Gemeinschaften wie der OSTAG zusammen, um sich für mehr Spielräume beim China-Handel einzusetzen. Mit der Bildung des Ostausschusses hatten sie später schließlich eine Möglichkeit, sich gegenüber der Bundesregierung zum China-Handel zu äußern. Für die deutsche Wirtschaft waren die Wiederaufnahme der China-Geschäfte und eine Regulierung sowie Vereinfachung des Geschäftsprozesses entscheidend. Auch für die deutsche Wirtschaft war es aber – ähnlich wie im Fall der VR China – irrelevant, ob die Bundesregierung und die VR China offizielle Beziehungen eingingen. Die Rollenerwartung der deutschen Wirtschaft an die Bundesregierung war demnach, *inoffizieller*, *semi-staatlicher* oder *offizieller Handelspartner* der VR China zu sein.

Die Bundesregierung nahm die Rollenerwartungen vonseiten der internationalen Akteure und der deutschen Außenwirtschaft auf unterschiedliche Art und Weise wahr: Auf der Moskauer Konferenz äußerte die chinesische Seite den Wunsch nach einer Verstärkung der Wirtschaftsbeziehungen; wegen des Koreakriegs und des US-Embargos war die Position der USA gegenüber der VR China eindeutig; durch die Bildung der OSTAG und das inoffizielle Treffen in Ostberlin mit der chinesischen Wirtschaftsdelegation zeigte die deutsche Wirtschaft, dass sie ein Interesse daran hatte, die Wirtschaftsbeziehungen zur VR China zu verbessern.

Zwischen der Stalin-Note und der Westintegration entschied sich die Bundesregierung in dieser Phase für die zweite Option. Die Bundesregierung übernahm aus wirtschaftlichen, kulturellen und historischen Gründen die nationale Identität eines „normal West European nation state“. Das bedeutete für die Bundesregierung, dass sie in Bezug auf die VR China und die Sowjetunion politisch besonders vorsichtig vorgehen musste. So konnte die Bundesregierung, insbesondere unter dem Besatzungsstatus, keine weitere Annäherung an die VR China vornehmen. Während des Wiederaufbaus nach dem Krieg versuchte die Bundesregierung aber auch, den Bedarf der deutschen Wirtschaft zu decken. Der Osthandel einschließlich des China-Handels wurde erlaubt und so weit wie möglich unterstützt. Vor dem Hintergrund der abweichenden Rollenerwartungen vonseiten der Significant Others und der deutschen Wirtschaft sowie der VR China versuchte die Bundesregierung durch die Einrichtung des Ostausschusses bzw. durch die im Kapitel 1.5.2 erklärten „instrumental or ritual acts“, den Konflikt zwischen den Rollenerwartungen zu lösen. Durch die Ablehnung des durch die OSTAG abgeschlossenen Handelsvertrags und die weitgehende Befolgung des US-Embargos signalisierte die Bundesregierung den USA, keinerlei offizielle wirtschaftliche Annäherung an die VR China anzustreben; durch die Einrichtung des Ostausschusses und seines China-Arbeitskreises sowie durch die Zustimmung zu dem inoffiziellen Treffen in Ostberlin zeigte die Bundesregierung der VR China und der deutschen Wirtschaft ihre Bereitschaft, die Wirtschaftsbeziehungen zwischen den beiden Ländern zu unterstützen. In Bezug auf die VR China übernahm die Bundesregierung in dieser Phase das nationale Rollenkonzept (NRC) eines *inoffiziellen Handelspartners*.

3 Die Wirtschaftsbeziehungen zwischen der BRD und der VR China 1953–1957

Der Zeitraum von 1953 bis 1957 war für die BRD und die VR China eine Phase erfolgreicher Wirtschaftsentwicklungen. Nach einer dreijährigen Konsolidierung wurde der erste chinesische Fünfjahresplan festgelegt und durchgesetzt. Das BIP wuchs schnell, und die Wirtschaftsstruktur wurde mithilfe der Sowjetunion weitgehend umgewandelt, indem in der VR China erfolgreich ein Zentralplanwirtschaftssystem etabliert wurde. Aufgrund des großen Bedarfs für die industrielle Weiterentwicklung war die sowjetische Hilfe zunehmend unzureichend. Deswegen versuchte die VR China in dieser Phase aktiv mit westeuropäischen Ländern zu kooperieren. Die BRD hatte die wirtschaftlichen Nachkriegsschwierigkeiten überwunden und erlebte das sogenannte Wirtschaftswunder. Im Zuge der allgemeinen Expansion auf ausländische Märkte wurde auch die VR China zu einem attraktiven Handelspartner, sowohl für die deutschen Unternehmen als auch für die Bundesregierung. Daher kam es im Vergleich zur Phase von 1949 bis 1952 zu einer Intensivierung der Wirtschaftskontakte zwischen den beiden Ländern. Obwohl die aggressive chinesische Außenpolitik gegenüber der Sowjetunion und den USA die Entwicklung politischer und wirtschaftlicher Beziehungen zwischen der VR China und der BRD behinderte, schlossen die beiden Länder nach jahrelangen Bemühungen das erste semi-staatliche Handelsabkommen ab.

3.1 Die Wirtschafts- und Außenpolitik der VR China 1953–1957

Nach der Konsolidierung des neu gegründeten Staates und dem Koreakrieg wurde der erste Fünfjahresplan umgesetzt, wobei die Etablierung eines Zentralplanwirtschaftssystems nach sowjetischem Modell erfolgte und ein hohes Wachstum vor allem im Bereich Investitionsgüter erzielt wurde. Wegen des großen Bedarfs an einer schnellen industriellen Entwicklung legte die KPCh viel Wert auf den Außenhandel sowohl mit der Sowjetunion als auch mit Westeuropa. Ein Handel mit den USA war weiterhin weder von der KPCh noch von den USA gewollt. Obwohl die VR China eine außenwirtschaftliche Kooperation mit anderen Ländern anstrebte, verfolgte Mao ab dieser Phase außenpolitisch eine Strategie der Isolation: Kurz nach dem Koreakrieg geriet die VR China in eine neue Krise mit den USA, und ab 1955 wurden auch die Konflikte zwischen der VR China und der Sowjetunion langsam offensichtlich und offiziell. Die Phase von 1953 bis 1957 schuf eine Grundlage für die weiteren chinesischen Entwicklungen und war durch eine ungewöhnliche Kombination geprägt: schnelles Wirtschaftswachstum, aktiver Außenhandel, aber eine Isolationsstrategie in der Außenpolitik.

https://doi.org/10.1515/9783111245805-003

3.1.1 Der erste Fünfjahresplan der VR China

Nach der Gründung der VR China brauchte die KPCh vier Jahre, um den ersten Fünfjahresplan endgültig festzulegen. Einerseits musste die KPCh zuerst die chinesische Gesellschaft und Wirtschaft konsolidieren und ihre außenpolitischen Positionen klären, andererseits hatte das neue Regime auch wenig Erfahrungen mit der Wirtschaftsentwicklung. Der Koreakrieg verlangsamte den Prozess zusätzlich. Im November 1952 wurde das zentrale Planungskomitee gegründet.[1]

Innerhalb der Partei standen sich in Bezug auf den ersten Fünfjahresplan zwei Ansichten gegenüber. Liu Shao-Qi (später Vorsitzender des Nationalen Volkskongresses) schlug einen Wirtschaftsplan vor, wonach der Schwerpunkt der Wirtschaftsentwicklung vor allem auf die Landwirtschaft gelegt werden sollte. Die Schwerindustrie sollte seinem Plan zufolge an zweiter Stelle stehen, gefolgt von der Leichtindustrie. Die andere Ansicht war, vor allem die Schwerindustrie zu entwickeln und erst an zweiter Stelle die Landwirtschaft. Der Vorschlag von Liu Shao-Qi wurde wegen des Koreakriegs abgelehnt, da der Bedarf für die Rüstungsindustrie massiv gestiegen war. Die KPCh investierte somit vor allem in die Schwerindustrie – als Grundlage der Rüstungsindustrie.[2] Die ursprünglich von der KPCh bzw. dem Planungskomitee erwarteten Wachstumszahlen waren ehrgeizig: Bis Ende 1957 sollte der Bruttoproduktionswert der Industrie um 105,71 % wachsen. Im Bereich Landwirtschaft sollte das Wachstum 44,75 % betragen. Um diesen Plan zu verbessern, reiste eine Delegation, geführt von Zhou En-Lai und Li Fu-Chun, in die Sowjetunion. Die Sowjetunion war der Ansicht, die Zahlen seien angesichts der chinesischen Situation unrealistisch und sollten niedriger angesetzt werden.[3] Die Sowjetunion spielte eine zentrale Rolle während des ersten Fünfjahresplans. Die Ratschläge und Vorschläge aus der Sowjetunion wurden berücksichtigt, und der erste Fünfjahresplan wurde in modifizierter Form verabschiedet. Er wurde als die „Generallinie des Übergangs zum Sozialismus" bezeichnet.

Ende 1953 kündigte die KPCh die „Generallinie des Übergangs zum Sozialismus" (社会主义过渡时期总路线) für die chinesische Wirtschaftsentwicklung an,[4] wobei das Entwicklungsmodell der Sowjetunion aus der Zeit von 1928 bis 1937 übernommen wurde. Das Ziel dieser Politik war vor allem ein schnelles Wachstum in der Schwerindustrie,[5] weil diese dem Modell zufolge die Voraussetzungen für die Entwicklung aller anderen Branchen schaffen sollte.[6] Kapital wurde daher vor allem in die Schwerindustrie und in Investitionsgüter investiert.[7]

1 Wu 2010: 77.
2 Wu 2009: 172; Liu 2006: 55.
3 Liu 2006: 54 ff.
4 Herrmann-Pillath/ Lackner 1998: 171.
5 Wu 2009: 316; Liu 2006: 60 f.
6 Wu 2009: 189.
7 Grabicki 2015: 97; Lardy 1987 Economic recovery and the 1st Five-Year Plan: 158.

Nach dem Modell sollten auch eine dirigistische zentrale Planwirtschaft und ein staatlicher Preismechanismus etabliert werden. Die Regierung sollte alle marktwirtschaftlichen Elemente abschaffen.[8] Der Verstaatlichungsprozess hatte, wie bereits beschrieben worden ist, schon vor dem ersten Fünfjahresplan mit der sogenannten sozialistischen Umgestaltung eingesetzt.[9] In der Konsolidierungsphase bzw. bis zum Jahr 1952 waren die Schlüsselsektoren bereits verstaatlicht worden. Nun wurden in der Phase zwischen 1953 und 1957 die anderen Bereiche schrittweise weiter verstaatlicht.[10] Zuerst wurden alle privaten Unternehmen nach der Fünf-Anti-Kampagne bis zum Jahr 1956 in halbstaatliche Unternehmen transformiert, um sie später vollständig verstaatlichen zu können. Nur die großen Unternehmen und Schlüsselbranchen wurden zunächst zwangsweise vollständig verstaatlicht. Durch die Gesetze und Regelungen zugunsten staatlicher Unternehmen wurden die kleinen bis mittelständischen privaten Unternehmen vom Markt gedrängt. Die Besitzer solcher Unternehmen mussten dadurch „freiwillig" mit der KPCh zusammenarbeiten.[11] Bei dieser Zusammenarbeit wurden die Unternehmen zwar verstaatlicht, die Unternehmer durften das Unternehmen aber weiterhin verwalten, da die KPCh nicht über genügend Kenntnisse und Personal für das unternehmerische Management verfügte. Als Belohnung versprach die KPCh den Unternehmern eine Dividende zusätzlich zum Gehalt. Im Jahr 1956 betrug die Dividende 5 % des Gewinns der Firma p. a.[12] Im Bereich der Landwirtschaft wurden nach der Bodenreform wenige Anpassungen vorgenommen. In der Produktionsorganisation wurde weiter auf Genossenschaften gesetzt.[13] Der freie Markt sowie marktorientierte Preise als Indikatoren für Angebot und Nachfrage wurden in der VR China immer weiter geschwächt. Die zentrale Arbeitsverteilung zerstörte auch den Arbeitsmarkt in der VR China.[14] Im Jahr 1956 wurde ein zentrales Planwirtschaftssystem in der VR China endgültig etabliert. [15]

Bei der Ausführung des ersten Fünfjahresplans wurden für jedes Jahr einzelne konkrete Maßnahmen entworfen. Bei jedem Jahresplan wurden die in der Umsetzung zu erreichenden Zahlen je nach der Statistik und der Situation des Vorjahres vorgegeben. Beispielsweise wurden die Wachstumszahlen für die Schwerindustrie im Jahr 1955 reduziert, weil der Agrarbereich 1954 durch das schlechte Wetter Schaden genommen hatte und es somit nicht genügend Agrarprodukte gab, um die weitere Entwicklung der Schwerindustrie zu unterstützen.[16] Auch Investitionen wurden vom Planungskomitee geplant: Das zentrale Planungskomitee gab verschiedenen Ministerien das

---

8 Schier 1988: 65.
9 Liu 2006: 80f; Wu 2009: 181.
10 Wu 2009: 179 f.
11 Ebenda.: 237 ff.
12 Ebenda.: 243 f.
13 Ebenda.: 187.
14 Ebenda.: 302 f.
15 Ebenda.: 246.
16 Liu 2009: 63 ff.

Budget vor. Das Budget wurde unter verschiedenen Arbeitseinheiten aufgeteilt. Die Arbeitseinheiten erstatteten dem Planungskomitee Bericht über ihre Arbeitspläne. Bevor Kapital in die Produktion verschiedener Arbeitseinheiten floss, mussten die Pläne durch das Komitee genehmigt werden. Für jeden Bereich gab es Investitionsobergrenzen.[17]

Das meiste Kapital wurde in Industrieprojekte im Bereich der Ressourcen- und Energiegewinnung investiert, z. B. in Bergbau und Elektrizität,[18] da ausreichend Rohstoffe und Energie die Voraussetzungen für die Entwicklungen in anderen Bereichen sind.[19] Da die VR China in dieser Phase noch einen großen Mangel an Kapital hatte, musste die KPCh die Investitionen in die Leichtindustrie und Landwirtschaft minimieren, damit genug Kapital für die Schwerindustrie übrigblieb. Allerdings durften diese zwei Bereiche laut der Generallinie nicht ganz ignoriert werden, weil sie die Schwerindustrie unterstützten. Die Produktion von Konsumgütern wurde jedoch reduziert, weil sich die KPCh durch sie keinen Beitrag zur Industrialisierung erhoffte.[20] Obwohl die KPCh versuchte, den ersten Fünfjahresplan so weit wie möglich aus eigener Kraft zu verwirklichen, war ausländische Hilfe bei der Umsetzung der Pläne und verschiedener Industrieprojekte notwendig, weil die VR China in dieser Phase technisch noch sehr rückständig war. Für weitere Investitionen war China zudem auf ausländische finanzielle Unterstützungen angewiesen.

Trotz des Grundprinzips der Autarkiepolitik versuchte die KPCh sich auch ausländische finanzielle und technische Unterstützungen zu sichern.[21] Ausländische Kredite machten in dieser Phase ca. 2,7 % der staatlichen Einnahmen aus. Die Kredite kamen wegen des Embargos hauptsächlich aus der Sowjetunion.[22] Sowjetische Investitionen beliefen sich auf fast die Hälfte der gesamten chinesischen Industrieinvestitionen.[23] Die VR China zahlte der Sowjetunion die Kredite durch den Handelsüberschuss zurück.[24] Für den ersten Fünfjahresplan der VR China investierte die Sowjetunion insgesamt in 156 Projekte,[25] unter anderem in zentrale Bereiche wie die Metallurgie, die Pharmaindustrie, die Automobilindustrie und die Chemieindustrie.[26] Bei diesen Projekten handelte es sich um die Kernprojekte des ersten Fünfjahresplans.[27] Die Sowjet-

17 Wu 2009: 190 f.
18 Ebenda: 185.
19 Ebenda: 187.
20 Ebenda: 183.
21 Ebenda: 189.
22 Liu 2009: 63.
23 Lardy 1987 *Economic recovery and the 1st Five-Year Plan*: 177.
24 Liu 2009: 63.
25 Osterhammel 1979: 66; Lardy 1987 *Economic recovery and the 1st Five-Year Plan*: 177; Liu/ Wu 1986: 115; Wu 2009: 196.
26 Liu 2009: 79.
27 Osterhammel 1979: 66; Lardy 1987 *Economic recovery and the 1st Five-Year Plan*: 177; Liu/ Wu 1986: 115; Wu 2009: 196.

union leistete der VR China umfangreiche technische Unterstützung; etwa tausend Experten wurden zwischen der VR China und der Sowjetunion ausgetauscht. Der Aufbau und die Entwicklung der chinesischen Schwerindustrie waren fast vollständig von sowjetischen Unterstützungen abhängig. Im Bereich Luftfahrt und Ölgewinnung wurden Joint Ventures zwischen der VR China und der Sowjetunion gegründet.[28] Obwohl die technische Beratung, die die Sowjetunion der VR China anbot, zur weltweit besten gehörte, waren die sowjetischen Unterstützungen nicht ausreichend für den chinesischen Bedarf.[29] Laut dem ersten Fünfjahresplan sollte die KPCh innerhalb der fünf Jahre 16,3 Mrd. US-Dollar investieren, und die Sowjetunion war nicht in der Lage, die VR China dabei umfassend zu unterstützen.[30] Außerdem waren die sowjetischen Unterstützungen nicht kostenlos: Laut Berichten aus westlichen Ländern waren die Preise, die die VR China für die sowjetischen Produkte und die Technik bezahlte, höher als die entsprechenden Preise aus Westeuropa.[31] Die VR China war zudem wegen des Koreakriegs bei der Sowjetunion hoch verschuldet.[32]

Im Frühling 1953 kündigte die KPCh an, dass die VR China nicht nur Unterstützungen aus der Sowjetunion, sondern auch aus Westeuropa annehmen werde. Die chinesische Regierung versuchte, mit westlichen Ländern zu kooperieren.[33] Die KPCh kontrollierte jedoch das Importvolumen, um nicht von Europa abhängig zu werden.[34] Das Handelsvolumen zwischen der VR China und Westeuropa nahm ab 1953 zu: Das Volumen der Einfuhren in die VR China aus der BRD stieg von 139,6 Mio. D-Mark im Jahr 1953 auf 222,9 Mio. D-Mark 1956.[35]

Die Phase zwischen 1953 und 1957 war für die VR China zwar durch günstige Bedingungen und Vorteile in Bezug auf die Entwicklung der Wirtschaft geprägt – die große Motivation der Bevölkerung und die sowjetische Hilfe –, aber da die Grundlage der chinesischen Industrie zu schwach war und der erste Fünfjahresplan Mängel aufwies, stieß die KPCh bei der Durchsetzung des ersten Fünfjahresplans auf viele Schwierigkeiten.[36]

Aufgrund der ungleichmäßigen Verteilung von Investitionen ergaben sich schnell wirtschaftliche Probleme in der VR China. Die Probleme im Zusammenhang mit der ungleichen Entwicklung der Landwirtschaft und der Schwerindustrie entstanden schon im Jahr 1953. Die Agrarwirtschaft litt unter dem Mangel an Arbeitskräften, an Kapital für die Automatisierung sowie an Forschung. Die Landwirtschaft konnte die Schwerindustrie nicht mehr weiter unterstützen.

---

28 Wu 2009: 211 ff.
29 Kaple 2000: 120.
30 Wu 2009: 174.
31 Lardy 1987 *Economic recovery and the 1st Five-Year Plan*: 178 f.
32 Nakajima 1987: 277.
33 Wu 2009: 196.
34 Ebenda.: 317.
35 Statistische Jahrbücher für die Bundesrepublik Deutschland 1953–1956.
36 Liu/Wu 1986: 118 f.

Die KPCh sah die Lösung des Problems in einer zentralen Regulierung der landwirtschaftlichen Produkte: Der freie Markt für Agrarprodukte wurde im Jahr 1953 komplett abgeschafft. Alle Agrarprodukte mussten zwangsweise an die Parteizentrale verkauft werden und wurden umverteilt.[37] Der Vorteil dieser Strategie war vor allem, dass der Bedarf an Agrarprodukten in verschiedenen Regionen gleichmäßig gedeckt werden konnte. Auch für die Verbraucher blieb der Preis der Lebensmittel stabil. Allerdings bedeutete dies eine Belastung für die Bauern, weil sie den Preis nicht je nach Ernte und eigenem Bedarf selbst bestimmen durften.[38] Diese Überbelastungen führten dazu, dass mehrere Bauernunruhen ausbrachen.[39] Auf dem achten Parteitag der Kommunistischen Partei Chinas 1955 bemängelten viele Parteimitglieder die Irrationalität des ersten Fünfjahresplans. Der Entwicklungsplan wurde revidiert und es wurde eine bessere Balance zwischen Industrie und Landwirtschaft angestrebt. Nach dem Parteitag kritisierten chinesische Intellektuelle im Rahmen der sogenannten „Hundert-Blumen-Bewegung“ (百花争鸣) im Jahr 1956 den „reckless advance“ [40] des ersten Fünfjahresplans. Wirtschaftsliberale Gedanken und der Wunsch nach einer Wiedereinführung bzw. Verstärkung der Marktmechanismen verbreiteten sich in den Jahren 1956 und 1957 schnell in der KPCh, und einige Parteimitglieder schlugen vor, dass China ein marktorientiertes Modell für die weitere Entwicklung verfolgen solle. Solche Vorschläge wurden von Mao strikt abgelehnt und als revisionistisch gekennzeichnet. Eine Anti-Revisionismus-Kampagne (反右倾运动) wurde von Mao initiiert, im Zuge derer viele Parteimitglieder und Intellektuelle inhaftiert wurden.[41] Ursächlich für die Anti-Revisionismus-Kampagne war auch die Veränderung der internationalen politischen Bedingungen der kommunistischen Welt in dieser Phase. Die Spaltung zwischen der VR China und der Sowjetunion hatte ihren offiziellen Beginn in dieser Phase. Hierauf wird im Kapitel 3.1.2 genauer eingegangen.[42]

Der erste Fünfjahresplan der VR China wurde von chinesischer Seite offiziell als der erfolgreichste Wirtschaftsplan vor der Reform- und Öffnungspolitik bezeichnet.[43] Insgesamt 55 Mrd. RMB wurden investiert, wodurch die VR China von einem Kapitalwachstum in Höhe von 49 Mrd. RMB profitierte.[44] Bis zum Jahr 1957 betrug das jährliche Wachstum des BIP ca. 18 %.[45] Das gesamte Wachstum der Industrieproduktion lag bei 130 %.[46] Durch den ersten Fünfjahresplan und die sowjetischen Unterstützungen veränderte sich die Produktionsstruktur der VR China stark, auch wenn die Landwirt-

37 Lardy 1987 Economic recovery and the 1st Five-Year Plan: 160ff; Wu 2009: 202.
38 Wu 2009: 210.
39 Schier 1988: 69.
40 Naughton 2007: 68 f.
41 Naughton 2007: 68 f.
42 Schier 1988: 70.
43 Wu 2009: 181.
44 Wu 2009: 293.
45 Liu 2009: 106.
46 Lardy 1987 Economic recovery and the 1st Five-Year Plan: 174.

schaft im Jahr 1957 noch immer einen Anteil von zwei Dritteln des gesamten chinesischen BIP ausmachte.[47] Die neuen Industrieprojekte im Inland führten auch zu einer Verringerung der Entwicklungsunterschiede zwischen verschiedenen Regionen und damit zu einer gewissen Gleichheit, die die KPCh betonte.[48] Ein Zentralplanwirtschaftssystem wurde etabliert, und bis zum Ende des Jahres 1957 wurde die Landwirtschaft umfassend kollektiviert.[49]

Die Verstaatlichung aller Branchen hatte in dieser Phase einen positiven Effekt auf die Wirtschaftsentwicklung, da die Ressourcen und das Kapital dadurch effizient im Sinne der Staatsentwicklungsstrategie verteilt werden konnten.[50] Aber das System führte zu großen Problemen für die weiteren Entwicklungen. Vor allem war das Planungs- und Feedbacksystem nicht transparent, und es kam zu Korruption und gefälschten Statistiken. Weiterhin lagen die Planungen immer einen Schritt hinter dem aktuellen Wirtschaftsbedarf zurück. Ohne die Marktmechanismen als Indikator war eine vernünftige Wirtschaftsplanung fast unmöglich.[51] Die VR China investierte z. B. zu viel im Bereich Infrastruktur, wohingegen die Bedürfnisse der Bevölkerung nicht rechtzeitig erkannt wurden. Dies führte dazu, dass der Ertrag des investierten Kapitals nicht rechtzeitig zurückfließen konnte. Außerdem wurden sehr viele Arbeitskräfte im Industriebereich eingesetzt, während die Zahl der Arbeitskräfte in der Landwirtschaft massiv verringert wurde.[52] Die ungleiche Entwicklung zwischen Industrie und Agrarwirtschaft, die später ursächlich für die große Hungersnot war, begann in dieser Phase. Dennoch kann der erste Fünfjahresplan insgesamt als erfolgreich bezeichnet werden.

Um den ersten Fünfjahresplan zu erfüllen, versuchte die VR China auf dem Weltmarkt aktiv zu bleiben. Die KPCh strebte, wie oben erwähnt wurde, nicht nur eine Kooperation mit der Sowjetunion an, sondern auch mit dem Westen. Anders als die eher offene Außenwirtschaftspolitik war die chinesische Außenpolitik isoliert und zum Teil aggressiv.

3.1.2 Die chinesische Außenpolitik 1953–1957

Anders als in der Konsolidierungsphase geriet die VR China in dieser Phase absichtlich in eine Konfrontation mit den zwei Supermächten USA und UdSSR. Maos Strategie dabei war es, wie Kissinger in seinem Buch „On China“ schreibt, die „overlapping hostili-

47 Wu 2009: 173.
48 Wu 2009: 319.
49 Domes 1985: 37.
50 Nautghton 2007: 55
51 Liu 2009: 111.
52 Wu 2009: 273 f.

ties“[53] zu nutzen: Mao wollte die Konfrontation mit den beiden Supermächten ausnutzen, um eine ausgeglichene Position in der Weltpolitik zwischen den USA und der Sowjetunion zu finden. Neben dieser strategischen Überlegung spielte auch der Sinozentrismus bei Maos Außenpolitik eine große Rolle. Der Ehrgeiz und die Arroganz dieses kommunistischen Führers erlaubten es nicht, dass die VR China für immer unter der Kontrolle des „großen Bruders“ bzw. der UdSSR bliebe. Das Ende des Koreakriegs führte nicht zu einer Verbesserung der Beziehungen zwischen der VR China und den USA. Statt nach einer friedlichen Koexistenz zu streben, provozierten die beiden Staaten sich gegenseitig. So kam es im Jahr 1954 zur ersten Krise der Taiwanstraße.

Die Regierungen der KPCh und der Guomindang in Taiwan wollten nicht, dass Taiwan als ein unabhängiger Staat anerkannt wurde, da beide Seiten stets propagiert hatten, dass sie die jeweils andere Seite der Taiwanstraße zurückerlangen würden. Beide Regierungen stellten sich auf den Standpunkt, dass es nur „ein China“ gebe und sie die einzige legitimierte Regierung Chinas seien. Deswegen wurde der Vorschlag der USA, es solle „zwei Chinas“ geben, von beiden Seiten abgelehnt. Die USA standen auf der Seite der Guomindang und zeigten ihre Anerkennung des Guomindang-Regimes mit der Unterstützung eines Eintritts Taiwans in verschiedene internationale Organisationen wie die UNO. Das Regime in Peking wurde von den USA hingegen nicht anerkannt.[54]

Während der Präsidentschaft von Eisenhauer hatten die USA nicht die Absicht, sich in eine militärische Auseinandersetzung zwischen Taiwan und Festlandchina einzumischen. Der US-Außenminister Dulles betonte immer wieder seine Position einer „peaceful evolution“[55] und erklärte: „liberation can be achieved through means other than war“ [56]. Deswegen wurde die siebte US-Flotte in der Taiwanstraße stationiert; sie sollte die beiden Seiten vor eventuellen gegenseitigen Attacken schützen und gleichzeitig die Macht der USA in Ostasien stärken. Anfang 1953 gab Eisenhower der siebten Flotte jedoch den Befehl, das Festland Chinas nicht länger vor einem militärischen Angriff aus Taiwan zu schützen, da die USA wegen des Koreakriegs ihre vormals neutrale Position im Falle einer militärischen Auseinandersetzung zwischen den beiden Seiten zurückgenommen hatte. Von diesem Zeitpunkt an verstärkte Taiwan bzw. die Guomindang mit zusätzlichen Truppen ihre militärische Präsenz auf den in der Nähe des chinesischen Festlands gelegenen Inseln Quemoy und Matsu.[57] Die Guomindang sah diese zwei Inseln als Front gegenüber Festlandchina. Da die USA ihre militärischen Kräfte in der Region Taiwan im Jahr 1954 wesentlich verstärkt hatten, vermutete die KPCh, dass die USA Taiwan als ihre militärische Basis nutzen wollten, um eventuell die

53 Kissinger 2011: 148.
54 Ebenda.: 151 f.
55 Zhai 1996: 229.
56 Ebenda.
57 Kissinger 2011: 152 f.

VR China anzugreifen.[58] Die USA begannen in dieser Phase auch, mit Taiwan über einen Verteidigungsvertrag zu verhandeln. Währenddessen gab Mao den Befehl zu einem massiven Beschuss der Inseln Quemoy und Matsu.[59] Die Intention der KPCh war es, zu testen, ob sich die USA wirklich an das Verteidigungsversprechen gegenüber der Guomindang halten würden. Die US-Regierung drohte Peking tatsächlich einen Atomangriff an.[60]

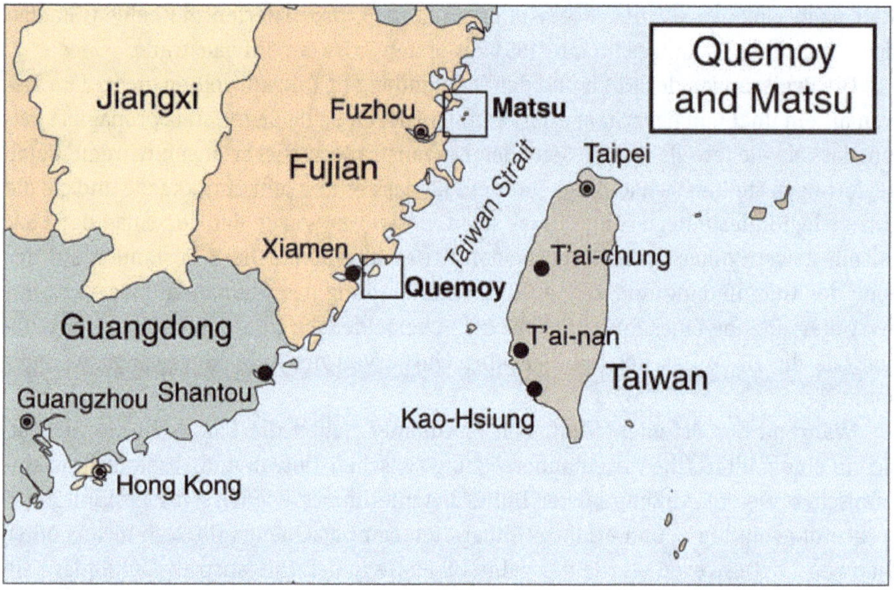

Abb. 1: Karte von Quemoy und Matsu[61]

Eisenhower nahm letztendlich die Erlaubnis einer Artillerie- und Luftattacke gegen das chinesische Festland zurück und versuchte durch die UN eine Lösung für die Krise zu finden, da die US-Regierung nicht bereit war, für die Interessen des Guomindang-Regimes in einen neuen Krieg mit einem eventuellen Einsatz von Atomwaffen einzutreten.[62] Dulles' Position war, dass die USA bemüht sein sollten, „step after step to reduce the chance of war“[63], da die US-Regierung nicht einschätzen konnte, ob die Atom-

58 Zhang 1992: 93.
59 Zhang 1992: 189 ff.
60 Elleman 2015: 40 f.
61 https://www.berkshirepublishing.com/chinaconnectu/2012/01/23/quemoy-and-matsu-jinmen-m%C7%8Ez%C7%94-%E9%87%91%E9%97%A8%E9%A9%AC%E7%A5%96jinmen-m%C7%8Ez%C7%94-%E9%87%91%E9%97%A8%E9%A9%AC%E7%A5%96-quemoy-and-matsu/
62 Kissinger 2011: 154.
63 Kalicki 1975: 150.

macht Sowjetunion die VR China unterstützen würde. Die Gefahr war für Eisenhower und Dulles zu groß.[64]

Die beiden durch die Taiwanstraße getrennten Seiten verblieben in einer „combative coexistence“[65]. Kein Krieg brach aus. Im Jahr 1955 schlossen die USA und Taiwan einen Verteidigungsvertrag ab. Quemoy und Matsu gehörten allerdings nicht zu den Territorien, die von den USA geschützt werden sollten.[66] Eine zentrale Intention Maos bei dem Angriff auf Quemoy und Matsu war es auch, zu testen, ob die Sowjetunion die Regierung in Peking bei einem eventuellen Atomkrieg militärisch unterstützen würde. Chruschtschows Reaktion auf die Krise der Taiwanstraße war für Mao enttäuschend. Chruschtschow erklärte: „I do not understand this policy of yours“ [67]. Diese Enttäuschung führte zu einer weiteren politischen Spaltung zwischen der UdSSR und der VR China.

Politische Konflikte zwischen der KPCh und der Sowjetunion begannen bereits kurz nach dem Ende des Zweiten Weltkriegs: Stalin versuchte im Jahr 1945, einen Friedensvertrag bzw. einen sowjetisch-chinesischen Freundschafts- und Beistandspakt mit der Guomindang abzuschließen und strategisch auf die KPCh zu verzichten.[68] Mao musste der Sowjetunion beim chinesisch-sowjetischen Vertrag von 1950 Sonderrechte in der Mandschurei und in Sinkiang einräumen, damit ein Verteidigungspakt zwischen den beiden Ländern abgeschlossen werden konnte. Der Verteidigungspakt sollte die VR China vor einem eventuellen Angriff aus den USA schützen,[69] war aber aus Sicht der VR China vor dem Hintergrund der ersten Taiwankrise nicht als ideal zu bewerten. Weiterhin lud Stalin Gao Gang, den Vorsitzenden des regionalen Politbüros in Nordostchina, nach Moskau ein. Während des Aufenthalts von Gao Gang in Moskau wurde – ohne Zustimmung aus Peking – ein Handelsabkommen zwischen der Sowjetunion und Nordostchina unterzeichnet. Für Mao waren die Einladung Gao Gangs und die Unterzeichnung des Handelsabkommens ein Zeichen der Gier der Sowjetunion nach Nordchina. Maos Einschätzung zufolge wollte Stalin in Nordchina mehr als Sonderrechte, und auch diese war Mao eigentlich nicht bereit, der Sowjetunion einzuräumen. Mao war mit seinem Ehrgeiz in der Außenpolitik eine Herausforderung für Stalins Machtposition in der kommunistischen Welt – für Stalin drohte Mao zu einem zweiten Tito zu werden.

Nach Stalins Tod verbesserten sich die Beziehungen zwischen der Sowjetunion und der VR China trotz entsprechender Bemühungen Chruschtschows nicht. Als Nachfolger von Stalin besuchte Chruschtschow die VR China und schloss einen Vertrag über die Rückgabe der Verwaltung von Port Arthur (Lüshun) an die chinesische Regierung.

64 Elleman 2015: 40 f.
65 Kissinger 2011: 155.
66 Ebenda.: 152 f.
67 Ebenda.: 158.
68 Stolberg 1997: 39.
69 Domes 1986: 86.

Weiterhin wurden mehrere Joint Ventures in der VR China gegründet, um die Beziehungen zur VR China zu stärken.[70] Die VR China zeigte sich dieser Geste des neuen sowjetischen Parteiführers gegenüber allerdings nicht dankbar: Die Ablehnung des Eintritts in den Warschauer Pakt und die Teilnahme an der Bandung-Konferenz waren klare Zeichen von Mao, dass die VR China dem „großen Bruder“ nicht länger untertan sein wollte. Die Teilnahme an der Bandung-Konferenz im Jahr 1955 bedeutete, dass die VR China im Kalten Krieg nach Unabhängigkeit streben würde, statt im Bündnis mit der Sowjetunion zu stehen. Wie Stalin vermutet hatte, fügte sich die VR China der Sowjetunion politisch nicht mehr.[71]

Im Dezember 1955 adaptierte Mao offiziell ein eigenes chinesisches Wirtschaftsentwicklungsmodell, das vom sowjetischen Modell abwich. In der Propaganda hieß es, das chinesische Modell funktioniere besser als das sowjetische, und ein halbes Jahr später behauptete Mao bei einer Rede, dass „der chinesische Weg zum Kommunismus“ besser als der sowjetische sei. Weiterhin führte die Rede Chruschtschows über die Abschaffung von Stalins Persönlichkeitskult im Februar 1956 auf dem XX. Parteitag der KPdSU zu einer weiteren Schwächung der Beziehungen zwischen Mao und Chruschtschow. Mao sah die Abschaffung des auf Stalin gerichteten Persönlichkeitskultes in der Sowjetunion als einen indirekten Angriff auf seinen eigenen Persönlichkeitskult in China[72] und ließ offiziell verlautbaren, die Sowjetunion habe dadurch nun das „Schwert von Stalin“[73] verloren. Weiterhin zeigte Peking Unterstützung für die Unruhen in Osteuropa nach der Entstalinisierung und forderte eine größere Unabhängigkeit Osteuropas.[74]

Auf der Moskauer Konferenz 1957 kündigte Chruschtschow seine neue außenpolitische Richtlinie an, den sowjetischen Block zu stabilisieren und gleichzeitig nach einer friedlichen Koexistenz mit dem Westen zu streben.[75] Mao war offiziell gegen Chruschtschows Richtlinie und rief zu einem neuen Krieg gegen den westlichen Imperialismus auf.[76] Zhou En-Lai äußerte gegenüber Chruschtschow auf seiner Reise von Polen und Ungarn in die Sowjetunion, die VR China erkenne zwar die Führung der Sowjetunion in der kommunistischen Welt weiterhin an, Osteuropa solle aber eine größere Unabhängigkeit von der Sowjetunion bekommen.[77] Die VR China rebellierte seit dem Tod Stalins offensiv gegen die Sowjetunion. Wie Stalin befürchtet hatte, wurde die VR China ein Konkurrent ihres „großen Bruders“ in Osteuropa.

Zusammenfassend ist zu sagen, dass die Spaltung zwischen der VR China und der UdSSR durch folgende Faktoren zustande kam: Konflikte zwischen Stalin und Mao be-

---

70 Zhang 1992: 195.
71 Kissinger 2011: 163.
72 Heinzig 1988: 197.
73 Kissinger 2011: 166.
74 Nakajima 1987: 285.
75 Neßhöver 1999: 34/ 84.
76 Kissinger 2011: 167.
77 Nakajima 1987: 285.

züglich Nordchina, begrenzte und teure Wirtschaftsunterstützung vonseiten der Sowjetunion, Zurückhaltung der Sowjetunion bei der ersten Krise der Taiwanstraße und Vorliegen einer Machtkonkurrenz zwischen den beiden großen Ländern im Ostblock.

3.2 Die Wirtschafts- und Außenpolitik der BRD 1953–1957

In dieser Phase erlebte die BRD ihren ersten Nachkriegserfolg: Die Wirtschaft der BRD überwand mithilfe des Marshallplans die Schwierigkeiten nach dem Zweiten Weltkrieg. Das sogenannte „Wirtschaftswunder" begann. Da der Bedarf an ausländischen Märkten immer größer wurde, versuchte die deutsche Industrie ihren Osthandel wieder aufzunehmen und zu erweitern. Im Jahr 1955 erhielt die Regierung Adenauer die außenpolitische Souveränität, und die BRD durfte eine eigene Außenpolitik betreiben. Dennoch war der Einfluss der Alliierten auf die außenpolitischen Entscheidungen Adenauers noch immer sehr groß. Zwar wurde der Kurs der Westintegration betont, die BRD nahm aber auch diplomatische Beziehungen mit der Sowjetunion auf. Diese Entscheidung war für die nächste Dekade entscheidend für die deutsche Außenpolitik.

3.2.1 Die Außenpolitik der BRD 1953–1957

In dieser Phase waren die BRD und die DDR jeweils erfolgreich und tief in den zwei Blöcken integriert.[78] In Verhandlungen versuchte Adenauer das Zugeständnis der Alliierten zu bekommen, das Besatzungsstatut aufzuheben.[79] Mit der Unterzeichnung und Ratifizierung der Pariser Verträge erhielt die BRD schließlich die Souveränität, der Besatzungsstatus der BRD wurde aufgehoben. Die Bundesregierung bekam demnach „die volle Macht eines souveränen Staates über ihre inneren und äußeren Angelegenheiten"[80]. Auch der Beitritt der BRD zur NATO wurde geregelt.[81] Das Interesse der USA bestand darin, das wirtschaftliche sowie militärische Potenzial der BRD zu nutzen: Eine souveräne Bundesrepublik Deutschland konnte das westliche Verteidigungssystem verstärken. Die BRD wurde ein wichtiger Teil der US-Strategie einer Eindämmung des sowjetischen Machteinflusses in Europa.[82] Das Ergebnis der Viermächtekonferenz 1955 in Genf zeigte, dass eine neutrale Stellung im Kalten Krieg für ein vereinigtes Deutschland nicht möglich war. [83] Adenauer sah zwar die Pariser Verträge als Beloh-

78 Vogt 1987: 764.
79 Küsters 2003.
80 Ebenda.
81 Thoß 1993: 130; Schubert/ Klein 2011.
82 Schwarz: 2005.
83 Vogt 1987: 764.

nung seiner erfolgreichen Westintegration,[84] aber die BRD wurde auch zu einer weiteren institutionellen Integration in den Westen gezwungen.[85] Die Teilung von West- und Ostdeutschland war nicht mehr zu verhindern. Die deutsche Frage wurde der allgemeinen Entspannung zwischen dem Westen und dem Osten hintangestellt. Der britische Staatsminister Selwyn Lloyd erklärte im Jahr 1953: „Ein geteiltes Europa bedeutet ein geteiltes Deutschland."[86] Die Regierung Adenauer musste den Fakt der deutschen Teilung akzeptieren. Für Westdeutschland bzw. die Bundesrepublik bedeutete dies die Verstärkung einer nationalen Identität als „normal West European nation state". Die Optionen der Bundesregierung in Bezug auf die Übernahme einer Rolle gegenüber dem Osten waren somit stark eingeschränkt. Adenauer musste in seiner Ostpolitik besonders vorsichtig vorgehen.

Kurz nach dem Inkrafttreten der Pariser Verträge reiste Adenauer im September 1955 auf Einladung der Sowjetunion nach Moskau, um die Aufnahme diplomatischer Beziehungen und die Freilassung von Kriegsgefangenen zu besprechen. Die Reise in die Sowjetunion war für die junge Bundesrepublik von großer außenpolitischer Bedeutung. Auf der einen Seite war Adenauer bestrebt, die Beziehung zur Supermacht des Ostblocks zu pflegen, auf der anderen Seite sollten 10.000 in der Sowjetunion inhaftierte deutsche Kriegsgefangene und Zivilinternierte zurückgebracht werden. Nach der Zustimmung des Bundestags über die Aufnahme diplomatischer Beziehungen mit der Sowjetunion gab es zwei deutsche Botschafter in Moskau: einen aus der DDR und einen anderen aus der BRD.[87] Dadurch wurde die Teilung Deutschlands weiter bestätigt: Die Bundesregierung hatte die DDR durch die Aufnahme diplomatischer Beziehungen mit der Sowjetunion indirekt anerkannt.[88] Innenpolitisch bedeutete die Moskau-Reise Adenauers wegen der Freilassung der deutschen Gefangenen einen großen Erfolg. Seine politische Popularität in der BRD stieg trotz der deutschen Teilung. In außenpolitischer Hinsicht wurde die Reise zwar wegen der Aufnahme diplomatischer Beziehungen zur Sowjetunion von den westlichen Alliierten nicht begrüßt, aber die Regierung Adenauer verlor dadurch nicht das Vertrauen der USA.[89] Die Moskau-Reise führte auch dazu, dass die Sowjetunion den Westintegrationskurs der BRD offiziell anerkannte.[90]

Die Moskau-Reise war für die Entwicklung der Beziehungen zwischen der BRD und der VR China von großer Bedeutung, vor allem vor dem Hintergrund der wenig später von der Bundesregierung verkündeten Hallstein-Doktrin[91]. Laut der Hallstein-Doktrin brach die BRD ihre diplomatischen Beziehungen zu allen Staaten – mit Ausnahme der Sowjetunion – ab, die ihrerseits diplomatische Beziehungen mit der DDR

---

84 Segers 2008: 76.
85 Schwarz: 2005.
86 Görtemaker 1999: 323.
87 Vogt 1987: 764.
88 Rudolph 2004:106.
89 Gossel 1999: 120.
90 Rudolph 2004: 108.
91 Die Doktrin wurde nach dem damaligen Staatssekretär im Auswärtigen Amt benannt.

aufnahmen. Die BRD schloss auch die Aufnahme diplomatischer Beziehungen mit Staaten aus, die die DDR diplomatisch anerkannten.[92] Nach der Aufnahme diplomatischer Beziehungen mit der Sowjetunion hielt die Bundesregierung Distanz zu den sonstigen Ostländern. Sie wollte vergleichbare Situationen wie jene der Doppelvertretung Deutschlands in Moskau in anderen Ländern vermeiden und den Anspruch der Alleinvertretung der BRD für Deutschland in der Weltpolitik schützen.[93] Ein anderer Zweck der Hallstein-Doktrin war, die DDR diplomatisch zu isolieren.[94] Durch die Hallstein-Doktrin wurde die BRD politisch noch abhängiger von den westlichen Alliierten, insbesondere von den USA,[95] wodurch die allgemeinen außenpolitischen Spielräume der BRD weiter eingeschränkt wurden.[96] Davon waren auch die Beziehungen zwischen der BRD und der VR China betroffen, da die VR China schon im Gründungsjahr diplomatische Beziehungen mit der DDR aufgenommen hatte.[97] Die Bundesregierung durfte somit keine positive politische Rolle gegenüber der VR China einnehmen.

Parallel zur Außenpolitik der BRD entwickelte sich auch die deutsche Wirtschaft in der Phase von 1953 bis 1957 schnell. Die Entwicklung der Außenpolitik schuf eine Grundlage für die deutsche Außenwirtschaft.

3.2.2 Wirtschaftsentwicklung der BRD 1953–1957

Mit der Auslandshilfe von den westlichen Alliierten begann die BRD ihre Neu-Industrialisierung. Bis 1954 bekam die BRD ungefähr 4,4 Mrd. US-Dollar.[98] Dadurch wurde der im Krieg zerstörte Kapitalstock wiederhergestellt. Die Arbeitslosenquote sank ebenfalls massiv, was zu einer Stabilisierung der deutschen Gesellschaft führte. Im Jahr 1953 wurde der Vorkriegsstand der Industrieproduktion überschritten.[99] Von 1948 bis 1952 nahm die Industrieproduktion um 110 % zu. Das Wachstum des Bruttosozialproduktes lag nominal bei ca. 80 % und real bei 67 %.[100] Es gab nicht nur ein quantitatives Wachstum, sondern auch eine qualitative Veränderung: Neben den traditionellen deutschen Industrien, deren Produkte auf dem Weltmarkt nachgefragt wurden, wurden durch die Amerikanisierung Innovationen in mehreren Bereichen erzielt, z. B. beim Massenkonsum.[101] Die Wirtschaftsordnung orientierte sich an der Formel „so viel

92 Kilian 2001: 13.
93 Vogt 1987: 765.
94 Kilian 2001: 13.
95 Vogt 1987: 765.
96 Naumann 2004: 86.
97 Meißner 1995: 238.
98 Hardach 1979: 190.
99 Abelshauser 1983: 119 ff.
100 Hardach 1979: 190.
101 North 2005: 371.

Wettbewerb wie möglich, so viel Planung wie nötig!“ [102] von Karl Schiller. Im Rahmen der Sozialen Marktwirtschaft war die deutsche Wirtschaft durch ein hohes Wachstum des Bruttosozialprodukts gekennzeichnet, insbesondere im Bereich der Industrieproduktion.[103] Durch das Konzept der Sozialen Marktwirtschaft suchte die Bundesregierung nach

> „methodischen und praktischen Auswegen aus dem Spannungsfeld – der großen Antinomie – von Empirismus und Rationalismus bzw. von Laissez-faire-Liberalismus, sozialistischem und faschistischem Kollektivismus sowie interventionistischer Sozialstaatsmacht“. [104]

Die wirtschaftliche Westintegration wurde auch durch das Inkrafttreten der Pariser Verträge verstärkt.[105] Die BRD war nicht länger das einzige nicht souveräne Mitglied der OEEC. Bis Ende 1956 wurden die Importkontingente aus dem OEEC-Raum komplett abgebaut. Mit der Ratifizierung des Londoner Schuldenabkommens wurde das Schuldenproblem der Bundesrepublik gelöst, das schon nach dem Ersten Weltkrieg die Außenbeziehungen Deutschlands belastet hatte. Der Export aus Westdeutschland in die anderen westeuropäischen Länder nahm in dieser Phase kontinuierlich zu. Durch die Unterbewertung der D-Mark wurde die BRD mit ihren Industrieprodukten eines der größten Exportländer der Welt. [106] Der Export war für die gesamte deutsche Wirtschaft von großer Bedeutung: Im Jahr 1954 betrug der exportabhängige Anteil am Bruttoeinkommen aus unselbstständiger Arbeit rund 15 %.[107] In den 50er Jahren belief sich der Anteil der Ausfuhren am BIP in der BRD auf 25 %.[108] Die Bundesregierung legte vor diesem Hintergrund viel Wert auf die Entwicklung der deutschen Außenwirtschaft. Entsprechend äußerte sich Erhard wie folgt:

> „Der Außenhandel bedeutet für uns mehr als bloße Ziffern, und seien sie noch so groß. Er ist zugleich ein Zeugnis unserer Bereitschaft und Fähigkeit zu harmonischer Zusammenarbeit mit der ganzen Welt und zu arbeitsteiliger Verschmelzung der Märkte. Unsere Ausfuhr bekundet uns als Werkstätte und Lieferanten und unsere Einfuhr als Kunden und Partner der anderen.“ [109]

Dabei bezog sich Erhard nicht nur auf den Westen, sondern auch auf den Osten. Obwohl die OEEC den Weltwirtschaftsraum in West und Ost spalten wollte, versuchten die Bundesregierung und die deutsche Wirtschaft weiter eine wirtschaftliche Zusammenarbeit mit dem Osten wieder aufzunehmen.[110] Trotz der Schwierigkeiten bei der

---

102 Walter 1998: 237 ff.
103 Walter 1998: 237 ff.
104 von Prollius 2006: 50.
105 Walter 1998: 237 ff.
106 North: 379.
107 Abelshauser 1983: 157 ff.
108 North 2005: 371.
109 Ebenda: 379.
110 Jüngerkes 2012: 56.

Frage des staatspolitischen Alleinvertretungsanspruchs auf internationalen Konferenzen fuhren zwei Wirtschaftsdelegationen mit dem Einverständnis des Bundeskabinetts und mit der Erlaubnis des Auswärtigen Amts im Jahr 1953 zur ECE-Sonderkonferenz für den Ost-West-Handel, um die Märkte in der Sowjetunion und in Fernost zu erweitern. Unter den Mitgliedern der Delegation waren auch Vertreter des Ostausschusses. Der Osthandel nahm zu dieser Zeit überwiegend die Form von Kompensationsgeschäften an, da die D-Mark mit den meisten Währungen aus dem Ostblock nicht konvertibel war. Daher versuchten die Vertreter des Ostausschusses auf der Konferenz neben der Erweiterung der Märkte im Osten auch ein Zahlungsabkommen mit der UdSSR abzuschließen.[111] Die BRD war durch das US-Embargo gegenüber dem Ostblock mehrere Jahre lang auf den Märkten im Osten benachteiligt. Der Nachholbedarf der westdeutschen Industrie war sehr groß.[112] In Bezug auf die Sowjetunion hatte die deutsche Industrie in dieser Phase kein Glück: Nach mehreren Verhandlungen auf ECE-Konferenzen und dem Scheitern der geplanten Reise des Ostausschusses in die Sowjetunion aufgrund der Ratifizierung der Pariser Verträge[113] führte auch die Moskau-Reise Adenauers im Jahr 1955 zu keinem Fortschritt für die Entwicklung der Wirtschaftsbeziehungen zwischen der BRD und der UdSSR.[114]

Als die Wirtschaftsbeziehungen zur Sowjetunion stagnierten, nahmen die Bundesregierung und die deutsche Industrie hinsichtlich der Exportexpansion eine Umorientierung vor: Die VR China wurde wegen ihres großen Bedarfs an Investitionsgütern für den ersten Fünfjahresplan ein interessanter und attraktiver Handelspartner.

3.3 Die Wirtschaftsbeziehungen zwischen der VR China und der BRD 1953–1957

Wie im Kapitel 3.1.1 skizziert wurde, suchte die VR China wegen ihres Industrialisierungsvorhabens aktiv nach Handelspartnern als Alternative zur Sowjetunion. Nach dem Nachkriegswiederaufbau wurde die BRD für China zu einem der attraktivsten Handelspartner. Die typischen deutschen Exportwaren, Investitionsgüter wie Eisen- und Metallprodukte, wurden in der VR China im Rahmen des ersten Fünfjahresplans gebraucht. Die VR China interessierte sich auch in technischer Hinsicht dafür, wie die BRD nach dem Zweiten Weltkrieg eine erneute schnelle Industrialisierung erreicht hatte. Daher versuchte die KPCh im Jahr 1955, offizielle Wirtschaftsbeziehungen mit der BRD aufzunehmen. Auch die deutsche Industrie war an einem verstärkten Zugang zum chinesischen Markt interessiert. Mit dem nun größeren politischen Spielraum der BRD sowie der Unterstützung der Bundesregierung beim Außenhandel waren die Be-

111 Rudolph 2004: 64 ff.
112 Ebenda: 75.
113 Jüngerkes 2012: 71.
114 Rudolph 2004: 103 ff.

dingungen für die deutsche Industrie, mit der VR China zu verhandeln und zu handeln, deutlich besser als vor 1953. Trotzdem wurden die Wirtschaftsbeziehungen zwischen der VR China und der BRD in dieser Phase durch sich aus politischen Gründen ergebende Schwierigkeiten erschwert.

3.3.1 Das Handelsembargo gegen die VR China und weitere Schwierigkeiten bei der Entwicklung der Wirtschaftsbeziehungen zwischen der VR China und BRD

Die Zahlungssperre gegenüber der VR China wurde zwar Ende Januar 1953 aufgehoben,[115] aber das Handelsembargo stellte weiterhin ein Hindernis für den Handel zwischen der VR China und dem Westblock dar. Mitte 1953 stellte die britische Regierung zusammen mit den USA einen Antrag beim CoCom, alle Eisen- und Stahlwaren auf die Sperrliste für die VR China zu setzen.[116] Im Herbst wurde der Antrag genehmigt, obwohl der Koreakrieg schon zu Ende war. Der Export aller Produkte und Halbfabrikate der Sektoren Eisen und Stahl in die VR China wurde verboten. Auch der Export aus den Bereichen Feinmechanik und Optik, woran die VR China ein großes Interesse zeigte, wurde durch das Embargo stark eingeschränkt. Für die Verschärfung des Embargos war wahrscheinlich die erste Krise der Taiwanstraße ausschlaggebend. Die USA versuchten auf diese Weise, die militärische Bedrohung der VR China gegen Taiwan einzuschränken.[117]

Die Bundesregierung war strikt gegen die Verschärfung des Embargos, weil Eisen- und Stahlprodukte sowie Produkte aus dem Bereich Optik wichtige Exportwaren der BRD waren. Aber die Notwendigkeit der Verschärfung wurde von den USA damit begründet, dass „der Abschluss des Waffenstillstandes in Korea noch keinen Einschnitt“[118] bedeute, China noch immer eine Gefahr für die Alliierten darstelle und das von der KPCh ausgehende Risiko unverändert fortbestehe.[119] Von der allgemeinen Lockerung des Embargos gegenüber dem Osten 1954 wurde die Sperrliste für China ausgenommen. Das CoCom kontrollierte ab 1954 bei sonstigen Ostländern mit Ausnahme der VR China „a smaller number of items that are appraised to be more significant“.[120] Daher kam es trotz der besseren internationalen politischen Bedingungen zu keiner Erleichterung des China-Handels für den Westblock.[121]

---

115 Protokoll der Sitzung am 13.3.1953 in Hamburg, 20.03.1953, BAL: 335/2.

116 Stichworte zum Referat von Herrn D. E. Gross auf der Sitzung des Ostausschusses in Wiesbaden am 19.05.1953, 04.06.1953, BAL: 335/1

117 Aktennotiz über die Besprechung im BWM am 5.8.1953, BAL:335/1.

118 Ebenda.

119 Ebenda.

120 Statement issued on January 8, 1954 by the Office of the Administrator of the Mutual Defense Assistance Control Act of 1951 als Anlage des Briefs von Von Carnap an Höhler, 25.02.1954, BAL: 335/1.

121 Brief vom Verband der chemischen Industrie E. V. an den Ostasiatischen Verein, 11.08.1954, BAL: 335/1.

Die Interessen des China-Arbeitskreises des Ostausschusses wurden durch die Verschärfung des Embargos gegenüber der VR China beeinträchtigt.[122] Der China-Arbeitskreis hielt das US-Embargo für sinnlos. So schrieb der China-Arbeitskreis an den Geschäftsführer des BDI, Herrn Dr. Beutler:

> „Da trotz des Embargos und der Belastungen der chinesischen Wirtschaft durch die Kriegsführung in Korea eine wesentliche Verlangsamung der Industrialisierung in China nicht feststellbar ist, sind wir der Meinung, dass das Embargo den beabsichtigten Zweck nicht erreicht hat."[123]

Der China-Arbeitskreis vertrat die Ansicht, das US-Handelsembargo trage nicht dazu bei, die chinesische Wirtschaftsentwicklung zu schwächen. Die chinesische Industrie habe alternative Handelspartner im Osten, woran das Embargo nichts ändern könne.[124] Durch die Lockerung der Embargoliste für die sonstigen Oststaaten könne die VR China die verbotenen Waren trotz des China-Embargos aus den Oststaaten beschaffen. Daher sei das China-Embargo „illusorisch".[125] Das Verbot des Warenverkehrs mit der VR China habe nur die chinesische Autarkiepolitik und ihre wirtschaftliche Abhängigkeit von der Sowjetunion und den sonstigen Ostländern verstärkt. Dies führe zu einer tieferen Spaltung zwischen der VR China und dem Westen. Für die deutsche Industrie und die anderer westeuropäischer Staaten bedeute das Embargo nur, die jahrhundertealte Tradition des Warenaustauschs mit China aufgeben zu müssen.[126]

Die BRD wurde durch das China-Embargo besonders benachteiligt und diskriminiert. Das lag nicht nur daran, dass die Exportwaren der BRD wie Eisen- und Stahlprodukte verboten wurden; auch andere Bereiche wurden eingeschränkt. Zum Beispiel wurde die Ausfuhr bestimmter optischer Instrumente in die VR China verboten. Dieses Verbot betraf in der Praxis wesentlich die BRD, weil sie das einzige CHICOM-Land war, das eine hochentwickelte optische Industrie hatte.[127]

Laut dem China-Arbeitskreis lieferten einige CHICOM-Länder wie Großbritannien und Japan trotz des Embargos weiter verbotene Güter in die VR China. Gemäß einem Bericht des Arbeitskreises liefen 310 Schiffe unter westlichen Flaggen in den Jahren 1951 und 1952 Häfen des chinesischen Festlandes an, um Güter zu löschen und zu laden, während deutschen Schiffen das Anlaufen von Häfen des chinesischen Festlandes nicht gestattet war.[128]

Im Mai 1954 schrieb der China-Arbeitskreis an die Geschäftsführung des Ostausschusses, um eine Aufhebung des China-Embargos zu fordern. Der China-Arbeitskreis erwähnte, dass China beinahe 600 Millionen Menschen hatte.

---

122 Protokoll der Sitzung am 13.3.1953 in Hamburg, 20.03.1953, BAL: 335/2.
123 Brief von der Geschäftsführung des Arbeitskreises China an Beutler, 12.04.1954, BAL: 335/4.
124 Ebenda.
125 Brief vom Arbeitskreis China an Köhler, 05.05.1954, BAL: 335/1.
126 Brief von der Geschäftsführung des Arbeitskreises China an Beutler, 12.04.1954, BAL: 335/4.
127 Ebenda.
128 Ebenda.

„Folgt man dieser Überlegung, so erfordert die Sicherheit der westlichen Welt nicht nur eine Lockerung, sondern die vollständige Aufhebung des China-Embargos."[129]

Aber erst im Juni 1957 wurde die China-Embargoliste an die sonstigen Ostländer angeglichen.[130]

Schwierigkeiten beim Handel zwischen der BRD und der VR China ergaben sich nicht nur aus dem Embargo. Sowohl auf der deutschen als auch auf der chinesischen Seite gab es innen- oder außenpolitische Hindernisse. Etwa ab Mitte März 1953 wurden keine Ausfuhrgenehmigungen mehr von der Bundesregierung erteilt, wenn die Kontrakte von der China Export Corporation (CEC) als Käufer gezeichnet waren. Exporteure, die Anfang Januar 1953 China-Anträge eingereicht hatten, erhielten Genehmigungen nur, wenn die Zeichnung nicht durch die CEC, sondern durch die CNIEC erfolgte.[131] Die CEC war die Zweigniederlassung der CNIEC in Ostberlin. Als Agent der CNIEC verhandelte die CEC zwischen 1952 und 1953 über mehrere konkrete Geschäfte mit westdeutschen Firmen. Die CEC war bevollmächtigt, Verträge mit Unternehmen aus der BRD zu unterzeichnen.[132] Die Ablehnung der Ausfuhrgenehmigungen basierte auf der Arbitrage in den Verträgen. Die CEC wollte die Arbitrage in der DDR, was für die Bundesregierung politisch nicht akzeptabel war. Neben der Arbitrage waren für die Bundesregierung auch andere Vertragsbedingungen diskutabel. Am 15.05.1953 verhandelte eine Delegation des China-Arbeitskreises im Einvernehmen mit dem Bundeswirtschaftsministerium mit der CNIEC in Berlin über die allgemeinen Vertragsbedingungen. Ziel der Verhandlungen war ein Beschluss von Vertragsbedingungen, die sowohl von der deutschen als auch von der chinesischen Seite anerkannt werden konnten. Demnach sollten Verträge zukünftig zwischen deutschen Unternehmen und der CNIEC unterzeichnet werden. Die CNIEC zeigte, obwohl sie diese Vorschläge „rundweg abgelehnt" [133] hatte, die Bereitschaft, die übrigen Vertragsbedingungen von Fall zu Fall einer Revision zu unterziehen.[134] Die Schäden wegen der Nichtanerkennung der Kontrakte waren offensichtlich. Beispielsweise ging ein Kontrakt mit der CNIEC über 280.000 D-Mark verloren. Statt aus Deutschland musste die CNIEC die mehr als drei Tonnen Isonicotinsäurehydrazid letztendlich aus Italien importieren, weil der Vertrag mit dem Bochumer Chemikalien- und Handelskontor nicht von der Bundesregierung anerkannt wurde und demzufolge keine Exportlizenz erteilt wurde.[135]

Weiterhin war die Bundesgarantie für das China-Geschäft sehr eingeschränkt. Im Hinblick auf die fortschreitende Verstaatlichung des chinesischen Außenhandels wur-

129 Brief vom Arbeitskreis China an Köhler, 05.05.1954, BAL: 335/1.

130 Bericht über die AK China-Vorstandssitzung am 10. Juli 1957, BAL: 335/3.

131 Brief von Beutler an Köhler, Betr.: China-Sitzung im BWM, 30.03.1953, BAL: 335/1.

132 Abschrift, Betr.: China-Handel, 29.06.1953, BAL:335/1.

133 Ebenda.

134 Ebenda.

135 Brief von Verkauf Pharma Ausland C1 an Köhler, Betr.: Verlust eines Auftrages durch Nichtanerkennung der CNIEC-Kontraktbedingungen, 01.10.1953, BAL: 335/1.

de das Thema einer Bundesausfuhrgarantie für die Geschäfte mit der VR China in der Bundesregierung besprochen.[136] Bei der Sitzung des Interministeriellen Ausschusses für die Bundesgarantie im Februar 1953 vertrat das Bundesfinanzministerium (BFM) die Meinung, dass die Chinageschäfte künftig als nicht mehr förderungswürdig anzusehen seien und dementsprechend die Bundesgarantie nicht mehr zu gewähren sei.[137] Nach Rücksprachen mit dem BWM war das BFM zu dem Schluss gekommen, dass die Ausdehnung der Bundesgarantie auf die Einfuhrseite der Kompensationsgeschäfte mit der VR China ohne eine Änderung der Rechtsgrundlagen nicht möglich war. Die Bundesgarantie sollte auch nicht in den nächsten Jahren auf die Einfuhr aus der VR China erweitert werden. Eine Ausdehnung der Bundesgarantie auf die Ausfuhrseite der Gegenseitigkeitsgeschäfte und reine Ausfuhrgeschäfte gegen Bezahlung war aus Sicht des BWM und BFM ebenfalls nicht möglich.[138] Erst Ende 1953 schloss die Bundesregierung die Konvertierungs- und Transferrisiken bei der Abwicklung des Zahlungsverkehrs mit der Bank of China unter der Deckung ein. Das Konvertierungs- und Transferrisiko zu Lasten des Bundes begann ab dem Zeitpunkt der Einzahlung des chinesischen Importeurs bei der Bank of China. Die Deckung endete mit der Auszahlung des Gegenwertes in D-Mark an den deutschen Exporteur.[139] Die Bundesgarantie war allerdings trotzdem nicht ausreichend für die Firmen, die im China-Handel tätig waren.

Die Einschränkungen waren nicht nur das Ergebnis von Entscheidungen der deutschen Seite: Im Zuge der fortschreitenden Zentralisierung der Außenwirtschaft legte die KPCh im Jahr 1953 eine Reihe von Beschränkungen und Regelungen fest. Vor allem wurde die Bereitschaft zur Eröffnung von Kreditbriefen von der chinesischen Regierung zurückgenommen:

> "Payment by L/C terms is entirely out of consideration.... Only L/G terms negotiable 15 days after cargo-arrival in a China port shall be considered. That is the unalterable condition."[140]

Ein Kreditbrief konnte bei jeder Bank eröffnet werden. Aber nur der Bank of China war es erlaubt, in der VR China Garantiebriefe zu stellen. Jeder Import und jede Transaktion wurden von der Bank of China geprüft. Dadurch konnte die KPCh den Warenverkehr vollständig kontrollieren. Um Devisen zu sparen, schränkte die chinesische Regierung den Import gegen Zahlung ein. Kompensationsgeschäfte wurden weiterhin begrüßt. In den Vorschriften der CNIEC für alle chinesischen Handelsunternehmen hieß es: „Offers of imports for barter, or even partial barter of China domestic produc-

136 Brief vom Bundesminister für Wirtschaft an den Ostasiatischen Verein, Betr.: Bundesbürgschaft für die Ausfuhr nach Rotchina, 11.02.1954, BAL: 335/1.

137 Protokoll der Sitzung am 13.3.1953 in Hamburg, 20.03.1953, BAL: 335/2.

138 Bericht über die Sitzung des Arbeitskreises China am 13.3.1953 in Hamburg, 20.03.1953, BAL: 335/2.

139 Abschrift vom Bundesminister für Wirtschaft an den Ostausschuss der deutschen Wirtschaft Arbeitskreis China, 17.11.1953, BAL: 335/1.

140 Specimen of a letter of instruction from CNIEC to merchants in China, 06.11.1953, BAL: 335/4.

ts, shall ... receive priority over others insisting upon straight imports."[141] Die Liefer- und Zahlungsbedingungen für Importe war strikt: Eine Zahlung sollte nur gegen Ankommen der Waren in China erfolgen.[142] Alle deutschen Händler mussten vor der Lieferung je nach Vertrag bis zu 3 % des Gesamtvertragswertes als Garantie bei einer chinesischen Bank einzahlen. Die deutschen Unternehmen mussten auf diese Summe verzichten, wenn der Auftrag aus irgendeinem Grunde nicht erfüllt wurde oder wenn die VR China sich aus Qualitätsgründen weigerte, die Waren anzunehmen.[143] Nur wenn die deutschen Firmen diese Bedingungen akzeptierten, schloss die VR China Kontrakte mit ihnen.[144] Alle Verhandlungen mit ausländischen Exporteuren mussten laut Anweisung der KPCh sofort abgebrochen werden, wenn die Exporteure „den geringsten Einspruch gegen die vorgeschriebenen Bedingungen" erhoben.[145] Ferner kündigte die KPCh im Jahr 1953 an, dass chinesische Privatfirmen nur noch die Rolle von Maklern übernehmen durften: Alle Import- und Exportkontrakte mussten der Regierung zur Ratifizierung vorgelegt werden.[146]

Die chinesische Regierung nutzte den Außenhandel auch zu politischen Zwecken: Die Exporteure aus dem Westen, die ihre Waren aufgrund einer von ihrer Regierung erhaltenen Exportlizenz direkt in die VR China liefern konnten, wurden anderen vorgezogen, die ihre Waren auf Umwegen nach China verschiffen mussten.[147] Mittels dieser Maßnahme versuchte die VR China, die privaten Unternehmen im Westen zu ermuntern, mit der eigenen Regierung über mehr Exportlizenzen sowie Exportgenehmigungen nach China zu verhandeln und so eventuell eine Lockerung des China-Embargos zu erreichen.

Ohne offizielle Beziehungen zur VR China durfte die Bundesregierung nicht direkt mit der KPCh über die Liefer- und Zahlungsbedingungen verhandeln. Um die deutsche Industrie beim Handel trotzdem vor Manipulationen seitens Chinas zu schützen, räumte das Bundeswirtschaftsministerium die Mindestbedingungen der Ein- und Ausfuhr für den China-Handel ein.

141 Specimen of a letter of instruction from CNIEC to merchants in China, 06.11.1953, BAL: 335/4.

142 Brief von Bai Foong & Co., Ltd. an Lehmann & Voss, 17.12.1953, Shanghai Municipal Archives / 上海市档案馆: Q448-1-135.

143 Zeitungsartikel: China diktiert Handelsbedingungen, aus Handelsblatt, Nr. 150, 23.12.1953, BAL: 335/1.

144 Breif von Taylor & Company an Moritz Poehlmann GmbH/ Taylor & Company 进出口行与西德 Moritz Poehlmann GmbH 代理行的业务来往文书, 09.05.1953, Shanghai Municipal Archives /上海市档案馆: Q448-13-16.

145 Brief von Bayerische Reisszeugfabrik AG. an Walter Dunn & Co., Ltd., 13.09.1954, Shanghai Municipal Archives /上海市档案馆: Q448-6-1-1.

146 Zeitungsartikel: China diktiert Handelsbedingungen, aus Handelsblatt, Nr. 150, 23.12.1953, BAL: 335/1.

147 Ebenda.

3.3.2 Die deutschen Mindestbedingungen der Ein- und Ausfuhr

Ende 1953 wurden Mindestbedingungen für den China-Handel auf der Ausfuhr- wie auf der Einfuhrseite eingerichtet. Jede Unterschreitung führte zur Ablehnung des Ausfuhr- sowie Einfuhrantrages.[148] Es waren die folgenden Klauseln enthalten: Westliche Arbitrage, Ausfuhr FOB deutscher Hafen, Einfuhr CIF deutscher Hafen, Zahlung durch unwiderrufliche und bestätigte Akkreditive.[149] Für reine Ausfuhrgeschäfte gegen Bezahlung wurden die folgenden Mindestbedingungen festgelegt: Auszahlung aus unwiderruflichen und bestätigten Akkreditiven oder unwiderruflichen und bestätigten Bankgarantien gegen FOB-Dokumente westeuropäischer Häfen; ob ein Akkreditiv bei Auftragserteilung gestellt werden sollte oder erst beim Abruf der Waren vom Hersteller, sollte den deutschen Vertragspartnern überlassen bleiben; Auszahlung 24 oder 48 Stunden nach Abgang des Schiffes vom westeuropäischen Hafen oder bei Ankunft des Schiffes in einem polnischen Hafen (deutsche Waren wurden oft aus polnischen Häfen nach China geliefert).

Der China-Arbeitskreis hatte Bedenken bezüglich des letzten Punktes, der Auszahlung bei Ankunft des Schiffes in einem polnischen Hafen. Erfahrungsgemäß waren Ankunftsmeldungen aus Gdingen oft verspätet, was nach „zuverlässigen Informationen“ [150] darauf zurückzuführen war, dass entgegen der Vereinbarungen quantitative und qualitative Prüfungen in Gdingen erfolgten, bevor die Bestätigungen gegeben wurden. Die Akkreditive verloren dadurch den Charakter der Unwiderruflichkeit.[151] Durch die Mindestbedingungen für den China-Handel war die Erfüllung vieler chinesischer Anforderungen beim Handel mit deutschen Unternehmen nicht mehr möglich. So widersprach z. B. die Bedingung „Auszahlung 24 oder 48 Stunden nach Abgang des Schiffes vom westeuropäischen Hafen“ der chinesischen Forderung, dass die Auszahlung erst nach der Ankunft und Zollinspektion der Waren in China zu erfolgen habe.[152] Die von der chinesischen Seite gewünschte Auszahlung gegen Garantiebrief statt gegen Akkreditive wurde von der Bundesregierung genehmigt, aber nur unter der Voraussetzung, dass die Garantien „im westlichen Bereich unwiderruflich und bestätigt“ waren.[153]

Die Zahlungsart wurde zwar auch geregelt, aber sehr flexibel. Es gab den Mindestbedingungen zufolge mehrere Möglichkeiten: zahlbar in London (die Dokumente waren von der negoziierenden Bank in der BRD bei der Filiale der Bank of China in Lon-

148 Sitzungsprotokoll der Geschäftsführung vom Arbeitskreis China, 04.12.1953, BAL: 335/1.

149 Aktenzeichnung, Betr.: Zahlungs- und Lieferbedingungen China vom Handelspolitischen Büro, 04.02.1953, BAL: 335/1.

150 Bericht über die Sitzung des Arbeitskreises China am 13.3.1953 in Hamburg, 20.03.1953, BAL: 335/2.

151 Ebenda.

152 Aktenzeichnung, Betr.: Zahlungs- und Lieferbedingungen China vom Handelspolitischen Büro, 04.02.1953, BAL: 335/1.

153 Rundschreiben IV/5/53 der Arbeitsgemeinschaft Außenhandel der deutschen Wirtschaft, Ost-Ausschuss, 12.02.1953, BAL: 335/1.

don einzureichen, durch die die Zahlung erfolgen sollte), zahlbar quasi in London (die Dokumente waren von der negoziierenden Bank in der BRD bei der Bank of China in China einzureichen; die Zahlung erfolgte durch die Filiale der Bank of China in London), Rembours auf China (die negoziierende Bank in der BRD drahtete der Filiale der Bank of China in China den zu zahlenden Betrag und erhielt daraufhin drahtlich den Gegenwert angeschafft), zahlbar in China (die Dokumente waren von der negoziierenden Bank in der BRD bei der Filiale der Bank of China in China einzureichen, die nach Erhalt der Dokumente drahtlich den Gegenwert anschaffte) und zahlbar nach Löschung der Waren in China (die negoziierende Bank in der BRD war berechtigt, Zahlungen zu leisten aufgrund drahtlicher Ermächtigung der Filiale der Bank of China in China oder automatisch am 16. Tag nach der Löschung der Waren im chinesischen Bestimmungshafen gegen eine entsprechende Reedereibestätigung).[154]

Der China-Arbeitskreis des Ostausschusses schlug vor, die Mindestbedingungen für die Ausfuhr in die VR China für verbindlich zu erklären. Ohne eine von der Bundesregierung festgeschriebene Verbindlichkeit seien die Mindestbedingungen nicht aussagekräftig gegenüber der VR China.[155] Das BWM wollte die Schaffung eines Präjudizes mit Blick auf andere, auch kommunistische Länder jedoch vermeiden und lehnte es ab, die Liefer- und Zahlungsbedingungen für verbindlich zu erklären.[156] Zudem wollten das BWM bzw. die Bundesregierung wegen der fehlenden diplomatischen Beziehungen auch nicht länger in die Verhandlungen zu China-Geschäften involviert sein. Die deutsche Industrie musste weiterhin selbstständig mit der VR China verhandeln. Das BWM war jedoch bereit, der deutschen Wirtschaft in besonderen Fällen zu helfen, indem den von der Wirtschaft gewünschten Einschränkungen durch Veröffentlichung im Bundesanzeiger Rechtskraft gegeben werden sollte. Der Ostausschuss sollte in dieser Hinsicht weiterhin als Bindeglied zwischen der Bundesregierung und der deutschen Industrie fungieren. Die deutsche Industrie war enttäuscht, so etwa der Ostasiatische Verein, die Wirtschaftsvereinigung Eisen-, Blech-, und Metallwarenindustrie und der Deutsche Industrie- und Handelskammertag (DIHT). Es wurden Komplikationen in der weiteren Entwicklung befürchtet. Laut Ansicht der deutschen Industrie ergaben sich in diesem Zusammenhang Rechtsfragen, da die Veröffentlichung im Bundesanzeiger „praktisch nur ein deklamatorischer Akt“[157] sei. Stattdessen solle die Bundesregierung solche Bedingungen in einem formellen Rechtssetzungsakt für verbindlich erklären.[158] Wegen des massiven Drucks vonseiten der deutschen Industrie war das BWM im Herbst 1953 schließlich bereit, die Liefer- und Zahlungsbedingungen

154 Rundschreiben des Ostasiatischen Vereins, Betr.: China, 28.01.1958, BAL: 370-017.
155 Brief vom Arbeitskreis China Geschäftsführung an Köhler, 15.12.1953, BAL: 335/1.
156 Ebenda.
157 Abschrift vom Ostasiatischen Verein, Betr.: Zahlungsbedingungen bei der Ausfuhr, Datum nicht vorgegeben. BAL: 335/1.
158 Ebenda.

für verbindlich zu erklären.[159] Die Verbindlichkeitserklärung wurde im November 1954 verabschiedet.[160]

Die Verbindlichkeitserklärung zu den deutschen Mindestlieferbedingungen führte kurz zu einem Boykott deutscher Güter durch die CNIEC.[161] Der China-Arbeitskreis war der Ansicht, diese Lieferbedingungen würden nicht zu einer Unterbrechung der China-Geschäfte führen. Vor dem Hintergrund der Erfahrung mit der Ablehnung des OSTAG-Vertrags wurden die Aufträge trotz der Drohungen der CNIEC fortgesetzt. [162] Um die Handelsbeziehungen mit der VR China nicht zu stark einzuschränken, erlaubte die Bundesregierung den deutschen Unternehmen, bei konkreten Verträgen Abweichungen zu den Mindestbedingungen beim zuständigen Landeswirtschaftsministerium überprüfen und eventuell genehmigen zu lassen.[163] Das größte Problem betraf die Arbitrage. Die VR China akzeptierte nur Ostarbitrage, die den Mindestbedingungen widersprach. Im August 1955 legten sowohl das BWM als auch der China-Arbeitskreis fest, dass Ausnahmegenehmigungen hinsichtlich der Ostarbitrage für die China-Geschäfte erteilt werden sollten, um die Situation zu entspannen.[164]

Obwohl viele außenpolitische wie innenpolitische Faktoren der weiteren Entwicklung der Wirtschaftsbeziehungen zwischen der VR China und der BRD im Weg standen, kamen die Handelsbeziehungen trotzdem weiter voran. Sowohl die chinesische Seite als auch die deutsche Seite bemühten sich, die Wirtschaftsbeziehungen weiter zu entwickeln.

3.3.3 Die Entwicklungen der Wirtschaftsbeziehungen zwischen der VR China und der BRD 1953–1957

Auch ohne dass diplomatische Beziehungen existierten, trafen sich deutsche und chinesische Wirtschaftsdelegationen oft inoffiziell miteinander, um die Handelsbeziehungen zwischen den beiden Ländern zu verbessern. Innerhalb von fünf Jahren versuchten die beiden Seiten dreimal, ein Handelsabkommen abzuschließen. Aus verschiedenen Gründen kam es erst im Jahr 1957 zum Abschluss des ersten semistaatlichen Handelsabkommens. Obwohl die deutsche Industrie aktiv versucht hatte, den Absatzmarkt nach China auszuweiten, hatte die Bundesregierung allgemein noch eine zurückhaltende Position gegenüber der VR China. Anders als die Bundesregierung versuchte die chinesische Regierung schon ab 1955, die Wirtschaftsbeziehungen mit

159 Notiz für Herrn Direktor Köhler, 08.09.1953, BAL: 335/2.

160 Bericht über die AK China-Vorstandssitzung am 10. Juli 1957, BAL: 335/3.

161 Stichwortartige Aktennotiz über die Vorstandssitzung des AK China am 4.2.55 in Bremen, 28.02.1955, BAL: 335/3.

162 Brief vom Arbeitskreis China Geschäftsführung an Köhler, 15.12.1953, BAL: 335/1.

163 Rundschreiben des Ostasiatischen Vereins, Betr.: China, 28.01.1958, BAL: 370-017.

164 Chronologische Übersicht über die Tätigkeit des AK China während der Zeit vom 10.3. – 24.8.1955, 24.08.1955, BAL: 335/3.

der BRD zu normalisieren. Die Motivation und das Engagement der chinesischen Seite gründeten sowohl in politisch-strategischen Interessen als auch in der chinesischen Perspektive auf die deutsche Wirtschaft.

In einem Bericht des Planungskomitees Chinas wird die deutsche Nachkriegswirtschaft aus chinesischer Perspektive skizziert.[165] Aus der Sicht Chinas entwickelte sich die deutsche Wirtschaft nach dem Zweiten Weltkrieg sehr schnell. Die Industrieproduktion der BRD war zwar durch den Zweiten Weltkrieg stark beschädigt worden, die deutsche Industrie erholte sich jedoch rasch wieder. Die westdeutsche Landwirtschaft entwickelte sich ebenfalls schnell. Aus chinesischer Perspektive wurde die Wiedererholung der deutschen Wirtschaft so begründet: Bei der Industrieproduktion wurden mehr Produktionsmittel als Konsummittel hergestellt. Die Produktionsmittel garantierten der Ansicht des Planungskomitees Chinas zufolge eine nachhaltige Entwicklung der Industrie. Durch die deutsche Entmilitarisierung wurden in der Nachkriegszeit große Mengen Kapital für die Rüstungsindustrie gespart, die in die Zivilindustrie investiert werden konnten. Die Arbeitskräfte waren im Vergleich zu anderen europäischen Ländern deutlich günstiger, sodass die Produktionskosten geringer waren. Die Gründung von Fabriken und Joint Ventures in Ostasien, besonders in Indien, verringerte die Kosten der Produktion noch weiter. Daher waren die Preise der deutschen Güter um 5 % bis 10 %, manchmal sogar um 15 % bis 20 % günstiger als die der anderen westeuropäischen Länder. Auch Unterstützungen der Bundesregierung für den Export, wie steuerliche Vergünstigungen und staatliche Bürgschaften, waren aus der Sicht des Planungskomitees Chinas ein Erfolgsfaktor der deutschen Wirtschaft. Die BRD war der größte Exporteur in Westeuropa, wobei auch nach Lateinamerika, in den Nahen Osten sowie Ostasien exportiert wurde. Die BRD hatte bis zum Jahr 1955 mit mehreren Ländern schon über sechzig Handelsabkommen abgeschlossen. Der große Fortschritt der westdeutschen Landwirtschaft seit dem Zweiten Weltkrieg resultierte nach chinesischer Einschätzung aus der fortgeschrittenen Technik bei landwirtschaftlichen Maschinen und der Produktion von Düngemitteln. Der Bericht empfahl, die VR China solle davon lernen.[166]

Dieser Bericht des Planungskomitees der KPCh zeigt, dass die VR China die BRD als ein Vorbild für die eigene Industrialisierung sah. Obwohl die BRD zum Westblock gehörte, glaubte die KPCh, dass die VR China von dem Handel und technischen Austausch mit der BRD hinsichtlich der eigenen Industrialisierung profitieren konnte. Deswegen versuchte die chinesische Seite aktiv, Kontakte mit der deutschen Wirtschaft aufzunehmen.

Noch zu Beginn des Jahres 1953 hatte die deutsche Außenwirtschaft Schwierigkeiten, Aufträge mit der VR China abzuschließen. Nach dem Treffen in Ostberlin 1952 wa-

165 Bericht über die westdeutsche Nachkriegswirtschaftsentwicklung vom chinesischen Planungskomitee/ 国家计划委员会世界经济研究局: 战后德国经济的发展, 02.12.1957, Beijing Municipal Archives /北京市档案馆: 005-002-00196.
166 Ebenda.

ren nur wenige der vielen besprochenen Kompensationsgeschäfte wirklich zum Abschluss gekommen.[167] Das Ergebnis enttäuschte die Bundesregierung. Das Wirtschaftsministerium überlegte sogar, das OSTAG-Abkommen mit der VR China für das Jahr 1953 doch zu genehmigen. Wegen des Protests des Ostausschusses scheiterte das Wirtschaftsministerium jedoch mit dieser Intention.[168] Die Einfuhr aus der VR China wurde Anfang 1953 fast ausschließlich über Transitgeschäfte abgewickelt. Trotz aller Bemühungen der deutschen Wirtschaft war es nicht gelungen, die Einfuhrliste für die VR China zu liberalisieren. Die Erweiterung der Embargoliste führte zu einer Verkleinerung der Liefermöglichkeiten bei einer Reihe von Warengruppen.[169]

Jedoch entwickelte sich der Handel zwischen den beiden Seiten im Laufe des Jahres 1953 rasant. Bis Ende 1953 verdreifachte sich das Handelsvolumen zwischen der VR China und der BRD. Einen Teil der deutschen Ausfuhr in die VR China machten reine Ausfuhrgeschäfte gegen Bezahlung aus. In solchen Fällen wurden die Kontrakte teilweise über Berlin und teilweise über Hongkong, aber auch direkt mit chinesischen Außenhandelsfirmen und der CNIEC abgeschlossen.[170] Rund 65 % der deutschen Ausfuhren in die VR China wurden indirekt durch andere Länder getätigt.[171] Obwohl das Handelsvolumen zwischen den beiden Seiten groß war, erfolgte der Großteil der Ein- und Ausfuhren im Rahmen des Transithandels. Transitgeschäfte waren langfristig allerdings eher hemmend für die Entwicklung der Wirtschaftsbeziehungen.

Die BRD importierte durch Handelsverträge mit osteuropäischen Ländern viele Produkte chinesischen Ursprungs. Viele Oststaaten importierten wegen staatlicher Vorgaben oder Handelsverträgen mit der VR China in großer Menge Waren aus der VR China. Diese Waren konnten aber nicht komplett auf dem Binnenmarkt verbraucht werden. Deswegen wurden viele Güter chinesischen Ursprungs durch Osteuropa weiter in die BRD exportiert.[172] Auch wenn die osteuropäischen Länder die in Handelsverträgen mit der BRD vereinbarte Liefermenge nicht erfüllen konnten, lieferten sie chinesische Güter nach Westdeutschland. Aus diesem Grunde wurden die chinesischen Produkte in die Handelsverträge zwischen der BRD und osteuropäischen Ländern einbezogen.[173] Diese Praxis schwächte jedoch den direkten Chinahandel. Durch den Import aus der VR China stieg auch das Exportvolumen der osteuropäischen Länder in die VR China, da die Geschäfte zwischen der VR China und den Oststaaten hauptsächlich in Form von Kompensationsgeschäften abgewickelt wurden. Dies schadete indi-

167 Stichworte zum Referat von Herrn D. E. Gross auf der Sitzung des Ostausschusses in Wiesbaden am 19.05.1953, 04.06.1953, BAL: 335/1.

168 Protokoll der Sitzung des Ostausschusses am 21.1.1953, BAL: 335/2.

169 Vertraulicher Runderlass Aussenwirtschaft Nr.2/53, 23.01.1953, BAL: 335/1.

170 Stichworte zum Referat von Herrn D. E. Gross auf der Sitzung des Ostausschusses in Wiesbaden am 19.05.1953, 04.06.1953, BAL: 335/1.

171 Bericht über die AK China-Vorstandssitzung am 10. Juli 1957, BAL: 335/3.

172 Entwurf eines Briefes von Herrn Direktor Köhler an Herrn Generaldirektor Hans Reuter, Vorsitzender des Ostausschusses der deutschen Wirtschaft, 14.05.1954, BAL: 335/1.

173 Brief vom Arbeitskreis China an Köhler, 05.05.1954, BAL: 335/1.

rekt dem deutschen Exportvolumen in die VR China, weil diese durch die Kompensationsgeschäfte dazu gezwungen war, Waren aus Osteuropa statt aus der BRD zu beschaffen.[174]

In den Jahren 1951 und 1952 erfolgte die Einfuhr chinesischer Produkte im Wert von 204,9 Mio. und 73,9 Mio. D-Mark ausschließlich über dritte Länder. Die BRD war nach Großbritannien der bei Weitem bedeutendste Abnehmer chinesischer Produkte. Nach einem weiterem Rückgang der Transitbezüge im Jahr 1953 stieg das Volumen der Einfuhr chinesischer Waren durch dritte Länder wieder. Daher schlug der Ostasiatische Verein dem Bundeswirtschaftsministerium vor, die Einfuhrgenehmigungen für chinesische Produkte nur bei direkten Bezügen zu erteilen, also weder bei Transiteinfuhren aus dem OEEC-Raum noch bei Transiteinfuhren aus Finnland oder aus osteuropäischen Ländern. Eine Genehmigung für die Einfuhr durch das Interzonenabkommen sollte ebenfalls nicht mehr erteilt werden.[175] Der Ostasiatische Verein forderte weiterhin, die Bundesregierung solle die direkte Einfuhr aus der VR China so weit wie möglich liberalisieren. Weigere sich die Bundesregierung, die direkte Einfuhr aus China zu liberalisieren, so sollten auch Transitbezüge chinesischer Produkte verboten werden. Zwar könne in wenigen Fällen der Einfuhrpreis durch Transitbezüge reduziert werden, dies gehe jedoch zulasten der direkten deutschen Ausfuhr nach China. Aus der Sicht des Ostasiatischen Vereins war dies nicht die richtige Lösung für die weitere Entwicklung der Handelsbeziehungen zwischen den beiden Ländern. Weiterhin schlug der Ostasiatische Verein vor, dass die Bundesregierung über den Einkaufpreis in einem Handelsabkommen verhandeln solle. Als Beispiel wurde der Handelsvertrag zwischen Japan und der VR China im Jahr 1953 angeführt: In diesem Handelsvertrag gab es eine Klausel zur Regulierung der Preise, wonach der chinesische Preis an den weltmarktüblichen Preis gebunden wurde.[176]

Als der Ostausschuss von dem Schriftverkehr zwischen dem Ostasiatischen Verein und dem Wirtschaftsministerium erfuhr, erhob er Einspruch dagegen. Der Ostausschuss war der Ansicht, solche handelspolitischen Themen sollten zuerst mit ihm abgestimmt werden. Weiterhin vertrat der Ostausschuss die Meinung, dass ein eventueller Konflikt zwischen Interzonenhandel und China-Handel vermieden werden sollte.[177] Der China-Arbeitskreis des Ostausschusses wünschte auch, mit dem Wirtschaftsministerium über diese Themen zu sprechen. Vor den Besprechungen bezog der China-Arbeitskreis die Meinungen der Arbeitsgemeinschaft Interzonenhandel ein.[178] Bis zum Jahr 1957 wurde der Großteil der Geschäfte zwischen der VR China und der BRD weiter

174 Entwurf eines Briefes von Herrn Direktor Köhler an Herrn Generaldirektor Hans Reuter, Vorsitzender des Ostausschusses der deutschen Wirtschaft, 14.05.1954, BAL: 335/1.

175 Brief von Ostasiatischer Verein E. V. an das Bundeswirtschaftsministerium, 10.06.1954, BAL: 335/1.

176 Ebenda.

177 Brief von Ost Ausschuss an Gross, Ostasiatischer Verein, 15.05.1954, BAL: 335/1.

178 Telefax von Gruhner an Köhler, Betr.: Geschäftsführung Arbeitskreis China Schreiben an die Mitglieder des Vorstandes vom 17.5, 20.05.1954, BAL: 335/1.

durch ein drittes Land abgewickelt.[179] Erst nach dem Abschluss des ersten semi-staatlichen Handelsabkommens 1957 wurden Transitgeschäfte nicht mehr genehmigt.[180]

Mit der Zunahme des Handelsvolumens mussten die beiden Länder ihre Wirtschaftsbeziehungen verbessern, da sie als Handelspartner immer wichtiger füreinander wurden. Viele Fragen, etwa hinsichtlich der Zahlungsbedingungen und des direkten Handels, mussten geregelt werden. Ohne diplomatische Beziehungen war das Bundeswirtschaftsministerium jedoch nicht in der Lage, für die deutsche Wirtschaft mit der VR China zu verhandeln. So trafen sich inoffizielle Wirtschaftsdelegationen aus beiden Ländern zwischen 1953 und 1957 mehrmals miteinander.

Im Jahr 1953 trafen sich die chinesische und die deutsche Wirtschaftsdelegation erneut im Hotel Johanneshof in Ostberlin. Die beiden Seiten sprachen über die Unwiderruflichkeit der Akkreditive. Die chinesische Delegation wies darauf hin, dass die VR China bereit sei, die Bedingungen für die laufenden Geschäfte der veränderten internationalen Situation anzupassen und doch Kredite statt Garantiebriefen zu eröffnen. Dadurch zeigte die VR China ihr Interesse an einer Verbesserung der Handelsbeziehungen. Die chinesische Seite legte aber Wert darauf, aus Gründen der Planbarkeit auch über das Handelsvolumen für die nächsten zwölf Monate zu sprechen. Die deutsche Seite versprach, bis zum nächsten Treffen eine Warenliste zu erstellen, die in Einklang mit der verschärften Embargoliste sein sollte, ohne das Gesamtvolumen zu ändern. So zeigte auch die deutsche Delegation ihren Willen zur Kooperation.[181]

Weniger als ein Jahr später trafen sich die Delegationen beider Seiten auf der Genfer Konferenz wieder. Das Auswärtige Amt genehmigte der deutschen Delegation, mit der chinesischen Delegation auf der Konferenz Kontakt aufzunehmen.[182] Vor der Konferenz hatte die deutsche Seite schon Informationen darüber erlangt, dass der chinesische Bedarf an Investitionsgütern für die weitere Industrialisierung von der Sowjetunion nicht mehr gedeckt werden konnte. Zu diesem Zeitpunkt wickelte die VR China 80 % ihres Außenhandels mit dem Ostblock ab, für die weitere Entwicklung benötigte die VR China jedoch Güter aus dem Westen. Es gab für China zwei Optionen: Die eine war ein direkter Handelsverkehr mit dem Westen, die andere Möglichkeit bestand in Transitgeschäften über Osteuropa oder die Sowjetunion.[183] Die chinesische Delegation sprach mit der deutschen Delegation über die Möglichkeiten des direkten Handels im Bereich Investitionsgüter.[184] Obwohl die BRD beim Indochinakrieg und Koreakrieg auf

179 Bericht von Bundesverband der Deutschen Industrie Außenhandels-Abteilung, Betr.: Warenaustausch der Bundesrepublik mit der VR China, 05.10.1957, BAL: 370-017.

180 Rundschreiben des Ostasiatischen Vereins, Betr.: China, 28.01.1958, BAL: 370-017.

181 Brief vom Arbeitskreis China Geschäftsführung an Köhler, 28.05.1953, BAL: 335/4.

182 Abschrift des Ostausschusses Betr.: Verhandlungen mit der chinesischen Delegation in Genf von Von Carnap, 15.06.1954, BAL: 335/4.

183 Vereinigte Wirtschaftsdienste GmbH, Zeil 102/104, Nr. 48/54, Nur zur vertraulichen Information, 31.03.1954, BAL: 335/4.

184 Telegramm von Von Carnap an Köhler, 06.09.1954, BAL: 335/4.

der Gegenseite der VR China stand,[185] fand das Gespräch in freundlicher Atomsphäre statt. Auf beiden Seiten bestand Einverständnis darüber, dass sowohl auf der Export- als auch der Importseite ein Jahresvolumen von jeweils ca. 20 Mio. Sterling als erstrebenswert zugrunde gelegt werden sollte.[186] Obwohl die VR China im Jahr 1954 gegen die Wiederbewaffnung der BRD eintrat, war die chinesische Delegation offen für weitere Gespräche mit der BRD über die Erweiterung der Wirtschaftsbeziehungen.[187]

Bei dem Treffen 1953 in Ostberlin sprach die chinesische Delegation bereits über ein Handelsabkommen.[188] Das Thema wurde jedoch nicht diskutiert. Nach der Proklamation des Endes des Kriegszustands zwischen der VR China und der BRD 1955 begannen die beiden Seiten, inoffiziell miteinander über ein Handelsabkommen zu verhandeln. Nach mehreren Treffen, die sich über einen Zeitraum von etwa drei Jahren erstreckten, führten die Verhandlungen schließlich zum ersten semi-staatlichen Handelsabkommen.

Anfang 1953 äußerte die deutsche Außenwirtschaft durch den Ostausschuss ihren Wunsch nach einem Bankenabkommen mit der VR China, um die Zahlungsbedingungen zu regulieren. Obwohl dieser Wunsch reibungslos an die Bundesregierung weitergeleitet wurde,[189] fand die Besprechung darüber erst im November 1953 bei der Bank deutscher Länder (BdL) statt. Die Sitzung wurde geleitet von dem Bankdirektor Nicolai. Vertreter aus dem Bundeswirtschaftsministerium und dem Ostausschuss sowie der Deutsch-Asiatischen Bank (DAB) nahmen an der Besprechung teil. Während der Besprechung äußerte der Vertreter der BdL, dass er damit einverstanden sei, wenn die DAB mit den chinesischen Stellen eine Zahlungsvereinbarung abschließe, die auch die Einräumung eines gegenseitigen Kredites enthalte.[190] Die Höhe dieser Kreditfazilität sollte noch im Einzelnen mit der BdL festgelegt werden.[191] Außerdem war die BdL bereit, bei der Geldbeschaffung für die Exporte nach China behilflich zu sein.[192] Nach der Besprechung wurde der Ostausschuss der deutschen Wirtschaft ermächtigt, der chinesischen Seite zu schreiben, dass die deutsche Seite bereit sei, mit China über das Abkommen zu verhandeln.[193]

Die BdL schlug vor, das Abkommen analog dem deutsch-spanischen Abkommen in D-Mark abzuwickeln. Die VR China sollte bei der DAB ein D-Mark-Konto eröffnen, über

185 Pan 2006:149.

186 Entwurf eines Antwortschreibens vom Ostausschuss der deutschen Wirtschaft an die CNIEC, Berlin, 10.08.1955, BAL: 335/4.

187 Pan 2006:149.

188 Brief vom Arbeitskreis China Geschäftsführung an Köhler, 28.05.1953, BAL: 335/4.

189 Notiz für Herrn Direktor Köhler, 08.09.1953, BAL: 335/2.

190 Abschrift Aktennotiz des Ostausschusses der deutschen Wirtschaft, Arbeitskreis China, 23.11.1953, BAL: 335/1.

191 Aktennotiz, Hamburg, 16.10.1953, BAL: 335/1.

192 Abschrift Aktennotiz des Ostausschusses der deutschen Wirtschaft, Arbeitskreis China, 23.11.1953, BAL: 335/1.

193 Ebenda.

das sämtliche Zahlungen laufen sollten. Umgekehrt sollte auch die DAB ein Konto bei der Bank of China (BoC) eröffnen. Die BoC würde über jede Ein- und Auszahlung benachrichtigt, wie auch der DAB die in China erfolgten Ein- und Auszahlungen gemeldet werden sollten. Die Saldoregulierung sollte gemäß der Vereinbarung entweder in Schweizer Franken, in Sterling oder in Gold erfolgen. Die DAB und die BoC würden gegenseitig Rembours[194]-Fazilitäten einräumen. Die deutschen Exporteure würden in diesem Fall in Höhe des Warenwerts bei der DAB eine Tratte[195] ziehen. Das heißt, dass die DAB die Tratte akzeptieren und diskontieren würde. Gleichzeitig würde die BoC in den Büchern der DAB auf Akzeptkonto belastet. Das gleiche Verfahren sollte dann entsprechend auch für die chinesischen Exporteure gelten. Die deutschen Importeure sollten den Gegenwert der Waren aus der VR China bei der DAB auf das laufende Konto der BoC einzahlen. Zulasten dieses Kontos würde die DAB dann ihre drei Monatsakzepte einlösen.[196]

Der Abschluss eines solchen einem bilateralen Clearing ähnlichen Bankenabkommens entsprach nicht nur dem Wunsch der deutschen Industrie, sondern laut dem China-Arbeitskreis auch dem der VR China. Nach Ansicht des Ostausschusses lag die Bedeutung des Abkommens für die VR China nicht in erster Linie in seiner „technischen Wirkung“ [197]. Zwar hätte die VR China durch ein solches bilaterales Abkommen das Problem mangelnder Devisen teilweise lösen können, noch wichtiger aber wäre es für die VR China in politischer Hinsicht gewesen. Wäre das Bankenabkommen abgeschlossen worden, wäre es das erste einem bilateralen Clearing ähnliche Abkommen zwischen der VR China und einem westlichen Land gewesen. Für die VR China sollte nach Meinung des Ostausschuss der Abschluss eines solchen Abkommens die „psychologische [...] Rückwirkung einer Erfüllung dieses [...] Anliegens“[198] haben. Der China-Arbeitskreis wünschte sich, dass das Bankenabkommen den gesamten direkten Zahlungsverkehr zwischen der BRD und der VR China erfassen und regeln sollte. In diesem Fall sollte dann auf alle anderen zuvor benutzten Zahlungsweisen, die nicht im Abkommen genannt wurden, verzichtet werden. Das heißt, dass auch auf die Einfuhr aus der VR China im Rahmen von Transitgeschäften über dritte Länder verzichtet werden sollte, da die China-Geschäfte ausschließlich über das clearingähnliche Konto laufen sollten. Wenn die BRD auf die Transitgeschäfte verzichten sollte, musste die VR China ihre Produkte jedoch zu weltmarktgerechten Preisen anbieten. Denn bei den Importen durch Transitgeschäfte wurden die überhöhten chinesischen Preise von Tran-

194 Rembours (Nachnahme) ist eine Zahlungsart, bei der die Zahlung erfolgt, wenn die Waren bei den Logistikunternehmen zur Lieferung empfangen wurden.

195 Bei einer Tratte zieht der Aussteller (Trassant) einen Wechsel auf eine juristische Person, die bezahlen soll (Trassat). Mit der Unterschrift bzw. dem Akzept des Trassaten wird die Zahlungsaufforderung verbindlich anerkannt. Die Tratte hat eine ähnliche Funktion wie ein Scheck.

196 Aktennotiz, Hamburg, 16.10.1953, BAL: 335/1.

197 Aktennotiz des Arbeitskreises China, Ostausschuss der deutschen Wirtschaft, Betr.: Bankenabkommen mit der Volksrepublik China, 28.11.1953, BAL: 335/1.

198 Ebenda.

siteuren, z. B. in Hongkong oder London, auf das Weltmarktniveau gesenkt. In Hongkong oder London erzielten die Transiteure durch das Transitgeschäft hohe Gewinne durch den Export in die VR China, damit eine Verbilligung für den Export in die BRD möglich war.[199] Das BWM stand trotz der verschärften politischen Situation auf dem Standpunkt, dass ein Bankenabkommen abgeschlossen werden könne.[200] Bei der Verhandlung über das Abkommen sollte der Ausdruck „bilateral trade agreement" jedoch vermieden werden, weil der Vertrag dann als regierungsseitig hätte angesehen werden können.[201] Obwohl das Bankenabkommen nicht zustande kam, begannen dadurch die Überlegungen über ein Wirtschaftsabkommen in der BRD.

Im Jahr 1953 schlossen mehrere westeuropäische Länder wie Belgien, Frankreich und Italien Warenabkommen mit der VR China ab. Die deutsche Industrie war dadurch auf dem chinesischen Markt benachteiligt.[202] Die Bundesregierung war aber wegen der Hallstein-Doktrin nicht in der Lage, ein offizielles Handelsabkommen mit der VR China abzuschließen. Allerdings schloss die Bundesregierung wegen des Drucks vonseiten der deutschen Wirtschaft auch kein Handelsabkommen mit Taiwan ab, und auch die Aufnahme diplomatischer Beziehungen zum Guomindang-Regime lehnte die Bundesregierung ab. So berichtete Bonn dem US Department of State in Washington DC:

> "The Government was under pressure from trade circles in Hamburg..., who were anxious to get a foothold in trade with Communist China, not to establish relations with Nationalist China for fear of endangering this possibility of trade."[203]

Kurz nach der Genfer Konferenz 1955 nahm der Ostausschuss mit der Genehmigung des Auswärtigen Amts und des Bundeswirtschaftsministeriums[204] wieder Kontakt mit der CNIEC auf, um das Thema eines Handelsabkommens zu besprechen. Beide Seiten waren einverstanden damit, dass ein Handelsabkommen zunächst mit einer Gültigkeit für ein Jahr abgeschlossen werden sollte. In diesem Zusammenhang schlug die deutsche Seite vor, dass eine Verlängerung um ein weiteres Jahr beim Abschluss des ersten Abkommens bereits grundsätzlich vorgesehen sein sollte, da es für die deutsche Industrie von großer Bedeutung war, sich durch die vertraglichen Regulierungen vor chinesischer Manipulation bei den Verhandlungen und Geschäftsabwicklungen zu schützen.[205]

---

199 Ebenda.

200 Brief vom Arbeitskreis China Geschäftsführung an Köhler, 28.05.1953, BAL: 335/4.

201 Schriftverkehr Betr.: Verhandlungen mit der VR China, 14.11.1953, BAL: 335/4.

202 Abschrift des Schnellbriefs von Auswärtigen Amt an das Bundesministerium für Wirtschaft, 20.08.1953, BAL: 335/1.

203 Foreign Service Despatch from HICOG Bonn to The Department of State, Washington, Betr.: German Chinese Relations, 23.11.1954, The National Archives at College Park, Maryland (NACP): 604.6294A/12-1054.

204 . Aktennotiz über die Besprechung im BWM am 5.8.1953, BAL: 335/1.

205 Entwurf eines Antwortschreibens vom Ostausschuss der deutschen Wirtschaft an die CNIEC, Berlin, 10.08.1955, BAL: 335/4.

Die CNIEC wünschte nach wie vor eine Warenliste aus der BRD – dieser Wunsch wurde in der BRD diskutiert. Die Bundesregierung schloss die Erweiterung der Warenliste nicht aus. Das BWM gab an, die Liste zu erweitern, „sobald die gesetzlichen Bestimmungen im Lieferlande dieses zulassen“[206]. Das im Jahr 1953 von der deutschen Seite diskutierte Bankenabkommen wurde beim Treffen besprochen.[207] In Bezug auf das Thema Banktransaktionen wünschte sich die chinesische Seite Zahlungen in Sterling zwischen der Bank of China einerseits und den deutschen Außenhandelsbanken andererseits. Darüber hinaus äußerte die chinesische Seite ihre Kreditwünsche. Da eine Kreditgewährung in Sterling von deutscher Seite nicht möglich war, schlug der China-Arbeitskreis des Ostausschusses vor, die Zahlungen über ein in Deutschland zu führendes D-Mark-Konto der Bank of China abzuwickeln. Obwohl die deutsche Industrie Regulierungen der Zahlungsbedingungen anstrebte, äußerte die chinesische Seite wiederholt, dass eine Festlegung von Zahlungsbedingungen unerwünscht sei. Die chinesische Delegation schlug vor, die Zahlungsbedingungen bei Einzelverträgen zu überprüfen.[208]

Die Arbitrage sollte nach Ansicht der deutschen Seite in einem dritten westeuropäischen Land (z. B. in der Schweiz oder in England) stattfinden, falls eventuelle Reklamationen zwischen den Kontrahenten nicht geregelt werden könnten. Dieses Thema wurde von beiden Seiten in freundlicher Atomsphäre diskutiert, es wurde jedoch keine Entscheidung getroffen. Die chinesische Seite schlug vor, dass eine beiderseitige Regierungsgarantie ausgesprochen werden sollte, damit „ein abzuschließendes Abkommen“ [209] reibungslos abgewickelt werden könnte. Die deutsche Delegation gab an, dass die BRD „ein eventuelles Abkommen der geplanten Art“ [210] nur im Bundesanzeiger veröffentlichen würde. Sie ergänzte, dass die Bundesregierung nie Regierungsgarantien ausgesprochen habe, sodass dies auch im Fall der VR China nicht möglich sei. Ein weiterer Termin in Berlin wurde vereinbart, um weiter über das Handelsabkommen zu verhandeln.[211]

Die Verhandlungen scheiterten.[212] Neben der Regierungsgarantie strebte die chinesische Delegation eine größere politische Bedeutung des Handelsabkommens an: Die chinesische Seite wollte das Abkommen nicht mit dem Ost-Ausschuss, sondern mit der Bundesregierung abschließen.[213] Die Bundesregierung konnte aufgrund der Hallstein-

206 Ebenda.

207 Chronologische Übersicht über die Tätigkeit des AK China während der Zeit vom 10.3. – 24.8.1955, 24.08.1955, BAL: 335/3.

208 Entwurf eines Antwortschreibens vom Ostausschuss der deutschen Wirtschaft an die CNIEC, Berlin, 10.08.1955, BAL: 335/4.

209 Ebenda.

210 Ebenda.

211 Ebenda.

212 Stahnke 1972: 140 f.

213 Ebenda.

Doktrin jedoch keine Beziehung mit der VR China auf der Staatsebene aufnehmen,[214] und auch schon vor der Hallstein-Doktrin wollte die Regierung Adenauer keine China-Politik betreiben. Neben dem Druck der USA wegen des Koreakriegs spürte Adenauer schon im Jahr 1952 die zukünftigen Spannungen zwischen der VR China und der Sowjetunion.[215] Im Jahr 1955 berichtete das deutsche Konsulat in Hongkong dem Auswärtigen Amt über die Spannungen zwischen der VR China und der Sowjetunion. Laut dem Bericht war China bereit, „sich von der Sowjetunion zu trennen"[216] und in den Zwei-Fronten-Krieg einzutreten. Mit Zwei-Fronten-Krieg meinte die KPCh, dass die VR China sowohl gegen die USA als auch gegen die sowjetische Führungsposition im Osten kämpfe. Das deutsche Konsulat in Hongkong vertrat die Meinung, dass das sowjetisch-chinesische Verhältnis „viele Gefahrenherde und Reibungsmöglichkeiten in sich birgt"[217]. Das Risiko für die BRD sei zu groß, wegen der VR China in eine Konfrontation mit den zwei Supermächten zu geraten.[218]

Das wirtschaftliche Interesse der VR China am Handelsabkommen war eindeutig: Es bestand darin, die Handelsbeziehungen mit der BRD zu verbessern und eventuell durch eine deutsche Initiative das US-Embargo aufzuheben.[219] Deutlich war aber auch das politische Interesse der chinesischen Seite. Bereits kurz nach der Aufnahme diplomatischer Beziehungen zwischen der BRD und der UdSSR äußerte die KPCh in der Öffentlichkeit den Wunsch nach einer Aufnahme diplomatischer Beziehungen zur BRD.[220] 1956 wies Zhou En-Lai auf der Politischen Konsultativkonferenz des chinesischen Volkes auf die Intention der VR China hin, diplomatische Beziehungen mit der BRD aufzunehmen. Die politischen Interessen, die die VR China in Bezug auf die BRD verfolgte, bestanden darin, durch die diplomatische Anerkennung durch die BRD die Guomindang politisch zu isolieren und trotz der Konflikte mit den zwei Supermächten die eigenen Spielräume in der Weltpolitik zu vergrößern.[221] Daher versuchte die VR China, ihre politischen Ziele auf wirtschaftlichem Wege zu erreichen.

Anfang 1956 wurden die Gespräche über das Handelsabkommen in Berlin fortgesetzt. Die CNIEC wurde umbenannt in China Council for the Promotion of International Trade (CCPIT).[222] Während der Verhandlungen für das Handelsabkommen wurde ein Kompromiss eingegangen. Ein vorläufiges Handelsabkommen zwischen dem CCPIT und dem Ostausschuss mit der von der chinesischen Seite gewünschten Bundesgaran-

214 Neßhöver 1999: 34.
215 Trampedach 1997: 29; Pan 2006: 155.
216 Runge 2003: 59.
217 Bemerkungen zum Problem der chinesische-sowjetischen Beziehungen vom Konsulat der Bundesrepublik Deutschland Hongkong. 1 f. 11.07.1955. AAPD: B12/667.
218 Runge 2003: 59.
219 Lardy 1987: 177.
220 Pan 2006: 151 f.
221 Neßhöver 1999: 34.
222 Chronologische Übersicht über die Tätigkeit des AK China während der Zeit vom 26.8.55 – 7.3.56, 07.03.1956, BAL: 335/3.

tie wurde unterzeichnet. Der Ostausschuss überzeugte die chinesische Seite, dass er die Bundesregierung im Bereich Osthandel tatsächlich weitreichend vertreten durfte. Der Status des Ostausschusses als quasi-staatliche Einrichtung wurde von der chinesischen Seite anerkannt.[223] Für die Bundesregierung verstieß eine Bundesgarantie nicht gegen die Hallstein-Doktrin, erfüllte aber den Wunsch der deutschen Industrie, ein Handelsabkommen mit der VR China abzuschließen, um die Geschäfte mit der VR China zu regulieren. Nach Rücksprache beider Seiten wurde das Ziel des Abkommens festgelegt. Angestrebt wurde demnach die „Schaffung gemeinsamer, grundlegender Geschäftsbedingungen für die Zukunft".[224] Bei der Besprechung lud der CCPIT den Ostausschuss mündlich nach Peking ein. Der China-Arbeitskreis war bereit, für weitere Verhandlungen nach China zu reisen, und Ende 1956 erhielt er die Genehmigung, die Einladung nach Peking anzunehmen. Das Auswärtige Amt bearbeitete zusammen mit BdL, BELF, BFM und BWM die Entwürfe des Abkommens und übermittelte diese dem China-Arbeitskreis des Ostausschusses.[225]

Kurz vor der Abreise der Delegation Anfang 1957 hatte der Bundeskanzler wieder Zweifel an der Reise des Ostausschusses nach Peking. Auch Staatssekretär Hallstein äußerte vor der Presse in Hongkong Bedenken gegen den China-Handel.[226] Der Grund dafür waren womöglich die negativen Reaktionen aus Washington DC bezüglich der Verhandlungen mit China.[227] Nach den Verhandlungen mit der VR China durfte die BdL wegen der fehlenden Zustimmung des Auswärtigen Amts doch kein Bankenabkommen mit der VR China abschließen.[228] Bei der Verhandlung war die BdL bereit, ein kreditorisches D-Mark-Konto für die Bank of China zu eröffnen.[229] Der Briefwechsel zwischen der BdL und der VR China durfte nicht als Form eines Abkommens angesehen werden.[230] Aber die Verhandlungen über das Handelsabkommen waren bereits so weit fortgeschritten, dass weder die deutsche Industrie noch die Bundesregierung die bis zu diesem Zeitpunkt unternommenen Bemühungen aufgeben konnten. Statt einer Absage der Reise wurde die Delegation durch das Auswärtige Amt klein gehalten. Vier Mitglieder des Vorstandes des China-Arbeitskreises reisten zusammen mit Wolff von Amerongen, dem Vorsitzenden des Ostausschusses, und den Geschäftsführern des China-Arbeitskreises sowie dem Geschäftsführer des Ostausschusses und einem Vertreter

223 Stahnke 1972: 141.
224 Neßhöver 1999: 40.
225 Chronologische Übersicht über die Tätigkeit des AK China während der Zeit vom 4.10.56 – 5.3.57, 05.03.1957, BAL: 335/3.
226 Bericht über die 13. Sitzung des AK China am 7.3.57 in Düsseldorf, 14.03.1957, BAL: 335/3.
227 Stahnke 1972: 141 f.
228 Bericht über die 13. Sitzung des AK China am 7.3.57 in Düsseldorf, 14.03.1957, BAL: 335/3.
229 Bericht über die 14. Sitzung des AK China am 26.8.57 in Düsseldorf, 16.08.1957, BAL: 335/3.
230 Gedächtnisprotokoll über die Delegationsbesprechung am 15.8.57 in Bremen, 16.08.1957, BAL: 335/3.

der Einfuhrseite[231] als Delegation in die VR China. Den Mitgliedern der Delegation war es streng verboten, mit China über die Geschäfte eigener Firmen zu verhandeln.[232]

Vor der Abfahrt wurde die Wichtigkeit der Vereinbarung einer neutralen Arbitrage (Schweiz) erneut betont.[233] Weiterhin vertrat der China-Arbeitskreis die Meinung, dass die deutsche Delegation keine Kreditzusagen machen sollte, da keine Refinanzierungsmöglichkeiten bestanden. Kreditzusagen könnten „bei den Chinesen die Hoffnung... erwecken, als seien individuelle Firmenkredite möglich". Die Delegation sollte sich gegenüber der Presse zurückhalten.[234] Die Bundesregierung betonte erneut, dass das Handelsabkommen nicht als staatlicher Vertrag gelten und nicht rechtskräftig sein durfte.[235]

Die Verhandlungen in Peking wurden in freundschaftlicher Atmosphäre, aber „bei aller Sachlichkeit mitunter ziemlich hart geführt".[236] Insgesamt fanden acht Gespräche statt.[237] In der Arbitragefrage konnte die deutsche Delegation die gewünschte Formulierung nicht ganz durchsetzen. Letztendlich hieß es im Abkommen: „Die Arbitrage findet in Zürich statt, sofern zwischen Käufer und Verkäufer nichts anderes vereinbart wird".[238] Die deutsche Delegation verhandelte bei der Besprechung mit der chinesischen Seite auch über das Thema der Warenzeichen. Die Eintragung westdeutscher Warenzeichen in der VR China wurde aufgrund des Fehlens diplomatischer Beziehungen jedoch von der VR China abgelehnt. In der Vorstandssitzung des China-Arbeitskreises wurde dies damit kommentiert, dass die VR China versuche, von der BRD diplomatisch anerkannt zu werden.[239] Das Abkommen enthielt keine Klausel über die Force Majeure. Diese sollte im Einzelfall verhandelt werden, da die beiden Seiten kein Einverständnis darüber erzielten, ob Streik der Force Majeure zuzurechnen sei. Die chinesische Delegation versuchte, bei den Zahlungsbedingungen vertragliche Bindungen zu vermeiden. Die Regulierung der Zahlungsbedingungen wurde deshalb nicht in das Abkommen aufgenommen. Anders als die deutsche Delegation erwartet hatte, äußerte die chinesische Seite nicht den Wunsch nach Krediten. In Bezug auf Einreisevisa für deutsche Geschäftsleute und Techniker erklärte die chinesische Delegation, solche Fragen könnten nur mit Regierungsabkommen geregelt werden. Von deutscher Seite wur-

231 Bericht über die 13. Sitzung des AK China am 7.3.57 in Düsseldorf, 14.03.1957, BAL: 335/3.
232 Gedächtnisprotokoll über die Delegationsbesprechung am 15.8.57 in Bremen, 16.08.1957, BAL: 335/3.
233 Bericht über die 13. Sitzung des AK China am 7.3.57 in Düsseldorf, 14.03.1957, BAL: 335/3.
234 Bericht über die 14. Sitzung des AK China am 26.8.57 in Düsseldorf, 16.08.1957, BAL: 335/3.
235 Gedächtnisprotokoll über die Delegationsbesprechung am 15.8.57 in Bremen, 16.08.1957, BAL: 335/3.
236 Entwurf des Berichts über die 15. Sitzung des AK China am 27.11.57 in Hamburg, 11.12.1957, BAL: 335/3.
237 Pan 2006: 164.
238 Entwurf des Berichts über die 15. Sitzung des AK China am 27.11.57 in Hamburg, 11.12.1957, BAL: 335/3.
239 Bericht über die AK China-Vorstandssitzung am 10. Juli 1957, BAL: 335/3.

de erneut betont, dass das Abkommen keine materiell-rechtlichen Wirkungen hatte. Das BWM übernahm keine Verantwortung für den etwaigen Verstoß deutscher Unternehmen gegen das Handelsabkommen. Die chinesische Delegation war dagegen, die Außenhandels- und Devisenbestimmungen und die Preisklausel in das Handelsabkommen aufzunehmen, weil dies „Selbstverständlichkeiten“[240] seien. Das Abkommen enthielt somit keine Klausel über die Transaktionen zwischen den beiden Zentralbanken. Nach Jahren der Diskussionen und Verhandlungen wurde das erste quasi-staatliche Handelsabkommen zwischen dem CCPIT und dem Ostausschuss mit einer Gültigkeit von einem Jahr schließlich am 27. September in Peking unterzeichnet[241] und im Bundesanzeiger veröffentlicht.[242]

Nach dem Abschluss des Handelsabkommens schrieb der Außenhandelsminister der Regierung der VR China:

> "It is indeed gratifying to learn… that the trade agreement signed between us has been favorably received by various circles in your country. On our side, we have notified all our trade organizations both in China and abroad of the trade agreement.... We believe this agreement will be successfully carried out and lay a sound foundation to the normal development of trade between our two countries."[243]

Die Durchsetzung des Handelsabkommens gestaltete sich tatsächlich einwandfrei. Hinsichtlich nicht im Abkommen eingeschlossener Themen mussten die beiden Seiten im jeweiligen Einzelfall verhandeln, was aber – außer bei der Arbitragefrage – meistens reibungslos gelang.[244] Nach dem Abschluss des Handelsabkommens stieg das Handelsvolumen zwischen der VR China und der BRD innerhalb eines Jahres von 371,70 Mio. D-Mark auf 927,40 Mio. D-Mark (siehe Tabelle 1 im Anhang). Obwohl für die Zunahme des Handelsvolumens verschiedene Gründe ausschlaggebend gewesen sein können, ist davon auszugehen, dass das Handelsabkommen dazu beigetragen hat.

3.3.4 Aktivitäten und Strategien westdeutscher Unternehmen in der VR China 1953–1957

Schon vor dem Abschluss des Handelsabkommens gab es einen jährlichen Anstieg des Handelsvolumens. Die inoffiziellen Treffen zwischen 1953 und 1957 sorgten für einen Zugang deutscher Unternehmen zum chinesischen Markt. Mehrere Verträge wurden zwischen den deutschen Unternehmen und der VR China direkt abgeschlossen. Deut-

240 Pan 2006: 165.
241 Entwurf des Berichts über die 15. Sitzung des AK China am 27.11.57 in Hamburg, 11.12.1957, BAL: 335/3.
242 Pan 2006: 165.
243 Rundschreiben des Ostasiatischen Vereins, Betr.: China, 28.01.1958, BAL: 370-017.
244 Aktennotiz über das Handelsabkommen mit der BRD vom MACHIMPEX/ 中国运输机械进口公司西德贸易协定并告有关问题, 24.10.1957, Shanghai Municipal Archives /上海市档案馆: B230-1-88-4.

sche Unternehmer reisten während dieser Phase häufig nach China, um die Geschäftsmöglichkeiten auf dem chinesischen Markt zu erweitern. Die chinesische Seite versuchte auch ohne externe Vermittlung direkt mit den deutschen Unternehmen zu handeln. Wegen des Mangels an Devisen beabsichtigte die VR China, die hohen Provisionen für die Zwischenvermittler, die außerhalb der VR China saßen, zu vermeiden.[245] Laut Informationen der Bank of China in London hatte die VR China im Jahr nur 60 Mio. Sterling zur Verfügung.[246] Der Devisenmangel resultierte vor allem aus den geringen chinesischen Exportmöglichkeiten. Der inländische Bedarf an vielen Gütern, die früher exportiert worden waren, hatte sich durch den ersten Fünfjahresplan erhöht. Daher verfügte die VR China über weniger Produkte, die sie ins Ausland exportieren konnte, als zuvor.[247] Der Handelsprozess hatte sich vor dem Hintergrund der komplizierten politischen Bedingungen in verschieden Bereichen stark verändert.

Da die Bayer AG sehr früh mit der Wiederaufnahme von Handelsbeziehungen mit China begonnen hatte, versuchten einige chinesische Handelsunternehmen, Bayer vor Ort zu vertreten. Allerdings wurden sämtliche Anfragen dieser Art von Bayer abgelehnt. Bayer wollte direkt mit der CNIEC handeln.[248] Nach einigem Hin und Her erhielt Bayer im Jahr 1954 schließlich die Zustimmung vom Auswärtigen Amt, sich mit der chinesischen Delegation in Berlin zu treffen. Bayer sollte laut der Anweisung des Auswärtigen Amts aber „mit größter Vorsicht und Zurückhaltung"[249] und „ohne irgendwelche Verpflichtung der Bundesrepublik"[250] mit der chinesischen Delegation verhandeln. Das Gespräch fand in einem Hotel in Ostberlin statt. Im Gespräch äußerte das Vorstandsmitglied der Bayer AG Köhler, dass Bayer bereit sei, zu Besprechungen nach Peking zu fahren. Die chinesische Seite zeigte daran ebenfalls Interesse.[251] Im Jahr 1956 gründete Bayer ein eigenes Büro in Hongkong für den direkten Kontakt mit der CNIEC, damit kein Zwischenvermittler zwischen Bayer und der CNIEC eingeschaltet werden musste.[252] Auch von chinesischer Seite war ein Umgehen der Zwischenvermittler gewünscht.[253]

Im Bereich der Chemieindustrie war neben Bayer auch die BASF weiterhin auf dem chinesischen Markt aktiv. Im Jahr 1953 entschied sich die VR China für neue Test-

245 Bericht über eine Reise durch die Volksrepublik China in der Zeit vom 17.10. bis 10.11.1957: 69 f., Siemens-Archiv München: 9318.

246 Ebenda.

247 Ebenda.

248 Brief von Farbenfabrik Bayer an an Bai Foong & Co., Ltd./ 培丰公司与 Bayer 往来, 25.01.1955, Shanghai Municipal Archives /上海市档案馆: Q448-1-135.

249 Brief von Köhler an Gross (Ostasiatischer Verein), 08.05.1954, BAL: 335/4.

250 Ebenda.

251 Ebenda.

252 Auszug aus der Niederschrift über die 52. Sitzung des Kaufmännischen Zentralbüros am Donnerstag, den 6. September 1956, BAL: 329/688.

253 Auszug aus der Niederschrift über die 51. Sitzung des K. Z. B. Leverkusen, 25. Juni 1956, BAL: 329/688.

verfahren für den importierten Farbstoff. Davon profitierte die BASF, weil sich die Konkurrenten mit niedrigerem Qualitätsstandard auf dem chinesischen Markt dadurch nicht länger halten konnten. Die chinesische Seite war auch an Fachliteratur und schriftlichen Materialien von BASF interessiert, um die eigenen Prüfmethoden zu verbessern. Die BASF war kooperativ und hilfsbereit. Die BASF war bestrebt, dass die chinesische Prüfstelle die Methode von BASF anerkannte, um weitere Konkurrenzvorteile auf dem chinesischen Markt zu erlangen.[254]

Die erste direkte Kontaktaufnahme ohne einen Zwischenvermittler zwischen der BASF und der VR China erfolgte im Jahr 1953 auf der Leipziger Messe, auf der die BASF Aufträge im Wert von 6 Mio. D-Mark erhielt. Im Jahr 1953 erzielte die BASF direkt auf dem chinesischen Markt einen Umsatz von insgesamt 885 Mio. D-Mark. Der Zwischenvermittler der BASF in Hongkong, das dänische Handelsunternehmen Jebsen & Co., beschwerte sich über die direkten Geschäfte zwischen der BASF und der VR China. Diese Beschwerden von Jebsen & Co. wurden von der BASF jedoch ignoriert. Sowohl die BASF als auch die CNIEC wünschten weitere direkte Kontakte.[255]

Im Jahr 1956 reiste eine chinesische Wirtschaftsdelegation in die BRD und besuchte die BASF. Im Anschluss reiste eine BASF-Delegation auf die Einladung der chinesischen Seite hin mit „Aufstellungen über Liefermöglichkeiten und Preise für die die Chinesen wahrscheinlich interessierenden Produkte“ [256] nach China. Die BASF war auf die Reise auch mit „Not- und Kampfpreisen“ [257] vorbereitet für den Fall, dass die Konkurrenz auf dem chinesischen Markt zu groß wäre. Trotzdem entsprach der Preis von BASF den chinesischen Preisvorstellungen nicht. Die chinesische Seite betonte immer wieder, dass sie zu einem günstigeren Preis von „anderen Freunden kaufen“ [258] könne. Mit einem Auftrag im Wert von 1,5 Mio. D-Mark kehrte die BASF-Delegation leicht enttäuscht nach Deutschland zurück.[259]

Ähnlich wie Bayer und BASF hatte Siemens schon im Jahr 1949 Handelsbeziehungen mit der VR China aufgenommen. Der erste nennenswerte Verkauf wurde im Jahr 1951 durch das Handelsunternehmen Schmidt & Co. erzielt. Danach beauftragte Siemens Jebsen & Co. Hongkong als Vermittler zwischen Siemens und der VR China. Der erste direkte Kontakt kam im Jahr 1956 zustande: Im Sommer 1956 besuchte eine chinesische Delegation Siemens in Erlangen und München. Im Herbst 1957, kurz nach dem Abschluss des Handelsabkommens und der Lockerung des China-Embargos, reiste eine Siemens-Delegation in die VR China.[260]

254 Grabicki 2015: 93.
255 Ebenda: 94.
256 Ebenda: 98.
257 Ebenda.
258 Ebenda.
259 Ebenda.
260 Siemens in China, Datum nicht vorgegeben, Siemens-Archiv München: ZVA 35.

Der Zweck der Reise war es, die Geschäftsmöglichkeiten für Siemens auf dem chinesischen Markt zu erkunden.[261] Die Siemens-Delegation sprach während der Reise mit mehreren wichtigen staatlichen Einkaufsstellen der VR China. Neben Gesprächen mit dem CCPIT fanden auch Besprechungen mit der China National Machinery Import Corporation, der China National Transport Machinery Import Corporation, der Technical Import Corporation sowie mit der Instruments Import Corporation statt.[262] Direkte Kontakte zu den Endverbrauchern waren nicht möglich – die staatlichen chinesischen Handelsunternehmen verhinderten solche Kontakte.[263] Die Siemens-Delegation wurde von den chinesischen Gesprächspartnern sehr freundlich behandelt. Ihr fiel „in China das Fehlen jeglicher Arroganz auf“ [264]. Zwar seien die Chinesen „stolz auf ihre technischen Leistungen“ [265], aber „betonten immer wieder, dass sie noch weit in der Entwicklung ihres Landes zurück seien“. [266] Die Delegation berichtete, die chinesischen Gesprächspartner hätten „nicht nur das Gute bestätigt hören“ [267] wollen, sondern auch um Kritik an ihrer eigenen Technik gebeten. [268]

Siemens war als Marke wegen seiner langen Handelsgeschichte in China sehr beliebt. Daher standen Siemens viele Geschäftsmöglichkeiten in der VR China offen.[269] Die beiden Seiten besprachen verschiedene Absatzaussichten für Siemens – dies betraf Grubenlokomotiven, Wasserkraftturbinen, KV-Geräte sowie die Lieferung eines kompletten Dampfkraftwerks. Die Gespräche waren auf einer rein technischen Ebene angesiedelt, politische Fragen wurden nicht thematisiert.[270] Die chinesische Seite gab in Bezug auf die in der VR China zur Verfügung stehenden westlichen Zahlungsmittel an, der Devisenmangel bedeute die größte Einschränkung der Einkaufsmöglichkeiten bei Siemens.[271]

Da im Abkommen 1957 keine Zahlungsbedingungen vereinbart worden waren, musste Siemens mit der VR China selbst darüber verhandeln. Beide Seiten waren einverstanden mit unwiderruflichen Akkreditiven, eröffnet in England oder auch in Deutschland. Diskussionsbedarf ergab sich beim Thema An- und Zwischenzahlungen. Siemens wünschte sich bei großen Aufträgen eine von der VR China zu leistende Anzahlung zwischen 5 % und 10 %. Die Anzahlung wurde von Siemens nicht als Sicherung

261 Ebenda.

262 Bericht über eine Reise durch die Volksrepublik China in der Zeit vom 17.10. bis 10.11.1957, Siemens-Archiv München: 9318.

263 Ebenda.

264 Ebenda.

265 Ebenda.

266 Ebenda.

267 Ebenda.

268 Ebenda.

269 Ebenda.

270 Bericht über eine Reise durch die Volksrepublik China in der Zeit vom 17.10. bis 10.11.1957: 16 ff.; 76., Siemens-Archiv München: 9318.

271 Bericht über eine Reise durch die Volksrepublik China in der Zeit vom 17.10. bis 10.11.1957: 69 f., Siemens-Archiv München: 9318.

angesehen, sondern als Erstfinanzierung für die Produktion. Die chinesische Seite hatte dafür jedoch wenig Verständnis. Durch die Akkreditive des Zwischenvermittlers Jebsen & Co. in Hongkong erhielt Siemens zwar die Erstfinanzierung – wenn aber solche Zwischenhändler umgangen werden sollten, war es für Siemens von Bedeutung, dass die chinesische Seite die Anzahlung akzeptierte.[272] Nach Ansicht der Siemens-Delegation war das chinesische Devisenproblem nur zu lösen, indem die VR China „große Anleihen ins Land fließen [lässt]".[273]

Eine weitere Schwierigkeit für Siemens auf dem chinesischen Markt war der Daueraufenthalt für Siemens-Techniker in der VR China.[274] Von solchen Schwierigkeiten in Bezug auf den Aufenthalt und die Einreise in die VR China war nicht ausschließlich Siemens betroffen. Die chinesischen Bedingungen für die Erteilung eines Visums waren für die deutschen Unternehmer allgemein streng. Wenn ein deutscher Unternehmer ein Visum für die VR China beantragte, prüfte die chinesische Regierung vor allem das Potenzial des Unternehmens für den chinesischen Markt. Bei einem nach Ansicht der chinesischen Behörden zu geringem Potenzial wurde der Antrag abgelehnt. Wie die deutschen Unternehmer empfangen werden sollten, wurde von den Regierungen auf der lokalen Ebene entschieden. Die für den Empfang zuständigen Stellen bekamen diesbezügliche Anweisungen.[275]

Für die Unternehmen aus den Branchen der Chemie- und Elektroindustrie waren die Einreise und der Aufenthalt in China zwar nicht ohne Schwierigkeiten, aber direkte Kontakte zur VR China waren möglich, nahmen zu und wurden immer intensiver. Bei Unternehmen im Bereich der Stahl- und Metallindustrie waren die Situation und die Entwicklung dagegen anders: Wegen des Handelsembargos musste z. B. Krupp nach der Gründung der BRD lange auf Geschäfte mit der VR China verzichten. Der Krupp-Konzern war im November 1811 gegründet worden und blickte auf eine fast hundertjährige Geschichte (seit Mitte der 1860er Jahre) von geschäftlichen Kontakten mit China zurück. Zu dem Konzern gehörten viele Unternehmen in verschiedenen Bereichen: Stahlgewinnung, Metallurgie, Industrieanlagenbau, Schiffbau, Maschinenbau, Handel, Forschung sowie Dienstleistungen.[276] Erst Mitte der 50er Jahre nahm Krupp

---

272 Bericht über eine Reise durch die Volksrepublik China in der Zeit vom 17.10. bis 10.11.1957: 72 f., Siemens-Archiv München: 9318.

273 Zusammenfassung des Berichts über eine Reise durch die Volksrepublik China in der Zeit vom 17.10. bis 10.11.1957, Siemens-Archiv München: 9318.

274 Bericht über eine Reise durch die Volksrepublik China in der Zeit vom 17.10. bis 10.11.1957: 1, Siemens-Archiv München: 9318.

275 Brief von Shanghai halbstaatlicher Export und Import Co. an Außenhandelsministerium/公私合营上海市国际贸易进出口公司与外贸局来往信函, 17.04.1957, Shanghai Municipal Archives /上海市档案馆: B230-2-218-68.

276 Vorläufige Übersicht über die Mitglieder der Delegation, HA Krupp: WA160/192.

auf der Leipziger Messe die Geschäftsbeziehungen mit der VR China wieder auf.[277] Auf der Hannover-Messe wurde erneut Kontakt aufgenommen.[278]

Im Jahr 1955 verhandelte Krupp mit der VR China über ein Kompensationsgeschäft mit Ungarn als Transitland. Krupp sollte Waren im Wert von 5 Mio. US-Dollar in die VR China transportieren, und die Chinesen sollten Produkte im Wert von 5 Mio. US-Dollar über Ungarn nach Westdeutschland liefern. Ungarn wurde als Transitland ausgesucht, weil die chinesische Seite im Jahr 1955 mit Ungarn über einen Handelsvertrag verhandelte. Es wurde Einvernehmen darüber erzielt, dass die chinesische Seite einen großen Teil ihrer Geschäfte mit Westeuropa in beiden Richtungen über Ungarn durchführen sollte. Die Verträge sollten zwischen Krupp und China direkt abgeschlossen werden. Ungarn behielt sich vor, einen bestimmten Prozentsatz ungarischer Waren in diese Lieferungen einzubeziehen. Ungarn übernahm das Warenrisiko. Die handelspolitische Abwicklung des Geschäftes sollte nach den Grundsätzen des deutsch-ungarischen Handelsvertrages über ein einzurichtendes Transitsonderkonto erfolgen. Ungarn spielte dabei nicht nur die Rolle des Transitlandes, sondern auch die des Vermittlers. Der ungarische Vertreter erkundigte sich nach den Liefer- und Beschaffungswünschen der deutschen und chinesischen Seite und leitete diese weiter. Über den Einbezug ungarischer Waren verhandelte Ungarn separat mit den beiden Seiten. Die direkten Verhandlungen zwischen der VR China und Krupp sollten in Budapest stattfinden. Für Krupp bestand der Vorteil des Projekts vor allem darin, endlich den ersten wirklichen Kontrakt mit Peking abschließen zu können. Weiterhin ergab sich die Möglichkeit für Krupp, die Geschäfte unter den Vertragsbedingungen des deutsch-ungarischen Handelsvertrags abzuwickeln. Ein solches Projekt brachte darüber hinaus eine Vertiefung der Handelsbeziehungen zwischen Ungarn und Krupp mit sich.[279] Das Projekt konnte der amerikanischen Seite zudem durch den Transithandel verborgen bleiben. Es bestand jedoch die Gefahr, dass der Ostausschuss dagegen sein würde, da er seit langem gegen Transitgeschäfte war.[280] Ob der Kontrakt zustande kam, konnte im Zuge der Recherche nicht abschließend geklärt werden.

1956 fand auf Einladung der chinesischen Seite erneut eine Besprechung im Hotel Johannishof in Ostberlin zwischen Wirtschaftsdelegationen der beiden Seiten statt. Dieses Mal nahmen auch Vertreter von Krupp teil.[281] Über die Teilnahme der Krupp-Vertreter wurde die Presse nicht unterrichtet. Während des Gesprächs zeigte die chinesische Seite vor allem Interesse am Eisenbahnbau, an Eisenbahnmaterialien sowie an der Stahlerzeugung und an Straßenbrücken. Krupp wurde von der chinesischen De-

277 Betr.: Besprechung vom 12.04.56 im Hotel Johannishof Berlin Ostsektor mit der chinesischen Handelsdelegation, 14.04.1956, HA Krupp: WA51/5462.

278 Vermerk Betrifft: China, 02.05.1956, HA Krupp: WA51/5461.

279 Vermerk Betr.: Das Chinageschäft transit Ungarn, 26.02.1955, HA Krupp: WA51/5461.

280 Vermerk Betr.: China 10.06.1955, HA Krupp: WA51/5461.

281 Vermerk für das Direktorium Betr.: China, 11.10.1956, HA Krupp: WA51/5462; Rundschreiben Betrifft: China-Embargo, 15.06.1956, HA Krupp: WA51/5461.

legation nach China eingeladen. Die chinesische Delegation fragte auch, ob der Vertreter von Krupp eine Unternehmerdelegation (z. B. zusammen mit Siemens, HANOMAG, Rheinrohr usw.) nach China leiten könne. Dies wurde von Krupp abgelehnt. Die offizielle Begründung von Krupp war, dass die Leitung einer solchen Delegation zu „arbeitsaufwendig" sei.[282] Der tatsächliche Grund war jedoch der Druck aus den USA. Aus den USA hieß es, dass Krupp als ein wichtiger Hersteller von Eisen- und Metallprodukten nicht leitend in einer deutschen Industriedelegation für China hervortreten solle.[283] Krupp versuchte auch, nur direkte und legale Geschäfte mit China zu treiben, die den gegebenen politischen Richtlinien angepasst waren.[284]

3.4 Zwischenfazit

Im Kapitel 2.5 wurde skizziert, dass die Bundesregierung sich für die Phase von 1949 bis 1952 für das Rollenkonzept bzw. NRC eines *inoffiziellen Wirtschaftspartners* entschieden hatte. In den folgenden Jahren hielt die Bundesregierung ihre Role Performance gegenüber der VR China nach diesem Rollenkonzept aufrecht. Der Westintegrationskurs wurde durch die deutsche Souveränität und den Beitritt in die NATO weiter gefestigt. In dieser Phase wurde deutlich, dass die deutsche Teilung nicht zu vermeiden war. Die nationale Identität der Bundesrepublik Deutschland als „normal West European nation state" wurde verstärkt. Das Bundeswirtschaftsministerium und das Bundesfinanzministerium versuchten vorsichtig und auf eine inoffizielle Art und Weise, den deutschen Export nach China zu unterstützen. Federführend zwischen der Regierung und der deutschen Industrie war der quasi-staatliche Ostausschuss, der eine entscheidende Funktion hatte – insbesondere sein China-Arbeitskreis. Das Auswärtige Amt kontrollierte die Aktivitäten der anderen Ministerien, des Ostausschusses und der deutschen Unternehmen, um sicherzustellen, dass diese nicht gegen die Hallstein-Doktrin verstießen. Bestanden die Kontakte nicht auf einer offiziellen Ebene oder liefen in einem politischen Sinne, wurden Gespräche und auch Abkommen mit der VR China aber vom Auswärtigen Amt toleriert. Auch die Rollenerwartungen der Significant Others bzw. der USA und der Sowjetunion behielten eine gewisse Kontinuität bei, und die Erwartungen der VR China änderten sich wenig.

Nach der Konsolidierung begann die KPCh im Rahmen des ersten Fünfjahresplans die VR China zu industrialisieren. Zu Beginn dieser Phase wurde das sowjetische Entwicklungsmodell übernommen. Um die Ressourcenmobilisierung effizient zu organisieren, wurde das Wirtschaftssystem in dieser Phase fast vollständig zentralisiert. Große Mengen Kapital sowie Devisen wurden in die Schwerindustrie und in die Infrastruktur investiert. Dies belastete die Landwirtschaft wie auch andere Bereiche.

282 Vermerk Betr.: China von Kühn, 13.04.1956, HA Krupp: WA51/5461.
283 Vermerk Betr.: China 17.04.1956, HA Krupp: WA51/5461.
284 Vermerk Betr.: China von Kühn, 07.03.1956, HA Krupp. WA51/5461.

Mit dem eigenen Entwicklungskonzept ab 1955 wurde die Industrialisierung noch weiter vorangetrieben. Trotz der schnellen Entwicklung entsprach das inländische Angebot nicht dem planmäßigen Bedarf für die weitere Industrialisierung. Die Nachfrage nach Investitionsgütern vergrößerte sich noch. Daher war die Außenwirtschaft im Vergleich zur Anfangszeit der VR China von größerer Bedeutung.

Die Industrialisierung bediente auch den außenpolitischen Ehrgeiz Maos. Nach der Konsolidierung verhielt sich die VR China außenpolitisch aggressiv und provokativ gegenüber den zwei Supermächten, um die eigene Unabhängigkeit zu erreichen. Durch die erste Krise der Taiwanstraße und eine offensive Opposition gegen die Politik Chruschtschows geriet die VR China außenpolitisch in eine isolierte Situation. Die Außenpolitik widersprach dem Außenwirtschaftsbedarf. Als Lösung strebte die KPCh nach mehr Wirtschaftskooperationen mit europäischen Ländern, wie osteuropäischen Ländern, Großbritannien, Skandinavien und auch mit der BRD. Die chinesische Regierung wollte Wirtschaftsbeziehungen auf offizieller Ebene, um auf der einen Seite die Guomindang in Taiwan diplomatisch zu isolieren und auf der anderen Seite mehr Spielräume für die weltpolitische Unabhängigkeit zu erhalten. Daher drängte die chinesische Seite bei den Verhandlungen mit der deutschen Delegation darauf, das Handelsabkommen auf Regierungsebene abzuschließen, obwohl die Mitglieder der deutschen Delegation nur auf wirtschaftlicher Ebene agieren konnten. Die chinesische Regierung hatte also die Erwartung, dass die BRD das Rollenkonzept bzw. NRC eines *offiziellen Wirtschaftspartners* zur VR China übernehmen sollte.

Nach dem Ende des Koreakriegs verbesserten sich die Beziehungen zwischen der VR China und den USA nicht. Es wurde zwar ein Verteidigungsvertrag zwischen der Guomindang und den USA verhandelt, aber die US-Regierung hatte kein Interesse daran, in eine militärische Auseinandersetzung zwischen Taiwan und Festlandchina involviert zu sein. Der Beschuss von Quemoy und Matsu durch die KPCh war in den Augen der US-Regierung reine Provokation. Wegen der ersten Krise der Taiwanstraße blieb die offensive Opposition der USA gegenüber der VR China trotz des Waffenstillstands im Koreakrieg unverändert. Das US-Embargo gegen die VR China wurde vor diesem Hintergrund nicht gelockert, sondern weiter verschärft. Die USA unterstützten die BRD in dieser Phase dabei, Souveränität zu erlangen. Mit dem durch die USA unterstützten Beitritt in die UNO und NATO wurde die Verbindung zwischen der BRD und den USA weiter gefestigt. Der politische Einfluss der USA auf die Bundesregierung verringerte sich durch das Ende des Besatzungsstatus nicht. Daher war die Position der USA weiterhin entscheidend für die Bundesregierung in Bezug auf die die VR China betreffende Außen- und Wirtschaftspolitik. Nach der ersten Krise der Taiwanstraße und der Verschärfung des Embargos trotz der Gegenstimme der BRD war für die Bundesregierung eindeutig, dass die USA weiterhin erwarteten, dass die Bundesregierung gegenüber der VR China das Rollenkonzept bzw. NRC als *Feind* übernehmen sollte. Die USA übten dabei auch Druck auf einzelne deutsche Unternehmen aus (z. B. Krupp, siehe Kapitel 3.3.3).

Chruschtschow versuchte als Nachfolger Stalins die Beziehungen zwischen der VR China und der Sowjetunion zu pflegen und zu verbessern. Als Nachbarland war die VR China für die Sowjetunion von strategischer Bedeutung. Bessere Beziehungen zwischen den zwei größten sozialistischen Ländern konnten auch den Ostblock stärken. Vor dem Hintergrund seines Strebens nach Unabhängigkeit und durch die offene Kritik an Chruschtschow wies Mao das Entgegenkommen der Sowjetunion zurück. Die VR China ging weltpolitisch auf Distanz zur Sowjetunion. Die Spaltung zwischen den beiden Ländern begann in dieser Phase. Nach der Genfer Konferenz 1955 stand die BRD durch die Teilung Deutschlands offiziell fast außerhalb des sowjetischen Machteinflussbereiches. Daher war die Positionierung der Sowjetunion gegenüber der VR China für die Bundesregierung nicht von besonderer Wichtigkeit. Außerdem waren die Beziehungen zwischen der VR China und der Sowjetunion noch nicht offiziell abgebrochen worden. Daher war die Rollenerwartung der Sowjetunion an die Bundesregierung, gegenüber der VR China weiterhin *neutral* zu sein.

Mit der stetigen Zunahme des deutschen Exports und mit der Wirtschaftserholung wuchs das Interesse der deutschen Industrie am Osthandel. Da sich bei der deutschen Industrie in Bezug auf die Sowjetunion Frustration einstellte, wurde die VR China einer der interessantesten Handelspartner. Ohne diplomatische Beziehungen trafen sich Vertreter der deutschen Wirtschaft mehrmals inoffiziell mit chinesischen Delegationen, um sich über Kooperationsmöglichkeiten auszutauschen. Deutsche Unternehmer reisten auch nach China, um die Absatzmöglichkeiten vor Ort zu prüfen, und auch die chinesische Seite zeigte ein großes Interesse an einer weiteren wirtschaftlichen Zusammenarbeit mit der deutschen Industrie. Daher versuchte die deutsche Industrie, der Bundesregierung durch den Ostausschuss ihre ablehnende Haltung zum US-Embargo gegenüber der VR China deutlich zu machen. Als Folge der Zunahme des direkten Warenverkehrs mit dem chinesischen Staatsunternehmen CNIEC begegnete die deutsche Industrie einer Reihe von Schwierigkeiten aufgrund der fehlenden Regulierung der Wirtschaftsbeziehungen zwischen den beiden Ländern. So konnte die chinesische Seite beispielsweise einseitig und willkürlich ihre Bedingungen zur Lieferung und Zahlung ändern. Als deutsches Einzelunternehmen war es fast unmöglich, mit der VR China zu verhandeln. Für das China-Geschäft wurde keine Bundesgarantie eingeräumt. Die Risiken bei Verhandlungen mit der VR China trugen die deutschen Unternehmen allein. Weiterhin vergrößerte sich auch die Konkurrenz auf dem chinesischen Markt. Die Handelstradition zwischen den beiden Ländern wurde zwar nicht ganz abgebrochen, sie trug aber wegen der fehlenden Regulierungen großen Schaden davon. Mit der Zunahme der Handelsinteressen waren die deutschen Unternehmer nicht mehr bereit, Handel nur auf der Unternehmensebene zu treiben. Bei den Verhandlungen über das Handelsabkommen im Jahr 1955 setzte die chinesische Seite die deutsche Wirtschaft unter Druck, dass die Handelsbeziehungen zur BRD auf offizieller Ebene reguliert werden sollten. Obwohl die chinesische Seite letztendlich einen Kompromiss einging, war für die deutsche Industrie die staatliche Unterstützung durch das Bundeswirtschaftsministerium und das Bundesfinanzministerium ebenfalls besser bzw. es war vorteilhaft, wenn die Wirtschaftsbeziehungen mit der VR China auf offizieller Ebene reguliert wurden. Insbesondere unter dem von der chinesischen Seite ausgeübten Druck konnten die Verhandlungen auf nichtstaatlicher Ebene jederzeit scheitern. Daher bestand die Rollenerwartung der deutschen Wirtschaft an die Bundesregierung darin, ein *offizieller Handelspartner* der VR China zu werden.

In dieser Phase kann die Bundesregierung außenpolitisch sowohl als erfolgreich als auch als erfolglos bezeichnet werden. Einerseits erhielt die BRD die von der Bundesregierung gewünschte Souveränität, andererseits wurde Deutschland offiziell in zwei Teile geteilt. Mit dem Beitritt zur NATO wurde der Spielraum der Bundesregierung in der Außenpolitik beschränkt. Angesichts der widersprüchlichen Rollenerwartungen aus den USA und vonseiten der deutschen Außenwirtschaft musste die deutsche Regierung wieder – wie schon in der vorangegangenen Phase – abwägen, wie sie die Erwartungen beider Seiten erfüllen sollte. Die Bundesregierung hielt sich zwar weiter an das US-Embargo, unterstützte aber die deutsche Industrie beim China-Handel, soweit es ihr möglich war. Da die Bundesregierung nicht gegen die Hallstein-Doktrin verstoßen durfte, versuchte sie, den China-Handel indirekt zu fördern: Das Bundeswirtschaftsministerium erklärte die Mindesthandelsbedingungen gegenüber der VR China für verbindlich; das Auswärtige Amt genehmigte, dass der Ostausschuss als semi-staatliches Organ mehrmals Kontakt mit der VR China aufnahm; mehrere Ministerien arbeiteten zusammen an den Entwürfen des ersten inoffiziellen Handelsabkommens; der Ostausschuss erhielt die Zustimmung der Bundesregierung, nach China zu reisen und das Handelsabkommen abzuschließen. Durch solche Maßnahmen („instrumental or ritual acts"), insbesondere durch den Abschluss des ersten inoffiziellen Handelsabkommens, übernahm die Bundesregierung das Rollenkonzept eines *semi-staatlichen* Handelspartners gegenüber der VR China. Durch die Einhaltung des US-Embargos verstieß dieses Rollenkonzept nicht vollständig gegen die Erwartung der USA. Die Erwartungen der deutschen Industrie und der VR China wurden unter den Bedingungen der Hallstein-Doktrin im größtmöglichen Umfang erfüllt.

4 Die Wirtschaftsbeziehungen zwischen der BRD und der VR China 1958–1965

In der Phase von 1958 bis 1965 gab es große Schwankungen in den Handelsbeziehungen zwischen der BRD und der VR China. Nach einem kurzen Peak des Handelsvolumens im Jahr 1958 lief das erste semi-staatliche Handelsabkommen aus und wurde nicht verlängert. Obwohl kein weiteres Handelsabkommen abgeschlossen wurde, nahm das Handelsvolumen zwischen den beiden Ländern bis Anfang der 60er Jahre zu. Die Schwankungen zwischen 1958 und 1965 hatten verschiedene Ursachen, unter anderem den extremen Überschuss des deutschen Exports, die Einschränkungen wegen des Beitritts der BRD zur EWG und die amerikanische Intervention wegen des Vietnamkriegs. Der wichtigste Faktor war jedoch die instabile chinesische Wirtschaftspolitik.

4.1 Die Wirtschafts- und Außenpolitik der VR China 1958–1965

Nach dem erfolgreichen ersten Fünfjahresplan fing die VR China an, nach einem eigenen Entwicklungsweg zu suchen, um so schnell wie möglich von der Sowjetunion unabhängig zu werden. Dafür wurde eine außerordentlich radikale Wirtschaftspolitik beschlossen: der Große Sprung nach vorn. Dem Scheitern dieses großen Wirtschaftsexperiments fielen Millionen von Menschen aus der chinesischen Bevölkerung zum Opfer. Die KPCh benötigte drei Jahre, um den größten Wirtschaftsfehler der VR China zu korrigieren, sodass sich die chinesische Wirtschaft erholte.

4.1.1 Der Große Sprung nach vorn

Der Große Sprung nach vorn wurde im Jahr 1958 initiiert und auf der 2. Tagung des VIII. Parteitags bekannt gegeben. Es handelte sich um eine große Kampagne und einen umfassenden Wirtschaftsplan, der auf eine rasche Erhöhung der Produktion in der Schwerindustrie zielte. Der Aufbau der Schwerindustrie stand im Mittelpunkt der Volkswirtschaft. Die anderen Bereiche sollten zwar auch weiter entwickelt werden, allerdings nur soweit sie der Entwicklung der Schwerindustrie dienten.[1] Auf der Beidaihe-Konferenz bestätigte die KPCh die Initiative des Großen Sprungs nach vorn als Leitprinzip des zweiten Fünfjahresplans.[2] Unter dem Slogan „mehr, schneller, besser und wirtschaftlicher“ (多, 快, 好, 省)[3] sollte die chinesische Wirtschaft nach Maos Entwick-

1 Liu/Wu 1988: 226 ff.

2 Wu 2010: 335.; Liu 2006: 149.

3 Lardy 1987: 362; Wu 2010: 326 f.

https://doi.org/10.1515/9783111245805-004

lungskonzept innerhalb kurzer Zeit vollständig von der Sowjetunion unabhängig werden.[4] Die technische Leistung und Produktivität in der Schwerindustrie sollten dem neuen Plan zufolge innerhalb von fünfzehn Jahren jene Großbritanniens und der USA überholen.[5]

Der Ausgangspunkt des Großen Sprungs nach vorn war die wirtschaftliche Abkoppelung von der Sowjetunion, die ihre Ursache in einer weiter verschärften ideologischen und politischen Abweichung hatte.[6] Außerdem bemerkte die KPCh, dass das sowjetische Entwicklungsmodell wegen der rückständigen chinesischen Industrie nicht für die VR China geeignet war. Weiterhin sah Mao seine Machtposition durch die Hundert-Blumen-Bewegung bedroht. Chinesische Intellektuelle kritisierten während der Hundert-Blumen-Bewegung den „reckless advance" [7] des ersten Fünfjahresplans, weil die Landwirtschaft und die Konsumindustrie durch die Industrialisierung stark benachteiligt wurden. Darüber hinaus erstarkte die Idee des Wirtschaftsliberalismus. Der Diskurs um eine stärkere Marktorientierung wurde während der Hundert-Blumen-Bewegung innerhalb der KPCh stärker. Einige Parteimitglieder schlugen vor, China solle ein marktorientiertes Modell für die weitere Entwicklung übernehmen. Daher initiierte Mao eine Anti-Revisionismus-Kampagne und seinen eigenen linksradikalen Wirtschaftsplan.[8]

Entgegen den Vorschlägen innerhalb der KPCh wurden die Kollektivierung und Zentralisierung weiter fortgesetzt und verstärkt. Ressourcen, Kapital und Arbeitskräfte wurden in großem Maße an die Genossenschaften und die staatlichen Betriebe umverteilt.[9] Für ausländische Firmen bestanden kaum noch Möglichkeiten, mit den privaten chinesischen Handelsunternehmen zu handeln.

Es wurde ein dezentralisiertes Verwaltungssystem für die Umsetzung der Zentralisierung und des Zentralplans eingerichtet. Die lokalen Behörden (z. B. auf Stadt- oder Bezirksebene) übernahmen in den meisten Fällen Plan- und Exekutivfunktionen und berichteten der nächsthöheren Ebene (z. B. den Provinzen) bis hinauf nach Peking. Ab 1958 wurden auch große Bauprojekte direkt von den lokalen Ministerien geprüft und gebilligt. Bei der staatlichen Planungskommission mussten die Projekte nur noch registriert werden.[10] Der Vorteil eines dezentralisierten Verwaltungssystems war die Effizienz. Die Zentrale in Peking war nicht in der Lage, alle Anträge aus ganz China in kurzer Zeit zu überprüfen. Bei der Durchsetzung konnte die zentrale Planungskommission nicht über jedes Detail entscheiden. Ein funktionales Feedbacksystem scheiterte jedoch an dem dezentralen Verwaltungssystem, da die Parteizentrale keine direkte

---

4 Schier 1988: 71.
5 Dreyer 2008: 91.
6 Domes 1985: 41; Schier 1988: 71.
7 Naughton 2007.
8 Naughton 2007: 68 f.; Liu 2006: 135 ff.; Wu 2010: 326 f.; Domes 1985: 86.
9 Liu/Wu 1988: 243.
10 Liu 2006: 157 ff.; Wu 2010: 346 ff.; Liu/Wu 1988: 241 ff.

Rückmeldung über die Wirtschaftsergebnisse von Betrieben und Bauern erhielt. Die Funktion des Preises zur Balance von Nachfrage und Angebot wurde durch die Zentralisierung ausgeschlossen. Der Markt konnte sich nicht durch seine eigene Dynamik regulieren.

Output-Statistiken der Produktion wurden vor allem im Agrarbereich von lokalen politischen Kadern oft überhöht dargestellt, um sie den unrealistischen Planungen anzupassen.[11] Beispielsweise berichteten mehrere lokale Behörden im Jahr 1958 einen Anstieg der Getreideproduktion um 60 % bis 90 %, obwohl die Produktion in Wirklichkeit zurückgegangen war. Aufgrund solcher gefälschter Statistiken traf die Planungskommission in Peking falsche Entscheidungen hinsichtlich der weiteren Wirtschaftsentwicklung. Immer mehr Kapital und Arbeitskräfte wurden von der Agrarwirtschaft abgezogen und im Bereich Schwerindustrie eingesetzt.[12] 1958 gab es 38,18 Mio. Arbeitskräfte weniger in der Landwirtschaft als noch im Vorjahr.[13] Die Bauern wurden gezwungen, der Regierung die Agrarprodukte zu einem sehr niedrigen Preis zu verkaufen, sodass die Arbeitskräfte im Bereich Schwerindustrie günstig ernährt werden konnten. Zur Förderung der Industrialisierung wurde der Export von Agrarprodukten 1959 trotz der Hungersnot verdoppelt. Mit den so erhaltenen Devisen wurde der weiterhin erhöhte Bedarf im Industriebereich durch Importe gedeckt. Auch im Rahmen von Kompensationsgeschäften lieferte die chinesische Regierung weiterhin Agrarprodukte ins Ausland, anstatt die Ernährung der chinesischen Bevölkerung sicherzustellen.[14]

Um die Industrialisierung weiter voranzutreiben, wurden die ländlichen Genossenschaften in Volkskommunen transformiert, wobei sich die Umstellung mit hoher Geschwindigkeit vollzog. Die ländlichen Volkskommunen wurden von der Parteizeitung „Die Rote Fahne“ so definiert:

> „Eine Genossenschaft in eine Grundeinheit, die sowohl landwirtschaftliche als auch industrielle Produktionsarbeit organisiert, umzuwandeln, bedeutet die Umwandlung in eine die Landwirtschaft mit der Industrie verbindende Volkskommune.“ [15]

Die Volkskommune verband die agrarwirtschaftliche und die industrielle Produktion. Auch Handels-, Bildungs- und Militärwesen wurden in der Volkskommune organisiert.[16] Eine weitere entscheidende Funktion der Volkskommunen war die fortgesetzte Kollektivierung bzw. die Abschaffung des Privateigentums. Die Produktionsmittel waren im kollektiven Besitz der Volkskommune.[17] Die meisten Unterhaltskosten der

11 Naughton 2007: 70.; Wu 2010: 334.
12 Liu/Wu 1988: 241 ff.
13 Ebenda.: 252.
14 Lardy 1987: 380/ Naughton 2007: 71.
15 Lardy 1987: 244.
16 Liu/Wu 1988: 245 f.
17 Simonis 1968: 61.

Landbevölkerung wurden nach dem Verteilungsprinzip „Jedem nach seinen Bedürfnissen“ [18] finanziert. So wurden etwa Kantinen in der Volkskommune eingerichtet, um freies Essen auszugeben.[19] Das Ziel dieser Art der Organisation war vor allem die Fortsetzung einer Politik im Sinne der egalitären Ideologie. Die effiziente Umverteilung der Ressourcen spielte ebenfalls eine Rolle.[20] Durch die militärische Organisation wurden die Verwaltung und das Gemeinschaftsgefühl der Mitglieder der Volkskommune erleichtert.[21] Auch deswegen gab es auf dem Land trotz der Hungersnot fast keine Unruhen.

Die Industrialisierung wurde vor allem in der Stahlproduktion forciert. In allen Regionen hatte die Stahlproduktion gegenüber anderen Produktionsbereichen die absolute Priorität. Von Januar bis August 1958 wurden mehr als 240.000 Hochöfen gebaut, wofür einige Mio. Arbeiter eingesetzt wurden. Nach August wurden noch mehr neue mittelgroße bis große Hochöfen gebaut, um von September bis Dezember 11,5 Mio. Tonnen Stahl produzieren zu können.[22] Hochöfen gab es nicht nur in großen Projekten, sondern auch in unzähligen zum Teil sehr kleinen Industrieanlagen bzw. Hinterhofanlagen in den Städten und Volkskommunen. Diese Strategie wurde als „walking on two legs“ bezeichnet.[23] Um die Hochöfen und Anlagen zu bauen, wurden viele Investitionsgüter importiert – auf Kosten der Landwirtschaft.[24] Durch die massive Produktion von Stahlprodukten wurden neben der Landwirtschaft auch das Transportwesen und die Stromversorgung stark belastet.[25] Viele Produkte aber, besonders die aus den Hinterhofanlagen, waren von sehr schlechter Qualität und zum Gebrauch kaum geeignet.[26] Deswegen bedeutete diese Strategie eine große Verschwendung von Kapital und sonstigen Ressourcen. Der Output entsprach nicht dem Input. Die Kapitalzirkulation geriet in eine Krise.[27]

Im November 1958 wurde der Große Sprung nach vorn auf der Zhengzhou-Konferenz kritisiert.[28] Im Anschluss fand eine kurze Adjustierung statt. Rund 80 % der Arbeitskräfte in der Volkskommune wurden wieder in der Landwirtschaft eingesetzt. Um die Bauern und Arbeiter zu motivieren, wurde das Umverteilungsprinzip „mehr Lohn für mehr Arbeit“ (多劳多得) beschlossen. Es wurde also ein Lohnsystem nach persönlicher Leistung eingeführt: Nach einer quantitativen sowie qualitativen Bewertung der Arbeitsergebnisse bekamen die Bauern und Arbeiter Arbeitspunkte (公分).

18 Liu/Wu 1988: 254.
19 Ebenda: 254 f.
20 Chang 2013: 149.
21 Schier 1988: 71 f.
22 Wu 2010: 336; Liu/Wu 1988: 249.
23 Lardy 1987: 364/ Lieberthal 1987: 305.
24 Liu/Wu 1988: 249 ff.
25 Ebenda.
26 Naughton 2007: 71.
27 Liu/Wu 1988: 249 ff.
28 Wu 2010: 351.

Die Lohnstufen waren mit den Arbeitspunkten verbunden. [29] Auch die Planziffern wurden neu reguliert. Auf der 6. Plenartagung des VIII. ZK der KPCh wurden die Planziffern für die Stahlproduktion um ca. 10 Mio. Tonnen und für Roheisen um ca. 11 Mio. Tonnen reduziert. Die Planziffern für Werkzeugmaschinen und den Kohleabbau wurden ebenfalls herabgesetzt. Es gab eine Neuregelung der staatlichen Haushaltsausgaben.[30]

Abb. 2: Hinterhoföfen in Zhenjiang während des Großen Sprungs nach vorn[31]

Aber die Adjustierung war nur von kurzer Dauer. Während der Lushan-Tagung kritisierte der Verteidigungsminister Peng De-Huai nach seiner Reise nach Moskau den Großen Sprung nach vorn in einem privaten Brief an Mao und führte dabei persönliche Fehler Maos an.[32] Nach Pengs Ansicht hatte die KPCh es während des Großen Sprungs nach vorn versäumt, „die Wahrheit in den Tatsachen zu suchen".[33] Zwei Tage später wurde eine Kopie des Briefes auf der Tagung verteilt. Mao bezeichnete den Meinungsunterschied zwischen ihm und Peng De-Huai als die „Fortsetzung eines Kampfs

29 Liu/Wu 1988: 261.

30 Ebenda: 263 ff.

31 Quelle: China.Com, URL: https://news.china.com/history/all/11025807/20170117/30183070_all.html. Datum: 27.12.2018.

32 Lieberthal 1987: 295 ff.

33 Liu/Wu 1988: 270.

auf Leben und Tod zwischen den beiden antagonistischen Klassen, der Bourgeoisie und dem Proletariat, in den vergangenen zehn Jahren der sozialistischen Revolution."[34]

Mao sah Pengs Kritik als Herausforderung seiner sozialistischen Ideologie und als Angriff auf seine Führungsposition in der Partei. Die Lushan-Tagung war ein wichtiger Wendepunkt für den Großen Sprung nach vorn. [35] Nach der Tagung initiierte Mao die Anti-Right-Kampagne (反右倾运动). Peng De-Huai wurde inhaftiert und an seine Stelle in der Partei trat Lin Biao. Lin war ein loyaler Befürworter von Maos Politik und ein treues Mitglied der Fraktion Maos in der KPCh.[36] Statt die wirtschaftlichen Fehler weiter zu korrigieren, wurde 1960 der „Zweite Sprung" beschlossen. Naughton spricht in diesem Zusammenhang von einem „renewed radicalism" in Bezug auf die politische sowie wirtschaftliche Atmosphäre in China:[37] Die Wirtschaftsplanungen wurden noch unrealistischer; weitere gefälschte Statistiken wurden von lokalen Behörden an die Parteizentrale weitergegeben;[38] die von der Sowjetunion und vielen Mitgliedern der KPCh vorgeschlagenen materiellen Anreize wurden wieder abgeschafft.[39] Kapital und Arbeitskräfte wurden erneut in großem Umfang von anderen Bereichen abgezogen und in der Schwerindustrie eingesetzt.[40] Die ungleichen Entwicklungen in der Landwirtschaft und in der Industrie setzten sich fort, und das extreme Ungleichgewicht zwischen der Landwirtschaft und der Schwerindustrie sowie die widrigen Wetterbedingungen führten zur schlimmsten Hungersnot in der Geschichte der Volksrepublik China.[41]

Die Beziehungen zwischen der VR China und der Sowjetunion verschlechterten sich infolge des Großen Sprungs nach vorn.[42] Die Durchführung des Großen Sprungs nach vorn, obwohl die Sowjetunion davon abgeraten hatte, sowie die Aussage, dass die chinesische Wirtschaft innerhalb kurzer Zeit die sowjetische überholen würde, wurden von Chruschtschow als Herausforderung in Bezug auf die sowjetische Führungsposition beurteilt.[43] Auch vor dem Hintergrund der vorherigen Provokationen Maos gegenüber der Sowjetunion seit 1955 entschied Chruschtschow sich, die Beziehungen mit der VR China abzubrechen. Im Sommer 1960 wurden alle sowjetischen Entwicklungsberater abgezogen.[44] Neben Technikern wurden auch die anderen sowjetischen

---

34 Ebenda.
35 Ebenda.
36 Domes 1985: 109.
37 Naughton 2007: 68 f.
38 Liu 2006: 172.
39 Schier 1988: 70.
40 Lardy 1987: 364/ Schier 1988: 71.
41 Lieberthal 1987: 318.
42 Wu 2010: 71.
43 Whiting 1987: 501.
44 Ebenda.

Unterstützungen sowie Kredite und Lieferungen zurückgezogen.[45] Danach sank die chinesische Produktion der Schwerindustrie deutlich. Der Output verringerte sich im Jahr 1961 um 46,6 % gegenüber dem Vorjahr und im Jahr 1962 um weitere 22,2 %.[46] Die chinesische Wirtschaft geriet in eine katastrophale Situation.

4.1.2 Readjustierung und weitere Konsolidierung

Nach dem Abzug der sowjetischen Hilfe und dem Ausbruch der Hungersnot nahm Mao schließlich die Folgen seiner Wirtschaftspolitik zur Kenntnis. Im folgenden Jahr gestand Mao eigene Fehler beim Großen Sprung nach vorn ein.[47] Im Anschluss wurde das von der Fraktion um Liu Shao-Qi (KPCh-Vorsitzender) und Deng Xiao-Ping (ZK-Generalsekretär) vorgeschlagene Konzept der Readjustierung adaptiert.[48] Auf der 9. Plenartagung des VIII. ZK der KPCh wurde der Große Sprung nach vorn offiziell beendet.[49] Die KPCh entschied sich für einen neuen Wirtschaftskurs: „Regulierung, Konsolidierung, Ergänzung und Niveauhebung" (调整, 巩固, 充实, 提高). Dabei wurde erneut das Prinzip betont, „die Wahrheit in den Tatsachen zu suchen".[50] Mehrere Untersuchungen zur wirtschaftlichen Situation wurden durchgeführt.[51] Die Landwirtschaft wurde in der Wirtschaftsentwicklung priorisiert, sie wurde als Grundlage der Volkswirtschaft betrachtet.[52] Demgegenüber wurden die Investitionen in die Industrie verringert. Kleine Fabriken mit geringer Produktivität wurden abgeschaltet.[53] In der Produktion wurde der Qualität ein höherer Stellenwert beigemessen als der Quantität. Das Verteilungssystem wurde geändert: Nach dem Motto „Jedem nach seiner Leistung" (按劳分配) wurden Einzelne, die eine höhere Leistung erbrachten, besser belohnt. Viele Mitglieder der Kommune bekamen einen Teil ihres Eigentums zurück. Sowohl der staatliche Getreideaufkauf als auch die Steuern im Bereich der Landwirtschaft wurden reduziert. Arbeitskräfte wurden wieder in der Landwirtschaft eingesetzt. Die Einwohnerzahl in den Städten sank, während die Investitionen in die Landwirtschaft stark stiegen.[54] Eine Reform für die schrittweise Rückkehr zu traditionellen Produktionsweisen wurde in die Wege geleitet. Teilweise wurden auf dem Land Privatparzellen eingerichtet. Im Getreideanbau wurden Produktionsverantwortlichkeiten (生产责任制) von einzelnen Personen geschaffen, und für die Landwirtschaft wurden Elemente eines

45 Awater 1996: 121.
46 Lieberthal 1987: 318.
47 Ebenda: 295 f.
48 Liu/ Wu 1988: 284; Lieberthal 1987: 296.
49 Wu 2010: 378.
50 Wu 2010: 375; Liu/ Wu 1988: 284.
51 Lieberthal 1987: 323 f.
52 Naughten 2007: 73.
53 Liu/ Wu 1988: 319.
54 Osterhammel 1979: 89; Wu 2010: 380; Liu/ Wu 1988: 285 ff.

freien Marktes eingeführt.[55] Das Wirtschaftssystem wurde aber wieder zentralisiert und die Zentralplanungskommission erhielt viele Befugnisse zurück.[56]

1962 wurde der Wirtschaftskurs der Readjustierung auf der „Konferenz mit 7.000 Teilnehmern“ (七千人大会) von Liu Shao-Qi erneut betont. Im Laufe der Sitzung äußerte Chen Yun (ein bedeutender Wirtschaftspolitiker Chinas) seine Meinung zu den weiteren Regulierungen. Er vertrat die Ansicht, dass die VR China sich mindestens bis 1972 in einer Wiederherstellungs- und Entwicklungsphase befinden werde. Er schlug vor, die finanziellen Mittel für die Verwaltung und das Militärwesen zu reduzieren. Das meiste Kapital und der Großteil der Ressourcen sollten weiterhin in die Landwirtschaft investiert werden. Nach der Konferenz wurde der Wirtschaftsplan für 1962 beschlossen: Er sah eine weitere Reduzierung der Investitionen in die Schwerindustrie, eine weitere Verlangsamung der Industrieentwicklungen und eine weitere Reduzierung der Anzahl der Arbeiter und Einwohner in den Städten vor; die entlassenen Arbeiter und Angestellten sollten aber angemessen untergebracht werden.[57] Schwierigkeiten ergaben sich beim Außenhandel. Devisen wurden hauptsächlich für den Import von Getreide, Kunstdünger und notwendigen Rohstoffen ausgegeben, um eine rasche Erholung der Wirtschaft zu bewirken. Der Export von Getreide wurde wegen der Hungersnot fast komplett eingestellt. Auch andere Agrarprodukte wurden innerhalb der VR China im großen Maßstab verteilt. Dadurch gab es auch weniger Kompensationsgeschäfte. Weiterhin wurden viele Devisen für die Rückzahlung der sowjetischen Kredite ausgegeben. So standen der VR China fast keine Devisen für ihren Import zur Verfügung.[58]

Mit der Readjustierung begannen das Produktionsniveau und die Produktivität wieder zuzunehmen. Die Wirtschaft erholte sich schnell: Der Lebensstandard der Bevölkerung erhöhte sich deutlich; das Verhältnis von Landwirtschaft und Industrie wurde ausbalanciert; der Finanzhaushalt war ausgeglichen.[59] Im Jahr 1964 wurden die Verluste, die im Zuge des Großen Sprungs nach vorn entstanden waren, durch die Readjustierung wieder ausgeglichen.[60] Nun ergab sich die Frage, welche weitere Entwicklung die chinesische Wirtschaft nehmen sollte: Sollte eine weitere Konsolidierung oder sollte ein schneller Fortschritt angestrebt werden? [61] Nach der erfolgreichen Readjustierung kam es zu einer erneuten Umorientierung der Wirtschaftspolitik: Angesichts der politisch isolierten Situation Chinas versuchte Mao, durch die als 3.-Front-Strategie (大三线) bezeichnete Wirtschaftsstrategie die Unabhängigkeit der VR China in der Weltpolitik zu erreichen. Durch die 3.-Front-Strategie sollte den

---

55 Schier 1988: 75.
56 Liu/ Wu 1988: 300 ff.
57 Ebenda.: 296 ff.
58 Liu/ Wu 1988: 309 f.
59 Ebenda.: 313 f.
60 Lardy 1987: 395.
61 Liu/ Wu 1988: 331.

„ökonomisch-industrielle[n] Ballungszentren im strategisch ungünstigen und nur schlecht zu verteidigenden Küstenstreifen entgegengewirkt werden. Stattdessen sollte im chinesischen Hinterland eine neue industrielle Basis errichtet werden".[62]

Daher lag der Schwerpunkt der Produktion auf dem Ausbau der industriellen Fabriken im Landesinneren und auf der Verkehrsinfrastruktur, z. B. der Eisenbahn, um die militärische Sicherheit zu verstärken. Dafür mussten wieder viele Investitionsgüter importiert werden.[63] Ein weiteres Ziel der 3.-Front-Strategie war die Vorbereitung auf einen eventuellen Angriff der USA auf die VR China während des Vietnamkriegs. China betonte im Jahr 1964, dass es gut vorbereitet sei, sich bei einem Angriff der USA militärisch zu verteidigen.[64] Vor dem Hintergrund der verschärften Konflikte zwischen der VR China und der Sowjetunion wollte die VR China sich auch auf einen eventuellen Angriff aus der Sowjetunion vorbereiten. Im Oktober 1964 hatte die VR China erfolgreich eine eigene Atombombe entwickelt.[65] Ab diesem Punkt stellte die VR China sowohl für die USA als auch für die Sowjetunion eine noch größere Bedrohung dar.

4.1.3 Die chinesische Außenwirtschaftspolitik gegenüber Entwicklungsländern und dem Ostblock

Mit der Wiedererholung der Wirtschaft begann die VR China im Jahr 1963, vielen Entwicklungsländern, wie Syrien, Jemen und Mali, Entwicklungshilfe anzubieten.[66] So versuchte die VR China, ihren Einfluss in Afrika zu vergrößern. Durch die Zusammenarbeit mit Staaten in Afrika – reich an Bodenschätzen, dünn besiedelt und politisch instabil[67] – kam die VR China ohne großen Aufwand an die Ressourcen und Devisen, die für die weitere Entwicklung gebraucht wurden. Es gab verschiedene Formen der Entwicklungshilfe: Darlehen ohne Zins, aber auf der Grundlage eines Abkommens über die technische und wirtschaftliche Zusammenarbeit (durch solche Abkommen konnte die VR China die Produkte aus dem Entwicklungsland sehr billig importieren), Anleihe mit Zins, technische Hilfe im Sinne des Baus neuer Fabriken vor Ort (die von solchen Fabriken produzierten Waren konnten zu einem sehr günstigen Preis nach China geliefert werden) und mit einer Kreditausleihe verbundene Entwicklungsprojekte.[68] Die Entwicklungshilfe bedeutete eine Einschränkung der Handelsbeziehungen

62 Taube 2003: 26; Brink 2013: 95.
63 Liu/ Wu 1988: 327/ 355.
64 Naughton 2007: 73.
65 Lewis/ Xue 1991: 241.
66 Ländernachrichten Nr.17/63 des Länderausschusses VR China/Nordkorea/Nordvietnam, 24.08.1963, Bundesarchiv: B102/69058.
67 Brief von Audouard an Heinz Hufnagel, 15.12.1964, SZAG KA: M82.704.1 Bd. 1.
68 Ländernachrichten Nr.17/63 des Länderausschusses VR China/Nordkorea/Nordvietnam, 24.08.1963, Bundesarchiv: B102/69058.

zwischen der VR China und Westeuropa, da die VR China viele Güter nach Afrika exportierte.

Im Jahr 1963 unterzeichneten die VR China und die Sowjetunion ein neues Handelsabkommen. Ziel des Abkommens war es, dass die VR China so schnell wie möglich ihre Schulden an die Sowjetunion zurückzahlen konnte. Im Abkommen wurde verabredet, dass die Sowjetunion 1963 neben Erdölprodukten auch Maschinen wie Traktoren und Kraftfahrzeuge sowie Rundholz und chemische Erzeugnisse nach China liefern sollte. Diese Produkte sollten den Bedarf im Rahmen des chinesischen Wirtschaftskurses und des Plans 1963 decken. Die VR China sollte laut dem Abkommen ihrerseits mehr Agrarprodukte und Rohstoffe in die Sowjetunion ausführen. Mit dem Aktivsaldo konnte die VR China ihre Schulden bei der Sowjetregierung zurückzahlen. Außer mit der Sowjetunion schloss die VR China auch Handelsabkommen mit Ungarn, Polen und Bulgarien ab.[69] Durch die Handelsabkommen mit dem Ostblock wurden die Handelsmöglichkeiten zwischen der VR China und dem Westen eingeschränkt, weil die VR China wegen des Handelsabkommens viel aus dem Osten importieren musste.

4.2 Die Wirtschafts- und Außenpolitik der BRD 1958–1965

Die Wirtschaftssituation in der BRD war zwar nicht so instabil, wie es in der VR China der Fall war, aber auch hier gab es große Schwankungen. Außenpolitisch erhielt die BRD die Souveränität, sie stand aber noch unter dem großen politischen Einfluss der USA. Außenwirtschaftlich verstärkte sich für die BRD durch den Eintritt in die EWG die Abhängigkeit vom Westblock noch.

4.2.1 Die Wirtschaft der BRD 1958–1965

Wie im Kapitel 3.2.2 skizziert wurde, wuchs die deutsche Wirtschaft in den 50er Jahren sehr schnell. Millionen ausländische Arbeiter deckten nicht nur den Bedarf an Arbeitskräften, sondern brachten auch technisches Wissen nach Deutschland.[70] Bis zum Ende der 50er Jahre glichen sich die Preise und die Produktion in der BRD jenen der anderen großen entwickelten Länder an. Große Mengen ausländischen Kapitals flossen in die BRD, weil sowohl die deutschen Banken als auch die Unternehmen Kredite im Ausland aufnahmen. Dieses Kapital förderte das Wachstum der deutschen Wirtschaft zusätzlich. Der Überschuss der deutschen Produktion, besonders im Bereich der Eisen- und Stahlindustrie, wurde zu einem konkurrenzfähigen Preis ins Ausland exportiert.[71] Besonders mit dem Eintritt in die EWG wurden Handelsbeschränkungen zwischen der

69 Ebenda.

70 Hardach 1979: 233.

71 Ebenda: 229 f.

BRD und anderen Westländern abgebaut. Ab 1958 war die D-Mark gegenüber dem US-Dollar und anderen westeuropäischen Währungen konvertibel. Dadurch fielen viele Beschränkungen des internationalen Handels-, Dienstleistungs- und Kapitalverkehrs weg. Das deutsche Exportvolumen stieg in der Folge noch schneller. Die deutschen Devisenreservebestände hatten sich von 1956 bis Anfang 1958 verdoppelt. Währenddessen litten die anderen westlichen Staaten wie die USA, Frankreich und Großbritannien unter einer Rezession. Ausländische Investitionen wurden wegen der Rezession in anderen Ländern zunehmend in der BRD getätigt. Ab 1958 endete der Konjunkturanstieg in der BRD.[72] Der extreme Devisenüberschuss bedeutete eine mögliche Inflation, die der Wirtschaft im gesamten Westblock schaden konnte. 1961 wertete die Bundesregierung schließlich die D-Mark um 5 % auf. Der Wechselkurs zum US-Dollar wurde auf 1:4 festgesetzt.[73] Nach der Aufwertung der D-Mark geriet die deutsche Wirtschaft in Schwierigkeiten, da die deutschen Produkte preislich nicht mehr konkurrenzfähig waren. Die „Süddeutsche Zeitung" kommentierte dies folgendermaßen:

> „Man wird von der deutschen Wirtschaftspolitik nicht erwarten können, dass sie ihre Exportsituation so weit verschlechtert, dass es wirklich zu größeren Einbrüchen in der Beschäftigung der deutschen Exportindustrie kommt."[74]

Die Aufwertung der D-Mark hatte negative Auswirkungen auf die deutsch-chinesischen Handelsbeziehungen. Vor dem Hintergrund des Devisenmangels konnte die VR China die erhöhten deutschen Preise nicht bezahlen.

4.2.2 Die Außenpolitik der BRD 1958–1965

Die Außenpolitik der Bundesregierung in dieser Phase kann keinesfalls als erfolgreich bezeichnet werden. Vor allem war die BRD immer noch stark von den USA abhängig. Militärisch waren die USA wegen der Kuba-Krise für die deutsche Sicherheitspolitik von großer Bedeutung. Da die BRD einen Frontstaatencharakter in Europa hatte, bestand die Gefahr eines sowjetischen Angriffs.[75] Weiterhin galten die USA in der Öffentlichkeit als Vorbild der Entwicklung der BRD. Kennedy und sein Besuch in Berlin 1963 hatten die ideologische Annäherung zwischen der BRD und den USA verstärkt. Nach seiner Ermordung kam es in vielen Universitätsstädten zu Sympathiekundgebungen. Das Konzept der „Great Society" von Kennedys Nachfolger Johnson wurde von der Bevölkerung in der BRD begrüßt.[76] Daher waren die guten Beziehungen zu den USA für das Bild der Bundesregierung in der Öffentlichkeit entscheidend. Außerdem hatte die

72 Weimer 1998: 132 ff.
73 Hardach 1979: 230 f.
74 Weimer 1998: 152.
75 Moltmann 1993: 66; Weimer 1998: 155.
76 Thränhardt 1996: 156 f.

deutsche Industrie viele Patente und Lizenzen aus den USA importiert, sodass die USA nicht nur ein bedeutender politischer Partner, sondern auch ein wichtiger Wirtschaftspartner für die BRD waren.[77] Die Positionierung der USA in der internationalen Politik war daher noch immer von besonderer Relevanz für die Bundesregierung.

Der Mauerbau 1961 bedeutete offiziell das Scheitern der Bemühungen Adenauers um die deutsche Wiedervereinigung.[78] Die Berlin-Frage blieb weiterhin ungelöst. Berlin war laut der Vereinbarung der BRD mit den Alliierten unter der Kontrolle der vier Siegermächte. Westberlin bemühte sich von Anfang an um eine vollständige Integration in die BRD. Die Bundesregierung wollte Westberlin ebenfalls als Teil der BRD halten. [79] Daher versuchte die Bundesregierung alle Regierungsverträge mit der sogenannten Berlin-Klausel abzuschließen. Nach der Berlin-Klausel war West-Berlin ein integraler Teil der BRD. Verträge oder Abkommen sollten somit auch für West-Berlin gelten.[80]

Trotz der Verschärfung der West-Ost-Konflikte bemühte sich die BRD, aktiv mit der Sowjetunion und anderen Oststaaten zu handeln. 1958 schloss die Bundesregierung ein Handelsabkommen mit der Sowjetunion ab. Das Handelsabkommen wurde als ein ungeliebtes Kind der Osthandelspolitik bezeichnet, weil dieser Handelsvertrag eher aufgrund des politischen Drucks der Sowjetunion wegen der deutschen Repatriierung unterzeichnet wurde.[81] Anfang der 60er Jahre erlitt die deutsche Röhrenindustrie aufgrund des NATO-Röhrenembargos massive Verluste. Der deutsche Osthandel wurde dadurch stark beeinflusst, da viele große westdeutsche Konzerne wie Mannesmann und Phoenix-Rheinrohr die mit der Sowjetunion und anderen Oststaaten abgeschlossenen Verträge nicht umsetzen durften.[82] Die Wirtschaftsbeziehungen zur VR China wurden zwar durch das Röhrenembargo nicht beschädigt, es kam aber zu großen Schwankungen.

4.3 Die Wirtschaftsbeziehungen zwischen der VR China und der BRD 1958–1965

Vor dem Hintergrund der komplizierten Wirtschaftssituation und Außenpolitik auf beiden Seiten waren die Wirtschaftsbeziehungen zwischen der VR China und der BRD sehr instabil. Durch den Abschluss des ersten semi-staatlichen Handelsabkommens sowie durch den großen chinesischen Bedarf an Investitionsgütern wegen des Großen Sprungs nach vorn erreichte das Handelsvolumen zwischen den beiden Staaten einen

---

77 Hardach 1979: 234.
78 Harrison 2002: 77 ff.
79 Kistler 1986: 170.
80 Wengler 1987: 570.
81 Rudolph 2004: 111 ff.
82 Ebenda.: 155 ff.

Höhepunkt. Danach stagnierte der Handel zwischen den beiden Seiten. Im Zuge der Readjustierung reduzierte die VR China den Export von Agrarprodukten. So sank auch der Import deutscher Waren, etwa von Stahl- und Eisenprodukten. Die chinesische Entwicklungshilfe und neue Handelsabkommen mit der Sowjetunion sowie mit osteuropäischen Ländern zwangen die VR China, Güter und Devisen nach Afrika und in den Ostblock statt nach Westeuropa zu liefern. Der deutsche Exportüberschuss und die Aufwertung der D-Mark erschwerten die Handelsbeziehungen zwischen den beiden Seiten ebenfalls. Nach der chinesischen Readjustierung kam es zu einem erneuten Aufschwung in den Wirtschaftsbeziehungen. Im Zuge der 3.-Front-Strategie begann die VR China schließlich auch, Anlagen aus der BRD zu importieren. Die Schwankungen des Handelsvolumens waren einer der Gründe dafür, dass Gespräche zwischen der BRD und der VR China über die Wirtschaftsbeziehungen auf verschiedenen Ebenen stattfanden.

4.3.1 Verhandlungen und Gespräche zwischen der VR China und der BRD 1958–1965

Nach dem Abschluss des ersten semi-staatlichen Handelsabkommens wurden im Jahr 1960 wieder quasi-staatliche Kontakte zwischen den beiden Ländern aufgenommen. 1960 traf sich Von Carnap[83] als Vertreter des Ostausschusses mit dem chinesischen Botschafter in Bern. Im Verlauf der Unterhaltung sprach Von Carnap die Verlängerung des semi-staatlichen Handelsvertrags an. Der chinesische Botschafter lehnte eine Verlängerung des Handelsvertrages mit dem Verweis auf das Scheitern des Großen Sprungs nach vorn ab. Die Nichtzeichnung des neuen deutsch-sowjetischen Handelsvertrages wurde von chinesischer Seite als Beispiel für einen reibungslosen Handel ohne jegliche allgemeine Regulierung angeführt. Es sei deswegen nicht notwendig, einen neuen inoffiziellen Handelsvertrag abzuschließen.[84]

Das Gespräch verlief danach in allgemeinen Bahnen und endete mit einer inoffiziellen Einladung für Von Carnap nach Peking, die dieser aber strikt ablehnte. Er bestand weiterhin auf Besprechungen in Bonn oder Zürich, und zwar vor allem über die Verlängerung des semi-staatlichen Handelsvertrags. Im Gespräch machte Von Carnap dem chinesischen Botschafter unmissverständlich klar, dass die deutsche Seite wegen des Drucks des Auswärtigen Amts wenig Lust habe, nur zu „allgemeinem Palaver“ [85] nach Peking zu fahren, da das Auswärtige Amt der Sowjetunion und den USA kein falsches Signal senden wolle. Wegen des Exportüberschusses zum Zeitpunkt des Treffens sei das Ausfallen der VR China als Handelspartner für die Bundesregierung nicht be-

83 Ernst Wilhelm von Carnap war Geschäftsführer des Arbeitskreises Interzonenhandel des BDI, Geschäftsführer des China-Arbeitskreises im Ostausschuss und Mitglied des Ostasiatischen Vereins.

84 Bericht von Von Carnap an Hufnagel, 22.12.1960, SZAG KA: M82.704.1 Bd. 1.

85 Bericht von Von Carnap an Hufnagel, 22.12.1960, SZAG KA: M82.704.1 Bd. 1.

deutsam. Daher seien die Einschränkungen für den Wirtschaftskontakt im Vergleich zur vorherigen Phase strenger geworden. Aber Von Carnap stehe als Vertreter des Ostausschusses weiterhin auf dem Standpunkt, dass die deutsche Wirtschaft „die Sache schleifen lassen“ [86], gelegentlich jedoch die chinesische Botschaft in Bern besuchen solle, um „den Faden nicht ganz abreißen“ zu lassen.[87]

Ähnlich wie Von Carnap überlegte das Bundeswirtschaftsministerium im Jahr 1961, ob ein Regierungsbeamter entweder aus dem Konsulat in Hongkong oder aus dem BWM sich inoffiziell mit der chinesischen Delegation auf der Kantonmesse treffen sollte, da Konsulatsbeamte aus vielen anderen westeuropäischen Ländern zur Kantonmesse fuhren, um mit der chinesischen Seite über die Wirtschaftsbeziehungen zu verhandeln.[88] Die Kantonmesse genannte chinesische Import- und Exportmesse findet seit dem Frühjahr 1957 zweimal jährlich in der Stadt Kanton statt. Die Messe wird von dem Handelsministerium der VR China und der Volksregierung von Kanton gemeinsam ausgerichtet. Es ist die größte Messe für Außenhandel in der VR China.[89] Dieser Vorschlag wurde letztendlich durch das Auswärtige Amt abgelehnt. Angesichts der internationalen Bedingungen war für die Bundesregierung schon das Auftreten auf der Kantonmesse von Hufnagel (dem Vorsitzenden des China-Arbeitskreises des Ostausschusses) und Wolff von Amerongen (dem Vorsitzenden des Ostausschusses) zu offiziell.[90] Von chinesischer Seite wurden weitere offizielle und inoffizielle Gespräche mit der BRD über die Handelsbeziehungen in Bern oder Peking begrüßt.[91] Eine Verlängerung des semi-staatlichen Handelsvertrags wurde allerdings nicht gewünscht.

Im September 1960 kündigte die KPCh intern an, den Import aus der BRD einzuschränken. Das hatte vor allem politische Gründe: Die Bundesregierung hielt politisch große Distanz zur VR China; auch handelspolitisch fühlte die VR China sich stark diskriminiert. Wegen des großen Handelsdefizits zwischen den beiden Ländern wurde der Export in die BRD gefördert. In Bezug auf den Import sollten die chinesischen Wirtschaftsstellen jedoch versuchen, so wenig wie möglich aus der BRD einzuführen. Aufträge mit deutschen Unternehmen sollten nur abgeschlossen werden, wenn sie nicht auch mit anderen Ländern abgeschlossen werden konnten.[92] Anfang der 60er Jahre versuchten die Regierungen von Großbritannien, Frankreich, Italien und Österreich, die Wirtschaftsbeziehungen zur VR China zu verbessern: Die britische Regierung lud den Wirtschaftsminister Chinas nach Großbritannien ein; französische Regierungsvertreter besuchten die chinesische Botschaft in Bern regelmäßig, um sich über Wirtschaftsthemen auszutauschen; das italienische Außenministerium und das italienische

86 Ebenda.

87 Ebenda.

88 Brief von Otto Wolff von Amerongen an Hufnagel, 14.11.1961, SZAG KA: M82.704.1 Bd. 1.

89 Official Website of China Import- und Export Fair: Übersicht Kanton-Messe.

90 Brief von Otto Wolff von Amerongen an Hufnagel, 14.11.1961, SZAG KA: M82.704.1 Bd. 1.

91 Ebenda.

92 Chinesische Akademie der Sozialwissenschaften, National Archives Administration of China 2011: 492 ff.

Wirtschaftsministerium brachten offiziell ihre Unterstützung bei großen Projekten zwischen den beiden Ländern zum Ausdruck; der österreichische Außenminister empfing die chinesischen Wirtschaftsvertreter in der Schweiz.[93] Im Vergleich zu diesen Ländern agierte die Bundesregierung gegenüber der VR China politisch mit besonderer Zurückhaltung. Dies war einer der wichtigsten Gründe für die chinesische Seite, den Import aus der BRD einzuschränken.

Wolff von Amerongen ging im Jahr 1962 gegenüber den chinesischen Vertretern in Bern auf das Problem einer vertraglichen Regelung der deutsch-chinesischen Wirtschaftsbeziehungen ein. Nachdem die chinesische Seite auf das deutsche Angebot einer Verlängerung oder Erneuerung des inoffiziellen Abkommens von 1957 nicht reagiert hatte, stellte der Ostausschuss den „einzigen dünnen, halboffiziellen Draht" [94] zwischen beiden Seiten dar.

Ein Jahr später fand erneut ein inoffizielles Treffen zwischen der deutschen Wirtschaftsdelegation und der VR China in Bern statt. Die Unterhaltung begann mit einem inoffiziellen Gespräch der beiden Seiten über die Beziehungen zwischen Politik und Wirtschaft. Der chinesische Botschafter führte vor allem aus, dass Politik und Wirtschaft hinsichtlich der deutsch-chinesischen Wirtschaftsbeziehungen nicht voneinander getrennt werden könnten. In Peking werde die Haltung der Bundesregierung daher auch stets mit derjenigen der USA verglichen, über die sich der Botschafter negativ äußerte. In diesem Zusammenhang sei es aus Sicht der VR China „zu bedauern" [95], dass noch keine diplomatischen Beziehungen zwischen Bonn und Peking bestünden. Andererseits werde jedoch aufmerksam registriert, dass die Bundesregierung auch zu Taiwan keine diplomatischen Beziehungen unterhalte. Im Übrigen sei die chinesische Regierung trotz des Zusammenhangs zwischen Politik und Wirtschaft der Ansicht, dass die Handelsbeziehungen auch bei Nichtbestehen diplomatischer Beziehungen gefördert werden sollten. Bei der Erörterung der Ursachen für den starken Rückgang des deutsch-chinesischen Warenverkehrs in den letzten Jahren bestand Übereinstimmung darüber, dass „politische Aversionen" [96] gegenüber der BRD dabei keine dominierende Rolle gespielt hätten, denn der chinesische Außenhandel war seit 1960 allgemein stark zurückgegangen.[97]

Im Jahr 1963 lud die chinesische Seite den deutschen Generalkonsul in Hongkong zur Kantonmesse ein. Das Auswärtige Amt zeigte Interesse an „Nachrichten aus Kaufmannskreisen" in Kanton, wie stark der Wille der VR China gewesen sei, die Wirtschaftsbeziehungen mit der BRD zu normalisieren.[98] Am 10. Mai 1963 trafen sich zum

93 Ebenda: 503.

94 Aktennotiz Betr.: Besuch beim Botschafter der VR China in Bern am 20.9.62 als Anlage des Briefs von Kirchner an Hufnagel, 02.10.1962, SZAG KA: M82.704.1 Bd. 1.

95 Brief vom Ostasiatischen Verein an Von Carnap, 12.07.1963, SZAG KA: M82.704.1 Bd. 1.

96 Ebenda.

97 Ebenda.

98 Brief vom Ostasiatischen Verein an Von Carnap, 12.07.1963, SZAG KA: M82.704.1 Bd. 1.

ersten Mal Regierungsvertreter der Bundesrepublik mit einer chinesischen Delegation offiziell in Kanton. F. Cordt aus der Wirtschaftsabteilung des deutschen Konsulats in Hongkong hatte vom Auswärtigen Amt offiziell die Zustimmung bekommen, die Frühjahrsmesse in Kanton zu besuchen. Er reiste mit einem Diplomatenpass, der bei seinem Grenzübergang nicht beanstandet wurde, ihm aber auch keine diplomatische Vorzugsbehandlung seitens der chinesischen Seite einbrachte. Im Bahnhof in Kanton wurde Cordt nicht offiziell begrüßt, weil es keine diplomatischen Beziehungen zwischen den beiden Ländern gab.[99]

Cordt erklärte dem chinesischen Ansprechpartner, dass er als Beobachter, nicht als Unterhändler nach China gekommen sei. Trotzdem hoffe er, Gespräche über die Verbesserung der deutsch-chinesischen Handelsbeziehungen führen zu dürfen. Er sprach zuerst das semi-staatliche Handelsabkommen von 1957 an, das entgegen dem Bestreben der BRD nicht verlängert bzw. erneuert worden war. Daraufhin wandte die chinesische Seite in etwas „scharfer Form“ [100] ein, dass die deutsche Seite den ersten Vertrag „nicht eingehalten“ [101] habe, allerdings ohne den konkreten Verstoß zu erläutern. Die VR China habe zudem mehr Einkäufe von der BRD erwartet, um die Handelsbilanz ausgleichen zu können. Dies war aber nicht geschehen, sodass beim Ablauf des Vertrages ein großer Saldo zugunsten der BRD verblieben war. Cordt wies darauf hin, dass diese und andere Meinungsverschiedenheiten vor dem Hintergrund dieser Erfahrung in einem zukünftigen Vertrag von vornherein eliminiert werden sollten. Er führte aus, dass das Abkommen von 1957 ein erster Versuch gewesen sei und dass der Abschluss von deutschen Vertretern verhandelt worden sei, die in ihrer privaten Kapazität nicht alle Folgen hätten voraussehen können. Der chinesische Vertreter erklärte jedoch, dass die VR China sich auch in Zukunft nicht darauf verlassen könne, dass ein ähnlicher Vertrag auf semi-privater Basis von der deutschen Seite auch wirklich eingehalten werden könne. Auf der anderen Seite stimmte der chinesische Vertreter aber zu, dass verschiedene deutsche Handelshäuser, z. B. Otto Wolff, Siemssen & Co. und Melchers & Co., sich durch laufende große Käufe von der VR China auch in den vertragslosen Jahren um eine Verbesserung der deutsch-chinesischen Handelsbeziehungen verdient gemacht hätten. Die chinesische Seite kritisierte die deutschen Kontingente bzw. Einfuhrverbote, durch die die VR China diskriminiert werde. Außerdem bestand das Verbot einer Kreditgewährung. [102]

Während des Gesprächs konnten keine konkreten Ansatzpunkte für neue Vertragsverhandlungen gefunden werden. Dies war aber auch insofern nicht zu erwarten

99 Aktennotiz, Betr.: Besuch des deutschen Konsuls F. Cordt auf der Frühjahresmesse in Canton, VR China von 10. bis 16. Mai 1963, als Anlage vom Brief von Von Carnap an Hufnagel, 05.06.1963, SZAG KA: M82.704.1 Bd. 1.

100 Ebenda.

101 Ebenda.

102 Aktennotiz, Betr.: Besuch des deutschen Konsuls F. Cordt auf der Frühjahresmesse in Canton, VR China von 10. Bis 16. Mai 1963, als Anlage vom Brief Von Carnap an Hufnagel, 05.06.1963, SZAG KA: M82.704.1 Bd. 1.

gewesen, als Cordt ausdrücklich nur als „Beobachter" nach Kanton gereist war. Abschließend erklärte der chinesische Vertreter, das Gespräch sei trotzdem von Nutzen gewesen.[103] Cordt lud die chinesische Seite zu einem Gespräch über einen Handelsvertrag in die BRD ein und sagte, die chinesische Delegation werde in Bonn empfangen. Außerdem erwähnte Cordt die Intention der deutschen Seite, eine Messe über chinesische Produkte in der BRD zu organisieren.[104]

Die anderen deutschen Messebesucher bzw. deutschen Unternehmer in Kanton äußerten den Wunsch, mehr staatliche Unterstützung in Bezug auf den deutsch-chinesischen Handel zu erhalten. Sie hofften, dass Cordts Bericht in Bonn Wirkung erzielen würde, damit die Bundesregierung gute Ausgangsbedingungen für neue Vertragsverhandlungen mit der VR China hätte, insbesondere bei der Gleichberechtigung in Bezug auf Einfuhrkontingente und bei der Kreditgewährung. Eine politische Annäherung zwischen den beiden Ländern sahen sie als geeignet an, die Entwicklung der Wirtschaftsbeziehungen zwischen den beiden Ländern zu beschleunigen.[105]

Ein Handelsabkommen war in dieser Phase nicht nur auf staatlicher Ebene, sondern auch auf der Unternehmensebene fast durchgängiges Gesprächsthema. Anders als die chinesische Seite war die deutsche Wirtschaft sehr zufrieden mit dem Ertrag des Handelsabkommens. Hufnagel und Audouard, der Geschäftsführer des China-Arbeitskreises, vertraten die Meinung, die Jahre 1958/59 hätten die besten Ergebnisse in Bezug auf die Wirtschaftsbeziehungen zwischen der BRD und der VR China gebracht, wobei „die Handelsabkommen ähnliche Vereinbarung zwischen dem Ostausschuss und CCPIT als Grund hierfür angesehen werden" [106] müsse. Hufnagels Ansicht zufolge hatte der Wegfall der Vereinbarung andererseits wesentlich zum Rückgang des Handelsverkehrs zwischen den beiden Ländern beigetragen. Daher wünschte sich die deutsche Wirtschaft ein weiteres Abkommen mit der VR China, um unter anderem die Zahlungsbedingungen weiter zu regeln.[107]

Wie bereits dargestellt wurde, lehnte die chinesische Seite die Verlängerung des Handelsabkommens ab. Das lag aber nicht, wie im Gespräch auf der Kantonmesse gegenüber Cordt angegeben wurde, an der Nichteinhaltung des Handelsabkommens von deutscher Seite. Im Juni 1958 befragte der CCPIT alle Handelsunternehmen in der VR China zu ihren Erfahrungen mit dem inoffiziellen Handelsabkommen, vor allem um herauszufinden, ob die deutschen Unternehmen das Handelsabkommen eingehalten hatten. Eine weitere relevante Information für den CCPIT war, ob der deutsche Preis

103 Ebenda.

104 Chinesische Akademie der Sozialwissenschaften, National Archives Administration of China 2011: 506 ff.

105 Aktennotiz, Betr.: Besuch des deutschen Konsuls F. Cordt auf der Frühjahresmesse in Canton, VR China von 10. Bis 16. Mai 1963, als Anlage vom Brief von Von Carnap an Hufnagel, 05.06.1963, SZAG KA: M82.704.1 Bd. 1.

106 Ergebnisvermerk über die Besprechung am 29.Okt. 1963 betreffend künftige Handelspolitik gegenüber der VR China, Bundesarchiv: B102/69058.

107 Ebenda.

gerechtfertigt war. Die chinesischen Unternehmen waren zufrieden mit dem Ablauf des Abkommens.[108] Vor diesem Hintergrund ist davon auszugehen, dass die Ablehnung von chinesischer Seite aus den deutschen handelspolitischen Diskriminierungen gegenüber der VR China und der Ungleichheit der Handelsbilanz resultierte. Auch den fehlenden politischen Willen der Bundesregierung führte die chinesische Seite als Grund für die Ablehnung der Verlängerung des Handelsabkommens an.[109] Die chinesische Seite äußerte wiederholt den Wunsch nach einem Regierungsabkommen statt eines erneuten inoffiziellen Abkommens mit dem Ostausschuss. Im Jahr 1962 brachte die VR China beim Gespräch mit Wolff von Amerongen, dem Vertreter des Ostausschusses, wieder den Wunsch zum Ausdruck, diplomatische Beziehungen mit der BRD aufzunehmen.[110]

Für die Bundesregierung hatte die Außenpolitik in dieser Phase Vorrang vor der Außenwirtschaft. Die Bundesregierung versuchte zwar, das US-Embargo zu lockern,[111] unterzeichnete aber keinen offiziellen Handelsvertrag mit den Oststaaten, weil ein solcher offizieller Handelsvertrag eine zu große politische Bedeutung gehabt hätte. Inoffizielle Handelsabkommen waren dagegen erlaubt. Wie im Kapitel 4.2.2 dargestellt wurde, unterzeichnete die BRD jedoch wegen der deutschen Repatriierung einen Handelsvertrag mit der Sowjetunion. Danach war die Bundesregierung noch vorsichtiger in Bezug auf ihre Außenwirtschaftspolitik mit dem Osten.[112] Mit dem Beitritt in die EWG war der Spielraum der BRD in der Außenwirtschaft zudem weiter eingeschränkt. Die Bundesregierung musste darauf warten, dass die EWG eine Entscheidung für eine neue gemeinsame Handelspolitik gegenüber der VR China treffen würde, da sie nicht in Widerspruch zur Handelspolitik der EWG geraten wollte.[113]

Der Wunsch der deutschen Wirtschaft nach einem offiziellen Handelsabkommen mit der VR China war aber Anfang bis Mitte der 60er Jahre stärker als je zuvor, da viele andere westeuropäische Länder in dieser Phase Handelsabkommen mit der VR China abgeschlossen hatten.[114] Anfang 1964 nahmen Frankreich und die VR China diplomatische Beziehungen auf. Audouard äußerte seine Meinung dazu, indem er erklärte, dass es „logisch wäre, dass man sich auch etwas stärker und offiziell der VR China nähert".[115] Daher schlugen Audouard und Hufnagel vor zu versuchen, Gespräche über die Normalisierung der Wirtschaftsbeziehungen zwischen der BRD und der VR China

---

108 Ausschreibung von CCPIT an den Handelsunternehmen in Shanghai/上海市对外贸易局转发外贸部关于了 解中西德贸易协定执行情况的通知, 30.06.1958, Shanghai Municipal Archives /上海市档案馆: B230-2-77.

109 Leutner 1995: 47.

110 Jüngerkes 2012: 150 f.

111 Ebenda: 156.

112 Ebenda: 120 ff.

113 Brief von Schulz an Reinhardt, 05.12.1963, Bundesarchiv: B102/69058.

114 Kurzbericht über einen Besuch in der VR China vom 10.11-01.12.1963 von Alfred Schulz an Ministerialdirigent Reinhardt Bundeswirtschaftsministerium, 04.12.1963, Bundesarchiv: B102/69058.

115 Brief von Audouard an Hufnagel, 28.02.1964, SZAG KA: M82.704.1 Bd. 1.

zumindest mit dem Staatssekretär zu führen, um dann später mit dem Außenminister darüber zu verhandeln.[116] Infolgedessen stellte Hufnagel im Jahr 1964 auf einer Sitzung mit Vertretern der Industrie und der Regierung in Hamburg vorsichtig die entscheidende Frage, ob durch das Fehlen eines Abkommens zwischen der BRD und der VR China Geschäfte nicht zustande kämen bzw. – umgekehrt ausgedrückt – „ob bei Bestehen einer Vereinbarung mehr Geschäfte als bisher abgeschlossen werden“[117] könnten. Zur Erleichterung und mithin zur Erweiterung des China-Geschäftes sollte die Regierung Hufnagel zufolge eine positive Haltung gegenüber den Chinesen einnehmen – nicht so sehr wegen des gegenwärtigen Geschäftes, sondern im Hinblick auf die Zukunft. Vonseiten der Regierung wurde zwar eine „maßvolle Ausweitung“ der China-Geschäfte begrüßt, es wurden aber keine konkreten Maßnahmen ergriffen.[118]

Bei der Sitzung des Hauptausschusses des Ost-Ausschusses am 29. Mai 1964 in Köln stand auch das Thema „Wirtschaftsbeziehungen zur VR China“ auf der Tagesordnung. Wolff von Amerongen erklärte bei der Sitzung, dass der Arbeitskreis China mit seinen Arbeiten so weit fortgeschritten sei, dass die Regierung nur „auf den Knopf zu drücken“ brauche, um auf offizieller Ebene fortzufahren.[119] Audouard war ebenfalls der Meinung, dass zur Verbesserung der deutsch-chinesischen Handelsbeziehungen auf eine wie auch immer geartete Aktion der Bundesregierung gedrängt werden sollte.[120] Die Bundesregierung war allerdings hinsichtlich einer offiziellen China-Politik und des Abschlusses eines offiziellen Handelsabkommens weiterhin zurückhaltend. So weigerte sich das Auswärtige Amt auch, die deutsche Industrie dabei zu unterstützen, eine offizielle Messe über die deutsche Schwerindustrie in der VR China zu organisieren.[121] Die von der deutschen Industrie gewünschten offiziellen Gespräche mit der chinesischen Seite auf der Kantonmesse 1964 wurden ebenfalls von der Bundesregierung mit der Begründung abgelehnt, sie müsse „Rücksicht auf einige… Alliierte nehmen“.[122] Damit meinte Erhard vor allem die USA.

Wie im Kapitel 4.2.1 dargestellt wurde, war die BRD in dieser Phase politisch noch stark von den USA abhängig. Auf der Bundespressekonferenz sprach Erhard davon, dass Bonn bereit sei, den Warenaustausch mit „Rotchina“ von Regierungsseite zu intensivieren und zu formalisieren. Das letzte große Hindernis auf diesem Weg war jedoch die Präsidentschaftswahl in den Vereinigten Staaten. Erhard hatte bei seinem Besuch in Washington versprochen, dass er Peking vor der amerikanischen Präsidentschaftswahl nicht handelspolitisch entgegenkommen würde. Daher konnte kein fester

116 Brief von Audouard an Hufnagel, 11.02.1964, SZAG KA: M82.704.1 Bd. 1.

117 Notiz zur Handelspolitik der BRD mit der VR China von Audouard an Hufnagel, Schulz und Wolff v. Amerongen, 09.04.1964, SZAG KA: M82.704.1 Bd. 1.

118 Ebenda.

119 Aktennotiz, Betr.: China-Geschäft, 02.06.1964, SZAG KA: M82.704.1 Bd. 1.

120 Brief von Audouard an Hufnagel, 09.04.1964, SZAG KA: M82.704.1 Bd. 1.

121 Brief von Audouard an Hufnagel, 21.02.1964, SZAG KA: M82.704.1 Bd. 1.

122 Aktennotiz, Betr.: China-Geschäft, 02.06.1964, SZAG KA: M82.704.1 Bd. 1.

Termin für Verhandlungen mit der VR China vorgegeben werden.[123] Solange die amerikanische Position gegenüber der VR China nicht fest war, würde Bonn auch keinen Fortschritt in der Außen- und Außenwirtschaftspolitik gegenüber der VR China machen.[124] Trotzdem hatte auch die Bundesregierung Interesse an einem offiziellen Handelsabkommen mit der VR China, weil ein Handelsabkommen mit der VR China einschließlich Berlin-Klausel vorteilhaft für die Bundesregierung war.[125]

Als Vorbereitung auf die Verhandlungen zwischen der BRD und der VR China sprach Hufnagel mit dem Generalsekretär des CCPIT. Dabei betonte die chinesische Seite erneut, dass die VR China kein Interesse an einem Abkommen nach dem Vorbild von 1957 habe, und drückte den Wunsch nach einer Einrichtung von Handelsmissionen aus, da die BRD solche Handelsmissionen in mehreren Ostblockstaaten eingerichtet hatte. Die VR China fühlte sich vor diesem Hintergrund diskriminiert. In der folgenden Sitzung des China-Arbeitskreises brachte Wolff von Amerongen die Meinung zum Ausdruck, dass der Ostausschuss sich auch darauf vorbereiten solle, als Alternative zu einem offiziellen Handelsabkommen doch ein inoffizielles Abkommen mit einem von der VR China stets gewünschten „Katalog der deutschen Möglichkeiten“ [126] anzubieten. Dieser Vorschlag bedeutete aber nicht, dass er kein Interesse an der Normalisierung der Wirtschaftsbeziehungen gehabt hätte. Ein offizieller Handelsvertrag war seiner Ansicht nach zu diesem Zeitpunkt allerdings aus politischen Gründen unter Umständen nicht möglich.[127] Das Auswärtige Amt war gegen eine Handelsmission. Die Einrichtung der Handelsmission betraf die Frage der internationalen Repräsentanz Chinas. Sowohl die VR China als auch Taiwan hatten den Anspruch, China international politisch zu repräsentieren. Die Bundesregierung hatte kein Interesse daran, sich in der Taiwan-Frage einzumischen. Daher war das Auswärtige Amt strikt gegen die Einrichtung einer Handelsmission in der VR China.[128] So kündigte der Bundeskanzler an, der Austausch von Handelsmissionen komme nicht in Betracht.[129]

Nach langer Vorbereitung fanden vier Gespräche zwischen den beiden Ländern in Bern statt.[130] Hauptziel der Gespräche war der Abschluss eines amtlichen Handelsabkommens unter Einschluss der Berlin-Klausel. Die chinesische Regierung wollte bei den Verhandlungen eine vollständige Normalisierung der Handelsbeziehungen mit der BRD erreichen, um auch eine politische Annäherung der beiden Länder zu bewirken. Konkrete Anforderungen der chinesischen Seite waren die Einrichtung der Handelsmission, der Austausch von Ausstellungen zwischen den beiden Ländern und eine

123 dwd/DAW, Betr.: Verhandlungen mit der VR China können beginnen, 18.12.64, SZAG KA: M82.704.1 Bd. 1.

124 Brief von Audouard an Hufnagel, 21.02.1964, SZAG KA: M82.704.1 Bd. 1.

125 Eibl 2001: 270.

126 Protokoll über die 20. Sitzung des AK China am 08.01.1964, Bundesarchiv: B102/69058.

127 Ebenda.

128 Eibl 2001: 270.

129 Protokoll über die 20. Sitzung des AK China am 08.01.1964, Bundesarchiv: B102/69058.

130 Leutner 1995: 91.

mögliche Kreditaufnahme.[131] Die Verhandlungen über das neue Handelsabkommen scheiterten jedoch. Das lag vor allem daran, dass die VR China die Aufnahme der Berlin-Klausel verweigerte.[132] Nach chinesischer Ansicht war die Anforderung der deutschen Seite, die Berlin-Klausel aufzunehmen, nur eine politische Strategie, um die DDR zu isolieren.[133] Die chinesische Regierung bevorzugte eine neutrale Position in Bezug auf die Berlin-Frage, weil China die Beziehungen zur DDR aus gegen die Sowjetunion gerichteten strategischen Erwägungen nicht gefährden wollte.[134] Die Einschließung der Berlin-Klausel war allerdings ein zentraler Faktor für die BRD, um mit der VR China ein offizielles Handelsabkommen abzuschließen – daher wollte die Bundesregierung in dieser Frage keinen Kompromiss eingehen.[135] Die Einschließung der Berlin-Klausel war eines der wichtigsten Prinzipien der Bundesregierung, wenn sie mit anderen Ländern über Handelsabkommen verhandelte. So stagnierten z. B. auch die Verhandlungen mit Polen über ein Handelsabkommen im Jahr 1963 wegen der Einschließung der Berlin-Klausel.[136] Neben der Weigerung der Bundesregierung, die Handelsmission in der VR China einzurichten, war ein weiterer entscheidender Grund für das Scheitern des Abschlusses des neuen Handelsabkommens die Intervention der USA: Als Washington von den Verhandlungen zwischen der BRD und der VR China erfuhr, erhob die US-Regierung große Einwände dagegen.[137]

Im Juni 1964 kündigte die VR China eine Änderung ihrer Einstellung zur Berlin-Klausel an und erklärte, eventuell doch ein Handelsabkommen mit Einschließung der Berlin-Klausel mit der BRD abschließen zu wollen.[138] Daraufhin flog der deutsche Bundeskanzler Ludwig Erhard mit Außenminister Schröder während der Gespräche mit China in die USA, um mit Washington über die deutsche Chinapolitik zu sprechen.[139] Die Bundesregierung versuchte die USA zu überzeugen, dass ein Handelsabkommen unter Einbeziehung der Berlin-Klausel mit der VR China der BRD vor dem Hintergrund der deutschen Teilung viele politische Vorteile bringen könne. Die Johnson-Regierung ließ sich davon jedoch nicht überzeugen.[140] Nach dem Gespräch mit Johnson kündigte die deutsche Regierung auf einer Pressekonferenz an, dass die BRD kein offizielles Handelsabkommen mit der VR China unterzeichnen werde. Diese Aktion der Bundesregierung wurde von der VR China als sehr unfreundlich empfunden.[141]

---

131 Aktenvermerk für Detjen, 12.07.1963, HA Krupp: WA51/5465.
132 Leutner 1995: 93.
133 Pan 2006: 172.
134 Trampedach 1997: 25 f.
135 Pan 2006: 175.
136 Lindemann 1994: 74.
137 Trampedach 1997: 65; Jüngerkes 2012: 154.
138 Pan 2006: 178.
139 Leutner 1995: 92.
140 Pan 2006: 177.
141 Griffith 1981: 211/ Leutner 1995: 92.

Nach dem Scheitern der Verhandlungen über das neue Handelsabkommen beauftragte Bonn den China-Arbeitskreis des Ostausschusses, wieder Kontakt zur VR China aufzunehmen. Der China-Arbeitskreis sollte versuchen, ein inoffizielles Abkommen mit der VR China abzuschließen.[142] Während eines Gesprächs mit chinesischen Vertretern äußerte Audouard den Wunsch nach einer allgemeinen Wirtschaftsvereinbarung, um den Expertenaustausch und die Visumbeantragung zu erleichtern. Der chinesische Vertreter wies darauf hin, dass die unfreundliche politische Einstellung der Bundesregierung gegenüber der VR China einen sehr negativen Einfluss auf die Wirtschaftsbeziehungen gehabt habe. Audouard erklärte, die Ursache der Einstellung der Bundesregierung sei der Druck der USA gewesen. Die deutsche Wirtschaft und der China-Arbeitskreis des Ostausschusses hätten sich um eine Änderung der Regierungshaltung bemüht, der Einfluss der Wirtschaft auf die Politik sei jedoch begrenzt. Die chinesische Seite übte auch Kritik an dem Besuch von Strauß in Taiwan und wies darauf hin, dass keine Tendenz zur Normalisierung der politischen Beziehungen zwischen der VR China und der BRD zu erkennen sei. Ein nicht offizielles Handelsabkommen ging nach chinesischer Ansicht in die Richtung einer Trennung von Wirtschaft und Politik, was China nicht wünschte. Obwohl die deutsche Seite damit argumentierte, dass ein inoffizieller Vertrag eine Vorstufe für einen offiziellen Vertrag sei, war die chinesische Seite davon nicht überzeugt. Die VR China hatte zudem ihre Einstellung in der Berlin-Frage geändert: Ein offizielles Abkommen mit Berlin-Klausel wurde nicht mehr als möglich erachtet, da Westberlin nun nach chinesischer Ansicht nicht Teil der BRD war.[143]

Wegen des Scheiterns der Verhandlungen über das offizielle Handelsabkommen erreichten die politischen und wirtschaftlichen Beziehungen zwischen den beiden Ländern einen Tiefpunkt.

4.3.2 Die Entwicklung der Handelsbeziehungen zwischen der VR China und der BRD 1958–1965

Wie am Anfang des Kapitels 4 dargestellt wurde, waren die Handelsbeziehungen zwischen der VR China und der BRD zwischen 1958 und 1965 von starken Schwankungen geprägt. Während des Großen Sprungs nach vorn erreichte das Handelsvolumen zwischen den beiden Ländern wegen des großen chinesischen Bedarfs für die Investprojekte in der Schwerindustrie den Höhepunkt. Stahlprodukte und Kapitalgüter wurden von der VR China in großen Mengen importiert. 1958 hatte sich das Handelsvolumen im Vergleich zu 1957 verdreifacht. Ab 1960 sank das Handelsvolumen wegen des Scheiterns des Großen Sprungs nach vorn, und im Jahr 1963 erreichte es den Tiefpunkt. Die

142 Besprechung betr. VR China am 14. Januar 1965 in Bonn, 14.01.1965, SZAG KA: M82.704.1 Bd. 2.

143 Niederschrift über Gespräch mit Handelsrat Mo Cheng-Kuei am 21.1.1965 in Bern als Anlage des Schriftverkehrs von Von Carnap an Hufnagel, 26.01.1965, SZAG KA: M82.704.1 Bd. 2.

KPCh schränkte den Import aus der BRD ein: Das Exportvolumen von der BRD in die VR China sank von 681,9 Mio. D-Mark im Jahr 1958 auf 61,3 Mio. D-Mark 1963.[144]

Das Ergebnis der Kantonmesse im Frühjahr 1962 war für die deutschen Messebesucher enttäuschend. Auf der Messe waren sehr wenige Aufträge für den Export deutscher Güter in die VR China abgeschlossen worden. Die chinesische Seite war aber auch keine Anlagengeschäfte mit anderen Ländern eingegangen.[145] Die Warenstruktur änderte sich ebenfalls: Die chinesische Seite importierte wesentlich mehr landwirtschaftliche Erzeugnisse, Düngemittel und Textilien. Die Einfuhr von Metallhalbzeug und Vorerzeugnissen in die VR China war demgegenüber auf die Hälfte gesunken.[146]

Die chinesische Außenwirtschaftspolitik gegenüber Entwicklungsländern in Afrika und dem Ostblock spielte zwar eine Rolle bei der Senkung des Handelsvolumens zwischen der VR China und der BRD, der entscheidende Grund der Reduzierung des chinesischen Imports aus der BRD war aber das chinesische Handelsdefizit. Die VR China hatte wegen der großen Hungersnot 135 Mio. Sterling ausgegeben, um Lebensmittel zu importieren. Daher hatte die VR China fast keine Devisen für die Einfuhr anderer Güter. Lebensmittel waren aber keine Güter, die die BRD nach China lieferte.[147] Ein weiterer Grund für die Senkung des Handelsvolumens zwischen den beiden Ländern war die von der chinesischen Seite immer wieder betonte deutsche Handelsdiskriminierung bzw. die deutsche Einfuhrbeschränkung gegenüber der VR China.[148] Wegen des Beitritts zur EWG musste die BRD die Einfuhr aus der VR China einschränken, um mehr Güter aus anderen Westblock-Ländern importieren zu können. Im Vergleich zu vielen westeuropäischen Ländern gab es für die VR China mehr Einschränkungen, Güter in die BRD zu liefern.[149] Im Gegenzug veranlasste auch die VR China, dass die chinesischen Einkaufsunternehmen so wenig wie möglich aus der BRD importieren sollten. Importaufträge mit der BRD wurden nur genehmigt, wenn diese Güter nicht aus anderen Ländern importiert werden konnten.[150]

---

144 Rundschreiben Nr.3/62 vom Ost-Ausschuss der Deutschen Wirtschaft, 30.10.1962, SZAG KA: M82.701 Bd. 1.

145 Bericht von Jebsen & Co. 25.05.1962 an Dr. Richard Risser August Thyssen-Hütte AG.: TKA A/40398.

146 Rundschreiben Nr.3/62 vom Ost-Ausschuss der Deutschen Wirtschaft, 30.10.1962, SZAG KA: M82.701 Bd. 1.

147 Kopie eines Berichts über die chinesische Devisensituation an Herrn Hufnagel, 07.11.1962, SZAG KA: M82.704.1 Bd. 1.

148 Brief vom chinesischen Außenhandelsministerium an Handelsunternehmen und Reedereien Shanghai/ 中华人民共和国外贸部至各外贸上海公司包括部, 科, 除外运, 海轮的函, 11.03.1959, Shanghai Municipal Archives /上海市档案馆: B230-2-747-1.

149 Aktennotiz über die Einschränkungen und Genehmigungen des Imports aus Großbritannien, Bundesrepublik Deutschland, Österreich und Schweden/ 上海市外贸局转发外贸部关于自英国, 西德, 奥地利, 瑞典订货事的指示并通知有关审批手续及签发核准证明单范围, 03.03.1960, Shanghai Municipal Archives /上海市档案馆: B230-2-755-37.

150 Brief vom chinesischen Außenhandelsministerium an Handelsunternehmen und Reedereien Shanghai/ 中华人民共和国外贸部至各外贸上海公司包括部, 科, 除外运, 海轮的函, 11.03.1959, Shanghai Municipal Archives /上海市档案馆: B230-2-747-1.

Um die Handelsbeziehungen mit der VR China zu verbessern, versuchte die Bundesregierung mit bestimmten Maßnahmen auf Wunsch der deutschen Industrie, den Handel zwischen den beiden Ländern zu vereinfachen. Die Genehmigung der China-Arbitrage war immer ein entscheidendes Thema gewesen. Die China-Arbitrage war von der Bundesregierung anfangs verboten worden, um die deutsche Wirtschaft zu schützen. Viele deutsche Firmen wollten aber in den 60er Jahren das Verbot der China-Arbitrage aufheben, um mehr Aufträge mit der VR China abschließen zu können.[151] Viele andere westeuropäische Länder, etwa Großbritannien, hatten die China-Arbitrage anerkannt, und die Geschäfte wurden reibungslos abgewickelt. Für die deutsche Industrie war das Verbot der China-Arbitrage vor diesem Hintergrund kein Schutz mehr, sondern ein Hindernis und Konkurrenznachteil für die deutschen China-Geschäfte. Bezüglich der Arbitragepolitik führte Von Carnap auf Einladung von Ministerialrat Humbert eine Besprechung im Bundeswirtschaftsministerium. Bei diesem Gespräch erklärte Von Carnap, der Prüfung des Ostausschusses zufolge seien bisher nur sehr wenige Firmen bekannt, denen die Peking-Arbitrage Probleme bereitet habe. Der China-Arbeitskreis des Ostausschusses sei daher der Meinung, dass das Verbot der China-Arbitrage von der Bundesregierung aufgehoben werden könne. Der Vertreter aus dem Wirtschaftsministerium wies darauf hin, dass sich das BWM aus strategischen Überlegungen heraus bisher geweigert habe, das Verbot der China-Arbitrage aufzuheben. Gehe die deutsche Seite beim Thema Arbitrage einen Kompromiss ein, so werde die VR China die BRD in Zukunft bei anderen Verhandlungen zu weiteren Kompromissen drängen. Der Vertreter des BWM führte aus, viele deutsche Unternehmen wollten die China-Arbitrage ohnehin vermeiden. Von Carnap erwiderte, dass einzelne Unternehmen in Abhängigkeit von ihrer je eigenen Situation selbst mit der chinesischen Seite verhandeln sollten. Die deutschen China-Geschäfte seien bisher einwandfrei verlaufen. Es sei eher unwahrscheinlich, dass ein Klagefall mit den chinesischen Staatsunternehmen eintrete. Später sprach sich dann der China-Arbeitskreis nach eingehender Beratung für eine Aufhebung des Verbots der China-Arbitrage bei Inkrafttreten des Außenwirtschaftsgesetzes aus. Das Verbot der China-Arbitrage wurde von der Bundesregierung abgeschafft. Allerdings sollte nach Ansicht der Bundesregierung die Möglichkeit bestehen bleiben, das Verbot erneut einzuführen, wenn die chinesische Seite den Grundsatz von „equality and mutual benefit" nicht einhalten sollte.[152]

Im Jahr 1963 war die VR China langsam wieder in der Lage, westliche Güter zu importieren, da die Ernte in der VR China in diesem Jahr gut war. Chen Yun, eines der wichtigsten Mitglieder des Zentralkomitees[153], schlug in seiner Untersuchung des Au-

151 Brief von Heinz Beutler an Hufnagel, 12.07.1961, SZAG KA: M82.704.1 Bd. 1.

152 Protokoll über die Sitzung des Länderausschuss China am Donnerstag, den 20. Juli 1961, 24.07.1961. SZAG KA: M82.704.1 Bd. 1.

153 „In between meetings of the Party Congress, the Central Committee is the Party body with the highest official authority" (Sejna/ Douglass 1986: 14).

ßenhandels vor, dass die VR China mehr Technik und Anlagen importieren solle.[154] Chen Yuns Vorschlag entsprechend wurden zwischen 1963 und 1964 nach sorgfältiger Prüfung Anträge für 100 Importprojekte im Bereich Metallurgie, Maschinenbau und Elektronikindustrie genehmigt,[155] um das industrielle Niveau zu heben. Die 3.-Front-Strategie nach der Readjustierung verstärkte das Interesse der chinesischen Regierung am Import von Industrieanlagen zusätzlich.[156] Nach dem Abbruch der sowjetisch-chinesischen Beziehungen gab es viele halbfertige Anlagenprojekte in der VR China, weil die Sowjetunion Techniker und Kapital abgezogen hatte. Daher brauchte die VR China technische Unterstützung, um die Projekte fertigzustellen.[157] Ideale Handelspartner für China waren in dieser Phase vor allem westeuropäische Länder wie die BRD, weil die Wirtschaftsbeziehungen mit der Sowjetunion stark beschädigt waren und angestrebte Kooperationen mit Osteuropa wegen der Sowjetunion scheiterten.[158] Die anderen osteuropäischen Länder waren technisch nicht fortgeschritten genug, um die VR China zu unterstützen. Handelsmöglichkeiten mit den USA fehlten ebenfalls weiterhin wegen des Vietnamkriegs. Die VR China war zwar nicht in den Vietnamkrieg eingetreten, unterstützte aber Hồ Chí Minh in Hanoi mit Waffen- und Ressourcenlieferungen.[159]

Ideologisch wurden die Bemühungen um eine Kooperation mit den kapitalistischen Ländern Westeuropas durch Maos Zwischenzonentheorie gerechtfertigt.[160] Laut dieser Theorie Maos gab es zwei Zwischenzonen zwischen den zwei Supermächten bzw. zwischen der Sowjetunion und den USA. Der ersten Zwischenzone wurden die kolonialen Entwicklungsländer zugerechnet, z. B. in Afrika. Die kapitalistischen Länder in Westeuropa gehörten zur zweiten Zwischenzone. Die zweite Zwischenzone wurde als „Nebenwiderspruch" bezeichnet und als unterhalb der Ebene des zentralen Hauptkonfliktes mit den USA liegend aufgefasst. Die VR China sollte nach dieser Theorie mit den beiden Zwischenzonen kooperieren, um gegen die Supermächte zu kämpfen und eine Weltmultipolarisierung zu erzielen.[161] Daher bemühte sich die VR China, die Wirtschaftsbeziehungen mit Westeuropa zu verbessern. 1963 besuchte eine Techniker-Kommission der chinesischen Stahlindustrie die BRD, um sich bei einzelnen Firmen über moderne Stahlverfahren zu informieren. Außerdem fuhr der Außenhandelsmi-

154 Lieberthal 1987: 325.
155 Liu/ Wu 1988: 320.
156 Besprechung in Berlin-Ost mit Herren der chinesischen Regierung, 14.04.1965, HA Krupp: WA51/ 5462.
157 Kurzbericht über einen Besuch in der VR China vom 10.11-01.12.1963 von Alfred Schulz an Ministerialdirigent Reinhardt Bundeswirtschaftsministerium, 04.12.1963, Bundesarchiv: B102/69058.
158 Neßhöver 1999: 85.
159 Der Spiegel 1965: CHINA / VIETNAMKRIEG. Ganze Haufen.
160 Osterhammel 1989: 370.
161 Neßhöver 1999: 86 f.

nister Lu Hsu-Chang auf Einladung der britischen Regierung nach London, um die Wirtschaftsbeziehungen zwischen der VR China und Großbritannien zu verbessern.[162]

Die westeuropäischen Firmen sahen dadurch Chancen auf dem chinesischen Markt, sodass die Kantonmesse 1963 gut besucht war. Zahlreiche Besucher kamen aus Japan und westeuropäischen Ländern. Obwohl die chinesische Seite seit mehr als drei Jahren in der Lage war, Güter zu importieren, gab es noch immer mehr chinesische Verkäufer als Einkäufer auf der Messe. Die chinesischen Exportprodukte kamen weiterhin vor allem aus dem Agrarbereich. Nun gab es aber fast nur noch Tiernebenprodukte wie Federn. Getreide wie Reis wurde wenig angeboten. Bei der Beschaffung der westeuropäischen Güter achteten die chinesischen Einkäufer hauptsächlich auf den Preis und die Qualität, aber auch die politischen Beziehungen des jeweiligen Landes zur VR China spielten eine große Rolle bei dem Entscheidungsprozess.[163] Viele Firmen aus verschiedenen Ländern versuchten, die erwarteten großen Aufträge für Industrieanlagen abzuschließen. Im Vergleich zu den Firmen aus Frankreich, Großbritannien und Japan hatten die deutschen Unternehmen wegen der deutschen Einfuhreinschränkungen gegenüber der VR China und wegen des Fehlens politischer Beziehungen große Konkurrenznachteile. Den deutschen Firmen fehlte eine offizielle Stelle für die Unterstützung und Koordinierung der Firmen verschiedener Bereiche auf dem chinesischen Markt. Der China-Arbeitskreis des Ostausschusses war auch nicht berechtigt der deutschen Wirtschaft dabei zu helfen, eine gemeinsame Strategie zu entwickeln, um die Konkurrenzfähigkeit der gesamten deutschen Wirtschaft in der VR China zu erhöhen. Im Gegensatz dazu hatte Frankreich bewusst durch die zuständigen Regierungsstellen eine gemeinsame Richtlinie der französischen Wirtschaft in der VR China aufgestellt. Mit dieser Richtlinie konnte die französische Industrie das Ziel verfolgen, möglichst viele der erwarteten chinesischen Großaufträge im Rahmen der industriellen und landwirtschaftlichen Planung für Frankreich zu sichern. Der französische Wirtschaftssekretär war mit den französischen Messebesuchern und Firmenvertretern nach der Messe in Kanton weiter nach Peking gefahren, um dort Unterstützung für die Handelsbeziehungen zwischen den beiden Ländern zu signalisieren. Die Bundesregierung leistete dagegen aus Sicht der deutschen Messebesucher im Vergleich zur französischen Regierung überhaupt keine Unterstützung. Die deutschen Einkäufer hatten wegen der Einschränkungen gegenüber China oft Schwierigkeiten, Einfuhrlizenzen zu bekommen. Die Einfuhrquote für chinesische Produkte war nicht öffentlich. Die Bundesregierung hatte wegen der Mitgliedschaft in der EWG viele Sonderbeschränkungen für die deutschen Einkäufer erlassen, die andere europäische Länder nicht hatten. Solche Sonderbeschränkungen wurden von der chinesischen Seite als Diskriminierung angese-

162 Aufzeichnung über die 9. Sitzung des Hauptausschusses des Ost-Ausschusses der Deutschen Wirtschaft in Köln am 4. April 1963, SZAG KA: M82.701 Bd. 1.

163 Aktennotiz über Einkauf aus der BRD, der USA und Japan vom Außenhandelsministerium/关于订购西德, 美国, 日本货问题的批复, 中华人民共和国对外贸易部, 09.01.1961, Shanghai Municipal Archives /上海市档案馆: B170-1-839-17.

hen. Dass 1963 wenig deutsche Exporte in die VR China zustande kamen, lag zum großen Teil daran. Für die deutschen Messebesucher war es vor diesem Hintergrund wünschenswert, dass die Bundesregierung – wie die anderen westeuropäischen Länder – den Handel mit der VR China mehr unterstützte.[164]

Mit dem Start der 3.-Front-Strategie lockerte die VR China im Jahr 1964 die Kontrolle des Imports deutscher Güter. Nicht alle Aufträge mit deutschen Unternehmen mussten vom Außenhandelsministerium genehmigt werden. Einzelne Staatsunternehmen und Häfen durften selbst entscheiden, welche Güter aus der BRD importiert werden sollten.[165] Güter, die in anderen Ländern produziert und durch die BRD importiert wurden, sollten direkt aus den jeweiligen Ländern eingeführt werden. Konnten solche Güter nicht direkt importiert werden, sollte ein Genehmigungsprozess eingeschaltet werden.[166] In Bezug auf den Import aus der VR China stellten die Einfuhrkontingente immer noch ein Hindernis für die Entwicklungen dar. Außerdem spielte die chinesische Preispolitik eine Rolle. Die VR China hatte verschiedene Preisangebote für verschiedene Länder. Die den deutschen Importeuren von den chinesischen Verkäufern angebotenen Preise waren oft höher als die Preise, die gegenüber anderen Ländern verlangt wurden. Die Preise für chinesische Güter aus Transitländern waren zudem oft niedriger als bei direkten chinesischen Preisangeboten. Der Grund für die hohen Preise für deutsche Importeure war vermutlich, dass die VR China auf diese Weise einen raschen Ausgleich der Handelsbilanz mit der BRD erreichen wollte. Die BRD wurde so im Vergleich zu anderen westlichen Ländern benachteiligt. Die deutschen Importeure wünschten deswegen eine Meistbegünstigung mit der VR China. Obwohl die VR China Kompensationsgeschäfte in dieser Phase offiziell strikt ablehnte, gaben die chinesischen Behörden gelegentlich doch einzelne Produkte für Bartergeschäfte mit bestimmten europäischen Ländern frei. Dadurch blieben noch weniger Exportangebote aus der VR China für die deutschen Importunternehmen.[167]

Da die Wirtschaftsbeziehungen zwischen der BRD und der VR China wiederbelebt werden sollten, besuchten ca. 50 deutsche Firmen- und Werksvertreter 1964 die Kantonmesse. Es kamen mehr deutsche Messebesucher als je zuvor, darunter auch zahlrei-

---

164 Bericht der Kantomesse von Jebsen & Co. an das Sekretariat Dr. R. Risser August Thyssen-Hütte AG., 15.06.1963, TKA: A/40402.

165 Ausschreibung über die Kontrolle der westdeutscher Waren am Zoll vom Außenhandelsministerium/ 对外贸易部文件关于改变海关对西德货物验放办法的通知, 02.07.1964, Shanghai Municipal Archives /上海市档案馆: B170-1-1080-160.

166 Ausschreibung über Import der Transitwaren der BRD vom Außenhandelsministerium/中华人民共和国对外贸易部关于进口生产国别不属于西德而贸易国别属于西德货品的批复, 16.05.1964, Shanghai Municipal Archives /上海市档案馆: B170-1-1075-7.

167 Brief von Hanenberg, Gesamtverband des Deutschen Groß- und Außenhandels e.V. an das Bundesministerium für Wirtschaft Abt.V, Betr.: Handelsverkehr mit Rot-China Besprechung am 29.10.1963 im BWM, 21.11.1963, Bundesarchiv: B102/69058; Anlagen des Briefs von Von Carnap an Hufnagel, Betr.: Möglichkeiten der Einfuhrsteigerung aus der VR China, 06.03.1964, SZAG KA: M82.704.1 Bd. 1.

che Vertreter der Eisen- und Stahlindustrie.[168] Die Messe zeigte klar den Trend einer negativen Einstellung der VR China gegenüber der BRD in politischer und damit auch in wirtschaftlicher Hinsicht. Peking stellte gegenüber den Messebesuchern den Unterschied zwischen den politischen Bemühungen anderer westeuropäischer Länder und der fehlenden Initiative von Bonn fest. Nach chinesischer Auffassung sollte die Bundesregierung durch eine politische Annäherung die Erweiterung des Handelsvolumens unterstützen. Die deutschen Unternehmer wurden zwar nicht wegen der politischen Beziehungen zwischen den beiden Ländern kritisiert, konnten aber keine Aufträge erhalten, obwohl sie die gleichen Verkaufsbedingungen wie die anderen westlichen Länder anboten. Das Problem chinesischer Visa wurde weiterhin nicht gelöst, sodass Anlagengeschäfte zwischen den beiden Ländern ausgeschlossen waren, da die deutschen Techniker für den Anlagenbau nach China hätten reisen müssen.[169] Die chinesische Seite lehnte jede Art von Barter- oder Linkgeschäften ab. Ausländische Verkäufer, die auch chinesische Waren kauften, wurden von der chinesischen Seite bevorzugt. Daher versuchten viele deutsche Exporteure auch Waren aus der VR China zu importieren. Auf der Messe übertrafen die deutschen Einkäufe chinesischer Produkte die Verkäufe deutscher Waren um ein Vielfaches.[170]

Ab 1965 reduzierte die VR China ihre politischen Anforderungen. Beim Treffen in Ostberlin im April 1965 äußerte die chinesische Delegation, dass die VR China bereit sei, die wirtschaftlichen und die politischen Beziehungen mit der BRD zu trennen. Sie erklärte, die politische Situation hinsichtlich des „Kommunismus und Kapitalismus“ solle die wirtschaftlichen Kontakte zwischen der BRD und China nicht beeinflussen.[171] Wahrscheinlich hatte die VR China die politischen Anforderungen nicht nur gegenüber der BRD, sondern auch gegenüber anderen westlichen Ländern gelockert. Daher verstärkte sich die Konkurrenz um den chinesischen Markt im Jahr 1965 noch weiter. Es kamen so viele Besucher zur Herbstkantonmesse 1965, dass die chinesische Messeorganisation überfordert war. Es gab eine starke Preiskonkurrenz auf dem chinesischen Markt. Die chinesische Seite war nicht zu einem „Freundschaftspreis“ bereit. Die deutschen Messebesucher waren auf der Messe nicht sonderlich erfolgreich.[172]

Wegen des Misserfolgs der deutschen Wirtschaft auf dem chinesischen Markt wurden erneut die Themen einer Kreditgewährung und einer Bundesbürgschaft für den Export nach China besprochen, da diese von besonderer Bedeutung für den Anlagenexport waren. Schon seit Anfang der 60er Jahre bemühte sich die deutsche Industrie darum, dass die Bundesregierung Kredite und Zahlungsziele für den Osthandel im All-

---

168 Bericht vom Generalkonsulat der Bundesrepublik Deutschland Hongkong über Kanton Frühjahrsmesse 1964, 03.06.1964, SZAG KA: M82.704.1 Bd. 1.

169 Bericht von G. Borst über Besuch der Frühjahrsmesse Canton in China vom 15.04.–15.05.1964, TKA: A/32170.

170 Ebenda.

171 Besprechung im Hotel Johannishof Berlin mit der chinesischen Handelsdelegation, 14.04.1965, HA Krupp: WA51/5462.

172 Bericht über den Besuch der Herbstmesse Kanton 1965, 05.01.1966, HA Krupp: WA51/5464.

gemeinen, aber auch für den China-Handel zulassen sollte, weil die Industrieanlagenlieferung beim Osthandel immer mehr in den Vordergrund rückte. 1962 wurden die Zahlungsziele und die Kreditgewährung für Geschäfte mit der Sowjetunion und sonstigen osteuropäischen Ländern genehmigt.[173] Das Verbot für die VR China wurde dagegen wegen des politischen Drucks der USA nicht aufgehoben.[174]

Für die Anlagengeschäfte mit der VR China schlug der Geschäftsführer des Arbeitskreises China des Ost-Ausschusses Audouard dem Wirtschaftsministerium vor, dass Zahlungsziele und Ausfuhrbürgschaften bis zu fünf Jahren zugelassen werden sollten.[175] Anfang 1964 war die Konkurrenz auf dem chinesischen Markt so groß, dass Industrieanlagen kaum noch ohne Kreditangebot verkauft werden konnten.[176] Dennoch wurden Lieferantenkredite, die 180 Tage überschritten, bei Lieferungen an die VR China bis Ende 1964 trotz des Vorschlags weiterhin von der Bundesregierung grundsätzlich abgelehnt.[177] Das Kreditverbot und die Ablehnung der Bundesbürgschaft hatten auch negative handelspolitische Effekte für den China-Handel. Eine Regelung, nach der die Sowjetunion und alle europäischen Satelliten, nicht aber die VR China Genehmigungen für Lieferantenkredite und die Bürgschaft des Bundes erhalten durften, bedeutete eine deutliche Diskriminierung, die den Wirtschaftsbeziehungen zwischen der BRD und der VR China schaden konnte. Wolff von Amerongen leitete die Überlegungen zur Gewährung der Zahlungsziele bis zu fünf Jahren und zur Bundesbürgschaft für den China-Handel an den deutschen Staatssekretär weiter. Die deutsche Wirtschaft strebe eine Gleichberechtigung beim China-Handel an. Ob und inwieweit der Bund dann schließlich die Genehmigungen und Bürgschaften erteilen würde, könne der Praxis überlassen bleiben. Ein generelles Verbot war nach Ansicht des China-Arbeitskreises jedoch nicht sinnvoll.[178] Die VR China erwarte von der Bundesrepublik auch eine etwas freundlichere Haltung, zumindest aber die Gleichbehandlung mit europäischen Ostblockstaaten.[179] Im Frühjahr 1965 wurden Zahlungsziele bis zu fünf Jahren für die China-Geschäfte schließlich vom Bundeswirtschaftsministerium genehmigt: 10 % Anzahlung, 5 % Pro-rata-Lieferung, 5 % bei Betriebsbereitschaft, der Rest in zehn gleichen Halbjahresraten, beginnend sechs Monate nach Betriebsbereitschaft. Der Begriff ‚Betriebsbereitschaft' ermöglichte eine gewisse Verlängerung der Zahlungsfrist, da er so ausgelegt werden konnte, dass die Betriebsbereitschaft erst gegeben war, wenn die An-

173 Aufzeichnung über die 8. Sitzung des Hauptausschusses des Ost-Ausschusses am 25.01.1962 in Köln, SZAG KA: M82.701 Bd. 1.

174 Besprechung betr. VR China am 14. Januar 1965 in Bonn, 14.01.1965, SZAG KA: M82.704.1 Bd. 2.

175 Ergebnisvermerk über die Besprechung am 29. Okt. 1963 betreffend künftige Handelspolitik gegenüber der VR China, Bundesarchiv: B102/69058.

176 Protokoll über die 20. Sitzung des AK China am 08.01.1964, Bundesarchiv: B102/69058.

177 Brief an Heinz Hufnagel, 21.12.1964, SZAG KA: M82.704.1 Bd. 1.

178 Brief von Audouard an Heinz Hufnagel, 21.12.1964, SZAG KA: M82.704.1 Bd. 1.

179 Besprechung betr. VR China am 14. Januar 1965 in Bonn, 14.01.1965, SZAG KA: M82.704.1 Bd. 2.

lage völlig eingefahren war. Außerdem war eine Zahlungsgarantie der Bank of China für alle Zahlungsverpflichtungen neben der Anzahlung erforderlich.[180]

Neben der Kreditgewährung war die Bundesbürgschaft stets ein zentrales Thema in Bezug auf den China-Handel gewesen. Schon ab 1962 hatte sich der Ostausschuss wiederholt schriftlich und mündlich an das Bundeswirtschaftsministerium gewandt und darum gebeten, das Embargo-Risiko in die Absicherung durch die staatlichen Versicherungsinstitute einzubeziehen. Neben dem Hinweis auf Wirtschaftsinteressen begründete der Ostausschuss diesen Wunsch auch damit, dass eine solche staatliche Absicherung in den meisten westlichen Industrieländern, einschließlich der USA, seit Jahren eine selbstverständliche Einrichtung war.[181] Das Wirtschaftsministerium weigerte sich aber noch bis Mai 1964, die Embargo-Risiken abzudecken, und begründete dies mit dem Handelsüberschuss gegenüber der VR China. Da die VR China ein großes Handelsdefizit hatte, sah die Bundesregierung keine Notwendigkeit, weitere Exporte nach China zu unterstützen.[182]

Die ablehnende Einstellung der Bundesregierung zur Bundesgarantie und zur Bürgschaft änderte sich mit den Verhandlungen über den Export einer Walzanlage in die VR China. Ab 1964 verhandelte die VR China mit zwei deutschen Unternehmen, der Deutschen Maschinenbau-Aktiengesellschaft (DEMAG) und Mannesmann, über den Import einer kompletten Walzanlage mit einem Gesamtwert von ca. 730 Mio. D-Mark.[183] Für die Verhandlung über dieses Walzanlagenprojekt wurden wegen der Bundesbürgschaft Kontakte zwischen der DEMAG und dem Staatssekretär aufgenommen. Die Bundesregierung prüfte das Projekt sofort sorgfältig und erkundigte sich nach der Zustimmung der USA.[184] Veranlasst durch das DEMAG-Projekt beschloss die Bundesregierung im März 1965, Bundesbürgschaften nach einer Beurteilung der einzelnen Projekte und unter Berücksichtigung der allgemeinen politischen sowie wirtschaftlichen Gegebenheiten auch für Ausfuhrkreditgeschäfte mit der VR China zu übernehmen, wenn die Kreditlaufzeit fünf Jahre nicht überstieg.[185] Die Absicherung des Embargorisikos wurde in die von der Ausfuhrbürgschaft gedeckten politischen Risiken einbezo-

180 Brief von Dr. Lück aus Krupp Büro Bonn an Firma Fried. Krupp Industriebau, 03.09.1965, HA Krupp: WA51/5463.

181 Brief von Wolff von Amerongen an Westrick, 28.04.1964, Bundesarchiv: B136/7806.

182 Absicherung des Embargo-Risikos, 08.05.1964, Bundesarchiv: B136/7806.

183 Fernschreiben, 03.05.1966, HA Krupp: WA51/5464.

184 Brief von Dr. Praß an den Herrn Minister, Betr.: Wunsch der Demag nach Absicherung des Embargorisikos für ein Großgeschäft mit der VR China, 22.12.1965; Schriftverkehr von Langer an den Vorstand der DEMAG AG, Betr.: Lieferung der Ausrüstungen für ein Warmband und ein Kaltbandwalzwerk an die VR China, 23.12.1965, Bundesarchiv: B136/7806.

185 Notizen von Kirchner, 22.03.1965, SZAG KA: M82.701 Bd. 2.; Brief von Schmüke an den Chef des Bundeskanzleramtes, Betr.: Ausfuhrbürgschaften für deutsche Lieferungen nach der VR China, 03.03.1966, Bundesarchiv B136/7806.

gen.[186] Dieses Projekt, für das die BRD eine Kreditbürgschaft unter Hermes-Deckung[187] von ungefähr 300 Mio. D-Mark übernahm, war das größte und teuerste, über das China bis zu diesem Zeitpunkt mit westlichen Firmen verhandelt hatte.[188] Der Kredit für das Walzanlagenprojekt lief fünf Jahre. Im Jahr 1966 wurde der Auftrag von der VR China und dem deutsch-französisch-belgischen Konsortium unter Führung der DEMAG bestätigt.[189]

Wie bereits erwähnt, wurde auch der US-Botschaft von dem Projekt berichtet – es gab zunächst keine negative Reaktion von US-Seite. Als das Projekt aber in der Öffentlichkeit thematisiert wurde, versuchten die USA doch Druck auszuüben, damit das Projekt beendet würde.[190] Die Bundesregierung argumentierte, dass das Projekt nicht die Stahlproduktion betreffe, sondern nur die Stahlverarbeitung. Es werde dadurch also keine neue Stahlkapazität geschaffen. Nur Feinbleche, Wellbleche, Baustahl und Bleche für Konservendosen würden durch die Stahlverarbeitung erzeugt. Es diene somit keinem militärischen Zweck. Daher handele es sich nicht um Waren, die unter die Embargo-Bestimmungen von CHICOM fielen. Außerdem waren an dem Konsortium nicht nur deutsche, sondern auch französische und belgische Firmen beteiligt, die mit einer Abdeckung durch die staatlichen Versicherungsgesellschaften rechneten. Für die Bundesregierung bestehe deshalb kein Grund, das DEMAG-Projekt zu verhindern oder die Bundesbürgschaft dafür zurückzunehmen.[191]

Außer für das DEMAG-Projekt wurden Bundesbürgschaften nach Rücksprache zwischen Bundesminister Westrick und dem Bundeskanzler für die Firmen Schloemann (rund 60 Mio. D-Mark) und Linde's Eismaschinen (rund 13 Mio. D-Mark) unter Inanspruchnahme von Fünfjahreskrediten vergeben.[192] Alle anderen Aufträge, darunter einige mit größerem Volumen, wurden von der VR China zu Barzahlungsbedingungen an die deutsche Exportindustrie erteilt; diese Geschäfte wurden reibungslos abgewickelt, die chinesische Seite kam ihren Zahlungsverpflichtungen pünktlich nach.[193]

---

186 Vermerk für die Kabinettssitzung, 07.03.1966, Bundesarchiv: B136/7806.

187 Die Hermes-Deckung ist eine Form der deutschen staatlichen Exportförderung: Die Grundform einer Hermes-Deckung ist die Einzelgarantie oder -bürgschaft, womit ein Exporteur ein einzelnes Exportgeschäft gegen Fabrikationsrisiken und Ausfuhrrisiken decken lassen kann (Schwab 1966: 19; Christopeit 1968: 25).

188 Nachrichten für Außenhandel. 21.04.1967, HA Krupp: WA51/5464.

189 Stahnke 1972: 147 f.

190 Fernschreiben aus Washington, Betr.: Ausfuhrbürgschaft nach Rot-China, 09.05.1966, Bundesarchiv: B136/7806.

191 Vermerk, Betr.: VR China, DEMAG-Geschäft, 23.05.1966, Bundesarchiv: B136/7806.

192 Brief von Westrick an den Herrn Bundesminister für Wirtschaft, Betr.: Erteilung einer Ausfuhrbürgschaft an die Firma Schloemann für die Lieferung einer Walzwerksanlage an die VR China. 28.01.1966, Bundesarchiv: B136/7806; Brief von Schmüke an den Chef des Bundeskanzleramtes, Betr.: Ausfuhrbürgschaften für deutsche Lieferungen nach der VR China, 03.03.1966, Bundesarchiv: B136/7806.

193 Schriftverkehr von Schmüke an den Chef des Bundeskanzleramtes, Betr.: Ausfuhrbürgschaften für deutsche Lieferungen nach der VR China, 03.03.1966, Bundesarchiv: B136/7806.

Die Einräumung der Bundesbürgschaft für das Chinageschäft und das DEMAG-Projekt verschaffte der deutschen Wirtschaft bessere Verhandlungsbedingungen. Das Handelsvolumen zwischen den beiden Ländern verdreifachte sich im Jahr 1965.

4.3.3 Die Aktivitäten deutscher Unternehmen in der VR China 1958–1965

Trotz der internationalen politischen Schwierigkeiten und der instabilen chinesischen Wirtschaftspolitik versuchten die deutschen Firmen in dieser Phase, aktiv auf dem chinesischen Markt und in Kontakt mit den chinesischen Handelspartnern zu bleiben. Da viele Wirtschaftskontakte auf semi-staatlicher Ebene aufgenommen wurden, wurde der Spielraum für die Kontaktaufnahme mit der VR China für die deutschen Unternehmen größer als je zuvor. Unternehmen aus mehreren Branchen durften direkt mit chinesischen Staatsunternehmen handeln, unter anderem auch die Stahlindustrie.

Wegen des besonders guten Handelsergebnisses mit der VR China während des Großen Sprungs nach vorn versuchten viele deutsche Firmen, die Kontakte mit der VR China zu verbessern und auszubauen. Manche Unternehmen schickten Firmendelegationen in die VR China. In dieser Phase fanden solche Besuche weiterhin statt, auch wenn sie nicht unbedingt positive Effekte hatten.

Im September 1958 besuchte eine inoffizielle deutsche technische Wirtschaftsdelegation der Firma Otto Wolff die VR China. Die chinesische Seite hatte sich über die Firma Otto Wolff informiert. Nach Ansicht des CCPIT bestand der Zweck dieser Reise für die deutsche Delegation nicht in einem technischen Austausch, sondern darin, die sich der Firma in der VR China bietenden Absatzmöglichkeiten zu erkunden und Verkaufsverträge abzuschließen. Die Empfangsstrategie der chinesischen Seite wurde vom CCPIT vorgegeben. In der Anweisung des CCPIT an die chinesischen Empfangspersonen der deutschen Delegation wurde erklärt, dass die Firma Otto Wolff „sehr arrogant" sei.[194] Diese negative Einstellung von chinesischer Seite hatte höchstwahrscheinlich politische Gründe: Der Ostausschuss hatte kurz zuvor auf der Hannover-Messe die Delegation aus Taiwan empfangen. Dieser Empfang der Delegation aus Taiwan durch den Ostausschuss wurde von dem CCPIT als politische Provokation angesehen. Aus Protest und als Sanktion durfte die chinesische Seite beim Empfang deutscher Wirtschaftsdelegationen nicht über konkrete Geschäfte sprechen, sondern nur über den technischen Austausch. Daher durfte die deutsche Delegation zwar Fabriken besuchen, aber keinen Auftrag abschließen. Wegen der deutschen politischen Einstellung zur Taiwan-Frage

194 Pläne über den Empfang der Delegation Otto Wolff aus der BRD, CCPIT Shanghai Büro/ 接待西德奥托沃夫集团技术访问团计划, 中国国际贸易促进委员会上海市委员会外宾接待办公室, 02.09.1958, 上海市档案馆: B170-2-604-28.

mussten alle Aufträge mit westdeutschen Firmen vom Außenhandelsministerium genehmigt werden.[195]

Eine weitere vom CCPIT vorgegebene Aufgabe während des Empfangs der Delegation der Firma Otto Wolff war, über die deutschen Handelsdiskriminierungen gegenüber der VR China zu sprechen. Mit Diskriminierungen meinte der CCPIT weiterhin die im Kapitel 4.3.2 dargestellten Einfuhrbeschränkungen (Einfuhrkontingente), die hohen Preise der deutschen Güter für die VR China und die hohen Zölle für den Import chinesischer Waren. Anders als beim Empfang der Siemens-Delegation 1957 sollten sich die chinesischen Empfangspersonen nicht mehr bescheiden verhalten, sondern der deutschen Delegation die Strategie des Großen Sprungs nach vorn sowie die chinesische Produktionsfähigkeit ausführlich vorstellen. Während der Besichtigungen der deutschen Delegation in chinesischen Fabriken durften die chinesischen Empfangspersonen keinerlei Interesse an den deutschen Produkten und an der deutschen Technik zeigen. Allerdings sollten die chinesischen Empfangspersonen der deutschen Delegation dennoch weiterhin die Hoffnung vermitteln, Aufträge mit der VR China abschließen zu können.[196]

Otto Wolff war nicht die einzige deutsche Firma, die die VR China während des Großen Sprungs nach vorn besuchte. Bayer besuchte die VR China Anfang 1958. Neben mehreren Gesprächen sowie Diskussionen in Peking wurde der Bayer-Delegation auch angeboten, Tiantsin und Shanghai zu besuchen, damit sie einen besseren Eindruck von dem Großen Sprung nach vorn bekomme. Der Beobachtung der Bayer-Delegation zufolge waren die chinesischen Fabriken zwar 22 bis 24 Stunden pro Tag in Betrieb, aber nur 40 % bis 50 % der Zeit wurde für die Produktion genutzt. Die restliche Zeit wurden propagandistische Meetings und Treffen abgehalten. 30 % der Angestellten waren Büroangestellte, deren Aufgabe darin bestand, die politische Propaganda umzusetzen. Nach Ansicht der Bayer-Delegation war das chinesische Zentralwirtschaftssystem ein Hemmnis für die weitere Entwicklung der chinesischen Wirtschaft. Gleichzeitig sah die Bayer-Delegation Chancen darin, dass die VR China für die weiteren Entwicklungen Waren importieren musste, um die eigenen Engpässe zu überbrücken. Obwohl Bayer mehrere Städte besuchen durfte, fand, wie es bei der Firma Otto Wolff der Fall gewesen war, kein technischer Austausch mit den chinesischen Endverbrauchern statt. Ähnlich wie bei der Delegation der Firma Otto Wolff sprachen die beiden Seiten auch nicht über konkrete Geschäfte. Ein direkter technischer Austausch war während der Gespräche ebenfalls nicht möglich. Es war problematisch für die Bayer-

195 Bericht vom kaufmännischen Zentralbüro Bayer, Betr.: China Besuch – Peking, Tiantsin und Shanghai, 19.03.1958, BAL: 329/688.

196 Pläne über den Empfang der Delegation Otto Wolff aus der BRD, CCPIT Shanghai Büro/ 接待西德奥托沃夫集团技术访问团计划, 中国国际贸易促进委员会上海市委员会外宾接待办公室, 02.09.1958, 上海市档案馆: B170-2-604-28.

Delegation, dass die chinesischen Delegationsempfänger die neue Technik sowie die technische Fortentwicklung nicht verstehen konnten.[197]

Wegen des Scheiterns des Großen Sprungs nach vorn und der chinesischen Readjustierung war der chinesische Außenhandel mit der BRD fast vollständig eingestellt worden. Dies führte auch zu einem Abbruch der Kontakte zwischen der VR China und den meisten deutschen Firmen. Erst ab 1964, nach der chinesischen Wirtschaftserholung und mit Beginn der 3.-Front-Strategie, fanden wieder inoffizielle Reisen deutscher Unternehmen in die VR China statt. Ab 1964 war die chinesische Empfangsstrategie gegenüber den deutschen Unternehmensdelegationen stärker von Freundlichkeit geprägt als noch im Jahr 1958. Als die Hoechst Chemical Products LTD. im August 1964 die VR China besuchte, durften die chinesischen Empfangspersonen der deutschen Delegation Absatzmöglichkeiten auf dem chinesischen Markt vorstellen und über konkrete Geschäfte sprechen.[198]

Auf eine überraschende Einladung hin reiste eine Bayer-Delegation 1964 erneut in die VR China. Ziel der Reise war eine „goodwill mission" mit dem Hintergrund, die VR China bei der Anwendungstechnik speziell ausgewählter Produktgruppen zu unterstützen und damit weitere Absatzmöglichkeiten zu erschließen. Im Hauptgespräch (geleitet durch Liu, Deputy Manager Second Import Department of China National Chemicals – Import & Export Corp.) begrüßten beide Seiten die Möglichkeit des Gedankenaustauschs und damit einer engeren Verbindung zwischen Bayer, Bayer China in Hongkong und den chinesischen Einkaufsstellen. Es wurde der Wunsch zum Ausdruck gebracht, weitere solcher Möglichkeiten in der Zukunft zu schaffen. Beide Seiten warteten auf die Verhandlungen zwischen der VR China und der BRD über den Handelsvertrag. Bayer begrüßte den Abschluss eines offiziellen Handelsabkommens zwischen den beiden Ländern. Weiterhin wünschte Bayer künftig das Chinageschäft direkt zwischen Peking und Bayer China in Hongkong oder Bayer Leverkusen zur Abwicklung zu bringen, d. h. den Zwischenhandel auszuschalten. Bezüglich der Frage der Arbitrage wurde auf die Verhandlungen des Ostausschusses verwiesen und darauf, dass hierüber „zweifellos im Rahmen bisheriger Gepflogenheiten via Bayer China eine für beide Seiten befriedigende Lösung gefunden werden könne".[199] Konkrete Produkte, die während des Besuchs angesprochen wurden, waren vor allem Chemikalien für die Textilindustrie und Pflanzenschutzmittel. Bayer durfte Filme eigener Produkte zeigen. Die Chinesen waren allerdings mehr an dem Know-how als an den fertigen Produkten interessiert. Bayer meinte, dass unter Umständen eine Verbindung zwischen der Roh-

197 Bericht vom kaufmännischen Zentralbüro Bayer, Betr.: China Besuch – Peking, Tiantsin und Shanghai, 19.03.1958, BAL: 329/688.

198 Plan über den Empfang der Delegation der Hoechst Chemical Products GmbH/ 接待西德赫斯特化工厂代表的计划, 20.08.1964, Shanghai Municipal Archives /上海市档案馆: B134-6-1109-179.

199 Schriftverkehr von Hongkong an kaufmännisches Zentralbüro Bayer, Betr.: CNCIEC Tientsin/ Export Department, 13.03.1958, BAL: 369/350.

stofflieferung und einer späteren Know-how-Weitergabe möglich sei.[200] Die VR China war für Bayer seit 1958 ein interessanter Lieferant für Rohstoffe und Zwischenprodukte von Chemikalien.[201]

1965 lud die VR China eine Krupp-Expertendelegation nach China ein, um eine Zusammenarbeit bzw. technische Unterstützung bei der Einführung der Fabriken aus der BRD zu entwickeln.[202] Im November 1965 reiste die Krupp-Delegation nach China. Es fuhren Vertreter aus der Hauptabteilung Export und der Abteilung Apparatebau und Blechverarbeitung mit.[203] Zu diesem Zeitpunkt übten die USA noch großen politischen Druck auf andere Westblock-Länder wegen ihrer wirtschaftlichen Kooperationen mit der VR China aus. Beispielsweise kritisierten die USA, dass Japan der VR China sowohl Kredit gegeben als auch Fabriken dort aufgebaut hatte. Daher war die Reise der Krupp-Delegation nach China nicht offiziell.[204] Für die deutsche Seite bestand das Ziel des Besuchs darin, den zukünftigen chinesischen Bedarf zu überprüfen. Außerdem sollte die Krupp-Delegation eine Vertreterfirma in Peking als Rückhalt für die in der VR China einzusetzenden Krupp-Experten finden. In handelspolitischer Hinsicht durfte die Delegation mit der Genehmigung der Bundesregierung mit den chinesischen Vertretern über die Handelsstruktur und die Embargobestimmungen sprechen.[205] Der Besuch sollte aber nur der Erweiterung der Kontakte dienen, nicht der handelspolitischen Zusammenarbeit. Damit es zu einer Zusammenarbeit kommen konnte, mussten die internationalen politische Hindernisse beseitigt werden.[206] Für die deutsch-chinesischen Wirtschaftsbeziehungen war dieser Besuch der Krupp-Experten nach Ansicht der Delegation „ein Schritt näher zur Normalisierung der Handelsbeziehungen“ zwischen den beiden Ländern.[207]

Es gab in der Phase 1958 bis 1965 auch Unternehmen, die Personal in der VR China anstellen wollten, beispielsweise die Continentale Produkte GmbH, die eine Kontaktperson in Peking anzustellen versuchte. Dieser Angestellte in Peking sollte den technischen Austausch zwischen dem Unternehmen und der VR China vereinfachen und der chinesischen Seite neue Produktinformationen weiterleiten.[208] Für die Genehmigung hatte die Continentale Produkt GmbH einen Antrag beim Peking Industrial and Commercial Administrative Controlling Bureau gestellt. Der Antrag wurde von mehreren

200 Bericht über eine Besprechung in Peking am 1.-10.2.64, 18.02.1964, BAL: 1301/16.
201 Schriftverkehr von Hongkong an kaufmännisches Zentralbüro Bayer, Betr.: CNCIEC Tientsin/ Export Department, 13.03.1958, BAL: 369/350.
202 Vermerk für das Direktorium von Kühn, 11.10.1965, HA Krupp: WA51/5462.
203 Brief von Kruppexport an Werner in Hongkong, 27.10.1965, HA Krupp WA51/5462.
204 Vermerk für das Direktorium, 13.04.1965, HA Krupp: WA51/5462.
205 Rundschreiben, 06.06.1965, HA Krupp: WA51/5462.
206 Brief von Bellersheim an Seyboth, 02.06.1965, HA Krupp: WA51/5462.
207 Brief von Krupp an China National Import & Export Corp., 14.05.1965, HA Krupp: WA51/5462.
208 Brief zwischen der Continentale Produkte GmbH und Peking Industrial and Commercial Administrative Controlling Bureau/北京市工商局关于西德商大陆公司申请在京设置联络员问题何中央工商局, 市公安局等来往的函, 07.10.1958, Beijing Municipal Archives/ 北京市档案馆: Sign. 022-010-01278.

chinesischen staatlichen Stellen geprüft, u. a. auch von dem Amt für die öffentliche Sicherheit (公安部). Bei der Prüfung wurden die Handelsprodukte der Firma und ihr Handelsvolumen mit der VR China in den letzten Jahren betrachtet. Nach der Prüfung wurde der Antrag vom Pekinger Außenhandelsministerium abgelehnt. Diese Ablehnung hatte zwei Gründe: Einerseits war die Continentale Produkt GmbH durch Spätlieferungen aufgefallen, die von der chinesischen Seite protokolliert worden waren.[209] Andererseits äußerte das Büro für Sicherheit auch die Befürchtung, dass die Kontaktperson Geheiminformationen weitergeben und dem chinesischen Außenhandel damit schaden könnte.[210] Offiziell wurde die Ablehnung jedoch damit begründet, dass die Kommunikation zwischen den beiden Seiten auch ohne eine Kontaktperson in China reibungslos hergestellt werden könne.[211]

Teilweise durch die Bemühungen der deutschen Unternehmen um Kontakte mit der VR China boten sich für die deutsche Industrie Möglichkeiten, direkt mit der VR China über konkrete Geschäfte zu verhandeln. Nach der Unterzeichnung des ersten semi-staatlichen Handelsabkommens flogen Bayer-Vertreter im Jahr 1958 für die Verhandlung und Unterzeichnung eines Handelsvertrags mit der CNIEC nach Peking. Der Vertrag wurde „on the basis of equality and mutual benefit“[212] geschlossen. Darin wurde vor allem geregelt, dass die Geschäfte zwischen der CNIEC und Bayer nur direkt abgewickelt werden sollten. Vermittlungen aller Art wurden verboten. Weiterhin wurden jährliche Rabatte und Zahlungsbedingungen sowie der Austausch von Technikern in dem Vertrag geregelt. Er war gültig für ein Jahr.[213] Da im Vertrag nicht geregelt wurde, mit welcher Währung die Geschäfte abgewickelt werden sollten, versuchte Bayer, D-Mark als Transaktionswährung mit der VR China festzulegen. Bayer hatte mit der Commerzbank und der Deutschen Bank vereinbart, dass alle Transaktionen mit der VR China durch diese zwei Banken abgewickelt werden sollten. Die beiden Banken würden mit der Niederlassung der Bank of China in London zusammenarbeiten. Der

---

209 Brief zwischen der Continentale Produkte GmbH und Peking Industrial and Commercial Administrative Controlling Bureau/北京市工商局关于西德商大陆公司申请在京设置联络员问题何中央工商局, 市公安局等来往的函, 12.03.1958, Beijing Municipal Archives/ 北京市档案馆: Sign. 022-010-01278; Brief zwischen der Continentale Produkte GmbH und Peking Industrial and Commercial Administrative Controlling Bureau/北京市工商局关于西德商大陆公司申请在京设置联络员问题何中央工商局, 市公安局等来往的函, 09.05.1958, Beijing Municipal Archives/ 北京市档案馆: Sign. 022-010-01278.

210 Brief zwischen der Continentale Produkte GmbH und Peking Industrial and Commercial Administrative Controlling Bureau/北京市工商局关于西德商大陆公司申请在京设置联络员问题何中央工商局, 市公安局等来往的函, 27.08.1958, Beijing Municipal Archives/ 北京市档案馆: Sign. 022-010-01278.

211 Brief zwischen der Continentale Produkte GmbH und Peking Industrial and Commercial Administrative Controlling Bureau/北京市工商局关于西德商大陆公司申请在京设置联络员问题何中央工商局, 市公安局等来往的函, 12.03.1958, Beijing Municipal Archives/ 北京市档案馆: Sign. 022-010-01278.

212 Agreement between China National Import & Export Corporation and Farbenfabriken Bayer Aktiengesellschaft for the year of 1958, 22.01.1958, BAL: 370-017.

213 Ebenda.

Vertrag wurde unter dem Abkommen zwischen dem CCPIT und dem Ostausschuss von 1958 geregelt.[214]

Während der Reise der Bayer-Delegation im Jahr 1964 wurde die Erneuerung des semi-staatlichen Handelsabkommens aus dem Jahr 1958 besprochen. Die Bayer-Delegation äußerte ihr Interesse, dieses Abkommen zwischen der BRD und der VR China zu erneuen. Die Frage von chinesischer Seite, ob Bayer, falls es zu keiner Erneuerung des Vertrages mit dem Ostausschuss komme, bereit sei, das alte Agreement unter Berücksichtigung der inzwischen eingetretenen Veränderungen zu erneuern, wurde von Bayer bejaht. Die chinesische Sicht war, dass der alte Vertrag für Bayer sehr günstig gewesen sei. Es solle daher bei den Rabatten nicht vom Umsatz ausgegangen werden; stattdessen solle es einen Globalrabatt für alle Bezüge geben. Die chinesischen Vertreter erklärten, die CNIEC erhalte ähnliche Rabatte von anderen westeuropäischen Firmen. Bayer wies auf die Kostenbildung bei Bayer hin. Rabatt müsse mit Umsatz verbunden sein.[215]

Bayer war einer der wichtigsten Handelspartner der VR China. Während des Großen Sprungs nach vorn und in den Jahren danach war Bayer durchgängig in Kontakt mit der VR China geblieben. Im Jahr 1960 verhängte die chinesische Seite einen Boykott gegen Bayer, da Bayer „Republic of China“ statt „People's Republic of China“ auf zwei Tütenmuster der Cellit gedruckt hatte. Bayer entschuldigte sich dafür und versprach, unter keinen Umständen die Bezeichnungen „Republic of China“, „China Mainland“, „National China“, „National Republic of China“ oder „Continental China“ zu benutzen. Bayer erklärte auch, nie Taiwan in irgendeiner Form anzuerkennen, obwohl Bayer gleichzeitig auch mit Taiwan handelte. Die chinesische Seite nahm die Entschuldigung von Bayer an und nahm die Handelsbeziehungen wieder auf.[216] Eine mögliche Erklärung hierfür ist, dass die Produkte von Bayer im Bereich Düngemittel und Farben für die Wirtschaftsentwicklung der VR China von großer Bedeutung und unverzichtbar waren.

Krupp hatte als eine der größten Firmen der Metallindustrie während des Großen Sprungs nach vorn viele Aufträge für Stahlprodukte von der VR China erhalten. Während der chinesischen Readjustierung sank der Verkauf nach China deutlich, aber mit der Wiederbelebung der Handelsbeziehungen zwischen der BRD und der VR China war Krupp wieder auf dem chinesischen Markt aktiv. Da die VR China seit 1964 Industrieanlagen aus dem Ausland importierte, versuchte Krupp auch, komplette Anlagen nach China zu exportieren.

So begann Krupp im Jahr 1964, mit der VR China über den Export zweier LD-Stahlwerke zu verhandeln. Die Verhandlungen über dieses Projekt mit der VR China wurden wegen der internationalen politischen Situation (insbesondere wegen des ameri-

---

214 Aktenvermerk, Betr.: China. 13.02.1958, BAL: 370-017.

215 Schriftverkehr von Hongkong an kaufmännisches Zentralbüro Bayer, Betr.: CNCIEC Tientsin/ Export Department, 13.03.1958, BAL: 369/350.

216 Brief von Xiguang Mu von CNIEC an Bayer, 11.04.1960, BAL:329/688.

kanischen Drucks aufgrund des Vietnamkriegs) geheim gehalten, obwohl die Verhandlungen über das Projekt bei der Bundesregierung registriert waren. Das Auswärtige Amt meinte, dass die Bundesregierung nicht unbedingt über die konkreten Verhandlungen mit China unterrichtet werden müsse, sofern die angestrebten Abmachungen nicht gerade Kreditbürgschaften einschlössen.[217]

Schwierigkeiten ergaben sich bei den Verhandlungen vor allem bezüglich der Finanzierung des chinesischen Imports bzw. in Bezug auf die Kreditgewährung: Die VR China war nur unter der Voraussetzung der Gewährung eines Lieferantenkredits bzw. einer Ratenzahlung zu einem Handel mit Krupp bereit. Die Anforderung der chinesischen Seite bezüglich der Zahlungsbedingungen lautete wie folgt: 10 % Anzahlung, 15 % gegen Dokumente, 10 % bei Abnahme, 10 % nach Ablauf der Garantie und 55 % als Kredit mit einer Laufzeit von fünf Jahren bei einem Zinssatz von 5,5 %.[218] Laut den allgemeinen Vorschriften der Bundesregierung durfte Krupp jedoch keinen Lieferantenkredit für das China-Geschäft gewähren, und auch eine Ausfuhrbürgschaft für den Handel mit der VR China war nicht erlaubt.[219] Daher konnte Krupp der VR China keinen Lieferantenkredit in Aussicht stellen. Die Zahlungsbedingungen, die die deutsche Seite der VR China anbot, sahen wie folgt aus: 10 % Anzahlung, 70 % gegen Dokumente, 10 % bei Abnahme und 10 % nach Ablauf der Garantie ohne Kredit. Es bestanden also stark unterschiedliche Vorstellungen in Bezug auf die Zahlungsbedingungen.[220] Die chinesische Seite vertrat die Position, dass die VR China zwar auch bar bezahlen könne, aber dennoch auf einen Kredit bestehe, weil die Gewährung von Lieferantenkrediten international üblich sei. Als Beispiel wurde ein japanisches Unternehmen genannt, das der VR China einen Lieferantenkredit für fünf Jahre mit einem Zinssatz von 6 % anbot.[221] Die VR China sah die Reaktion der deutschen Seite in Bezug auf die chinesische Forderung einer Kreditgewährung als politische Diskriminierung.[222] Außer bei der Finanzierung sah die VR China auch ein Problem in Bezug auf die Gültigkeit des Inkrafttretens des Vertrags: Die chinesische Seite wünschte eine offizielle Genehmigung des Vertrags durch die Bundesregierung, damit dieser ohne Problem in Kraft treten könne.[223] Den Auftrag bekam so letztendlich das konkurrierende Unternehmen VÖST aus Österreich.[224] Offizielle Begründung der chinesischen Seite war der Preisunterschied. Laut Informationen von dem chinesischen Kontakt von Krupp hatte die Ablehnung der chinesischen Seite politische Gründe, weil die Bundesregierung politische Distanz mit der VR China gehalten und keinen Lieferantenkredit für dieses Projekt ge-

217 Auszug aus Comtel Reuter East-West Trade News, 20.08.1965, HA Krupp: WA51/5465.
218 Aktenvermerk über die Verhandlung der LD-Stahlwerke, 14.12.1964, HA Krupp: WA51/5465.
219 Zusammenfassung der kaufmännischen Besprechung, 27.11.1964, HA Krupp: WA51/5465.
220 Aktenvermerk über die Verhandlung der LD-Stahlwerke, 14.12.1964, HA Krupp: WA51/5465.
221 Ebenda.
222 Aktenvermerk über die Verhandlung der LD-Stahlwerke, 01.06.1965, HA Krupp: WA51/5465.
223 Zusammenfassung der kaufmännischen Besprechung, 27.11.1964, HA Krupp: WA51/5465.
224 Aktenvermerk, 07.01.1965, HA Krupp: WA51/5465.

nehmigt hatte.[225] Die dieses Projekt von Krupp betreffende Absage der chinesischen Seite war wahrscheinlich auch ein Grund für die spätere Genehmigung der Kreditgewährung und die Bürgschaft für das DEMAG-Projekt im Jahr 1965. Wie oben skizziert wurde, erhielt die DEMAG den Auftrag von der VR China.

Krupp war nicht das einzige Unternehmen aus dem Bereich Metallurgie, das am China-Geschäft interessiert war. Nach einer Reise in die VR China im Jahr 1964 und weiteren Kontakten durch die chinesische Botschaft in Bern[226] schloss Rheinstahl ein Jahr später einen Vertrag mit der China National Machinery Import and Export Corporation (MACHIMPEX) über die Lieferung einer RH-Entgasungsanlage für ca. 1 Mio. D-Mark mit der VR China ab. Die Anlage wurde direkt von Hamburg nach Shanghai verschifft. Da der Betrag nicht sehr hoch war, war ein Lieferantenkredit nicht notwendig. Im Vertrag wurde auch die Anstellung deutscher Techniker in der VR China für den Anlagenbau geregelt.[227] Beim Vertragsabschluss gab die chinesische Seite an, nicht mehr an fertigen Produkten aus der BRD interessiert zu sein, sondern nur noch an technischen Verfahren und Anlagen in der Stahlherstellung und Metallurgie.[228] Bei der Umsetzung des Projekts war ein technisches Problem beim Erhitzen des Öls aufgetreten.[229] Mitarbeiter von Rheinstahl mussten nach Peking fliegen, um den Vertrag zu verändern. Die Verhandlungen mit der chinesischen Seite waren aber unkompliziert: Die chinesische Seite akzeptierte die Veränderung, ohne Vorwürfe zu erheben.[230]

4.4 Zwischenfazit

1957, am Ende der vorangegangenen und im Kapitel 3 beschriebenen Phase, hatte die Bundesregierung gegenüber der VR China das Rollenkonzept bzw. NRC eines *semistaatlichen Handelspartners* aufgenommen. In Bezug auf die Role Performance wurde dieses Rollenkonzept bis zum Jahr 1963 beibehalten. Nach dem Ablauf des ersten semistaatlichen Handelsabkommens verhandelte der Ostausschuss mit der chinesischen Seite über die Verlängerung. Nachdem die chinesische Seite eine Verlängerung des Handelsabkommens abgelehnt hatte, wurde der Status der Handelsbeziehung infrage gestellt: Die VR China wollte nur noch Handelsabkommen auf der Staatsebene ab-

225 Ebenda.

226 Brief von Wagner an Direktor Dammer, 12.08.1964, TKA: RSW/6330; Aktenvermerk Betr.: Stahlentgasungsanlage Peking/ China, 04.05.1965, TKA: RSW/6331; Abschrift am 17.05.1965 nach Peking gesendetes Telegramm, TKA: RSW/633.

227 Vertrag Zwischen Machimpex und Rheinstahl, 21.06.1965, TKA: RSW/6331.

228 Vermerk Betr.: Verkauf einer Stahlentgasungsanlage an die Firma China National Machinery Import and Export Corporation, Peking am 22.06.1965, TKA: RSW/6331; Brief von Bermig an Habah Export & Import GmbH Hernn Stellmann, 01.07.1965, TKA: RSW/6330.

229 Brief zwischen Reihnstahl/ Induplan, Machimpex und Standard Messo Duisburg, TKA: RSW/6331.

230 Vermerk, 18.01.1966, TKA: RSW/6330; Schriftverkehr von Standard-Messo Duisburg an Rheinstahl-Industrie-Plannung, 01.06.1966, TKA: RSW/6330.

schließen. 1963 unternahm die Bundesregierung einen vorsichtigen Schritt in Richtung einer Normalisierung der Wirtschaftsbeziehungen zur VR China. Deutsche Regierungsvertreter durften sich zum ersten Mal mit den chinesischen Vertretern auf der Kantonmesse treffen. Danach liefen die Gespräche zwischen den beiden Seiten weiter in Richtung eines Abschlusses eines offiziellen Handelsvertrags. Die Verhandlungen scheiterten jedoch letztendlich wegen des Drucks aus den USA. Die offiziellen Wirtschaftskontakte zwischen den beiden Ländern wurden abgebrochen, und die Gespräche fanden wieder auf der semi-staatlichen und auf unternehmerischer Ebene statt. Allerdings unterstützte die Bundesregierung den China-Handel mehr als zuvor. Die Rollenerwartungen von the Other und die der Significant Others blieben in dieser Phase zwar fast unverändert, es war jedoch ein anderer Kontext gegeben.

Die VR China war in der Phase 1958 bis 1965 Schauplatz eines der größten Wirtschaftsexperimente der Geschichte. Vor dem Hintergrund des außenpolitischen Ehrgeizes bzw. des Strebens nach absoluter Selbstständigkeit im Kalten Krieg wurde ein ehrgeiziger Wirtschaftsplan für die VR China beschlossen. Der Fokus wurde auf eine schnelle Entwicklung der Schwerindustrie gerichtet, es wurden aber unrealistische Planziffern verabschiedet. Angesichts der dezentralisierten Verwaltung fehlte ein funktionierendes Feedbacksystem. Die militärische Organisation der Volkskommune unterdrückte die Unzufriedenheit der Bauern. Trotz innerparteilicher Kritik wurde der Große Sprung nach vorn weiter fortgesetzt. Kapital und Ressourcen wurden in großem Maße verschwendet, während die Landwirtschaft ignoriert wurde. Die Konsequenzen dieser Maßnahmen trafen die junge Volksrepublik schwer. Mit dem Abzug der sowjetischen Entwicklungshilfe geriet die VR China letztendlich in eine große Hungersnot. Zur Zahl der Toten wegen des Großen Sprungs nach vorn werden in verschiedenen Quellen unterschiedliche Angaben gemacht, aber es waren mehrere Millionen Menschen, die dabei ums Leben kamen.

Der Große Sprung nach vorn war zwar eine Katastrophe für die chinesische Bevölkerung, aber für die deutschen Unternehmen, die z. B. Stahlprodukte und Investitionsgüter nach China lieferten, war er vorteilhaft. Wegen des großen Bedarfs und des Abschlusses des ersten semi-staatlichen Handelsvertrags importierte die VR China Güter im Wert von fast 682 Mio. D-Mark aus der BRD; das Volumen verdreifachte sich im Vergleich zum Vorjahr (siehe Tabelle 1 im Anhang). Da die Sowjetunion und die USA als Handelspartner für die VR China ausgeschlossen waren, profitierten viele deutsche Unternehmen vom Großen Sprung nach vorn. Nach dem Ausbruch der Hungersnot reagierte die KPCh unter Leitung von Liu Shao-Qi schnell mit der Readjustierung bzw. Konsolidierung der chinesischen Wirtschaft. Der Landwirtschaft kam die volle staatliche Unterstützung zu, wohingegen der Import von Waren im Bereich Schwerindustrie stark reduziert wurde. Daher sank das Handelsvolumen zwischen der VR China und der BRD schlagartig. Ausschlaggebend für den Rückgang des Handelsvolumens war auch die fehlende politische Initiative der Bundesregierung im Vergleich zu anderen westeuropäischen Ländern. Die VR China wollte die BRD jedoch nicht als Handelspartner verlieren. Obwohl die VR China in Afrika und Osteuropa sehr aktiv Handelspolitik betrieb, versuchte die KPCh, sich auch die BRD weiterhin als Handelspartner zu erhalten: Trotz des Rückgangs des Handelsvolumens blieb die chinesische Seite in Kontakt mit der deutschen Wirtschaft und lud deutsche Regierungsvertreter zur Kantonmesse ein. Als die Wirtschaft in der VR China sich wieder erholte, nahmen die beiden Seiten fast direkt Verhandlungen über einen offiziellen Handelsvertrag auf. Die VR China war auch bereit, die Berlin-Klausel in den Vertrag aufzunehmen. Trotz des Scheiterns der Verhandlungen über den Handelsvertrag entschied sich die VR China beim Import einer Walzanlage für die DEMAG. Daher kann gesagt werden, dass die Rollenerwartung der VR China an die BRD weiterhin war, dass die BRD ein *offizieller Handelspartner* sein sollte. Aber auch ohne den offiziellen Status war die VR China bereit, weiterhin mit der BRD zu handeln.

Nach dem Koreakrieg entspannten sich die Beziehungen zwischen der VR China und den USA nicht. Ähnlich wie im Fall der US-Invasion in Korea sah die KPCh die militärische Auseinandersetzung in Vietnam als potenzielle Gefahr für die VR China. Wegen der geteilten Grenze zwischen China und Vietnam und der Positionierung als kommunistisch im Kalten Krieg waren solche Bedenken gegenüber den USA auch berechtigt. Die KPCh entschied sich aus binnenwirtschaftlichen und politischen Gründen jedoch dagegen, direkt in den Vietnamkrieg einzutreten. Stattdessen lieferte die VR China Waffen und militärische Ressourcen nach Vietnam. Dadurch konnte die VR China Vietnam unterstützen, und gleichzeitig profitierte die VR China auch von den Lieferungen wegen der Devisen. Für die USA bedeuteten solche Lieferungen jedoch einen indirekten Angriff Chinas auf die US-Macht in Asien. Die USA versuchten in dieser Phase nicht nur ihren Machteinfluss in Asien zu erweitern, sondern auch die Beziehung zur BRD zu verstärken. Mit Kennedys Besuch in Berlin erreichte die Entwicklung der bilateralen Beziehungen zwischen den beiden Ländern einen Höhepunkt. Durch den Export von Technik und Lizenzen versuchten die USA, die Bundesrepublik auch wirtschaftlich abhängig zu machen. Die BRD war aufgrund ihres Charakters als Frontstaat in Westeuropa für die USA von großer strategischer Bedeutung. Daher versuchten die USA, die BRD weiterhin so streng wie möglich zu kontrollieren. Da die USA in dieser Phase wegen des Vietnamkriegs weiterhin in antagonistischer Stellung zur VR China standen, blieb die Rollenerwartung der USA an die Bundesregierung weiterhin, dass diese die VR China als *Feind* ansehen sollte. Belege für diese Rollenerwartung sind auch die US-Intervention bei der Verhandlung des Handelsabkommens zwischen der BRD und der VR China und die Kritik des DEMAG-Projekts.

Die Spaltung zwischen der Sowjetunion und der VR China hatte schon im Jahr 1955 begonnen. Wegen des Großen Sprungs nach vorn wurden die Beziehungen zwischen der Sowjetunion und der VR China offiziell abgebrochen. Das bedeutet aber nicht, dass die beiden Länder in einer feindlichen Opposition zueinander standen. Für die Sowjetunion war es von großer Bedeutung, dass die VR China die Schulden zurückzahlen konnte. Die VR China strebte weiter nach Selbstständigkeit. Zwar wirkte der Große Sprung nach vorn nach außen wie eine Provokation gegenüber der Machtposition der Sowjetunion im Osten, aber der Versuch scheiterte letztendlich. Daher war die Position der Sowjetunion gegenüber der VR China in dieser Phase weiterhin neutral. Mit dem Mauerbau lag die BRD fast komplett außerhalb des Machtbereichs der Sowjetunion. Daher hatte die Sowjetunion keine besondere Rollenerwartung an die Bundesregierung in Bezug auf deren Politik gegenüber der VR China. Die Sowjetunion nahm weiterhin eine *neutrale* Haltung gegenüber der deutschen China-Politik ein.

Die deutsche Wirtschaft erlebte die ersten großen wirtschaftlichen Schwankungen nach dem Zweiten Weltkrieg. Der Beitritt in die EWG und die Konvertibilität der D-Mark brachten der deutschen Wirtschaft große Vorteile in Bezug auf den Export, führten aber auch zu einem extremen Handelsüberschuss. Nach einem Peak ging die deutsche Wirtschaft etwas bergab. Nach der Aufwertung der D-Mark stagnierte das deutsche Exportgeschäft, da die deutschen Preise nicht mehr konkurrenzfähig waren. Trotz des Abschlusses des Handelsabkommens mit der Sowjetunion konnte die deutsche Wirtschaft nur eingeschränkt vom Osthandel mit der UdSSR profitieren; das Handelsabkommen war eher aufgrund der außenpolitischen als der außenwirtschaftlichen Verhandlungen abgeschlossen worden. Darüber hinaus wirkte sich das NATO-Röhrenembargo negativ auf den deutschen Export aus. Vor diesem Hintergrund wurde die VR China als Handelspartner für die deutsche Wirtschaft noch interessanter. Obwohl deutsche Unternehmen aus verschiedenen Branchen weiterhin aktiv und in direktem Kontakt mit China blieben, waren die Geschäftsergebnisse nicht ideal. In Anbetracht des starken Rückgangs des Handelsvolumens mit der VR China forderte die deutsche Außenwirtschaft eine verstärkte staatliche Unterstützung beim China-Handel. Besonders nachdem sich die chinesische Wirtschaft wieder erholt hatte, wollte die deutsche Wirtschaft keine Chance auf dem chinesischen Markt verpassen. Die VR China gab der deutschen Wirtschaft widersprüchliche Informationen und Signale: Mal erklärte die chinesische Seite, der Rückgang des Handelsvolumens habe rein wirtschaftliche Gründe und die VR China behandle die politischen und wirtschaftlichen Beziehungen mit der BRD getrennt voneinander; dann wieder lehnte die VR China aufgrund der von der Bundesregierung gehaltenen politischen Distanz Aufträge mit deutschen Unternehmen ab. Mit der Aufnahme diplomatischer Beziehungen zwischen der VR China und Frankreich wurden die Stimmen in der deutschen Wirtschaft, die eine Normalisierung des China-Handels forderten, immer lauter. 1964 erklärte Wolff von Amerongen schließlich, dass der Arbeitskreis China mit seinen Arbeiten so weit fortgeschritten sei, dass die Regierung nur „auf den Knopf zu drücken" brauche, um auf offizieller Ebene fortzufahren. Auch nach dem Scheitern der Verhandlungen über den ersten offiziellen Handelsvertrag versuchte die deutsche Wirtschaft die Bundesregierung dazu zu drängen, zumindest eine Kreditgewährung und Bundesbürgschaft für die VR China einzuräumen. Anders als in den zwei vorangegangenen Phasen brauchte die deutsche Industrie mehr staatliche Unterstützung im Verhältnis zur VR China. Daher war die Rollenerwartung der deutschen Wirtschaft an die Bundesregierung, gegenüber der VR China als *offizieller Handelspartner* aufzutreten.

In dieser Phase musste die Bundesregierung erneut widersprüchlichen Rollenerwartungen begegnen. Zwar hatte die Bundesregierung eine größere politische Selbstständigkeit erreicht, sie war aber noch immer stark von den USA abhängig. Wirtschaftlich vergrößerte sich die Abhängigkeit der BRD vom Westblock wegen des Beitritts zur EWG noch. Anders als die VR China strebte die Bundesregierung im Kalten Krieg nicht nach absoluter Unabhängigkeit. Das Bündnis mit dem Westblock, insbesondere mit den USA, war für die Bundesregierung strategisch vorteilhaft. Die Bundesregierung mit ihrer unveränderten nationalen Identität als „normal West European nation state" war in dieser Phase bestrebt, der Verbindung zu den USA und zum Westblock nicht durch die China-Politik zu schaden. Die Bundesregierung bzw. sowohl das Wirtschaftsministerium als auch das Auswärtige Amt konnten die immer lauter werdenden Stimmen der deutschen Wirtschaft jedoch nicht ignorieren. Daher fanden staatliche Gespräche und Verhandlungen mit der VR China statt. Die Verhandlungen über den offiziellen Handelsvertrag wurden allerdings sofort abgebrochen, als die USA sich dagegen aussprachen, obwohl die chinesische Seite bereit war, einen Kompromiss hinsichtlich der Berlin-Klausel einzugehen. Für die CDU-geführte Regierung unter Adenauer und Erhard hatten die Außenpolitik und Westintegration Vorrang vor der Außenwirtschaft mit der VR China. Als Kompensation für die deutsche Wirtschaft räumte die Bundesregierung eine Kreditgewährung und die Bundesbürgschaft für den China-Handel ein. Durch solche Mechanismen („instrumental or ritual acts") normalisierte die Bundesregierung zwar die Wirtschaftsbeziehungen zur VR China nicht, sorgte aber dennoch für gute Ergebnisse für die deutsche Wirtschaft. Als das DEMAG-Projekt abgeschlossen wurde, schöpfte die deutsche Wirtschaft wieder Hoffnung in Bezug auf den China-Handel. Obwohl die Bundesregierung in dieser Phase versuchte, sich gegenüber der VR China dem Rollenkonzept bzw. NRC eines *offiziellen Handelspartners* anzunähern, übernahm sie letztendlich doch das Rollenkonzept als *semi-staatlicher Handelspartner*. Im Vergleich zur Phase davor ergriff die Bundesregierung aber verstärkt Maßnahmen, um die deutsche Wirtschaft beim China-Handel zu unterstützen.

5 Die Wirtschaftsbeziehungen zwischen der BRD und der VR China 1966–1971

5.1 Der allgemeine politische Hintergrund für die Entwicklung der Wirtschaftsbeziehungen 1966–1971

Dieses Kapitel umfasst die Zeitspanne zwischen 1966 und 1971. Die politischen Rahmenbedingungen wandelten sich in dieser Phase für beide Länder stark. In der BRD wurde durch die SPD eine neue als Entspannungspolitik bezeichnete Ostpolitik initiiert. Die neue Ostpolitik war entscheidend für die weitere Entwicklung der internationalen Politik im Kalten Krieg und der bilateralen Beziehungen zwischen der BRD und der VR China. Gleichzeitig begannen mit der Kulturrevolution in der VR China die größte politische Säuberung und Massenbewegung in der chinesischen Geschichte. Der politische Diskurs in der VR China wurde für eine lange Zeit durch die maoistische extreme Linke beherrscht. Auch außenpolitisch erlebte die VR China große Veränderungen. Ab der zweiten Hälfte der hier im Mittelpunkt stehenden Phase versuchte die VR China, aus ihrer Isolierung vom Rest der Welt wieder herauszukommen. Die BRD erlebte die erste große wirtschaftliche Rezession nach dem Zweiten Weltkrieg, während auch die chinesische Wirtschaftsentwicklung wegen des Chaos der Kulturrevolution stagnierte. Außerdem begann die KPCh, eine extreme Autarkiepolitik zu betreiben. Die Wirtschaftsbeziehungen zwischen den beiden Ländern traten daher in eine sehr instabile Phase ein. Das Handelsvolumen schwankte in diesen fünf Jahren stark. Um die Handelsbeziehungen mit der VR China zu stabilisieren und zu verbessern, äußerte die deutsche Wirtschaft in dieser Phase mit Nachdruck den Wunsch nach einer Normalisierung der deutsch-chinesischen Beziehungen – nicht nur wirtschaftlich, sondern auch politisch. Bis zum Herbst 1972 konnte die Bundesregierung allerdings keine offizielle China-Politik betreiben.

Die Schwankungen der Wirtschaftsbeziehungen und der starke Bedarf der deutschen Wirtschaft an der Normalisierung der Beziehungen zwischen den beiden Ländern hatten ihre Ursache vor allem in der chinesischen Kulturrevolution, die einen großen Einfluss sowohl auf die chinesische Politik als auch auf die Wirtschaft, insbesondere die Außenwirtschaft, hatte.

5.2 Die chinesische Wirtschaft und Außenpolitik während der Kulturrevolution

Ab Mitte der 60er Jahre war die VR China in politischer Hinsicht für viele europäische Beobachter ein großes Fragezeichen. Wegen des Fehlers des Großen Sprungs nach vorn war Maos Machtposition in der Partei nicht mehr stabil. Der über mehr als ein

https://doi.org/10.1515/9783111245805-005

Jahrzehnt ausgebildete Personenkult Maos wurde von innerparteilichen Kritikern bedroht. Daher standen nach der Meinung vieler europäischer Länder Machtkämpfe um die Nachfolge Maos an.[1] Tatsächlich begann ab 1966 der größte innerparteiliche Machtkampf der Geschichte der KPCh in Form der Kulturrevolution. Unter Berufung auf eine „große proletarische Kulturrevolution" begannen große Massenbewegungen und politische Säuberungen. Nach dem proklamierten Willen der Parteiführung sollte das ganze Jahr 1967 im Zeichen eines ständig um sich greifenden Klassenkampfes gegen einflussreiche Kräfte in der Partei und Gesellschaft stehen, die noch „bourgeois" eingestellt waren und einen „kapitalistischen Kurs" verfolgten. Nach dem Klassenkampf sollten alle „reaktionären kapitalistischen Machtgruppen" gebrochen sein. Schätzungen zufolge gab es ca. 30 bis 45 Millionen Todesopfer während der Kulturrevolution.[2]

Deng Xiao-Ping und Liu Shao-Qi wurden während der politischen Säuberung als „Verteidiger örtlicher Interessen und Hindernisse auf dem Weg zur großen proletarischen Kulturrevolution" kritisiert, von ihren Positionen abgesetzt und inhaftiert. Sie waren die potenziellen Nachfolger Maos.[3] Vor diesem Hintergrund sind viele Forscher der Ansicht, dass die Kulturrevolution das Ergebnis des politischen Kampfes zwischen der Fraktion Maos und der pragmatisch-reformorientierten Fraktion Deng Xiao-Pings und Liu Shao-Qis in der KPCh war. Zwar wäre die Kulturrevolution ohne die anderen fundamentalen Probleme der chinesischen Gesellschaft nach dem Zweiten Weltkrieg nicht derart katastrophal ausgegangen, aber die Konflikte innerhalb der KPCh spielten eine große Rolle.[4] Weggel und auch Heberer sind der Ansicht, dass der Ausgangspunkt der Kulturrevolution die Abweichungen zwischen den Entwicklungskonzepten Maos und denjenigen der Fraktion Deng und Lius gewesen seien. Der wichtigste Unterschied zwischen den zwei Konzepten habe in der Entwicklungsschwerpunktsetzung gelegen: Klassenkampf (Mao) oder Wirtschaftsaufbau (Deng und Liu). Weitere Abweichungen seien gewesen: Entwicklung durch Mobilisierung der Massen vs. durch Technologie und Popularisierung der Bildung; Kollektivierung vs. Technisierung als Entwicklungsprioritäten; einseitige Verstaatlichung vs. Eigentumsvielfalt; ein moralisches vs. ein materielles Anreizsystem.[5] Diese verschiedenen Konzepte seien ursächlich für das Streben beider Fraktionen nach der notwendigen Machtbasis bzw. Autorität für ihre Durchsetzung gewesen.[6] Leese schreibt in Bezug auf die Ursachen der Kulturrevolution, bei den Hauptkonflikten zwischen den zwei Fraktionen habe es sich zwar um die verschiedenen Wirtschaftspolitikvorstellungen gehandelt, letztendlich sei es jedoch um Fragen von Autorität und autonomen politischen Entscheidungen gegangen.[7] Die

1 Informationsblatt, 05.07.1966, HA Krupp: WA51/5464.

2 Zeitungsartikel: Chinas Wirtschaft und die „Kulturrevolution", 13.02.1967, HA Krupp: WA51/5467.

3 Handelsblatt: Die Parteisekretäre formieren sich gegen Mao Tse-tung, von C. L. Wong. 28.02.1967, HA Krupp: WA51/5467.

4 Leese 2016: 15 ff.

5 Weggel 1988: 79; Heberer 2008: 26 f.

6 Heberer 2008: 26 f.

7 Leese 2016: 20.

durch Mao initiierte politische Säuberung bezog sich nicht nur auf die Fraktion Dengs und Lius, sondern auch auf andere Gegner und intellektuelle Kritiker Maos.[8]

Die Kulturrevolution umfasste zwei Phasen. Die erste, chaotischere Phase der Kulturrevolution war geprägt durch die Herrschaft der Roten Garden. Die Roten Garden wurden durch Maos „big-character poster“ mobilisiert und waren maoistisch-linksradikal eingestellt.[9] Sie bestanden aus Jugendlichen aus den fünf „puren“ Klassen: den Soldaten, den Arbeitern, den Kleinbauern, den maoistischen Parteimitgliedern und den sogenannten revolutionären Märtyrern. Die Aufgabe der Roten Garden war der Kampf als Massenbewegung gegen diejenigen, die dem „kapitalistischen Weg“ folgten, d.h. gegen all jene, die für von Maos Konzept abweichende Entwicklungskonzepte standen. [10] Zahlreiche Intellektuelle im Politbüro und an Hochschulen sowie in der Produktion wurden zu Opfern der politischen Säuberungen. Das Verkehrswesen brach infolge der Blockierungen und Besetzungen durch die Roten Garden zusammen. Die gesamte Gesellschaftsordnung, das Ausbildungsniveau sowie die industrielle Produktion trugen deshalb unter den Roten Garden im Jahr 1966 schweren Schaden davon.[11]

Abb. 3: Gebäude voller „big-character poster“ während der Kulturrevolution[12]

8 Awater 1996: 155.

9 Liu/ Wu 1988: 357.

10 Dreyer 2008: 98.

11 Awater 1996: 159 ff.

12 Quelle: Picturechina.com.cn URL: https://www.rfi.fr/tw/%E4%B8%AD%E5%9C%8B/20120310-%E8%B3%80%E9%BE%8D%E4%B9%8B%E5%A5%B3%E7%82%BA%E6%B4%97%E4%B8%8D%E7%99%BD%E4%B9%8B%E5%86%A4%E8%A6%81%E6%B1%82%E7%B6%B2%E7%B5%A1%E7%A6%81%E7%B5%95%E6%96%87%E9%9D%A9%E5%A4%A7%E5%AD%97%E5%A0%B1. Datum: 17.01.2019.

Das durch die Roten Garden verursachte Chaos wurde 1967 gebremst, indem die politische Lage durch die Einrichtung von Revolutionskomitees in mehreren Provinzen stabilisiert wurde. Das Einmarschieren der Volksbefreiungsarmee in die Tsinghua-Universität, um die Roten Garden zu kontrollieren, beendete die Phase des Chaos während der Kulturrevolution.[13] Die Revolutionskomitees wurden von der Volksbefreiungsarmee bzw. Lin Biao kontrolliert. Daher war Lin Biao in der zweiten Phase der Kulturrevolution der mächtigste Politiker in der VR China.[14] Die Ordnung des politischen Systems der VR China wurde wiederhergestellt. Anders als beim Großen Sprung nach vorn handelte es sich bei der Kulturrevolution hauptsächlich um politische Unruhen, nicht um ein Wirtschaftsexperiment. Es kam somit nicht zu einem Absturz der chinesischen Wirtschaft. Dennoch war die wirtschaftliche Strategie politisch geprägt, wodurch die chinesische Wirtschaftsentwicklung beeinträchtigt wurde.

In den chinesischen Medien propagierte die KPCh unentwegt, dass die chinesische Wirtschaft sich durch die Kulturrevolution massiv verbessert habe. Beispielsweise wurde berichtet, dass die Wirtschaftsplanung für das Jahr 1966 wegen des „politischen Enthusiasmus der revolutionären Revolten und der revolutionären Begeisterung der Arbeiter und Bauern“ [15] um ein Vielfaches übererfüllt worden sei. Mittels der Kulturrevolution und der „magischen Kraft“[16] des maoistischen Wortes habe die VR China große wirtschaftliche Fortschritte erzielt. Laut der Parteizeitung „Xinhua“ hatte die VR China 1966 einen neuen „umfassenden Sprung vorwärts“ [17] erzielt: Die Bruttoproduktion der chinesischen Industrie sei im Jahr 1966 um mehr als 20 % gestiegen. Alle Zweige der Industrie hätten ihren Output steigern können, und bei allen industriellen Produktionen sei das Plan soll übererfüllt worden.[18]

Tatsächlich entwickelte sich die chinesische Wirtschaft am Anfang der Kulturrevolution kurz weiter. Aber mit der Kulturrevolution wurden die etablierten Verwaltungssysteme der chinesischen Unternehmen von „revolutionären Rebellen“ zerstört, in vielen Betrieben gab es Sabotageakte. Die Produktion in allen Bereichen wurde politisiert, und die Wirtschaftsentwicklung rückte in den Hintergrund. Die gesamte Parteiführung war auf die Kulturrevolution und den Machtkampf konzentriert. Die negativen Auswirkungen trafen im vierten Quartal 1966 auch den Wirtschaftsbereich.[19] Das chinesische BIP sank um 9 % im Jahr 1967 und um weitere 4 % im Jahr 1968. Die Kulturrevolution hatte nur einen geringen Einfluss auf die Agrarwirtschaft. Das lag vor allem daran, dass der Klassenkampf hauptsächlich in Städten stattfand. Außerdem hatte Mao, geprägt durch die Erfahrung des Großen Sprungs nach vorn, die Bedeutung der

13 Chai 1975: 134 ff.
14 Awater 1996: 161 ff.
15 Zeitungsartikel: Chinas Wirtschaft und die „Kulturrevolution“, 13.02.1967, HA Krupp: WA51/5467.
16 Ebenda.
17 Ebenda.
18 Ebenda.
19 Wu 2010: 526.

Landwirtschaft erkannt, weshalb die Agrarproduktion trotz der Kulturrevolution nicht vernachlässigt wurde.[20] Zahlreiche Arbeitskräfte wurden zwangsweise in der Landwirtschaft eingesetzt, gelegentlich auch die Armee. Auch Industrieprojekte wurden im Hinblick auf ihre Nützlichkeit für die Landwirtschaft konzipiert. Die Landwirtschaft stand an erster Stelle. Es wurde vermehrt Kunstdüngemittel importiert. Um die Anbauflächen für Getreide zu erweitern, wurden die Anbauflächen von Ölsaaten verkleinert.[21] Nur im Jahr 1968 sank die Agrarproduktion leicht wegen fehlender chemischer Stoffe für die Düngerproduktion.[22]

Nach der Übernahme der Macht durch Revolutionskomitees und der Verstärkung der militärischen Macht wurden die Roten Garden unter Kontrolle gebracht. Anschließend erholte sich die chinesische Wirtschaft schnell. [23] Die Produktion erreichte 1969 wieder das Niveau von Anfang 1966.[24] Das Wirtschaftsentwicklungskonzept war von 1969 bis Anfang 1972 eine Mischung aus dem ersten Fünfjahresplan, dem Großen Sprung nach vorn[25] und der 3.-Front-Strategie, wobei ein sogenannter neuer „Sprung nach vorn" initiiert wurde: Materielle Anreize wurden wieder abgeschafft, ein neuer Wirtschaftsplan sah erneut eine Dezentralisierung vor, und die Ansiedlung von Industriebetrieben auf dem Land wurde gefördert.[26] Der Produktion von Produktionsmitteln wurde weiterhin Vorrang gegenüber der Produktion von Konsummitteln eingeräumt.[27] Der Schwerpunkt des Industrieplans lag wie bei der 3.-Front-Strategie vor allem auf dem industriellen Aufbau im Landesinnern. In diesem Zusammenhang wurden im Jahr 1970 über tausend Großbauprojekte für die militärische Verteidigung begonnen. Außerdem wurden „fünf kleine Industrien"[28] (rurale Eisen- und Stahlwerke, Maschinenfabriken, Kunstdüngerfabriken, Kohlegruben und Zementfabriken) auf dem Land eingerichtet. Nebenbei sollte die Landwirtschaft modernisiert werden, und die Volkskommunen sollten weiterhin beibehalten werden, nun aber mit einem eingeschränkten Privateigentumssystem. Das Zentralkomitee der Partei legte ein dreistufiges System des Eigentums an Produktionsmitteln innerhalb einer Produktionsgruppe fest. Das System der Privatparzellen, das während der Readjustierung eingeführt worden war, sollte unverändert beibehalten werden.[29] Die Aufteilung von Investitionen und die Organisation der Produktion in allen Bereichen waren zwar effizienter als

20 Kueh 2008: 5.

21 Ost Information, Bundesstelle für Außenhandelsinformation, Wirtschaftsbericht VR China, die Wirtschaft im Jahre 1970. Nr.22. 06.1970. Bundesarchiv: B102/100082.

22 Perkins 1991: 482.

23 Liu/ Wu 1988: 373 ff.

24 Ebenda.

25 Perkins 1991: 490.

26 Wu 2010: 258ff; Naughton 2007: 75 f.

27 Perkins 1991: 490.

28 Liu/ Wu 1988: 376.

29 Liu/ Wu 1988: 376 ff.

während des Großen Sprungs nach vorn,[30] aber die „fünf kleinen Industrien" hatten wegen der dezentralisierten Organisation und der irrationalen Planung langfristige negative Effekte auf die chinesische Wirtschaftsentwicklung.[31] Ein solches Produktionsmodell führte für die VR China zu einer Knappheit bei der Rohstoffversorgung. Um dem zu begegnen, entwickelte die KPCh eigene Strategien: eine genauere Inventarisierung von Vorräten, Sparmaßnahmen, die Einführung von Ersatzprodukten und die Verwertung von Abfallmaterial sowie schließlich eine verstärkte Anwendung technischer Neuerungen.[32]

Außenwirtschaftlich versuchte die VR China vor dem Hintergrund der Zwischenzonentheorie weiterhin, mit dem Westen und Sowjetsatellitenstaaten zu kooperieren. Während des neuen „Sprungs nach vorn" war die VR China um eine strenge Autarkiepolitik bemüht, um eine größtmögliche Wirtschaftsunabhängigkeit zu erzielen.[33] So hatte die VR China den Anlagenimport fast vollständig eingestellt, weil dieser laut Mao zu einer „Versklavung" durch andere Länder führte.[34] Anders als noch zu Beginn der 60er Jahre weigerte sich die VR China nun, Kredite bei anderen Staaten oder ausländischen Instituten aufzunehmen,[35] obwohl die Kreditgewährung, wie im Kapitel 4.3.2 dargestellt wurde, eine notwendige Bedingung für den Anlagenimport in die VR China war. Ab 1968 verkaufte die KPCh keine Staatsanleihefonds, weder im Inland noch im Ausland.[36]

Mit den großen Veränderungen der Innenpolitik änderte sich nicht nur das chinesische Außenwirtschaftssystem, sondern auch im Bereich der Außenpolitik kam es in dieser Phase zu Änderungen.

Die chinesische Außenpolitik war in der ersten Hälfte dieser Phase durch eine weitere Isolierung und in der zweiten Hälfte durch eine Annäherung an die USA gekennzeichnet. Diese Veränderung der außenpolitischen Strategie hatte ihre Ursache hauptsächlich in der Entwicklung der politischen Beziehungen zwischen der VR China und der Sowjetunion.

Der chinesisch-sowjetische Konflikt wurde, nachdem die politischen Beziehungen zwischen den beiden Ländern Ende der 50er Jahre abgebrochen worden waren, im

---

30 Naughton 2007: 75.

31 Wu 2010: 534 f.

32 Ost Information, Bundesstelle für Außenhandelsinformation, Wirtschaftsbericht VR China, die Wirtschaft im Jahre 1970. Nr.22. 06.1970. Bundesarchiv: B102/100082.

33 Bericht von Hongkong an das Auswärtige Amt, 07.05.1971. Bundesarchiv: B102/100082; Ost Information, Bundesstelle für Außenhandelsinformation, Wirtschaftsbericht VR China, die Wirtschaft im Jahre 1970. Nr.22. 06.1970. Bundesarchiv: B102/100082.

34 Brief von Heyden an das Auswärtige Amt, Betr.: Außenhandel der VR China, 07.05.1971, SZAG KA: M82.702 Bd. 1.

35 Bericht von Hongkong an das Auswärtige Amt, 07.05.1971. Bundesarchiv: B102/100082; Ost Information, Bundesstelle für Außenhandelsinformation, Wirtschaftsbericht VR China, die Wirtschaft im Jahre 1970. Nr.22. 06.1970. Bundesarchiv: B102/100082.

36 Wu 2010: 532.

Jahr 1968 durch die Unterdrückung des Prager Frühlings und die Breschnew-Doktrin weiter verschärft.[37] Laut Breschnew-Doktrin durften die kommunistischen Staaten in die innerstaatliche Politik anderer kommunistischer Staaten intervenieren.[38] Diese politischen Maßnahmen der Sowjetunion wurden von der VR China als Intention zur Intervention in die chinesische Innenpolitik beurteilt. Die KPCh kündigte an, dass sie auf einen „Überraschungsangriff des Sozialimperialismus" der Sowjetunion vorbereitet sei.[39] Der Konflikt erreichte im März 1969 mit dem Ussuri-Konflikt seinen Höhepunkt.[40]

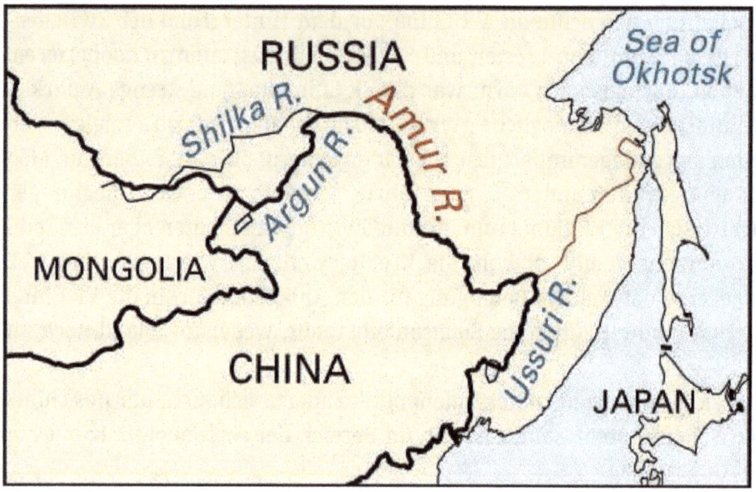

Abb. 4: Teil der Grenze zwischen Russland und China[41]

Der Ussuri-Konflikt war eine bewaffnete Auseinandersetzung zwischen der Sowjetunion und der VR China wegen der territorialen Ansprüche auf einer Insel im Fluss Ussuri.[42] In ideologischer Hinsicht bestand der Konflikt darin, welche Seite den Marxismus-Leninismus richtig interpretiert hatte. Die VR China und die Sowjetunion lagen direkt nebeneinander und teilten eine lange Grenze. Die Flüsse Amur und Ussuri lagen zwischen der VR China und der Sowjetunion; in ihnen gibt es viele Inseln. Da das Flussbett sich wegen des Regens ständig verändert, bestanden zwischen den beiden Ländern darüber stets territoriale Streitigkeiten. 1951 und 1957 hatte die VR China mit der Sowjetunion Abkommen über die Zugehörigkeiten der Inseln im Ussuri und im Amur und die Ansprüche auf diese abgeschlossen. Ab 1964 wurden die Territorialfragen von

37 Leutner 1995: 139.
38 Dreyer 2008: 318.
39 Wienecke-Janz 2008: 30.
40 Schmidt/ Heilmann 2012: 17.
41 Quelle: Die Presse: Russland und China legen Grenzstreit endgültig bei.
42 Schaefer 2009: 254 f.

der chinesischen Seite wegen der allgemeinen Konflikte zwischen der VR China und der Sowjetunion verschärft: Die Abkommen über den Amur und den Ussuri wurden von der chinesischen Seite einseitig außer Kraft gesetzt. Legten die alten Abkommen fest, dass die Grenze zwischen der Sowjetunion und der VR China am chinesischen Ufer verlief, so wollte Peking nun die Grenze auf die Mitte der Flüsse verschieben. 1967 gab es bereits Gefechte zwischen den beiden Ländern. Die Konflikte entwickelten sich im Frühjahr 1969 letztendlich zu einer militärischen Auseinandersetzung.[43] Dadurch erreichten die Beziehungen zwischen der VR China und der Sowjetunion einen Tiefpunkt.

Schon vor dem Ussuri-Konflikt standen die VR China und die USA von 1966 bis 1968 wegen des Vietnamkriegs in Konfrontation zueinander. Nach dem Ussuri-Konflikt mit der Sowjetunion kehrte die VR China aus der politischen Isolation in die Weltpolitik zurück.[44] Zum ersten Mal nach dem Zweiten Weltkrieg versuchte die VR China, eine Annäherung an die USA zu erreichen. Unter der Präsidentschaft Nixons kam es im Zuge seiner entschärften Asien-Politik[45] durch die Guam-Doktrin bzw. die sog. Nixon-Doktrin zu einem Abbau des militärischen Überengagements der USA in Asien.[46] Die Guam-Doktrin war Ausdruck der politischen Umorientierung der USA gegenüber Südostasien nach der Niederlage im Vietnamkrieg 1969. Die auf der Insel Guam von Nixon formulierte Doktrin sah vor, die amerikanischen militärischen Kräfte von Vietnam abzuziehen. Die US-Regierung kündigte auch den Verzicht auf eine amerikanische militärische Intervention in Südostasien an.[47]

Auf chinesischer Seite verfolgte Zhou En-Lai wegen der Verschärfung der Konflikte zwischen der VR China und der Sowjetunion eine Politik der gegenseitigen Annäherung mit den USA. Neben sicherheitsstrategischen Überlegungen war der Abbau der Spannungen mit den USA für die VR China auch notwendig, um den Spielraum der VR China in der Weltpolitik zu vergrößern.[48] Außerdem waren die USA für die VR China ein interessanter Wirtschaftspartner.[49] Im Gegensatz zu Zhou wollte der Verteidigungsminister Lin Biao die Beziehungen mit der Sowjetunion wiederherstellen; Pollack führt dies darauf zurück, dass Lin Biao seinen Gegenspieler Zhou En-Lai als einen starken Konkurrenten um die Machtnachfolge Maos gesehen habe und daher keinem politischen Vorschlag Zhous habe zustimmen wollen.[50] Lin Biao starb bei einem Flugzeugabsturz im Jahr 1971. Laut offiziellem Parteibericht wollte Lin Biao mit dem Flug aus der VR China in die Sowjetunion fliehen.[51] Vermutlich stand der Tod Lin Biaos mit

43 Schmidt/ Heilmann 2012: 17.
44 Taube 2003: 24 f.
45 Glaubitz 1988: 172.
46 Osterhammel 1989: 377.
47 Seller 2007: 110.
48 Taube 2003: 26.
49 Trampedach 1997: 126.
50 Pollack 1991: 415.
51 Teiwes/ Sun 1996: 1 ff.

den Machtkonflikten mit Mao in Verbindung. Das größte Hindernis der Annäherung zwischen den USA und der VR China war mit dem Tod Lin Biaos beseitigt.

1971 wurde ein amerikanisches Tischtennis-Team durch den chinesischen Staat eingeladen und von Zhou En-Lai empfangen.[52] Die Reise wurde auch von Washington voll unterstützt.[53] Das amerikanische Interesse war dadurch begründet, dass sich die USA durch die Annäherung mit der VR China Vorteile in der Konfrontation mit der Sowjetunion erhofften.[54] Außerdem wollten die USA auch mit der Hilfe Chinas den Vietnamkrieg beenden.[55] Diese Reise, die den Beginn der heute als „Ping-Pong-Diplomatie" bezeichneten Annäherungen darstellte, schuf die Voraussetzungen für weitere Kontakte zwischen den USA und der VR China.[56] Nach der Reise des Tischtennis-Teams besuchte Henry Kissinger die VR China unter strenger Geheimhaltung.[57] Während der Reise sagte Kissinger die amerikanische Unterstützung für einen Beitritt der VR China zur UNO zu. Direkt im Anschluss trat die VR China im Jahr 1971 statt Taiwan in die UNO ein. Ein Jahr nach der Reise Kissingers reiste auch Präsident Nixon in die VR China.[58] Nach sieben Gesprächen zwischen Nixon und dem chinesischen Staat wurde das Shanghai-Kommuniqué zwischen den USA und der VR China unterzeichnet.[59] Durch das Shanghai-Kommuniqué bestätigten die USA und die VR China ihren Willen zur gegenseitigen Annäherung. Um die Annäherung zu erzielen, änderten die USA ihre Position in der Taiwan-Frage von einer Unterstützung Taiwans hin zu einer neutralen Position.[60]

Infolge der politischen Annäherung wurden auch die Beschränkungen des amerikanischen China-Handels gelockert: Die USA legten ein Fünf-Punkte-Programm vor, um eine rasche Lockerung der Handelsbeschränkungen gegenüber der VR China zu erzielen. Als wichtigste Maßnahme wurde eine Liste nicht-strategischer Güter vorgelegt, für deren Export in die VR China Generallizenzen erteilt werden sollten. Außerdem waren in dem Programm eine Beschleunigung der Erteilung von Aufenthaltsgenehmigungen für chinesische Geschäftsleute in den USA und der Abbau von Beschränkungen im Seeschifffahrtsverkehr vorgesehen.[61] Die mengenmäßigen Be-

---

52 Taube 2003: 27.
53 Dreyer 2008: 318.
54 Leutner 1995: 140.
55 Trampedach 1997: 125.
56 Dreyer 2008: 318.
57 Kissinger 2011: 236.
58 Glaubitz 1988: 166.
59 Taube 2003: 27.
60 Dreyer 2008: 318.
61 Kurzprotokoll 4. Sitzung des Beirats für handelspolitische Vereinbarung am 16.06.1971. Bundesarchiv: B102/100082.

schränkungen für den China-Handel wurden aufgehoben. Nur noch die Waren auf der CoCom-Embargoliste durften nicht in die VR China exportiert werden.[62]

Die Außenpolitik der VR China gegenüber der Sowjetunion und den USA war wegen des Kalten Kriegs entscheidend für die Beziehungen zwischen China und anderen Ländern. Mit dem Ussuri-Konflikt und der Annäherung an die USA änderten sich in dieser Phase auch die Bedingungen der Entwicklung politischer Beziehungen zwischen der VR China und anderen Ländern.

Die VR China war in dieser Phase unter Berufung auf die „Drei-Welten-Theorie" bestrebt, eine Kooperation mit Westeuropa gegen die Sowjetunion einzugehen.[63] Die Theorie ähnelte der „Zwischenzonentheorie": Die USA und die Sowjetunion gehörten zur Ersten Welt, Europa und Japan zur Zweiten Welt, China und die anderen Entwicklungsländer gehörten zur Dritten Welt. Die Teilung der Welten erfolgte nicht nach dem jeweiligen Gesellschaftssystem, sondern auf der Grundlage der wirtschaftlichen sowie militärischen Entwicklung. Die USA wurden in dieser Phase als defensiv beschrieben, die Sowjetunion dagegen als expansiv.[64] Die Kooperation mit Westeuropa war für die VR China insofern relevant, als Westeuropa durch die Bildung der Europäischen Gemeinschaft (EG) und die militärische Allianz mit den USA als strategischer Partner stärker war als Osteuropa. Es war zudem schwierig, mit der Sowjetunion in der kommunistischen Welt um die Vormachtstellung zu konkurrieren. Nichtsdestotrotz gab die VR China auch ihre Interessen in Osteuropa nicht komplett auf.[65]

Die KPCh versuchte auch Ausländer, sowohl aus dem Westen als auch aus dem Osten, durch Propaganda politisch zu beeinflussen. So wurden z. B. alle Ausländer im Jahr 1969 bei der Einreise zur Kantonmesse schon an der Grenze „in die Betriebsamkeit der Kulturrevolution einbezogen" [66]. Nach den Zollformalitäten wurden die aus dem Ausland anreisenden Messegäste in einen Saal geleitet und es wurde ihnen ein Notenblatt ausgehändigt. Dann begannen einige uniformierte Personen der Propagandagruppe des Zolls, Lieder zur Verherrlichung Maos zu singen. Die ausländischen Gäste wurden aufgefordert, mitzusingen. Auch im Zug nach Kanton wurden alle Ausländer einem Wagen zugewiesen. Es gab Zugpersonal im Wagen, um den Messegästen Lieder über die Partei und Zitate Maos beizubringen. Am Bahnhof Kanton wurden die ausländischen Messebesucher vom Propaganda-Team mit großen Bildern Maos empfangen. Es wurden Mao-Bibeln verteilt, und das Propaganda-Team sang und tanzte eine halbe Stunde lang für die Partei und Mao. Erst danach durften die Ausländer weiter ins Hotel fahren. Auch dort gab es ein Propaganda-Team von Angestellten, das den

---

62 Sprechzettel, Btr.: Sitzung des Beirats für handelspolitische Vereinbarungen. 15.06.1971. Bundesarchiv: B102/100082.

63 Dreyer 2008: 320.

64 Glaubitz 1988: 167.

65 Leutner 1995: 140.

66 Brief von deutschem Konsulat an das Auswärtige Amt, Betr.: Dienstreise eines Angehörigen des Generalkonsulats zur Frühjahrsmesse nach Kanton, 23.05.1967, HA Krupp: WA 51/5468.

Gästen Zitate vorlas. Arbeiter hielten Vorträge über ihre durch das Studium der Mao-Bibel inspirierten Produktionserfolge, und den Messegästen wurden revolutionäre Filme und Opern gezeigt.[67]

5.3 Die deutsche Entspannungspolitik und die deutsche Wirtschaft 1966–1971

Ähnlich wie in der VR China gab es auch in der BRD in dieser Phase sowohl im politischen als auch im wirtschaftlichen Bereich große Veränderungen. Während der ersten Wirtschaftsrezession nach der Währungsreform wurde die Entspannungspolitik beschlossen. Diese war nicht nur bedeutend für die deutsche Geschichte, sondern auch ein Meilenstein des Kalten Kriegs.

Die Entspannungspolitik der BRD war dadurch gekennzeichnet, dass die westdeutsche Außenpolitik anfing, nach einer friedlichen Koexistenz mit dem Ostblock sowie der DDR und nach einer größeren Unabhängigkeit von den USA zu streben. Im Rahmen der Entspannungspolitik war vorgesehen, dass die BRD vor allem versuchen sollte, die Interessen des Ostblocks sowie der DDR nicht zu verletzen. Weiterhin sollten die diplomatischen Beziehungen mit dem Ostblock ausgebaut werden.[68] Durch die Entspannungspolitik verzichtete die neue Bundesregierung auf die Vorstellung einer isolierten nationalstaatlichen Wiedervereinigung. Zuerst müsse die BRD die Ost-West-Konflikte überwinden – erst danach könne das Problem der deutschen Frage friedlich gelöst werden, weil dies nur im Rahmen einer europäischen Friedensordnung erreicht werden könne.[69] Aus diesem Prinzip folgte auch, dass die Voraussetzung der Entspannungspolitik die Beibehaltung der strategischen Partnerschaft mit den USA war.[70] Die Entspannungspolitik hatte ihre Wurzeln Ende der 50er Jahre: Der SPD-Politiker Herbert Wehner äußerte sich kritisch zur Westintegrationspolitik Adenauers.[71] Nach der Kubakrise 1962 wurde die Entspannungspolitik als neue außenpolitische Richtlinie in der BRD zunehmend diskutiert.[72] Aber erst im Jahr 1966 unternahm die Bundesregierung mit der Modifizierung der Hallstein-Doktrin durch die Große Koalition den ersten Schritt in Richtung der neuen Ostpolitik. Wegen Meinungsabweichungen innerhalb der SPD und Gegenstimmen aus der CDU war die Entspannungspolitik während der Regierungszeit der Großen Koalition nur teilweise erfolgreich.[73]

---

67 Ebenda.
68 Horn 1986: 131 ff.
69 Glaeßner 2007: 53 f.
70 Griffith 1981: 185.
71 Haftendorn 1986: 17.
72 Velbinger 1977: 75.
73 Hanrieder 1991: 220 f./ vgl. Griffith 1981: 188/ 230.

Mit der Regierungsübernahme durch die sozialliberale Koalition im Jahr 1969 setzte sich die Entspannungspolitik letztendlich durch.[74] Der Schwerpunkt der Außenpolitik der neuen Koalition lag auf der Ausweitung des westdeutschen Einflusses in Osteuropa und auf der Pflege der Beziehungen zur Sowjetunion.[75] Die Strategie des neuen Bundeskanzlers Willy Brandt war es, durch eine Annäherung an die östlichen Nachbarn inklusive der DDR die deutsche Wiedervereinigung zu erreichen. Brandts Überlegung zufolge konnte die Wiedervereinigung nur durch mehrere Schritte erreicht werden. Die friedliche Koexistenz mit dem Ostblock, besonders mit der Sowjetunion, wurde als nötig und als ein wichtiger Schritt in Richtung der deutschen Wiedervereinigung angesehen.[76] Außerdem konnte die deutsche Regierung durch die Entspannungspolitik günstige Bedingungen für den großindustriellen Osthandel schaffen, insbesondere mit der Sowjetunion. Das Hauptinteresse der sowjetischen Seite bei der Annäherung an die BRD bestand darin, die Wirtschafts- und Technikkooperationen zu verstärken.[77] Wie die Außenpolitik der Großen Koalition basierte die Entspannungspolitik auf der Beibehaltung des Bündnisses mit den USA und Westeuropa. Die Entspannung mit dem Osten und die Westintegration sollten parallel erzielt werden.[78]

Mehrere Ostverträge und der Grundlagenvertrag mit der DDR wurden ab 1969 verhandelt. Bei den Ostverträgen handelte es sich um Verträge der BRD mit der Sowjetunion, Polen und der Tschechoslowakei. Durch die Ostverträge erkannte die Bundesregierung die bestehenden Grenzen an. Besonders wichtig war die Grenze zu Polen. Der Status von Berlin wurde erneut geklärt: Die Bundesregierung bestand weiterhin auf der engen Verbindung zwischen West-Berlin und der BRD.[79] Entscheidend war auch der deutsch-sowjetische Vertrag. Er wurde im August 1970 unterzeichnet und beinhaltete vor allem eine Gewaltverzichtserklärung. Der Vertrag untersagte beiden Ländern ohne Ausnahme die Anwendung militärischer Gewalt gegeneinander. Außerdem wurde der territoriale Status quo anerkannt. Dieser Vertrag funktionierte wie ein Friedensvertrag zwischen der BRD und der Sowjetunion. Artikel 1 legte die beiden Regierungen darauf fest, den internationalen Frieden aufrechtzuerhalten und die Entspannung zu erreichen. Die Bundesregierung betonte, dass die Rechte und Verantwortlichkeiten der vier Siegermächte in der BRD dadurch nicht gestört würden. Die drei Westmächte nahmen den Vertrag zur Kenntnis.[80] Die BRD und die Sowjetunion stimmten der Entspannungspolitik und der Verstärkung der wirtschaftlichen sowie technologischen Zusammenarbeit zu. Der deutsch-sowjetische Vertrag erhöhte die deutsche strategische Sicherheit, stärkte die internationale Machtposition Bonns und

74 Velbinger 1977: 75.

75 Fink/ Schaefer 2009: 2.

76 Haftendorn 1986: 19.

77 Kreile 1978: 115.

78 Griffith 1981: 234 f.

79 Ehmke/ Koppe/ Wehner 1986: 11.

80 Glaeßner 2007: 54.

vergrößerte den Spielraum für die BRD bei den späteren Verhandlungen mit der DDR. Aber der Vertrag musste durch den Bundestag ratifiziert werden, bevor er in Kraft treten konnte. In der BRD wurde eine große Debatte ausgelöst. Bis es schließlich zur Ratifizierung kam, vergingen wegen der Gegenstimmen aus der CDU/CSU zwei Jahre.[81] Die Gegenstimmen kamen vor allem aus dem konservativen Kreis. Für die deutschen Konservativen waren die Ostverträge ein strategischer Erfolg der sowjetischen Expansionsstrategie. Beispielsweise äußerte sich Franz Josef Strauß vor dem Bundestag dahingehend, dass die Ostverträge „Bausteine einer sowjetischen Weststrategie" seien.[82]

Trotz der schnellen Entwicklung der deutschen Wirtschaft waren viele ausländische Wirtschaftsexperten skeptisch in Bezug auf die Zukunft Deutschlands. Nachdem es, wie im letzten Kapitel dargestellt wurde, Schwankungen gegeben hatte, endete der Wirtschaftsboom in der BRD im Jahr 1966. In den darauffolgenden zwei Jahren folgte eine leichte Rezession. Das Wachstum des Bruttosozialprodukts und der Industrieproduktion erreichte einen Tiefpunkt seit der Währungsreform. Gleichzeitig erhöhten sich die Lebenshaltungskosten schnell und die Arbeitslosenquote stieg leicht. Viele Unternehmen waren pessimistisch in Bezug auf die Wirtschaftssituation, sodass sie dazu tendierten, weniger zu produzieren. Die Verringerung der Produktion kam auch dadurch zustande, dass die Löhne in den Jahren 1964 und 1965 gestiegen waren. Die Gewinnerwartungen waren gering. Daher wollten die deutschen Unternehmen ungern neue Aufträge annehmen, was zu weiteren Preissteigerungen und einem Rückgang der Gesamtinvestitionen führte. Zudem wurde die Kreditanleihe von Banken beschränkt, da die Bundesbank aus Sorge vor einer weiteren Inflation eine restriktive Währungspolitik betrieb. Diese Entwicklung ist auch vor dem Hintergrund des Wahljahres 1965 zu sehen. Nach der Bundestagswahl musste die Bundesregierung wegen ihrer Versprechungen die Steuern senken, gleichzeitig aber den Haushalt erhöhen. Die Investitionsrate sank 1967 um ca. 13 % im Vergleich zum Jahr 1966. Obwohl nicht zur Regierung gehörende Institute sowie Organisationen und Unternehmen bei der Rezession eine große Rolle gespielt hatten, machten sie die Bundesregierung dafür verantwortlich.[83]

Als Reaktion auf die Rezession verabschiedete die Bundesregierung das sogenannte Stabilitätsgesetz, um die Stabilität und das Wachstum der Wirtschaft zu fördern. Das Stabilitätsgesetz sah eine auf der keynesianischen Theorie basierende antizyklische Wirtschaftspolitik vor, die durch eine globale Wirtschaftsregulierung ein gesamtwirtschaftliches Gleichgewicht ermöglichen sollte. [84] Die wirtschaftspolitischen Ziele des Stabilitätsgesetzes wurden durch das sogenannte magische Viereck bestimmt: Preisstabilität, Vollbeschäftigung, außenwirtschaftliches Gleichgewicht sowie angemessenes

81 Griffith 1981: 255ff; Fink/ Schaefer 2009: 4.

82 Glaeßner 2007: 51 ff.

83 Hardach 1979: 238 f.

84 Walter 1998: 240.

Wirtschaftswachstum.[85] Die Bundesbank erhöhte den Zins, um die Inflation zu unterdrücken.[86] Als außenwirtschaftliches Gleichgewicht wurde festgelegt, dass der Exportüberschuss bei 1 % des Bruttosozialprodukts liegen sollte.[87] Um die vier Ziele zu erreichen, sollte die Bundesregierung eng mit verschiedenen Industrieverbänden, Gebietskörperschaften und Sozialpartnern, z. B. den Gewerkschaften, zusammenarbeiten.[88] Statt der regionalen Fiskalpolitik schrieb die Bundesregierung seit der Verabschiedung des Stabilitätsgesetzes fünfjährige Finanzpläne und mittelfristige öffentliche Investitionsprogramme vor.[89] Unter dem Motto „Spare in der Zeit, dann hast du in der Not“ [90] konnten die Haushaltsmittel des Bundes und der Länder durch die Bildung von Konjunkturausgleichsrücklagen bei der Bundesbank stillgelegt werden. Die Bundesregierung versuchte dadurch Einfluss auf die Nachfrage auf dem Binnenmarkt zu nehmen.[91]

Das Stabilitätsprogramm der Bundesregierung war zunächst erfolgreich. In den Jahren 1968 und 1969 betrug das Wirtschaftswachstum ca. 8 %. Die Arbeitslosenquote fiel und der Preisanstieg wurde gebremst.[92] Zu dem Erfolg trug vor allem die gewerkschaftliche Lohnzurückhaltung bei.[93] Im Spätjahr 1969 traten die Gewerkschaften aus der Zusammenarbeit mit der Bundesregierung aus und begannen eine Reihe von Streiks im öffentlichen Dienst. Im Anschluss entwickelten sich auch Streiks in von Privatunternehmen dominierten Branchen. Ab diesem Zeitpunkt sank die durchschnittliche Produktivität in der BRD schnell.[94] Dies und die Ölkrise führten dazu, dass die Preise in der BRD wieder stiegen.[95] Außerdem hatte die Bundesregierung wegen ihrer Ausgaben für die Investitionsprogramme für die Vollbeschäftigung ein großes Haushaltsdefizit.[96] Die BRD geriet wieder in eine Rezession. Um das Problem des Haushaltsdefizits zu lösen, beschloss die Bundesregierung eine neue Steuerpolitik, z. B. wurden die Steuersätze der Erbschaftsteuer und der Spitzensteuersatz auf Einkommen stark erhöht. Kleine und mittlere Einkommen blieben dagegen steuerlich entlastet.[97] Das Stabilitätsgesetz war ein Versuch, der Rezession durch eine staatliche Intervention in die Wirtschaft mit einer Fokussierung auf die Umverteilung in der Steuer- und Ausgabenpolitik beizukommen.[98] Ende der 70er Jahre wurde offiziell sein Scheitern festgestellt.

---

85 Zohlnhöfer 2006: 292.
86 Süddeutsche Zeitung 2010: Deutschland erlebte bisher vier Rezessionsjahre.
87 Hardach 1979: 242.
88 Zohlnhöfer 2006: 292.
89 Hardach 1979: 241.
90 Ebenda.
91 Ebenda.
92 Ebenda: 242 f.
93 Scharpf 1987: 154.
94 Hardach 1979: 242 f.
95 Walter 1998: 242.
96 Zohlnhöfer 2006: 293.
97 Muscheid 1986: 141 ff.
98 Zohlnhöfer 2006: 294 f.

Zuvor aber entwickelten die Beziehungen zwischen der VR China und der BRD vor dem Hintergrund der neuen Situation in Politik und Wirtschaft in beiden Ländern eine neue Dynamik.

5.4 Die politischen und wirtschaftlichen Beziehungen zwischen der VR China und der BRD von 1966 bis zur Aufnahme diplomatischer Beziehungen

Seit fast zwei Jahrzehnten hatte die Bundesregierung versucht, größtmögliche politische Distanz zur VR China zu halten. Auch die Entspannungspolitik betraf die Beziehungen mit Osteuropa sowie der Sowjetunion und schloss eine Annäherung an die VR China damit aus. Aber aufgrund der innenpolitischen Instabilität in der VR China und zunehmender Konkurrenz auf dem chinesischen Markt ab Ende der 60er Jahre wegen der Annäherungen zwischen der VR China und den USA wurde die Normalisierung der Wirtschaftsbeziehungen zwischen der BRD und der VR China immer dringlicher für die weitere Entwicklung der Handelsbeziehungen zwischen den beiden Ländern. Die VR China war im Vergleich zu den osteuropäischen Ländern in dieser Phase ein wesentlich attraktiverer Handelspartner, da die VR China nach der Rückzahlung der sowjetischen Kredite fast keine Schulden bei anderen Ländern hatte. Vor diesem Hintergrund wurden die Stimmen aus der deutschen Wirtschaft, die mehr staatliche Unterstützung forderten, noch lauter als in der letzten Phase. Trotzdem konnte die Bundesregierung wegen der Beziehungen zur Sowjetunion weiterhin keine offizielle China-Politik betreiben.

5.4.1 Die politischen Beziehungen zwischen der VR China und der BRD von 1966 bis zur Aufnahme diplomatischer Beziehungen

Trotz der Stimmen im Inland für eine flexible Chinapolitik bzw. für das Ausspielen der „China-Karte“ beschloss die Bundesregierung Ende der 60er Jahre, dass sie keine Normalisierung der diplomatischen Beziehungen sowie der Handelsbeziehungen mit der VR China anstreben würde.[99] Die Position des Spielens der „China-Karte“ vertrat vor allem der damalige Vizekanzler Willy Brandt (SPD). Seine Chinapolitik erklärte er folgendermaßen: „China ist weit weg, aber dennoch kann es in Deutschland [...] im politischen Spiel eine chinesische Karte geben, die man nicht beiseite legen oder übersehen darf.“ [100] Neben Willy Brandt unterstützten unter anderem der ehemalige Verteidigungsminister Franz Josef Strauß von der CSU und die Neonazi-Partei NPD die Koope-

99 Stahnke 1972: 158 f.

100 Der Spiegel 17/1968: Bonns Polizei liefert Mao Adressen. 22.04.1968. S. 150.

ration mit der VR China.[101] Nach dem Regierungsantritt der sozialliberalen Koalition änderte Willy Brandt seine Chinapolitik wegen des Vorrangs der Verhandlungen mit Osteuropa und der Sowjetunion. Die „China-Karte" auszuspielen hätte für die BRD wegen des Konflikts zwischen der VR China und der Sowjetunion ein großes Risiko für die Entspannungspolitik bedeutet. Die Annäherung und Kooperation mit der VR China wurde weiter aufgeschoben.[102] Die chinesische Regierung war über die deutsche Entspannungspolitik und die Unterzeichnung der Ostverträge enttäuscht, vor allem die Unterzeichnung des deutsch-sowjetischen Vertrags: In den chinesischen Medien wurden die Entspannungspolitik und die Ostverträge stark kritisiert.[103] Die Wirtschaftskontakte zwischen den beiden Ländern verblieben aufgrund der komplizierten politischen Situation weiter in einem inoffiziellen Status.

Aber nach Kissingers Besuch in China änderten die chinesischen Medien ihren Standpunkt gegenüber der BRD.[104] Die BRD als NATO-Frontstaat wurde ein wichtiger potenzieller strategischer Partner der VR China.[105] Beispielsweise fing Peking an, die DDR nur noch als „sowjetische Besatzungszone Deutschlands" [106] zu bezeichnen. Die VR China unterstützte die deutsche Wiedervereinigung. Außerdem unterstützte sie die BRD anders als früher auch offiziell in der Berlin-Frage.[107] Die VR China hatte weiterhin die Intention, mit der BRD wirtschaftlich zusammenzuarbeiten.[108] Dennoch war die Aufnahme diplomatischer Kontakte mit der BRD für die chinesische Regierung nicht das drängendste Anliegen. Der Schwerpunkt der chinesischen Außenpolitik lag zu Beginn der 70er Jahre vor allem auf der Annäherung mit den USA.[109] Daher übernahm die VR China weiterhin nicht die politische Initiative in Bezug auf eine Annäherung an die BRD.

Nach dem chinesischen Beitritt zur UNO gab es in der BRD immer mehr Stimmen für eine Annäherung an die VR China. Es wurde wieder davon gesprochen, die „China-Karte" zu spielen,[110] weil die VR China für die BRD eine wichtige geopolitische Bedeutung im Osten hatte; es gab die Hoffnung, den Einfluss der Sowjetunion auf die BRD durch die Kooperation mit der VR China zu beschränken.[111] Für eine Kooperation mit der VR China trat vor allem die CDU/CSU ein, wobei sich die Interessen der VR China und der CDU/CSU in Bezug auf die negative Positionierung gegenüber der Sowjetunion

101 Stahnke 1972: 159 f.
102 Neßhöver 1999: 34.
103 Schaefer 2009: 133 ff.
104 Ebenda.: 136.
105 Leutner 1995: 140.
106 Brief von Audouard an Hufnagel, Betr.: China, 19.02.1969, SZAG KA: M82.704.1 Bd. 3.
107 Ebenda.
108 Trampedach 1997: 129.
109 Runge 2003: 62.
110 Ebenda: 61.
111 Trampedach 1997: 139.

trafen.[112] Bis Mitte des Jahres 1972 betrieb die BRD jedoch weiterhin keine offizielle Chinapolitik. Die Pflege der Beziehungen mit der Sowjetunion hatte nach wie vor Vorrang. Außerdem waren die Ostverträge noch nicht ratifiziert worden.[113] Die gegenseitige diplomatische Anerkennung zwischen der BRD und der VR China wurde auf Eis gelegt. Die stagnierende politische Annäherung hatte Anfang der 70er Jahre einen negativen Einfluss auf die Entwicklung der Wirtschaftsbeziehungen zwischen den beiden Ländern.

5.4.2 Die Handelsbeziehungen zwischen der VR China und der BRD 1966–1971

Die politische Distanz zwischen den beiden Ländern war nicht der einzige Einflussfaktor der Handelsbeziehungen. Die Kulturrevolution wirkte sich ab dem Ende der 60er Jahre auf die Handelsbeziehungen zwischen der BRD und der VR China aus. Mitte der 60er Jahre entwickelten sich die Wirtschaftsbeziehungen zwischen den beiden Ländern allerdings noch schnell weiter. Die allgemeine Entwicklung der Wirtschaftsbeziehungen kann in zwei Phasen betrachtet werden: von 1966 bis 1967 und von 1968 bis 1971.

Deutsche Unternehmen berichteten, am Anfang der Kulturrevolution nur herkömmliche Schwierigkeiten beim China-Geschäft erlebt zu haben, etwa Verspätungen bei Verschiffungen.[114] Der deutsche Export nach China nahm im Jahr 1966 trotz der deutschen Rezession gegenüber dem Vorjahr um ca. 60 % zu. Zur Steigerung des Handelsvolumens kam es, weil die chinesische Wirtschaft in dieser Phase noch nicht durch die Kulturrevolution zerstört worden war. Die gute Situation der Agrarproduktion sicherte auch das Exportvolumen der VR China in die BRD. Im Jahr 1967 erreichte das Handelsvolumen mit einem Wert von ca. 1.132 Mio. D-Mark einen neuen Höhepunkt (siehe Tabelle 1 im Anhang).[115] Die Warenstruktur war in dieser Phase fast unverändert: Ungefähr 40 % der aus der VR China importierten Güter waren landwirtschaftliche Produkte wie Därme, Rohtabak, Obst, Ölfrüchte und Eigelb. Gewerbliche Rohstoffe wie Felle und Haare sowie Hüte und Erze machten ca. 34 % der Importe aus der VR China aus. Die restlichen deutschen Importe aus der VR China betrafen gewerbliche Halbwaren und Fertigwaren. Die aus der BRD in die VR China exportierten Güter waren zu mehr als 70 % Fertigwaren; Erzeugnisse der Eisen- und Stahlindustrie und Maschinen standen im Vordergrund. Die restlichen 30 % waren gewerbliche Halbwaren.[116]

---

112 Leuter 1995: 142.

113 Schaefer 2009: 136 f.

114 Stahnke 1972: 155 ff.

115 Perkins 1991: 490.

116 Bericht Deutsch-chinesische Wirtschaftsbeziehungen, Datum nicht vorgegeben, Bundesarchiv: B102/100082.

Die Kantonmesse im Frühjahr 1966 fand trotz der Kulturrevolution statt. Ungefähr 50 deutsche Unternehmen besuchten die Frühjahreskantonmesse 1966.[117] Auf der Messe hatte die chinesische Seite sogar ein vielfältigeres Warenangebot als früher. Unterschiede gab es in Bezug auf die Messeatomsphäre: Die Messe war durch die Propaganda über die Kulturrevolution geprägt. Auch während der Verhandlungen über Geschäfte wurden immer wieder Propagandasätze über Mao und die Kulturrevolution geäußert. Nach Aussagen vieler Messebesucher waren die Gespräche trotzdem sachlich – nur bedeutete die politische Propaganda einen großen Zeitverlust. Die meisten deutschen Messebesucher waren aber mit den Geschäftsabschlüssen zufrieden. Die deutsche Eisen- und Stahlindustrie war besonders erfolgreich. Etwa 15 deutsche Stahlfirmen nahmen an der Messe teil, von denen einige, z. B. Ferro Stahl, die Messe zum ersten Mal besuchten.[118] Sie schlossen große Aufträge mit den chinesischen Einkäufern ab.[119] Nicht nur die deutschen Stahlunternehmen, sondern auch die Stahlunternehmen aus anderen Ländern hatten Erfolg auf der Messe. Insgesamt wurde der Stahlumsatz Westeuropas auf der Kantonmesse auf 300.000 Tonnen geschätzt, wobei die deutschen Firmen Aufträge für etwa 200.000 Tonnen im Wert von etwa 200 Mio. D-Mark abschlossen. Der Hauptanteil entfiel dabei auf Mannesmann und Thyssen, die zusammen einen Umsatz von 75 Mio. D-Mark erreichten. Allein Thyssen schloss ca. 500 Verträge mit chinesischen Einkäufern ab. Dass die VR China so viel Stahl aus Deutschland kaufte, lag vermutlich daran, dass die VR China die Krise der deutschen Stahl- und Metallindustrie ausnutzen wollte, um die japanischen Preissteigerungen aufzuhalten.[120] Die Kantonmesse im Herbst des gleichen Jahres war trotz der Kulturrevolution ebenfalls gut besucht. Allein für den Bereich der Stahlindustrie waren 17 deutsche Exportfirmen auf der Messe anwesend. Die Firma Krupp verkaufte auf der Messe 20.000 Tonnen Stahl im Wert von 9 Mio. D-Mark.[121]

Ähnlich wie im Jahr 1966 war die Atomsphäre der Frühjahrskantonmesse 1967 angespannt und von politischer Propaganda geprägt. Der Messebetrieb wurde vollständig von den politischen Aspekten der Kulturrevolution beherrscht. Dennoch verliefen die Verhandlungen für die deutschen Unternehmer wie 1966 sehr sachlich. Entscheidend blieben bei den Verhandlungen für die chinesische Seite allein Preise und Lieferzeiten. Auf politische Diskussionen und Indoktrinationen wurde im Gegensatz zum Vorjahr verzichtet – aus Zeitgründen, wie die deutschen Messebesucher vermuteten. Vierzigtausend Produkte wurden von der chinesischen Seite ausgestellt, darunter zahlreiche neue Produkte und solche, die „in Qualität und Sortimentsbreite bemerkenswerte Fort-

117 Brief an Oversea Trading Co. Ltd., 28.07.1966, HA Krupp: WA51/5464.
118 Aufzeichnung über den Besuch der Herbstmesse 1966 in Kanton, 06.12.1966 als Anlage des Schriftverkehrs von Schmidt aus Ostasiatischer Verein an Hufnagel, 05.04.1967, SZAG KA: M82.704.1 Bd. 3.
119 Brief an Oversea Trading Co. Ltd., 28.07.1966, HA Krupp: WA51/5464.
120 Aufzeichnung über den Besuch der Herbstmesse 1966 in Kanton, 06.12.1966 als Anlage des Schriftverkehrs von Schmidt aus Ostasiatischer Verein an Hufnagel, 05.04.1967, SZAG KA: M82.704.1 Bd. 3.
121 Reisebericht, 29.11.1966, HA Krupp: WA51/5464.

schritte“ [122] zeigten. Die Stahlindustrie erhielt erneut große Aufträge. Die mit den deutschen Firmen abgeschlossenen Stahlaufträge lagen etwa in der Größenordnung von 270.000 Tonnen.[123] Aufgrund der guten Ergebnisse der Stahlindustrie besuchten 20 deutsche Stahlunternehmen auch die Kantonmesse im Herbst 1967. Auch dort war die Stahlindustrie hinsichtlich des Verkaufsergebnisses wieder sehr erfolgreich, und zwar vor allem in den Bereichen Qualitätsrohre, Bleche, Edelstahl und Drahterzeugnisse.[124] Obwohl die ausländischen Firmen ständig das Schlagwort „self reliance“ hörten, schien die VR China immer noch stark an ausländischem Know-how interessiert zu sein, sowohl in der Anwendungstechnik als auch in der Produktion.[125]

Vor dem Hintergrund der Weiterentwicklung der Handelsbeziehungen wurde das Thema der Bundesbürgschaft noch einmal im Ostausschuss besprochen. Audouard, der Vorsitzende des China-Arbeitskreises, bezog dazu Stellung: Da die Anfragen aus der VR China nach Investitionsgütern und Anlagen zugenommen hätten, seien langfristige Kredite und die staatliche Bürgschaft weiterhin interessant und nötig für die weitere wirtschaftliche Entwicklung zwischen der VR China und der BRD. Da die VR China seit den 60er Jahren ein wachsendes Ausfuhrvolumen in die nichtkommunistischen Länder und eine sinkende Ausfuhr in die kommunistischen Länder habe, müsse die VR China ausreichend Devisen haben, um die Kredite zurückzuzahlen. Da die Konkurrenz auf dem chinesischen Markt immer stärker geworden war, war es für die deutschen Firmen unmöglich, ohne Kreditangebote und Bundesbürgschaft große Verkaufsaufträge sowie Aufträge für große Anlagengeschäfte zu bekommen. Daher sollte nach der Meinung Audouards für langfristige Projekte von der Bundesregierung eine Bundesbürgschaft übernommen werden. Durch die Zusammenarbeit bei Großanlagenprojekten könnten sich die Bundesregierung sowie die deutsche Wirtschaft besser über die politische und wirtschaftliche Situation der VR China informieren. Dadurch könne der durch fehlende diplomatische Beziehungen entstehende Nachteil teilweise ausgeglichen werden. Der Abschluss von Großanlagenprojekte betreffenden Aufträgen hatte Audouards Ansicht nach noch eine weitere politische Bedeutung: Das Verhältnis der VR China zur DDR sei ebenfalls davon abhängig. Verlören die westdeutschen Unternehmen wegen der Versagung der Bundesbürgschaft die Großanlagengeschäfte, so werde die VR China sich zwangsläufig enger an die Lieferindustrie der DDR binden. Weiterhin habe die Lieferung von Großanlagen der Grundstoffindustrien einen nachhaltigen Einfluss auf andere Geschäftsmöglichkeiten. Für kleinere Projekte mit der VR China, deren Abwicklungszeit 180 Tage nicht überschritt, war die Bundesbürgschaft nach Audouards Ansicht dagegen nicht nötig. Eine „Verwässerung der Zahlungsbedin-

122 Bericht über die Frühjahrsmesse 1967 in Kanton/ VR China, 06.06.1967, SZAG KA: M82.704.1 Bd. 3.

123 Ebenda.

124 Brief vom Auswärtigen Amt an Direktor Schmidt von Mannesmann, 25.10.1967, SZAG KA: M82.704.1 Bd. 3.

125 Brief von Bayer China Co, LTD. an Kaufmännisches Zentralbüro, Betr.: Herbstmesse Kwangchow 1971, 26.11.1971, BAL: 302-1009.

gungen im normalen Handelsgeschäft“ [126] sei nicht zu empfehlen. Weiterhin meinte Audouard, gemessen an dem Interesse der VR China an Großanlagen, an dem geschätzten Deviseneinkommen Chinas sowie an dem Volumen, für das die Bundesregierung Garantien oder Bürgschaften gegenüber anderen Entwicklungsländern und Ostblockstaaten übernahm, erscheine ihm für die langfristigen Anlagengeschäfte mit der VR China eine Größenordnung von 400 bis 500 Mio. D-Mark angemessen.[127]

1967 fand ein Gespräch zwischen Tang Tsing-Tung, dem Vertreter des chinesischen Außenhandelsministeriums, und Wolff von Amerongen über die weitere Entwicklung der Wirtschaftsbeziehungen statt. Tang erklärte, dass die chinesische Seite gerne mit den deutschen Firmen zusammenarbeite, die sich als zuverlässig erwiesen hätten. Er sei jedoch unzufrieden mit den deutschen Importdiskriminierungen gegenüber der VR China. Diese bezeichnete Tang als „handelspolitische Hindernisse“[128]. Schwierigkeiten bestünden hauptsächlich bei der Ausfuhr chinesischer Textilien, von Eiprodukten und allgemeinen Konsumgütern in die BRD. Solche Güter seien aber, wie Tang bemerkte, bei den deutschen Importeuren sehr beliebt. Wolff von Amerongen entgegnete, dass die Abnahme der Importe eine Folge der „verschlechterten deutschen Binnenkonjunktur“[129] sei.

Auch das Thema eines offiziellen Handelsabkommens wurde im Rahmen dieses Gesprächs erneut aufgegriffen. Für die deutsche Seite überraschend erklärte die chinesische Seite dieses Mal, keinen offiziellen Handelsvertrag mit der BRD abschließen und auch in keine offizielle Verbindung mit der BRD eintreten zu wollen. Tang führte einige Gründe an: Zuerst sei die BRD sowohl wirtschaftlich als auch politisch stark von den USA abhängig. Die Regierung Johnson trieb im Jahr 1967 eine sehr aggressive Außenpolitik gegenüber Südostasien. Weiterhin führe die BRD laufend „Interventionen“ in Osteuropa durch. Damit nahm die chinesische Seite Bezug auf die Umorientierung der deutschen Außenpolitik gegenüber dem Osten. Aus chinesischer Sicht wollte die Bundesregierung dadurch ihren politischen Einfluss in Osteuropa vergrößern. Diese „Interventionen“ hätten seit der Übernahme der Regierungsgeschäfte durch Bundeskanzler Kiesinger und Außenminister Brandt zugenommen, und daher sei es der VR China nicht möglich, mit der Bundesregierung offizielle Wirtschaftsbeziehungen aufzunehmen, die möglicherweise mit dem Austausch von Handelsmissionen einhergehen könnten. Die chinesische Seite wünschte nur die Verstärkung der Kontakte mit deutschen privaten Firmen, um die Weiterentwicklung der Handelsbeziehungen zwischen den beiden Ländern zu ermöglichen. Es sei kein Problem für die VR China, die

---

126 Stellungnahme zur Frage der Bundesbürgschaften für langfristige Anlagengeschäfte mit der VR China von Audourad am 10.03.1966 als Anlage des Schriftverkehrs von Audouard an Hufnagel, 16.03.1966, SZAG KA: M82.704.1 Bd. 2.

127 Ebenda.

128 Aktennotiz über eine Besprechung mit Mr. Tang Tsing Tung vom Außenhandelsministerium, Peking, Generalsekretär der Kantoner Messe – im Beisein von einigen Beobachtern, Übersetzern und Stenographen – anlässlich der Frühjahrmesse in Kanton, 19.05.1967, SZAG KA: M82.704.1 Bd. 3.

129 Ebenda.

Wirtschaftsbeziehungen zur BRD „ungeregelt“ zu lassen. Wolff von Amerongen erwiderte, dass er den chinesischen Kommentar über angebliche deutsche „Interventionen in Osteuropa“ nicht verstehe. Er wies darauf hin, dass die BRD wegen der Hallstein-Doktrin jahrelang von der VR China ideologisch und politisch kritisiert worden sei. Nun beginne die Bundesregierung, die Doktrin aufzulockern, werde aber der „Intervention in Osteuropa“ beschuldigt. Tang betonte, dass der Außenhandel für die VR China ein Teil der Außenpolitik sei. Der Außenhandel solle der Außenpolitik dienen: „Der Handel habe der Flagge zu folgen“[130]. Wegen der unterschiedlichen außenpolitischen Einstellungen sei ein Warenabkommen zum jetzigen Zeitpunkt weder für die Bundesregierung noch für Peking geeignet. Es sei auch falsch, eine Handelskommission einzurichten. Tang erwähnte darüber hinaus das Scheitern der Verhandlungen 1964 wegen der Pressekonferenz von Erhard. Diese Erfahrung habe den chinesischen Stolz sehr verletzt. Für die chinesische Bevölkerung während der Kulturrevolution und insbesondere für die jungen Roten Garden sei eine Annäherung zwischen der VR China und der BRD schwer zu akzeptieren.[131]

Die negativen Einflüsse der Kulturrevolution, wie die Feindlichkeit gegenüber Ausländern, die Beschädigung der chinesischen Wirtschaft und die Autarkiepolitik, machten sich erst ab 1968 für die deutschen Unternehmen bemerkbar: Das Handelsvolumen sank im Vergleich zu 1967 trotz der kurzen Wiedererholung der deutschen Wirtschaft von der Rezession um fast 70 %. Der Exportwert nach China verringerte sich im Jahr 1968 um mehr als 100 Mio. D-Mark.[132] Das Handelsvolumen sank in den folgenden Jahren weiter und erreichte im Jahr 1971 einen Tiefpunkt von ca. 812 Mio. D-Mark (siehe Tabelle 1 im Anhang). Ursächlich für den starken Rückgang des Handelsvolumens war vor allem die im Kapitel 5.3 dargestellte deutsche Wirtschaftsrezession. Wegen des geringen Angebots war der Preis der deutschen Stahlgüter auf der Frühlingskantonmesse 1969 gegenüber dem Vorjahr um ca. 40 % erhöht. Daher wurden nur ca. 80.000 Tonnen Stahl verkauft.[133] Auch das große DEMAG-Projekt wurde im Jahr 1968 eingestellt:[134] Neben der starken Intervention der USA und den Preisstreitigkeiten bei der Umsetzung des Projekts gab es einen weiteren Grund für dessen Scheitern: Die VR China war während der Kulturrevolution nicht in der Lage, die große Walzanlage aufzubauen, weil die 600 deutschen Techniker, die für den Aufbau der Walzanlage notwendig gewesen wären, wegen der Kulturrevolution nicht nach China einreisen durften. Darüber hinaus widersprach der Import der Industrieanlage der Propaganda der ver-

130 Ebenda.

131 Ebenda.

132 Perkins 1991: 490.

133 An den Bundeskanzler der Bundesrepublik Deutschland Herrn Dr. h. c. Kurt-Georg Kiesinger, 07.07.1969, Bundesarchiv: B136/7823.

134 Stahnke 1972: 151.

stärkten Autarkiepolitik.[135] Aus den gleichen Gründen scheiterte auch ein großes Projekt, das den Import vieler Computer aus der BRD zum Ziel hatte.[136]

Die BRD war in dieser Phase weiterhin der zweitgrößte Lieferant (nach Japan) und der drittgrößte Handelspartner (nach Japan und Hongkong) der VR China. Aber ab dem Ende der 60er Jahre wurde der Abstand zu Japan in Bezug auf das Exportvolumen immer größer. Gleichzeitig verringerte sich der Abstand gegenüber den anderen westeuropäischen Industrieländern.[137] Die von Präsident Nixon im April 1970 verkündeten Erleichterungen für den amerikanischen China-Handel brachten zusätzlich neue Konkurrenz auf den chinesischen Markt.[138] Außerdem versuchte die VR China, ständig die Handelspartner zu wechseln, um nicht zu sehr wirtschaftlich abhängig von einem Land zu werden.[139] Die Bundesregierung wollte aufgrund der chaotischen Situation der Kulturrevolution und der strategischen Berücksichtigung der Sowjetunion kein neues Handelsabkommen mit der VR China abschließen. Auch mit Blick auf die inländische Rezession wurde die Ausfuhrbürgschaft für den Handel mit China aufgelöst.[140] Dadurch wurde die Konkurrenzfähigkeit deutscher Firmen auf dem chinesischen Markt noch weiter geschwächt.

Mitverantwortlich für die Verschlechterung der Handelsbeziehungen zwischen den beiden Ländern war auch das chinesische Handelsdefizit gegenüber der BRD. Laut einem Bericht an Hufnagel (den Vorsitzenden des China-Arbeitskreises) waren die Ursache für die unausgeglichene Handelsbilanz nicht nur die von der chinesischen Seite immer wieder angeführten „Diskriminierungen" vonseiten der BRD, sondern auch die kaufmännische Tatsache, dass die deutschen Importeure beim Import aus Fernost Nachteile hatten. Für die aus der VR China importierten Waren mussten die deutschen Lieferanten in den meisten Fällen mühsam nach Abnehmern suchen.[141] Ein weiterer Grund für das chinesische Handelsdefizit war die Warenstruktur der chinesischen Lieferungen. Sortiment und Menge der von der VR China angebotenen Güter waren begrenzt.[142] Die VR China exportierte nur Agrargüter, gewerbliche Rohstoffe und Halbwaren in die BRD, importierte aber teurere Güter wie Düngemittel und andere Chemikalien, Stahl- und Eisenprodukte, Werkzeugmaschinen und landwirtschaftliche

---

135 Industriekurier: Chinas Walzwerkprojekt wird erst nach der Kulturrevolution aktuell, 15.02.1967, HA Krupp: WA51/5467.

136 Stahnke 1972: 153 ff.

137 Brief von Ministerialdirigent Dr. Thieme im Bundesministerium für Wirtschaft und Finanzen an den Leiter der Abteilung V. Betr.: Warenverkehr mit der VR China, 22.04.1971, Bundesarchiv: B102/100082.

138 Aktennotiz, Betr.: Wirtschaftsbeziehungen zur VR China. 27.04.1971, Bundesarchiv: B102/100082.

139 Brief von Heyden an das Auswärtige Amt, Betr.: Außenhandel der VR China, 07.05.1971, SZAG KA: M82.702 Bd. 1.

140 Stahnke 1972: 156 f.

141 Bericht über den deutsch-chinesischen Handel vom 12. Januar 1968 als Anlage vom Schriftverkehr von Von Carnap an Hufnagel, 12.01.1968, SZAG KA: M82.704.1 Bd. 2.

142 An den Bundeskanzler der Bundesrepublik Deutschland Herrn Dr. h. c. Kurt-Georg Kiesinger, 07.07.1969, Bundesarchiv: B136/7823.

Geräte.[143] Ab 1966 gab es – teilweise wegen des Handelsdefizits – keine neuen Anlagengeschäfte mehr zwischen der BRD und der VR China.[144] Die letzten Anlagengeschäfte zwischen der BRD und der VR China wurden 1965 abgeschlossen und etwa 1967/68 abgewickelt.[145] Die Probleme mit der Einfuhr aus der VR China standen der weiteren Entwicklung der Wirtschaftsbeziehungen zwischen den beiden Ländern im Wege, da beide Länder den extremen Handelsüberschuss der deutschen Seite ablehnten.

In Bezug auf das Problem des Imports aus der VR China reichte Von Carnap Ende 1969 einen Brief im Namen des Ostasiatischen Vereins beim Bundeswirtschaftsministerium ein. Um Einfuhrmöglichkeiten aus der VR China zu schaffen und dem von der VR China immer wieder vorgebrachten Argument der Diskriminierung zu begegnen, schlug Von Carnap folgende Maßnahmen für eine Erleichterung des Einfuhrverfahrens vor: Bei Ausschreibungen für Produkte aus der VR China sollte das Bundesamt für gewerbliche Wirtschaft auf die Vorlage von Festofferten und Proformarechnungen bei der Antragstellung verzichten, da die chinesischen Staatsorgane für den Export die Ausstellung derartiger Dokumente in vielen Fällen ablehnten. Sie begründeten dies unter anderem damit, dass die chinesischen Lieferanten an solche Dokumente gebunden waren, während die deutschen Käufer jederzeit eine Annullierung vornehmen konnten. Denn die deutschen Käufer wollten Verträge immer ausdrücklich „vorbehaltlich der deutschen Einfuhrgenehmigung" abschließen.[146] Problematisch bei der Einfuhr chinesischer Güter aus dem Textilbereich war nicht nur die Antragstellung. Bei einem Treffen der deutschen Regierungsdelegation und der Hongkonger Regierung 1966 erklärte die deutsche Delegation, dass Textilerzeugnisse aus Hongkong, die aus chinesischen Rohstoffen gefertigt worden waren, nicht nach Deutschland importiert werden durften. Diese Beschränkung wurde von der chinesischen Seite als starke Diskriminierung betrachtet. Dadurch wurde der Ausgleich des Handelsdefizits der VR China erschwert und es wurde den Handelsbeziehungen zwischen den beiden Ländern allgemein geschadet.[147]

Von Carnap schlug im Brief an das Bundeswirtschaftsministerium 1969 weiterhin vor, dass die Einfuhrlizenzen für die VR China wie bei anderen Ländern des Ostblocks mit dem sogenannten AmlA-Verfahren (Ausschreibung mit laufender Antragstellung) erteilt werden sollten. Eine „Überflutung" des deutschen Marktes mit bestimmten chinesischen Waren sei bisher nie vorgekommen und sei auch zukünftig nicht zu erwarten. Daher waren die strikten Einschränkungen Von Carnaps Meinung nach bei der Erteilung der Einfuhr-Lizenzen für die VR China unnötig. Von Carnap führte aus, dass

---

143 Aktennotiz, Betr.: Wirtschaftsbeziehungen zur VR China. 27.04.1971, Bundesarchiv: B102/100082.

144 Ebenda.

145 Bericht von Hongkong an das Auswärtige Amt, 07.05.1971. Bundesarchiv: B102/100082.

146 Brief von Von Carnap im Namen vom Ostasiatischen Verein an Bundesministerium für Wirtschaft, Betr.: Einfuhr aus der VR China, 19.12.1969, SZAG KA: M82.704.1 Bd. 3.

147 Schriftverkehr von Claussen an Von Carnap am 20. Dezember 1966 als Anlage vom Schriftverkehr von Von Carnap an Hufnagel, 21.12.1966, SZAG KA: M82.704.1 Bd. 2.

ein deutscher Importeur sich bei ihm darüber beschwert habe, dass die geringe Anzahl der Einfuhrgenehmigungen ihn gezwungen habe, die zur Verfügung stehenden Waren mit ca. 15 % Verteuerung über Macao anstatt direkt aus China zu importieren. Dies wiederum habe zur Folge gehabt, dass diese Lieferungen von chinesischer Seite nicht auf den deutsch-chinesischen Warenaustauch angerechnet worden seien.[148] Die Zuteilung von Kleinst- und Mini-Kontingenten (die Einschränkung der Einfuhrmenge von bestimmten Produkten aus bestimmten Ländern) war Von Carnaps Ansicht nach das größte Hindernis für die Einfuhr aus der VR China. Eine Steigerung des Einfuhrvolumens sei dadurch nicht möglich. Sowohl die chinesischen Lieferanten als auch die deutschen Käufer wollten Produkte „auf breiter Basis" handeln.[149]

Nach dem Flugzeugabsturz Lin Biaos 1971 übernahm Zhou En-Lai die Tagesgeschäfte des Zentralkomitees der Partei.[150] Die wegen der Politik von Lin Biaos Fraktion zum Stillstand gekommenen Importe von kompletten Anlagen und technischem Know-how wurden wieder gestartet,[151] und 4,3 Mrd. US-Dollar wurden für den Anlagenimport eingeplant.[152] So ergaben sich für die deutsche Wirtschaft wieder gute Chancen, Produkte in die VR China zu exportieren. Um dieses Ziel zu erreichen, musste die BRD aber dringend mittels eines gesteigerten Imports aus China die Handelsbilanz mit der VR China ausgleichen. Daher schrieb Von Carnap im Namen des Ostasiatischen Vereins erneut einen Brief an das Bundeswirtschaftsministerium, in dem es um die Hindernisse der Einfuhr aus der VR China ging. In dem Brief beschrieb Von Carnap die Zuteilung der kleinen Kontingente erneut als „stärkste und häufig prohibitive Behinderung einer Steigerung der deutschen Einfuhr"[153]. Von Carnap erklärte, dass sich viele Handelsunternehmen, die seit Langem Geschäftsbeziehungen mit China hatten, vollständig aus dem Chinageschäft hätten zurückziehen müssen. Zwar waren die China-Kontingente nicht ausgenutzt worden – dies war Von Carnaps Ansicht nach jedoch eher darin begründet, dass die Kontingente durch die Regierung intern festgesetzt wurden. Die deutschen Unternehmen hatten keinen Zugang dazu. Einfuhranträge mussten bei jeder Art von Gütern gestellt werden, ohne dass vorher bekannt war, ob der Antrag genehmigt würde. Für die deutschen Unternehmen war es somit schwierig, die Beschaffung aus der VR China zu planen. Dabei waren die Güter aus der VR China nach Ansicht Von Carnaps vor allem Produkte, bei denen weder in der Bundesrepublik noch innerhalb der EWG ein Schutzbedürfnis vorlag.[154]

---

148 Brief von Von Carnap im Namen vom Ostasiatischen Verein an Bundesministerium für Wirtschaft, Betr.: Einfuhr aus der VR China, 19.12.1969, SZAG KA: M82.704.1 Bd. 3.

149 Ebenda.

150 Liu/ Wu 1988: 389.

151 Ebenda: 398.

152 Naughton 2006: 77.

153 Brief von Von Carnap, Ostasiatischer Verein an das Bundesministerium für Wirtschaft, 11.03.1971. Bundesarchiv: B102/100082.

154 Ebenda.

Die Zurückhaltung der Bundesregierung bei der Liberalisierung der Einfuhr aus der VR China war außer durch politische Gründe vermutlich auch dadurch bedingt, dass die Bundesregierung wegen des „Stabilitätsgesetzes“ allgemein weniger importieren wollte, da ein Importüberschuss auf jeden Fall vermieden werden sollte.

Die komplizierten Bedingungen für den Import aus der VR China waren nicht die einzige Schwierigkeit, mit der die deutschen Unternehmen beim China-Handel konfrontiert waren. Auch die Kulturrevolution hatte einen negativen Einfluss auf die deutsch-chinesischen Handelsbeziehungen.

Im Sommer 1964 schloss die Firma Lurgi GmbH mit der China National Technical Import Co., Peking einen Vertrag über die Lieferung einer petrochemischen Anlage im Wert von 60 Mio. D-Mark ab. Die Anlage wurde ausgeliefert und unter Beratung und Überwachung der Fachleute von Lurgi vom Kunden am Aufstellungsort selbst montiert. Im Sommer 1968 sollten die Lurgi-Experten laut zwischen den beiden Seiten getroffener Vereinbarung in die BRD zurückkehren. Auf ihrer Heimreise im August wurden vier Lurgi-Ingenieure, davon einer mit Frau und Kindern, in Peking aufgehalten. Die chinesische Seite begründete dies damit, dass das Umzugsgut noch zollamtlich abgefertigt werden müsse. Ohne einen plausiblen Grund wurden die Ingenieure für mehr als ein Jahr in der VR China inhaftiert; zunächst wurden sie in einem Hotelzimmer, anschließend an einem unbekannten Ort festgehalten. Den Ingenieuren wurde die Verletzung chinesischer Gesetze vorgeworfen, ohne dass es möglich war, eine konkrete Angabe zu den erhobenen Vorwürfen zu erhalten. Alle Versuche, mit einer zuständigen chinesischen Stelle auch nur ins Gespräch zu kommen, blieben ohne Ergebnis. Lurgi bat den Außenminister Willy Brandt in einem Brief, dass die Bundesregierung „mit Rat und Tat“ dabei helfen möge, die „Angestellten in die Heimat zurückzuführen“.[155] In eine ähnliche Situation geriet auch Krupp. Ein Koordinator zwischen Krupp und der Vertretungsfirma in Hongkong verschwand 1966 während einer Reise in der VR China. Da die Person nicht die deutsche Staatsbürgerschaft hatte, meldete Krupp dies der Bundesregierung nicht.

Neben diesem Sicherheitsproblem, das die deutschen Fachleute in der VR China betraf, waren auch die Zahlungsbedingungen für die deutschen Firmen ab 1969 äußerst ungünstig. Die Exporte in die VR China wurden hauptsächlich durch Akkreditive der Bank of China bezahlt. Die dokumentären Abwicklungen der chinesischen Seite waren ungünstig für die deutschen Exporteure. Die chinesischen Einkäufer zahlten nur 60 % gegen Dokumente. Der Rest wurde erst nach den chinesischen Warenprüfungen bezahlt. Die in den Versanddokumenten angegebenen Warenbeziehungen, detaillierten Spezifikationen, Quantitäten, Preise, Hersteller und Verpackung wurden zuerst geprüft. Danach wurde auch die Qualität der Waren geprüft.[156] Der Prüfungsprozess

---

155 Brief von Lurgi an Willy Brandt, Betr.: Geschäftsbeziehungen zur Volksrepublik China, 11.12.1968, SZAG KA: M82.704.1 Bd. 3.

156 Bericht der Dresdner Bank, Betr.: Besonderheiten des chinesischen Aussenhandels, 09.03.1972, HA Krupp: WA 51/5469.

konnte nach der Ankunft der Waren bis zu 120 Tage dauern. Die chinesische Seite weigerte sich, gegenüber den Lieferanten die restliche Zahlung zu leisten, wenn die Qualität der Waren nicht dem chinesischen Standard entsprach.[157]

Im Jahr 1971 wurden die Zahlungsbedingungen für die deutschen Unternehmen noch schwieriger, da die Bank of China eine direkte Kurssicherung zwischen RMB und D-Mark ablehnte. Das hieß, dass der Termineinkauf der chinesischen Währung gegen D-Mark nicht mehr erlaubt war. Beim internationalen Handel ist der Termineinkauf üblich, um das Wechselkursrisiko zu verringern. Unternehmen kaufen dabei die ausländischen Währungen vor der Zahlung der Verträge ein, um das Risiko einer späteren Erhöhung des Wechselkurses zu vermeiden. Die Konvertierung von RMB gegen D-Mark war für die chinesische Seite nur im Zusammenhang mit kommerziellen Transaktionen möglich, die den Warenverkehr zwischen der VR China und der BRD betrafen.[158] Um das Geschäft mit den deutschen Lieferanten nicht ganz zum Stillstand kommen zu lassen, genehmigte die Bank of China im Gegensatz zu ihren früheren Richtlinien den deutschen Exporteuren, die anfallenden RMB auf Termin in Schweizer Franken abzudecken. Dies bedeutete ein Wechselkursrisiko, weil die Schweizer Franken zu einem späteren Termin in D-Mark gewechselt werden mussten.[159] Es fehlte auch eine offizielle Regelung des Zahlungsverkehrs zwischen der VR China und den deutschen Banken.[160] Die deutschen Unternehmen konnten die Geschäfte trotzdem direkt mit RMB abwickeln. Es war aber erforderlich, dass die deutschen Im- und Exporteure durch die Vorlage von Dokumenten oder durch die Angabe von Kontraktnummern bei der Bank of China den Nachweis erbrachten, dass es um kommerzielle Transaktionen ging. Wurde das Geschäft durch eine Tochtergesellschaft im Ausland getätigt, musste die dortige Bank of China in die Abwicklung eingeschaltet werden. Die Commerzbank handelte RMB gegen D-Mark auf Basis der „Cross Exchange Rate", d. h. der Wechselkurs wurde durch Schweizer Franken oder Sterling bestimmt, da RMB feste Kursrelationen zum Pfund und zum Schweizer Franken hatte. Es erschien der deutschen Wirtschaft trotz allem sicherer, die Kursrelation zwischen D-Mark und RMB zu regeln.[161]

Schwierigkeiten entstanden auch dadurch, dass China gegenüber deutschen Firmen während der Kulturrevolution jahrelang keine Wirtschaftspläne mehr bekannt

157 Auszug eines Briefes von „Machimpex" vom 15.04. als Anlage des Schriftverkehrs von H.-J.Ehrhardt-Renken von Continentale Produkten Gesellschaft an Hufnagel, 21.04.1969, SZAG KA: M82.704.1 Bd. 3.

158 Brief von Commerzbank Akteingesellschaft an Commerzbank Zentrale Gelddisposition, 02.10.1970, HA Krupp: WA 51/5469.

159 Brief von Bayer China Co, LTD. an Kaufmännisches Zentralbüro, Betr.: Frühjahrmesse Kwangchow 1971, 21.05.1971, BAL: 302-1009.

160 Aktenvermerk: Ausweitung des Handels mit der VR China – Umfrage des BGA. 03.08.1971. Bundesarchiv: B102/100082.

161 Brief von Commerzbank Aktiengesellschaft an Commerzbank Zentrale Gelddisposition, 02.10.1970, HA Krupp: WA 51/5469.

gab. Selbst die allgemeine Wirtschaftspolitik wurde aus verschiedenen Gründen verschleiert, sodass die deutschen Unternehmen nur auf der Grundlage eigener Erfahrungen mit der VR China handeln konnten. Eine andere Möglichkeit bestand darin, durch Großbritannien und Japan Informationen zu beschaffen.[162] Großbritannien hatte als erster westlicher Staat im Jahr 1950 diplomatische Beziehungen mit der VR China aufgenommen, und Japan hatte wegen geografischer Vorteile einen besseren Zugang zum chinesischen Markt. Die Unternehmen aus diesen zwei Ländern waren wichtige Konkurrenten der deutschen Unternehmen auf dem chinesischen Markt. Neben diesen Firmen gab es seit Ende der 60er Jahre bzw. Anfang der 70er Jahre weitere Konkurrenten. Die Besucherzahl der Herbstkantonmesse 1971 erreichte nach Presseberichten die Rekordziffer von 19.000, obwohl die US-amerikanischen Unternehmen nicht eingeladen waren.[163] Aufgrund dieser Situation verstärkte sich der Wunsch der deutschen Industrie nach einer Normalisierung der wirtschaftlichen sowie politischen Beziehungen zwischen den beiden Ländern.

5.4.3 Einfluss der deutschen Wirtschaft auf die China-Politik der Bundesregierung 1966–1971

Der Wunsch der deutschen Wirtschaft nach einer offiziellen China-Politik bestand jedoch nicht durchgängig in dieser Phase. Während einer Sitzung im Jahr 1966 fand der Ostausschuss entgegen seiner Erwartung heraus, dass die deutsche Industrie weniger Interesse an einer Normalisierung der Handelsbeziehungen zwischen der BRD und der VR China hatte als früher. Dabei spielte auch die Rezession innerhalb der BRD eine Rolle. Vor diesem Hintergrund war die deutsche Industrie nicht auf eine zusätzliche Unterstützung der Bundesregierung angewiesen.[164] Die Situation änderte sich jedoch durch die starke Schwächung der Handelsbeziehungen mit der VR China. 1969 erklärte der Ostausschuss auf Wunsch der deutschen Industrie, mit der Bundesregierung über die eventuelle neue China-Politik sprechen zu wollen, da die deutsche Industrie sich unter den neuen internationalen politischen Bedingungen auf mehr Unterstützung der Bundesregierung angewiesen sah. Von Carnaps Vorstellung nach sollten der Staatssekretär Duckwitz, Außenminister Scheel und „einige leitende Herren" des Auswärtigen Amts an dem Gespräch mit dem Ostausschuss teilnehmen.[165] Seit 1970 wuchs die Sorge mancher am Chinahandel beteiligter deutscher Unternehmen, dass die chinesische Seite die deutschen Geschäftspartner aus politischen Gründen diskriminieren und diejenigen westlichen Länder bevorzugen würde, die bereit waren, ihre politischen Bezie-

---

162 Bericht von Hongkong an das Auswärtige Amt, 07.05.1971. Bundesarchiv: B102/100082.

163 Brief von Bayer China Co, LTD. an Kaufmännisches Zentralbüro, Betr.: Herbstmesse Kwangchow 1971, 26.11.1971, BAL: 302-1009.

164 Grabicki 2015: 103.

165 Brief von Von Carnap an Audouard, 15.12.1969, SZAG KA: M82.704.1 Bd. 3.

hungen zur VR China zu normalisieren.[166] Vertreter verschiedener Branchen der deutschen Industrie beschwerten sich bei der Bundesregierung über die politische Situation zwischen der BRD und der VR China. Beispielsweise schrieb Karl-Heinz Kornfeld, Vertreter der Auto-Lackierereiindustrie, dem Bundeswirtschaftsministerium, dass viele Geschäftsleute aus der Auto-Lackierereibranche „den schlechten Stand der Wirtschaftsbeziehungen zwischen Deutschland und China wegen der augenblicklichen Anerkennungswelle…“ bedauerten. Viele westliche Länder, wie Kanada und Italien, hatten zu Beginn der 70er Jahre diplomatische Beziehungen mit der VR China aufgenommen, um ihren Handel mit der VR China auszuweiten. Kornfeld war der Ansicht, dass noch mehr Länder die VR China diplomatisch anerkennen würden. Da die Bundesregierung die politischen Beziehungen mit der VR China vernachlässigt habe, hätten viele deutsche Unternehmen einen „großen Verlust“ erlitten. Im Vergleich zu anderen Oststaaten wie Polen und Tschechien sei die VR China ein interessanterer Handelspartner, da die Chinesen wegen ihrer Autarkiepolitik nicht wie die anderen Oststaaten viele Kredite aufnähmen, aber vielseitige Bedürfnisse hätten.[167] Die VR China als alternativer Handelspartner zu anderen Oststaaten sei auch geeignet, zu einer Verringerung des Risikos beizutragen. Auf der Importseite beklagten fast alle Importeure die Behinderung der deutsch-chinesischen Handelsbeziehungen wegen fehlender diplomatischer Vertretungen.[168] Auch Berthold Beitz, der Vorsitzende des Aufsichtsrates der Firma Friedrich Krupp, beschwerte sich über das Ausbleiben einer Normalisierung der Handelsbeziehungen zwischen der VR China und der BRD sowie über die schlechten deutschen Importbedingungen gegenüber der VR China.[169]

Dem Wunsch des Bundeswirtschaftsministeriums, Kontakte hinsichtlich der Entwicklung des gegenseitigen Warenaustauschs mit der chinesischen Botschaft in Bern aufzunehmen, stand das Auswärtige Amt im Wege. Das Auswärtige Amt war strikt gegen den direkten Kontakt des Wirtschaftsministeriums mit dem chinesischen Botschafter.[170] Als Begründung dafür wurde angeführt, dass die BRD vor einer Kontaktaufnahme zur VR China zuerst das Verhältnis zur Sowjetunion regeln müsse. Das BWM sollte zwar den Handel mit der VR China erweitern, aber zunächst keine weiteren Initiativen

---

166 Brief von Ministerialdirigent Dr. Thieme im Bundesministerium für Wirtschaft und Finanzen an den Leiter der Abteilung V. Betr.: Warenverkehr mit der VR China, 22.04.1971, Bundesarchiv: B102/100082.

167 Brief von Karl-Heinz Kornfeld, Vertreter der Auto-Lackierereiindustrie an Bundeswirtschaftsminister Schiller in Bonn, 15.11.1970, Bundesarchiv: B102/100082.

168 Aktenvermerk: Ausweitung des Handels mit der VR China – Umfrage des BGA. 03.08.1971. Bundesarchiv: B102/100082.

169 Vermerk über eine am 3.5.71 in der Hauptverwaltung stattgefundene Besprechung, 05.05.1971, HA Krupp: WA 51/5469.

170 Brief von Dr. Becker an Herrn Abteilungsleiter V über Herrn Unterabteilungsleiter VC. Betr.: Aufnahme von Kontakten zwischen dem BMWi und der Botschaft der VR China in Bern. 27.01.1971. Bundesarchiv: B102/100082.

auf offizieller Ebene ergreifen. Deswegen sollte die Aufnahme von Wirtschaftskontakten zur VR-China zunächst unterbleiben.[171]

Da auf die Beschwerden und Wünsche der deutschen Wirtschaft bezüglich der China-Politik bis 1971 keine entsprechende Reaktion der Bundesregierung erfolgte, schickte Hufnagel als Vertreter des China-Arbeitskreises des Ostausschusses Mitte 1971 ein Aide-Mémoire zur Position der deutschen Wirtschaft zur China-Politik an Außenminister Scheel, den Bundesminister für Wirtschaft und Finanzen sowie Staatssekretär Rohwedder. In dem Aide-Mémoire erklärte Hufnagel, dass der Handel der Bundesrepublik mit der Volksrepublik China „in eine neue Phase eingetreten"[172] sei. Diese Phase unterscheide sich von anderen Perioden in „für die Wirtschaftspolitik relevanter Weise"[173]. Der China-Arbeitskreis des Ostausschusses und der Ostasiatische Verein hielten sich daher für verpflichtet, ihre „Aufmerksamkeit auf die eingetretenen Veränderungen" bei der Bundesregierung zu richten.[174]

Hufnagel führte aus, in der Vergangenheit habe die Bundesregierung in den Wirtschaftsbeziehungen zur VR China große Zurückhaltung gezeigt und der deutschen Wirtschaft die Initiative überlassen, obwohl die VR China ihre außenwirtschaftlichen Beziehungen immer unter Aspekten der Außenpolitik behandelt habe. Der Vorsitzende des Ostausschusses und der Vorsitzende des China-Arbeitskreises hätten nach den Verhandlungen über das offizielle Handelsabkommen 1964 immer wieder mit dem chinesischen Botschafter in Bern Gespräche geführt. Aus diesen Besprechungen wie auch aus den Unterhaltungen mit verschiedenen zuständigen Personen habe sich eindeutig ergeben, dass die VR China, wenn überhaupt, nur an einem offiziellen Handelsabkommen mit der Bundesregierung interessiert sei. Wegen der zurückhaltenden Einstellung der Bundesregierung gegenüber der VR China habe die deutsche Industrie in der Vergangenheit schon viele Konkurrenznachteile gehabt.[175]

Seit 1969 hatten sich die Faktoren des China-Handels laut Hufnagel zu ändern begonnen. Die Periode der selbstauferlegten Isolierung der VR China sei vorbei. Seither entwickele die VR China außerordentliche außenpolitische Aktivitäten, insbesondere gegenüber Frankreich, Belgien, Italien, Kanada, Österreich, Japan sowie seit Kurzem auch Großbritannien. Zudem versuche die VR China, eine politische Annäherung mit den USA zu erreichen.[176]

---

171 Brief von Dr. Lucas an Herrn Abteilungsleiter V. Betr.: Gespräch mit Herrn Gußmann vom Handelsblatt über die deutsch-chinesischen Wirtschaftsbeziehungen. 16.04.1971. Bundesarchiv: B102/100082.

172 Aide-Mémoire als Anlage des Schriftverkehrs von Hufnagel an Walter Scheel, Bundesminister des Auswärtigen und Stellvertreter des Bundeskanzlers, 05.05.1971, SZAG KA: M82.704.2 Bd. 1.; Aide-Mémoire von Heinz Hufnagel, 05.05.1971. Bundesarchiv: B102/100082.

173 Ebenda.

174 Ebenda.

175 Ebenda.

176 Ebenda.

Länder wie Großbritannien und Frankreich hätten auch früher schon versucht, sich durch die Pflege formeller Beziehungen Vorteile im Handel mit China zu verschaffen. Die Ziele der neuen außenpolitischen Initiativen der VR China gegenüber den westlichen Industrieländern seien eindeutig nicht wirtschaftspolitischer Natur, sondern außenpolitischen Zwecken untergeordnet. Wenn die Bundesregierung noch weiter eine zurückhaltende außenpolitische Stellung gegenüber der VR China einnehme, bestehe die Gefahr, dass die deutsche Industrie auf dem chinesischen Markt durch „wirtschaftspolitische Abstinenz schwere und dauerhafte Nachteile“[177] erleiden müsse. Wenn die Bundesrepublik die Aufnahme diplomatischer Beziehungen zur VR China nicht in Betracht ziehen könne, sollten wenigstens die Möglichkeiten für ein Handelsabkommen geprüft werden.[178]

Hufnagel schlug in dem Aide-Mémoire vor, im ersten Schritt solle die Bundesregierung zwecks einer Auflockerung der Handelsbeziehungen mit der VR China vor allem die Einfuhrbedingungen gegenüber der VR China entschärfen. Da alle anderen EWG-Länder Hufnagels Einschätzung zufolge bald Handelsabkommen mit der VR China abschließen würden, solle auch die BRD die Wirtschaftsbeziehungen mit der VR China so schnell wie möglich normalisieren. Schließlich könne ein offizielles Handelsabkommen auch den Export von Großanlagen in die VR China fördern. Daher habe die deutsche Industrie auch in den letzten Jahren schon eine Normalisierung der Wirtschaftsbeziehungen mit der VR China angestrebt.[179]

Staatssekretär Rohwedder entgegnete, Hufnagel solle Verständnis dafür haben, dass es für die Bundesregierung zum gegebenen Zeitpunkt nicht ganz einfach sei, zu den Fragen, die sich im Zusammenhang mit der zukünftigen Entwicklung im Wirtschaftsverkehr mit der VR China stellten, ausführlichere schriftliche Informationen zu verbreiten.[180] Der Ministerialdirektor des Bundesministeriums für Wirtschaft und Finanzen Hanemann sei von Minister Schiller (BWM) beauftragt worden, mit Hufnagel persönlich zu sprechen.[181] Über den Inhalt dieses Gesprächs konnte die Recherche allerdings keinen Aufschluss geben.

Im Jahr 1971 schlug Ministerialdirigent Dr. Thieme vom Bundesministerium für Wirtschaft und Finanzen nach Rücksprache mit dem Ostausschuss in Bezug auf die Meldungen und Wünsche aus der deutschen Wirtschaft vor, solange handelsvertragliche Beziehungen zwischen der VR China und der BRD nicht in Betracht kämen, solle die Bundesregierung versuchen, das handelspolitische Klima durch „autonome Maß-

177 Ebenda.

178 Aide-Mémoire als Anlage des Schriftverkehrs von Hufnagel an Walter Scheel, Bundesminister des Auswärtigen und Stellvertreter des Bundeskanzlers, 05.05.1971, SZAG KA: M82.704.2 Bd. 1.; Aide-Mémoire von Heinz Hufnagel, 05.05.1971. Bundesarchiv: B102/100082.

179 Ebenda.

180 Brief von Rohwedder an Hufnagel, 18.06.1971, SZAG KA: M82.704.2 Bd. 1.

181 Brief von Hanemann an Hufnagel, 04,06,1971, SZAG KA: M82.704.2 Bd. 1.

nahmen"[182] aufzulockern. Erste Schritte hierzu waren nach Ansicht Thiemes die Verbesserung der Zuteilung der Importlizenzen gegenüber der VR China und die Erweiterung der Kontingentierung für Einfuhren aus der VR China.[183] Die Bundesregierung lockerte dann auch tatsächlich die Einfuhrbedingungen gegenüber der VR China: Mehr Genehmigungen von Einfuhrlizenzen für chinesische Textilwaren wurden erteilt.[184] Die Bundesregierung konnte die Einfuhreinschränkungen jedoch nicht weiter liberalisieren. Vor allem musste die BRD die EWG-Agrarmarktordnung berücksichtigen, z. B. die Drittlandregelung für Obst- und Gemüsekonserven.[185]

Die Bundesregierung war nach der Auflockerung der Handelspolitik der USA gegenüber der VR China ebenfalls an einer Erweiterung der Handelsbeziehungen zu China interessiert.[186] Im besten Jahr betrug das Ausfuhrvolumen in die VR China 0,9 % der deutschen Gesamtausfuhren und das Einfuhrvolumen 0,5 % der deutschen Gesamteinfuhren.[187] Auch vor dem Hintergrund der weiteren Konsolidierung der chinesischen Wirtschaft und einer damit verbundenen Vergrößerung des Angebots an chinesischen Produkten war die VR China für die BRD als Handelspartner von zunehmendem Interesse.[188] Dennoch hatte die Bundesregierung wegen der politischen Annäherung an die Sowjetunion keine entscheidenden Veränderungen bei der China-Politik vorgenommen.[189] Neben der Berücksichtigung der Sowjetunion hatte die Bundesregierung auch andere Gründe, keine diplomatischen Beziehungen mit der VR China aufzunehmen. Vor allem war für die BRD nicht sicher, ob die Aufnahme diplomatischer Beziehungen mit der VR China den China-Handel tatsächlich verbessern würde. Es war der deutschen Bundesregierung zwar bewusst, dass politische Erwägungen beim chinesischen Außenhandel eine große Rolle spielten, aber auch andere Faktoren waren für den Rückgang des Handelsvolumens mit der VR China seit 1968 entscheidend gewesen. Das Fehlen diplomatischer Beziehungen wurde nicht als der wichtigste Grund dafür angesehen. Laut einem Bericht des deutschen Konsulats in Hongkong an das Auswärtige Amt waren die handelspraktischen Faktoren für den Rückgang des Handelsvolumens zwischen den beiden Ländern von größerer Bedeutung als die politischen Faktoren. Da das chinesische Wirtschaftssystem nicht exportorientiert sei, seien die Möglichkei-

182 Brief von Ministerialdirigent Dr. Thieme im Bundesministerium für Wirtschaft und Finanzen an den Leiter der Abteilung V. Betr.: Warenverkehr mit der VR China. 22.04.1971. Bundesarchiv: B102/100082.

183 Ebenda.

184 Aktennotiz, Betr.: Wirtschaftsbeziehungen zur VR China. 27.04.1971, Bundesarchiv: B102/100082.

185 Aktenvermerk: Ausweitung des Handels mit der VR China – Umfrage des BGA. 03.08.1971. Bundesarchiv: B102/100082.

186 Ebenda.

187 Brief von Heyden an das Auswärtige Amt, Betr.: Außenhandel der VR China, 07.05.1971, SZAG KA: M82.702 Bd. 1.

188 Aktenvermerk: Ausweitung des Handels mit der VR China – Umfrage des BGA. 03.08.1971. Bundesarchiv: B102/100082.

189 Kurzprotokoll 4. Sitzung des Beirats für handelspolitische Vereinbarung am 16.06.1971. Bundesarchiv: B102/100082.

ten der VR China, Güter zu exportieren, ohnehin beschränkt. Die Ausfuhren der VR China dienten nur der Ermöglichung von Einfuhren: Die Güter würden exportiert, um die Importe zu bezahlen. Die ausländischen Käufer erführen auch erst auf der Kantonmesse, was und wie viel sie importieren könnten. Ein langfristiger Plan sei somit nicht möglich. Auf Sonderwünsche von Abnehmern gehe die VR China nur selten ein. Der Grund für die mangelnde deutsche Konkurrenzfähigkeit auf dem chinesischen Markt sei wahrscheinlich eher die Erhöhung der deutschen Preise wegen der Rezession in der BRD gewesen. Bei Anlagengeschäften seien der Kundendienst und die Betreuung der deutschen Seite von der VR China oft als unzureichend beklagt worden. Ferner beschwerten sich die chinesischen Einkäufer über lange Lieferzeiten, die oftmals von Konkurrenten unterboten würden. Außerdem hätten die Chinesen seit dem Ende der 60er Jahre mehrmals die Qualität deutscher Lieferungen und Anlagen gerügt.[190] Das Importvolumen der VR China war am Anfang der 70er Jahre allgemein rückläufig. Dies lag aber daran, dass die VR China ihre Importe wegen des Handelsdefizits gegenüber allen westlichen Ländern gedrosselt hatte. Die Länder, die diplomatische Beziehungen mit der VR China aufgenommen hatten (Großbritannien, Frankreich, Italien und die Niederlande), hatten der Beobachtung des deutschen Konsulats in Hongkong zufolge keinen besonderen Vorteil.[191] Die deutsche Ostpolitik wurde von den Chinesen erst Ende 1969 moniert. Die Ostpolitik kann für den bereits ab 1968 eingetretenen Rückgang daher nicht ausschlaggebend gewesen sein.[192] Darüber hinaus konnte die Bundesregierung den Rückgang des Handelsvolumens nicht auf politische Ursachen zurückführen.

Auch in einer anderen Aktennotiz des Bundeswirtschaftsministeriums wird davon ausgegangen, dass sich das Fehlen diplomatischer Beziehungen zwischen den beiden Ländern nicht nachteilig auswirkte. Zwar sprach die chinesische Seite mit deutschen Geschäftsleuten immer wieder über den fehlenden amtlichen Kontakt und machte die Bundesregierung für die Verschlechterung der Handelsbeziehungen verantwortlich, doch es war bekannt, dass auch auf chinesischer Seite wenig Bereitschaft bestand, für die Aufnahme diplomatischer Beziehungen mit der BRD auf die die DDR betreffenden Interessen und deren Berücksichtigung zu verzichten.[193] Daher war die Bundesregierung zwar an einer Vertiefung der Wirtschaftsbeziehungen interessiert, wollte aber nicht riskieren, das deutsch-sowjetische Verhältnis zu belasten.[194] Deswegen war das Auswärtige Amt nicht bereit, amtliche Kontakte mit der VR China bezüglich der Normalisierung sowohl der politischen als auch der wirtschaftlichen Beziehungen aufzunehmen.[195] So schrieb der Ministerialdirektor des Bundesministeriums für Wirtschaft

190 Bericht von Hongkong an das Auswärtige Amt, 07.05.1971, Bundesarchiv: B102/100082.
191 Aktennotiz, Betr.: Wirtschaftsbeziehungen zur VR China. 27.04.1971, Bundesarchiv: B102/100082.
192 Bericht von Hongkong an das Auswärtige Amt, 07.05.1971, Bundesarchiv: B102/100082.
193 Ebenda.
194 Aktennotiz, Betr.: Wirtschaftsbeziehungen zur VR China. 27.04.1971, Bundesarchiv: B102/100082.
195 Bericht von Hongkong an das Auswärtige Amt, 07.05.1971, Bundesarchiv: B102/100082.

und Finanzen Hanemann dem Wirtschaftsminister Schiller: „die Zeit ist noch nicht reif für offizielle China-Kontakte. Wir sollten die Entwicklung aber sorgfältig beobachten."[196] Handelsmissionen, eine Handelskammer sowie Liaison-Büros oder eine private Handelsvertretung mit offiziösem Charakter wurden als geeignet betrachtet, die Handelsbeziehungen zu intensivieren.[197]

1971 schrieb Hufnagel einen weiteren Brief an den Staatssekretär. Er betonte im Namen des Ostausschusses erneut die Unzufriedenheit mit der fehlenden China-Politik der BRD. Hufnagel erklärte, der Ostausschuss der deutschen Wirtschaft sei anders als die Bundesregierung der Ansicht, dass das Fehlen diplomatischer Beziehungen mit der VR China zu einem Konkurrenznachteil auf dem chinesischen Markt führe. Hufnagel kündigte an, dass der Ostausschuss überlege, in der Öffentlichkeit seine Meinung über die Chinapolitik zu äußern. Inwieweit die Handelsbeziehungen zwischen den beiden Ländern durch das Fehlen diplomatischer Beziehungen beeinflusst würden, sei zwar schwer einzuschätzen, aber die Aufnahme diplomatischer Beziehungen mit der VR China fördere sicher die weitere Entwicklung der Wirtschaftsbeziehungen zwischen den beiden Ländern und komme insbesondere den Anlagengeschäften mit der VR China zugute.[198]

Mitte 1971 äußerte sich die Bundesregierung offiziell:

> „Da die Schwerpunkte unserer Politik in Europa und im Rahmen des Atlantischen Bündnisses liegen, hat bisher keine Bundesregierung zu der China-Frage Stellung genommen. Wir haben hierzu auch aufgrund der Teilung unserer Nation keine Veranlassung gesehen. Wir haben daher weder mit Peking noch mit Taipeh diplomatische oder andere offizielle Beziehungen aufgenommen. Grundsätzliche Bereitschaft, unser Verhältnis zur Volksrepublik China zu normalisieren, liegt seit der Regierungserklärung der Großen Koalition vom 13. Dezember 1966 vor und ist seitdem von unserer Seite mehrfach bekräftigt worden, ohne dass eine Reaktion erfolgt wäre." [199]

Außenminister Scheel kündigte am 27. Oktober 1971 in einem Interview mit dem ZDF an, dass die Bundesregierung zu einer Formalisierung der Handelsbeziehungen mit der VR China bereit sei, „sofern auf chinesischer Seite Interesse daran bestehe".[200] Die Bundesregierung ergriff danach aber keine Maßnahmen. Durch diese Ankündigung

---

196 Brief vom Ministerialdirektor des Bundesministeriums für Wirtschaft und Finanzen Hanemann an Herrn Minister. 10.09.1971. Bundesarchiv: B102/100082.

197 Aktenvermerk: Ausweitung des Handels mit der VR China – Umfrage des BGA. 03.08.1971. Bundesarchiv: B102/100082.

198 Brief vom Ministerialdirektor des Bundesministeriums für Wirtschaft und Finanzen Hanemann an Herrn Minister. 10.09.1971. Bundesarchiv: B102/100082.

199 Protokoll des Bundestags 124. Sitzung. 14.05.1971. Anlage 7 Schriftliche Antwort. Bundesarchiv: B102/100082.

200 Brief vom Ministerialdirektor des Bundesministeriums für Wirtschaft und Finanzen Hanemann an Herrn Minister. Betr.: Sitzung des Bundeskabinetts am 10. Nov. 1971, 09.11.1971, Bundesarchiv: B102/100083.

machte Scheel die chinesische Seite für das Fehlen offizieller Handelsbeziehungen verantwortlich.[201]

Erst nach der Aufnahme der VR China in die UNO war das Wirtschaftsministerium bereit, die Handelsbeziehungen mit der VR China zu normalisieren. Die Bundesregierung hatte zwar immer noch Zweifel, inwieweit ein offizielles Handelsabkommen zur Entwicklung der bilateralen Handelsbeziehungen beitragen konnte, insbesondere dann, wenn das Problem des chinesischen Handelsdefizits nicht gelöst würde. Aber da die VR China die Wirtschaftsbeziehungen möglicherweise auch als Druckmittel für das Drängen auf diplomatische Anerkennung nutzte, sollte die BRD nach Ansicht des Wirtschaftsministeriums schnell offizielle Handelsbeziehungen mit der VR China aufnehmen. Das Auswärtige Amt solle dies nicht verhindern.[202]

5.4.4 Aktivitäten westdeutscher Unternehmen auf dem chinesischen Markt 1966–1971

Einige deutsche Unternehmen versuchten auch in der Phase zwischen 1966 und 1971 trotz der Kulturrevolution und der instabilen internationalen politischen Bedingungen weiterhin auf dem chinesischen Markt aktiv zu bleiben. Die bereits mehrfach erwähnte Kantonmesse war für die deutschen Unternehmen eine wichtige Plattform, um mit der VR China zu handeln. Außer auf der Kantonmesse versuchten die deutschen Unternehmen auch über andere Wege, mit der chinesischen Einkaufsstelle zu verhandeln.

BASF war ebenfalls an Anlagengeschäften mit der VR China interessiert. Schon im Jahr 1962 bekundete der BASF-Vorstand, dass „die BASF sich bei der Errichtung von Anlagen in der Volksrepublik China im Einzelfall beteiligen kann, sofern es sich um ein geeignetes Projekt handelt“ [203]. Aber wegen der allgemein schwierigen Handelssituation ergab sich kein konkreter Auftrag zwischen den beiden Seiten. Im Jahr 1967 erfuhr BASF von der Reise einer Delegation der China National Chemicals Import & Export Co. in die BRD. Die BASF lud diese Delegation, die sich über Pflanzenschutzmittel informieren wollte, ein. Ziel der Einladung war es, die verschiedenen Produkte und Techniken der BASF zu präsentieren. Die chinesische Seite nahm die Einladung an. Dass die BASF gleichzeitig versuchte, ihr Geschäft auch in Taiwan auszuweiten, hatte keinen negativen Einfluss auf die Handelsbeziehungen zwischen der BASF und der VR China.[204]

---

201 Aktenvermerk: Ausweitung des Handels mit der VR China – Umfrage des BGA. 03.08.1971. Bundesarchiv: B102/100082.

202 Brief von Ministerialdirektor des Bundesministeriums für Wirtschaft und Finanzen Hanemann an Herrn Minister. Betr.: Sitzung des Bundeskabinetts am 10. Nov. 1971, 09.11.1971, Bundesarchiv: B102/100083.

203 Grabicki 2015: 103.

204 Ebenda.

Wie im Kapitel 5.3 dargestellt wurde, erzielte die deutsche Stahlindustrie zu Beginn dieser Phase im Vergleich zu anderen Branchen große Erfolge. Da die VR China wegen der 3.-Front-Strategie versuchte, ihr Verkehrswesen weiter auszubauen, erhielt Rheinstahl Transporttechnik im Jahr 1970 einen Auftrag für Lokomotiven im Wert von über 80 Mio. D-Mark. Es war der größte Exportauftrag für die deutsche Lokomotivenindustrie seit zwölf Jahren. Die Verhandlungen über dieses Geschäft liefen seit 1966. Nach dem Test mehrerer Prototypen wurde der Auftrag zwischen den beiden Seiten abgeschlossen.[205]

Da solche direkten Kontakte mit der VR China selten und schwierig waren, nutzten viele deutsche Unternehmen die Kantonmesse als Plattform, um Informationen mit den zuständigen chinesischen Behörden und Geschäftsstellen auszutauschen. Als bedeutender Handelspartner der VR China besuchte auch Krupp in dieser Phase jede Kantonmesse, um mit der chinesischen Seite Informationen über den Handel allgemein und über eigene Produkte auszutauschen. Beispielsweise besuchten Vertreter der Verkaufsabteilung von Krupp 1971 die chinesische Botschaft in Wien. Das Treffen war durch die Vermittlung einer Kontaktperson in der chinesischen staatlichen Nachrichtenagentur Xinhua zustande gekommen. Bei dem Treffen sprachen die beiden Seiten über die Lieferprogramme und die weiteren Exportmöglichkeiten für Krupp. Der chinesische Botschafter versprach, dass die Informationen nach Peking weitervermittelt würden. Die chinesische Seite empfahl weitere Kontaktpersonen für die Erweiterung der Krupp-Geschäfte mit der VR China.[206] Durch solche Bemühungen und Kontakte konnte Krupp regelmäßig Aufträge für Stahlprodukte erhalten. Selbst im Jahr 1969, dem Jahr, das für die deutsche Stahlindustrie von Misserfolgen auf der Kantonmesse geprägt war, war Krupp noch recht erfolgreich. Fast alle Aufträge bezüglich der Beschaffung von Stahlprodukten aus der BRD gingen an Krupp und Salzgitter.[207] Um zum Ausgleich des chinesischen Handelsdefizits beizutragen, versuchte Krupp, durch seine Kooperationsimportfirma chinesische Güter wie Wolframerze zu importieren, um das Interesse der VR China, mit Krupp weiter zusammenzuarbeiten, zu vergrößern.[208]

Wie Krupp besuchte auch Bayer jährlich die Kantonmesse. Auf der Frühjahrskantonmesse 1971 konnte Bayer schon in der ersten Messehälfte Aufträge abschließen. Die Gespräche zwischen der chinesischen Seite und Bayer waren sachlich, politische Themen wurden nicht angesprochen. Dann trat wegen der starken Konkurrenz aus Japan jedoch Stagnation ein. Insgesamt schloss Bayer Aufträge im Wert von 12,9 Mio. D-Mark

---

205 Nachricht VWD, Betr.: Rheinstahl-Henschel liefert 30 Lokomotiven an die VR China, 13.07.1970, HA Krupp: WA 51/5469.

206 Vermerk über ein in der Botschaft der Volksrepublik China am 19.10.1971 stattgefundenes Gespräch, 20.10.1971, HA Krupp: WA 51/5469.

207 Brief von deutschem Konsulat an das Auswärtige Amt, Betr.: Dienstreise eines Angehörigen des Generalkonsulats zur Frühjahrsmesse nach Kanton, 23.05.1967, HA Krupp: WA 51/5468.

208 Vermerk über eine am 3.5.71 in der Hauptverwaltung stattgefundene Besprechung, 05.05.1971, HA Krupp: WA 51/5469.

ab.[209] Auf der Herbstmesse des gleichen Jahres führte Bayer technische Gespräche in den Bereichen Pflanzenschutz, Kautschuk, Polyurethan und Thermoplasten mit den chinesischen Einkäufern. Bayer hatte zwar den Eindruck, dass die chinesische Seite der neuesten Anwendungstechnik noch nicht vertraute, aber eine Reihe von Mustern wurde angefordert.[210]

Angesichts der Größe des chinesischen Marktes sowie der raschen Fortschritte der VR China in Industrie und Landwirtschaft bestanden für Bayer in Bezug auf den Absatz von Produkten Anfang der 70er Jahre in der VR China sehr gute Aussichten, sofern die VR China über Zahlungsmöglichkeiten verfügte. Im Wissen um das chinesische Handelsdefizit versuchte Bayer wie Krupp die Einfuhr aus der VR China zu unterstützen.[211] Auf den zwei Kantonmessen 1971 schloss Bayer durch die Partnerfirma V. Berg & Sons Ltd. Importaufträge für Güter aus der VR China im Gesamtwert von ca. 20 Mio. D-Mark ab.[212] Da die Geschäftsbeziehungen zwischen Bayer und der VR China gut liefen, entstand für Bayer ein Problem beim China-Handel: Die zunehmenden Bayer-Lieferungen in die VR China erforderten, dass Bayer-Techniker in die VR China reisten. Bayer brauchte die Genehmigung der VR China für die Einreise und den Aufenthalt der Bayer-Fachleute und deren Besuch chinesischer industrieller und landwirtschaftlicher Verbraucher. Der letzte Bayer-Besuch in der VR China hatte im Jahr 1964 stattgefunden. Seitdem hatten die technischen Delegationen von Bayer nicht mehr in die VR China reisen dürfen. Die einzige Gelegenheit für Bayer, mit chinesischen Partnern zu sprechen, waren die zweimal im Jahr stattfindenden Kantonmessen. Vor diesem Hintergrund wünschte sich Bayer bessere Kontakte zur VR China.[213] Infolgedessen besuchte Bayer China in Hongkong im Frühjahr 1971 Percy Chen, einen der prominentesten Vertreter der VR China in Hongkong. Chen war Rechtsberater sämtlicher chinesischer Handelsorganisationen in Hongkong. Daneben fungierte er als Kontaktperson zu Ausländern in Hongkong, sowohl zu diplomatischen Vertretern als auch zu Geschäftsleuten sowie der in Hongkong vertretenen ausländischen Presse. Bayer demonstrierte Chen die neuesten Anwendungstechniken und Forschungen und führte Gespräche über die Verbesserung der Geschäftsbeziehungen zwischen Bayer und der VR China.[214]

209 Brief von Bayer China Co, LTD. An Kaufmännisches Zentralbüro, Betr.: Frühjahrmesse Kwangchow 1971, 21.05.1971, BAL: 302-1009.

210 Brief von Bayer China Co, LTD. An Kaufmännisches Zentralbüro, Betr.: Herbstmesse Kwangchow 1971, 26.11.1971, BAL: 302-1009.

211 Brief von kaufmännischen Zentralbüro an Hansen, 19.03.1971, BAL: Sign. 302-1009.

212 Brief von Bayer China Co, LTD. An Kaufmännisches Zentralbüro, Betr.: Herbstmesse Kwangchow 1971, 26.11.1971, BAL: 302-1009.

213 Brief vom kaufmännischen Zentralbüro an Hansen, 19.03.1971, BAL: Sign. 302-1009.

214 Brief von Bayer China Company, Ltd. Hong Kong Department an Farbenfabriken Bayer A. G., Betr.: Mr. Percy Chen/ Besuch in Leverkusen Frühjahr 1971, 18.11.1970, BAL: Sign. 302-1009.

5.5 Zwischenfazit

Die Bundesregierung hatte am Ende der vorangegangen Phase bzw. von 1958 bis 1965 das NRC als *semi-staatlicher Handelspartner* der VR China übernommen. Danach erlebte die BRD einen Regierungswechsel und eine damit verbundene Umorientierung in der Außenpolitik sowie eine Wirtschaftsrezession. Während dieser entscheidenden Phase für die BRD wurde das Thema China-Politik zwar wiederholt zwischen der Bundesregierung und der deutschen Wirtschaft wie auch innerhalb der Bundesregierung diskutiert, die neuen Regierungen der Bundesrepublik hielten aber in Bezug auf ihre Role Performance doch an dem Rollenkonzept aus der letzten Phase fest: Es wurden keine offiziellen Kontakte mit dem Ziel einer Normalisierung der Handelsbeziehungen mit der VR China aufgenommen. Verglichen mit der letzten Phase leistete die Bundesregierung weniger Unterstützung beim China-Handel – die Bundesbürgschaft für die VR China wurde zurückgenommen. Dennoch waren Kontakte und Verhandlungen auf privater und semi-staatlicher Ebene weiterhin erlaubt. Im Vergleich zur Bundesregierung gab es bei den internationalen Akteuren – bei der VR China als the Other und bei den USA sowie der Sowjetunion als Significant Others – in dieser Phase größere Veränderungen.

Wegen der innerparteilichen Kritik an dem Großen Sprung nach vorn begann im Jahr 1966 in der VR China die später auch als zehn Jahre des Chaos (十年动乱) bezeichnete Kulturrevolution. Die Kulturrevolution kann als Resultat des innerparteilichen Kampfes der KPCh betrachtet werden. Sie ging einher mit der größten politischen Säuberung in der chinesischen Geschichte. Vor dem Hintergrund maoistischer Ideale wurden die während der Readjustierung beschlossenen marktorientierten Elemente in Gesellschaft und Wirtschaft wieder beseitigt. Produktion und Verkehr wurden am Anfang der Kulturrevolution von den Roten Garden zerstört oder eingestellt. Aber weil die Agrarwirtschaft nicht stark von der Kulturrevolution betroffen war, war der wirtschaftliche Schaden geringer als beim Großen Sprung nach vorn und war auch erst zwei Jahre nach dem Ausbruch der Kulturrevolution bemerkbar. Die Außenwirtschaft wurde radikal zentralisiert, und das Streben nach umfassender Selbstständigkeit bzw. „self reliance“ wurde stark betont. Obwohl die VR China für ihren neuen Sprung nach vorn bzw. für den Ausbau der Schwer- und Rüstungsindustrie im Landesinneren Anlagen und Güter importieren musste, versuchte sie am Anfang der Kulturrevolution, 1966 und 1967, Distanz zum Ausland zu halten. Die Umorientierung der deutschen Außenpolitik wurde in China wegen des kommunistischen Diskurses als deutsche Invasion im Osten angesehen. Daher weigerte sich die VR China im Jahr 1967 zum ersten Mal, ein offizielles Handelsabkommen mit der BRD zu unterschreiben. Das hieß, dass die VR China ein *inoffizieller Handelspartner* der BRD bleiben wollte. Diese Positionierung änderte sich nach dem Sturz von Lin Biao nicht. Die chinesischen Vertreter verlangten anders als in der vorangegangenen Phase bei Treffen mit der deutschen Wirtschaft oder semi-staatlichen Organen wie dem Ostausschuss nicht mehr nach einer Normalisierung der Wirtschaftsbeziehungen. Im Jahr des Ussuri-Konflikts wurden vor dem Hintergrund der deutschen Ostpolitik eine Reihe von Ostverträgen und auch der deutsch-sowjetische Vertrag unterschrieben. Dies führte dazu, dass die Bundesregierung von der VR China skeptisch beobachtet wurde. Infolgedessen ergriff die VR China nicht die Initiative für eine Annäherung an die BRD. Nichtsdestotrotz kaufte die VR China weiterhin benötigte Waren aus der BRD ein. Es gab keine Wirtschaftssanktionen. Die Rollenerwartung der VR China war, dass die BRD als *inoffizieller Handelspartner* auftreten sollte.

Die USA erlebten in dieser Phase eine große Veränderung in ihrer China-Politik. Bis zum Jahr 1968 blieb die VR China wegen des Vietnamkriegs weiterhin ein *Feind* der USA. Nach dem Regierungswechsel verfolgte der neue Präsident Nixon eine mildere Politik gegenüber Asien einschließlich der VR China. In diesem Jahr brach der Ussuri-Konflikt zwischen der Sowjetunion und der VR China aus. Für die Regierung Nixon bedeutete dies eine Gelegenheit zu einer strategischen Annäherung mit der VR China. Nach dem Sturz von Lin Biao und der Übernahme der Entscheidungsbefugnis durch Zhou En-Lai kam es ab 1971 auch in der Außenpolitik der VR China zu einer leichten Umorientierung. Die VR China kehrte aus der Isolation in die Weltpolitik zurück. Die Annäherung an die USA wurde von China durch die Einladung eines Tischtennis-Teams initiiert. Kurz danach besuchte Nixon die VR China. Die seit zwei Dekaden durch den antagonistischen Status geprägten US-chinesischen Beziehungen wurden verbessert. Infolgedessen unterstützten die USA die VR China statt der Guomindang-Regierung der UNO beizutreten. Die Handelseinschränkungen gegenüber der VR China wurden gelockert. Somit wurde die VR China ab Anfang der 70er Jahre von den USA nicht mehr als *Feind* angesehen. Schon seit der Großen Koalition war die BRD immer unabhängiger von den USA geworden. Mit der Entspannungspolitik der sozialliberalen Koalition gegenüber dem Osten erreichte die BRD eine weitergehende Unabhängigkeit. Vor diesem Hintergrund nahm die Relevanz der deutschen Position gegenüber der VR China für die USA im Vergleich zu den vorangegangenen zwei Phasen ab. So war die Rollenerwartung der USA an die Bundesregierung bezüglich der VR China ab 1969 und insbesondere ab den 70er Jahren *neutral*.

Die Beziehungen zwischen der Sowjetunion und der VR China verschlechterten sich ab Mitte der 50er Jahre und erreichten ihren Tiefpunkt im Jahr 1969. Durch den Ussuri-Konflikt verlagerte sich die Auseinandersetzung zwischen den beiden Ländern von der ideellen und wirtschaftlichen auch auf die militärische Ebene. Die Gründe dafür waren die sowjetische Erweiterung des Machteinflusses im Osten durch die „Breschnew-Doktrin“ und das Festhalten der VR China an ihrem Streben nach Unabhängigkeit. Die VR China wurde vom „kleinen Bruder“ der UdSSR offiziell zu einem *Feind*. Mit der Ostpolitik der BRD wurde die sowjetische Haltung gegenüber der VR China ab 1969 sowohl für die Bundesregierung als auch für die Sowjetunion wichtiger. Obwohl die Sowjetunion keinen direkten Druck auf die Bundesregierung bezüglich des China-Handels und der China-Politik ausübte, konnte die Bundesregierung angesichts des internationalen Kontexts zu der Einschätzung gelangen, dass es die Rollenerwartung der UdSSR an die BRD war, die VR China als *Feind* zu betrachten.

Im Zuge der Wirtschaftsrezession erlebte die deutsche Wirtschaft nach einem kurzen Erfolg im Jahr 1967 einen kontinuierlichen Rückgang des Handelsvolumens mit der VR China. Neben dem wirtschaftlichen Schaden in der VR China wegen der Kulturrevolution spielten für den fehlenden Erfolg der deutschen Unternehmen auf dem chinesischen Markt mehrere Faktoren eine Rolle: ein erhöhter deutscher Preis wegen der Wirtschaftsrezession, Personalsicherheitsprobleme in der VR China, die unausgeglichene Handelsbilanz, die Einfuhreinschränkungen der Bundesregierung gegenüber der VR China, Konvertibilitätsprobleme zwischen RMB und D-Mark, Einreiseschwierigkeiten der deutschen Techniker wegen der fehlenden diplomatischen Beziehungen zwischen den beiden Ländern, das Zurückziehen der Kreditgewährung sowie der Bundesbürgschaft für den China-Handel und die größere Konkurrenz durch andere Westblock-Länder. Obwohl einige Ursachen marktwirtschaftlicher Natur waren, lagen viele doch im Einflussbereich der Bundesregierung und ihrer China-Politik. Die Stimmen aus der deutschen Wirtschaft, die nach einer Normalisierung der Wirtschaftsbeziehungen und nach der Aufnahme diplomatischer Beziehungen mit der VR China verlangten, wurden immer lauter. Durch das Aide-Mémoire von Hufnagel an Scheel war der Wunsch der deutschen Wirtschaft nach einer Normalisierung der Wirtschaftsbeziehungen sowie nach mehr Unterstützung beim China-Handel durch die Bundesregierung nicht mehr zu übersehen. Die Rollenerwartung der deutschen Wirtschaft an die Bundesregierung war somit, gegenüber der VR China als *offizieller Handelspartner* aufzutreten.

Die Bundesregierung war in dieser Phase mit einer Veränderung der Rollenerwartungen aller internationalen Akteure – von the Other und den Significant Others – konfrontiert. Wie die Bundesregierung die „China-Karte" spielen sollte, hatte einen großen Einfluss auf die deutsche Außenpolitik und Wirtschaft. Die Ostpolitik schwächte die nationale Identität der BRD als „normal West European nation state" im Kontext des Kalten Kriegs zwar leicht, veränderte diese aber nicht komplett. Auf die Verbindung zu den USA und die Integration in den Westen wurde nicht verzichtet. Die Beziehung zur Sowjetunion und zum Ostblock war für die Regierung Willy Brandt jedoch wesentlich bedeutender als für die Regierungen davor. Insofern vonseiten der USA weniger Hindernisse bestanden, hätte die Bundesregierung die starke Rollenerwartung der deutschen Wirtschaft, insbesondere unter den Bedingungen der deutschen Wirtschaftsrezession, erfüllen können – allerdings musste die Bundesregierung auch den nach der militärischen Auseinandersetzung 1969 offen gewordenen sowjetisch-chinesischen Konflikt berücksichtigen. Innerhalb der Bundesregierung wurde immer wieder davon gesprochen, die „China-Karte" zu spielen – wie die Bundesregierung diese Karte ausspielte, war entscheidend für die deutsche Außenpolitik. Obwohl viele Westblock-Länder mit der VR China nach deren Eintritt in die UNO diplomatische Beziehungen aufnahmen, musste die Bundesregierung auf die Ratifizierung der Ostverträge warten, da sie nicht riskieren wollte, wegen der China-Politik die gesamte Ostpolitik zu gefährden. Die Rollenerwartung der deutschen Wirtschaft bezüglich der VR China wurde von der Bundesregierung ignoriert. Scheel machte für das Fehlen diplomatischer Beziehungen in der Öffentlichkeit die fehlende Initiative aus China verantwortlich, obwohl die Bundesregierung gemäß dem Wunsch der deutschen Wirtschaft auch selbst die Initiative hätte ergreifen können. Während der China-Anerkennungswelle im Westen nahm die Bundesregierung eine sehr *zurückhaltende Rolle* gegenüber der VR China ein.

6 Die Wirtschaftsbeziehungen zwischen der BRD und der VR China von 1972 bis zur chinesischen Reform- und Öffnungspolitik

6.1 Die Ära der Entspannung beginnt

Die Weltpolitik dieser Phase war durch den Beginn der Entspannung gekennzeichnet. Wegen der durch die jahrelange Aufrüstung verursachten Erschöpfung waren sowohl der Westen als auch der Osten langsam zu einer friedlichen Koexistenz bereit. Auch die deutsch-chinesischen Beziehungen traten im Zuge dieses Trends in eine neue Epoche ein: Nach zwei Dekaden gegenseitiger Beobachtungen, Versuchen und inoffiziellen Verhandlungen nahmen die BRD und die VR China schließlich diplomatische Beziehungen auf. Die Bundesregierung unternahm nach Rücksprache mit der Sowjetunion einen Schritt in Richtung der VR China; die VR China stand zwar weiterhin im Konflikt mit der Sowjetunion, akzeptierte jedoch die deutsche Ostpolitik. Die gegenseitige Annäherung kam auch dadurch zustande, dass die beiden Länder im Vergleich zu vorherigen Phasen wichtigere Rollen in der Weltpolitik spielten: Die VR China hatte ihren Einfluss in Entwicklungsländern vergrößert und war vor der BRD der UNO beigetreten; die BRD als Frontstaat in Westeuropa war ein wichtigeres Mitglied der NATO geworden und trat im Jahr 1973 ebenfalls der UNO bei. Es bestand ein großes Potenzial für die zwei Länder, strategische Partner zu werden.

Auch wirtschaftlich hatte die Aufnahme diplomatischer Beziehungen zwischen der VR China und der BRD eine große Bedeutung. Erst danach konnten die Wirtschaftsbeziehungen zwischen den beiden Ländern normalisiert werden, wie die deutsche Wirtschaft es sich seit Langem gewünscht hatte. Die deutsche Wirtschaft durfte nun offiziell mit amtlicher Unterstützung der Bundesregierung mit der VR China handeln. Die Risiken bei Chinageschäften wurden verringert, z. B. wurde die Wechselkurssicherung von den beiden Staaten geregelt. Mit der Einrichtung von Botschaften und gemischten Handelskommissionen wurde der Austausch von Informationen unterstützt. Die VR China schloss direkt nach der Aufnahme diplomatischer Beziehungen viele Kaufaufträge mit deutschen Unternehmen ab. Mit Ausnahme der Textilindustrie, die in den chinesischen Produkten eine große Konkurrenz sah, profitierte die deutsche Wirtschaft sehr von der Normalisierung der politischen und wirtschaftlichen Beziehungen zwischen der VR China und der BRD.

Abgesehen von der Entspannung der Weltpolitik und von wirtschaftlichen Interessen war das Voranschreiten der deutsch-chinesischen Beziehungen sowohl in politischen als auch in wirtschaftlichen Bereichen vor allem in der chinesischen Politik begründet. Die chinesische Innen- und Außenpolitik war zwar nach wie vor eher instabil, aber im Vergleich zu anderen Phasen war diese Phase stabil. Die KPCh versuchte insbesondere nach Maos Tod, ihren eigenen Weg zur Modernisierung zu finden.

https://doi.org/10.1515/9783111245805-006

6.2 Die chinesische Politik und Wirtschaft 1972–1978

Nach der großen außenpolitischen Umorientierung bzw. der Annäherung an die USA gab es in der VR China weitere Veränderungen. Die Kulturrevolution trat nach dem Sturz von Lin Biao in eine neue Phase ein, endete jedoch erst nach Maos Tod. Die chinesische Wirtschaft vollzog ab 1971 eine neue Umorientierung.

6.2.1 Neuorientierung der chinesischen Wirtschaft und die „Viererbande" (四人帮)

Ab 1972 kam Zhou En-Lai wieder im Wirtschaftsbereich an die Macht. Die Wirtschaftspolitik von Lin Biaos Ära wurde kritisiert. Die 3.-Front-Strategie hatte zwar viel zur Entwicklung der chinesischen Industrie beigetragen, vor allem im Bereich des Verkehrswesens, hatte aber gleichzeitig einen großen negativen Einfluss auf die weitere Entwicklung. Viele Projekte wurden wegen der ideologischen Propaganda ohne gründliche Forschung und Prüfung geplant.[1] Zhou En-Lai zentralisierte gemeinsam mit Deng Xiao-Ping die wirtschaftlichen Entscheidungsbefugnisse wieder und korrigierte die Planziffern.[2] Der Außenhandel wurde unterstützt: Mehr als 20 Billionen RMB für den Import großer Anlagen und für den Wirtschaftsaustausch mit dem Ausland wurden eingeplant.[3]

Die Regulierung von Zhou En-Lai, Deng Xiao-Ping und Chen Yun hatte 1973 einen vergleichsweise hohen wirtschaftlichen Ertrag zur Folge, wurde jedoch im Jahr 1974 durch politische Unruhen bzw. eine Kritikkampagne gegen Konfuzius und Lin Biao (反孔反林) gestört. Die Kampagne war Resultat des neuen innerparteilichen Kampfs – des Machtkampfs zwischen der „Viererbande" und der Fraktion von Zhou En-Lai und Deng Xiao-Ping.[4] Die „Viererbande" bestand aus Jiang Qing, Yao Wen-Yuan, Zhang Chun-Qiao und Wang Hong-Wen, vier Spitzenpolitikern vom linken Flügel der KPCh, die in der Kulturrevolution nach dem Sturz Lin Biaos eine große Rolle gespielt hatten. Nach der Kulturrevolution wurde die „Viererbande" von der KPCh zu Hauptverantwortlichen erklärt und inhaftiert.[5] Die Kampagne wurde von Maos Frau Jiang Qing, der Kernfigur der „Viererbande", mit der Segnung von Mao initiiert.[6] Offiziell kritisierte die KPCh mit der Kampagne Konfuzius und Lin Biao. Zhou En-Lai und seine Fraktion wurden von der „Viererbande" als „Konfuzianer" bezeichnet, und ihr Wirtschaftskonzept wurde als „rechte Wiederauferstehung" abgelehnt.[7] Die „Viererbande" kritisierte

1 Wu 2010: 560 f.
2 Ebenda: 549 f.
3 Ebenda: 580, 583.
4 Liu 2006: 326.
5 Bericht, Betr.: Der Außenhandel der Volksrepublik China, 30.09.1975, Bundesarchiv: B136/12545.
6 Liu 2006: 326.
7 Liu 2006: 326.

die Fraktion Zhou En-Lai dafür, dass Zhou En-Lai den Fokus der KPCh auf den Wirtschaftsausbau der VR China gelegt hatte, und versuchte den Schwerpunkt der Politik wieder auf Revolution und Klassenkämpfe zu legen.[8] In Bezug auf die Bestrebungen der „Viererbande“ nach Revolution und Klassenkampf äußerte sich Mao in der Öffentlichkeit so:

> „Der Beginn der großen poletarischen Kulturrevolution liegt schon acht Jahre zurück, jetzt wäre Stabilität am Platz. Die ganze Partei und die ganze Armee sollen sich zusammenschließen“.[9]

Die Kampagne wurde damit schnell beendet.

Da im Rahmen der Kritikkampagne gegen Konfuzius und Lin Biao Anfang der 70er Jahre die Wirtschaftsentwicklung der VR China kritisiert wurde, wurde die Industrieproduktion beeinträchtigt. Viele Betriebe standen still. Das Verkehrswesen war in einem chaotischen Zustand.[10] Daher lag das Wirtschaftswachstum 1974 um ca. 8 % unter dem des Vorjahres. Die Gesamtwirtschaft ging im Vergleich zum Jahr 1973 zurück, obwohl die Landwirtschaft eine zufriedenstellende Ernte hatte.[11] Der Schwerpunkt der chinesischen Außenwirtschaft lag 1974 trotz der Kritikkampagne gegen Konfuzius und Lin Biao auf dem Handel mit nichtkommunistischen Ländern, der 85 % des Gesamtvolumens ausmachte. Wichtigster Handelspartner war Japan mit einem Handelsvolumen von 3,3 Mrd. US-Dollar, gefolgt von Hongkong mit 1,32 Mrd. US-Dollar. An dritter Stelle waren aufgrund der großen Lieferungen von Agrargütern und Flugzeugen die USA. Die BRD stand an vierter Stelle. Auf die EU-Staaten entfielen ca. 15 % des chinesischen Importes. Die VR China importierte immer weniger fertige Güter; stattdessen wurden Maschinen, Anlagen und Technologien der Schwerpunkt des chinesischen Imports. In den Jahren 1973 und 1974 importierte die VR China aus nichtkommunistischen Ländern insgesamt 60 komplette Anlagen für die Energiewirtschaft, Petrochemie, die Kunstdüngerproduktion sowie die Kunstfaser- und Schwerindustrie. Eine solche Importstrategie entsprach langfristig dem Prinzip der Wirtschaftsselbstständigkeit bzw. „self reliance“: Nur mit eigenen Produktionstechniken auf Weltniveau konnte die VR China die Autarkie erreichen. Die chinesischen Exporte betrafen 1974 zu 50 % Halb- und Fertigwaren, zu rund 30 % Rohstoffe und chemische Vorprodukte und zu knapp 20 % Nahrungsmittel und Getreide. Trotz des im internationalen Vergleich geringen Volumens gewann der Erdölexport eine zunehmende Bedeutung für den Ausgleich der chinesischen Handelsbilanz.[12]

Im Jahr 1972 wurde bei Zhou En-Lai Krebs diagnostiziert. Infolgedessen wurde am 4. Oktober 1974 einer der wichtigsten Protagonisten der chinesischen Wirtschaftsgeschichte, Deng Xiao-Ping, der während der Kulturrevolution zum Opfer der politischen

8 Ebenda.
9 Ebenda: 405.
10 Liu/ Wu 1988: 400.
11 Bericht, Betr.: Die Wirtschaft der Volksrepublik China, 30.09.1975, Bundesarchiv: B136/12545.
12 Bericht, Betr.: Der Außenhandel der Volksrepublik China, 30.09.1975, Bundesarchiv: B136/12545.

Säuberungen geworden war, von Mao zum „Ersten Stellvertretenden Ministerpräsidenten des Staatsrates“[13] ernannt. Auf der II. Tagung des X. Zentralkomitees (ZK) der Partei im Jahr 1975 wurde Deng Xiao-Ping stellvertretender Vorsitzender des ZK und Mitglied des Ständigen Ausschusses des Politbüros.[14] Deng Xiao-Pings Wirtschaftskonzept sah vor, „die Landwirtschaft als Grundlage und die Industrie als führenden Faktor zu betrachten“ [15]. Transportwesen, Leichtindustrie und Außenhandel sollten laut Deng „sorgfältig“ geplant werden.[16] Investitionen in der Erdölindustrie wurden vorrangig behandelt. Die erste lange Erdölleitung in der chinesischen Geschichte wurde in dieser Phase in Betrieb genommen. Die chemische Industrie konzentrierte sich vor allem auf die Produktion von Düngemitteln und Kunststofferzeugnissen. Der Industrie der elektrischen Energie widmete die KPCh ebenfalls große Aufmerksamkeit. Die Leicht- und die Maschinenindustrie verzeichneten einen weiteren Anstieg. Obwohl die VR China Kredite in Form von Zahlungszielen akzeptierte, wurden nur etwa 50 % der Anlagenkäufe des Jahres 1974 auf der Basis von fünf Jahren Zahlungsziel getätigt.[17] Außerdem schlug Deng erneut die von Zhou En-Lai im Jahr 1964 erstmals empfohlene Politik der „vier Modernisierungen“ (四个现代化) vor und kritisierte die ideologisch geprägte Wirtschaftsplanung während der Kulturrevolution.[18] Die „vier Modernisierungen“ bezeichneten das Streben nach einer Modernisierung der Industrie, der Landwirtschaft, der Verteidigung und der Wissenschaft sowie Technik.[19]

Mao reagierte ablehnend auf die „vier Modernisierungen“ und initiierte eine Kampagne zum „Kampf gegen den Wind von rechts“. Durch die Kampagne wurden die kommerziellen Aktivitäten sowie marktwirtschaftliche Elemente wieder eingeschränkt, Gehaltsunterschiede wurden minimiert und westliche Lebensstile wurden kritisiert.[20] Der „Kampf gegen den Wind von rechts“ war die letzte Kampagne der Kulturrevolution[21] und auch die letzte Kampagne, die Mao initiierte. Die chinesische Gesellschaft und Wirtschaft wurden erneut belastet: Viele Menschen wurden inhaftiert, und die Produktion in vielen Bereichen geriet wieder kurz in Chaos.[22] Obwohl die politische und wirtschaftliche Situation in der VR China in dieser Phase recht instabil war, blieben die Außenwirtschaftsbeziehungen mit den westlichen Ländern weiterhin stabil, sodass es trotz des Chaos der Endphase der Kulturrevolution zu vielen Handelsabschlüssen kam: Insgesamt 27 Projekte, die den Import von Anlagen betrafen, wurden im Rahmen des vierten Fünfjahresplans gestartet: dreizehn Chemieanlagen für die

13 Liu/ Wu 1988: 405.
14 Ebenda: 407; Wu 2010: 565.
15 Ebenda: 408.
16 Ebenda.
17 Bericht, Betr.: Die Wirtschaft der Volksrepublik China, 30.09.1975, Bundesarchiv: B136/12545.
18 Awater 1998: 151.
19 Goodman 1990: 97.
20 Wu 2010: 600.
21 Liu/Wu 1988: 417.
22 Wu 2010: 601.

Landwirtschaft, neun Chemieanlagen für die Leichtindustrie, vier Anlagen für die Energieindustrie und eine Anlage für die Metallbearbeitung.[23]

6.2.2 Die Suche der VR China nach einem eigenen Entwicklungsweg

Die Kulturrevolution endete offiziell nach Maos Tod im Jahr 1976 mit der Verhaftung der „Viererbande“. Das Ende der zehnjährigen Kulturrevolution und die Kritik an den Idealen der maoistischen radikalen Linken innerhalb der KPCh waren Voraussetzungen für die Reform- und Öffnungspolitik unter Deng Xiao-Ping in den 80er Jahren.[24] Seit dem Tod Maos herrschten in der VR China innenpolitisch Frieden, Ordnung und Disziplin. Es gab nur mehr oder weniger interne Auseinandersetzungen unter den verschiedenen Parteifraktionen über die maoistische Ideologie. Nach außen machte die chinesische Regierung in der Übergangsphase jedoch einen stabilen Eindruck.[25]

Nach dem Tod Maos wurde erneut die Wirtschaftsstrategie der „vier Modernisierungen“ betont.[26] Widerspruch dagegen wurde durch die Verhaftung der „Viererbande“ beseitigt. Ab diesem Zeitpunkt bedeutete der Begriff „Revolution“ für die KPCh nicht mehr den Klassenkampf, sondern technische und wissenschaftliche Innovationen. Die „Viererbande“ hatte den kulturellen und wirtschaftlichen Austausch mit dem Westen als „nationale Inferiorität“ kritisiert. Nach dem Sturz der „Viererbande“ veränderte sich der diesbezügliche Diskurs in der VR China. Der neue Parteivorsitzende glaubte, dass die VR China die Modernisierungen ohne Außenwirtschaft und internationalen technischen Austausch nicht erzielen könne. Die strikte Autarkiepolitik wurde kritisiert, während der Waren- und Technikaustausch mit dem Westen befürwortet wurde. So gingen die chinesischen Medien dazu über, die Entwicklung der chinesischen Außenwirtschaft zu propagieren. Die KPCh plante auch, chinesische Studenten in den Westen zu senden, um die neuen Technologien zu studieren.[27]

Aber die chinesische Wirtschaft erlebte im Jahr 1976 wegen der schlechten Ernte und des großen Erdbebens in Tangshan, bei dem fast 250.000 Menschen ums Leben kamen, einen leichten Rückgang. Dieser auf die Naturkatastrophe zurückzuführende Rückgang war aber nur kurzfristig. Im März 1977 wurde die Wirtschaftspolitik der „Ordnung aus dem Chaos“ (拨乱反正) verkündet. Dabei wurden linksradikale Wirtschaftsideologien und anti-intellektuelle Überlegungen weiter kritisiert. Neue wirtschaftliche Richtlinien wurden festgelegt: Mehr marktwirtschaftliche Elemente sollten wieder eingeführt werden; die Wissenschaft wurde als Treibstoff für die Entwicklung

23 Department of Comprehensive Statistics of National Bureau of Statistics 1984: 377.

24 Awater 1998: 174.

25 Reisebericht über den Besuch des Präsidenten des Bundesverbandes der Deutschen Industrie e. V., 05.1976, BAL: 302-1010; Becker/ Straub: 2007.

26 Schmidt-Glintzer 2006: 93 ff.

27 Fernschreiben an 341 aus Peking, 17.10.1978, Bundesarchiv: B102/215200.

der Wirtschaft angesehen; Gehälter wurden an die Leistung gekoppelt; Steuern für die Agrarwirtschaft wurden abgeschafft; die Bedeutung der Außenwirtschaft und des Austauschs mit anderen Ländern wurden wieder betont.[28] Vor dem Hintergrund dieses neuen Diskurses reisten mehrere chinesische Wirtschaftsdelegationen in den Jahren 1977 und 1978 ins Ausland. Im Jahr 1978 wurden 85,6 Mrd. US-Dollar für den Import von Anlagen und Technologie eingeplant. Das chinesische Handelsvolumen stieg 1977 um 12 % und 1978 um 20 %.[29]

Trotz der Expansion der chinesischen Außenwirtschaft gab es für ausländische Unternehmen weiterhin viele Einschränkungen: Joint Ventures in der VR China waren noch immer verboten; die chinesische Regierung war nicht bereit, Rohstoffe in großen Mengen zu exportieren; die Aufnahme direkter Kredite von ausländischen Finanzinstituten wurde weiterhin abgelehnt; Ausländer durften in der VR China nicht auf der Managementebene arbeiten. Die von der chinesischen Seite als „deferred payment“ bezeichneten Zahlungsziele blieben eine der zentralen Finanzierungsmöglichkeiten für den Handel zwischen der VR China und dem Westen. Im Juli 1978 erlaubte die KPCh schließlich, Kredite bei ausländischen Banken für 1979 und 1980 aufzunehmen.[30] Im Oktober 1978 kündigte die Bank of China einer britischen Industriedelegation an, dass China nicht nur zur Aufnahme von Bankkrediten, sondern auch von Regierungskrediten bereit sei.[31]

Das maoistische Wirtschaftskonzept, das in der VR China über drei Dekaden bestimmend gewesen war, wurde zwar kritisiert und weitgehend korrigiert – es wurde aber nicht vollständig darauf verzichtet: Die Volkskommunen existierten weiter, die chinesische Wirtschaft war weiterhin durch Kollektivität geprägt, und das Planwirtschaftssystem wurde beibehalten. Die KPCh war vorsichtig in Bezug auf die Einführung der Marktwirtschaft. Zwar wurde die Außenwirtschaft unterstützt, aber die KPCh beharrte weiterhin auf dem Prinzip der Selbstständigkeit. Dennoch suchte die VR China mit großer Vorsicht nach neuen Wegen für eine Weiterentwicklung ohne Mao. Es brach langsam eine neue Ära an.

6.2.3 Die chinesische Außenpolitik 1972–1978

Nach dem Ende des Vietnamkriegs und dem Beitritt zur UNO trieb die VR China Anfang der 70er Jahre eine milde und freundliche Außenpolitik. Die KPCh hörte auch auf, in neue militärische Projekte zu investieren. Investitionen dienten schwerpunktmäßig

28 Wu 2010: 616 ff.

29 Fernschreiben an 341 aus Peking, 17.10.1978, Bundesarchiv: B102/215200.

30 Chinese foreign policy in the post-Mao era by Harry Harding Stanford University December 1978, distributed by The China Council of The Asia Society, BAL: 302/972.

31 Fernschreiben an 341 aus Peking, 17.10.1978, Bundesarchiv: B102/215200.

dazu, bereits begonnene Wirtschaftsprojekte erfolgreich zu Ende zu bringen.[32] Nach Maos Tod ordnete die KPCh die VR China unverändert der Gruppe der Entwicklungsländer zu und hielt weiterhin Distanz zu den beiden Großmächten. Die VR China kritisierte die Polarisierung der Weltpolitik, nutzte diese politische Situation aber durch ihre wechselnden Akzente auch aus, um eigene weltpolitische Interessen zu verfolgen.[33]

In der chinesischen Außenpolitik galt die Sowjetunion weiterhin als Feind. Die sogenannte Sonnenfeldt-Doktrin, wonach die USA eventuell dazu tendierten, die Hegemonie der Sowjetunion im Osten anzuerkennen, um eine Entspannung im Kalten Krieg zu erreichen, wurde von Peking kritisiert.[34] Diese Aussage der Sonnenfeldt-Doktrin wurde später als eine „öffentliche Skandalisierung" gekennzeichnet.[35] Die VR China lehnte auch jede politische oder wirtschaftliche Unterstützung der UdSSR ab, obwohl der technische und wirtschaftliche Austausch mit dem Ausland von der KPCh als wichtig eingeschätzt wurde.[36] Trotz der in den Medien dargestellten Distanz versuchte die VR China die Wirtschaftsbeziehungen mit den USA zu verstärken. Das Handelsvolumen zwischen der VR China und den USA verdoppelte sich im Jahr 1977 gegenüber dem Vorjahr. Mit Japan unterzeichnete die VR China einen neuen Freundschaftsvertrag. Damit wurden die freundlichen politischen sowie wirtschaftlichen Beziehungen zwischen den beiden Ländern bestätigt. In der Folge stieg das Handelsvolumen zwischen Japan und der VR China schnell an. Im Februar 1978 wurde ein neues Handelsabkommen zwischen Japan und der VR China mit einer Laufzeit von acht Jahren und einem Wert von mehr als 20 Mrd. US-Dollar abgeschlossen. Außerdem erklärte die KPCh, dass die VR China die ASEAN-Länder mehr unterstützen werde.[37]

Die VR China versuchte zudem weiterhin, ihren Einfluss auf die Entwicklungsländer zu verstärken. Die Entwicklungshilfe war stets eine wichtige Strategie der VR China gewesen, um politisch Einfluss auf die Dritte Welt zu nehmen und Devisen sowie Ressourcen zu gewinnen. Von 1965 bis 1969 erlebte die VR China wegen der Kulturrevolution auch Rückschläge in Bezug auf ihre Entwicklungshilfe: Einige Länder gaben die Zusammenarbeit mit der VR China wegen der instabilen chinesischen Innenpolitik auf, und das chinesische Hilfspersonal wurde vertrieben. Die VR China war wegen des Chaos der Kulturrevolution nicht in der Lage, weitere Entwicklungshilfe anzubieten. Ab 1970 versuchte die chinesische Regierung, das in den Jahren zuvor verloren gegan-

---

32 Wu 2010: 557.

33 Bericht, Betr.: Politische Beziehungen zur Volksrepublik China, 30.08.1975, Bundesarchiv: B136/12545.

34 Möller 2007: 526; Zeitungsartikel: „Sonnenfeldt doctrin – East Europe fears the worst", Dornberg 1976, In: The Montreal Gazette, 21.04.1976.

35 Bange 2013: 97.

36 Reisebericht über den Besuch des Präsidenten des Bundesverbandes der Deutschen Industrie e. V., 05.1976, BAL: 302-1010.

37 Chinese foreign policy in the post-Mao era by Harry Harding Stanford University December 1978, distributed by The China Council of The Asia Society, BAL: 302/972.

gene Terrain in Entwicklungsländern zurückzugewinnen. Neue Hilfszusagen erreichten mit rund 1 Mrd. US-Dollar einen Höchststand.[38] 1974 erkannte die KPCh allerdings die Belastung, die für die VR China durch die Entwicklungshilfe entstand, und senkte die Summe wieder.[39]

Die VR China war weiterhin freundlich gegenüber Europa eingestellt und unterstützte offiziell die Aufrüstung in Westeuropa. Die KPCh war für eine militärische Verstärkung der NATO und sogar für den Atomwaffeneinsatz von Westeuropa im Falle einer Invasion durch die Sowjetunion. Nach Maos Tod verbesserten sich die Beziehungen zwischen der UdSSR und der VR China kurzfristig, 1978 kam es jedoch zu einer erneuten Verschlechterung. Die KPCh war der Ansicht, die UdSSR habe direkten militärischen Druck gegen die VR China ausgeübt, indem sie China durch die Ausweitung des sowjetischen Einflusses in Afghanistan und Südostasien geografisch einzukreisen versucht habe. Eine militärische Auseinandersetzung wie der Ussuri-Konflikt brach aber nicht aus.[40]

Die Veränderungen in der chinesischen Außenpolitik waren weniger eindeutig als jene in der chinesischen Wirtschaft. Die neue Regierung nach Mao bemühte sich weiterhin durch die Annäherung an alle möglichen Länder mit Ausnahme der Sowjetunion um eine Integration in die Weltpolitik.

6.3 Die Wirtschafts- und Außenpolitik der BRD 1972–1978

Während die VR China versuchte, ihren eigenen Weg für die Weiterentwicklung zu finden, bemühte sich die Bundesregierung weiter, aus der Wirtschaftskrise herauszukommen. Mit dem keynesianischen Konzept versuchte sie zusammen mit der Bundesbank, die BRD vor den Folgen des Weltwirtschaftsrückgangs und der Ölkrise zu bewahren.

6.3.1 Die deutsche Krisenpolitik unter Helmut Schmidt

Im Mai 1973 wurde das zweite Stabilitätsgesetz verabschiedet: Ein ca. zehnprozentiger Stabilitätszuschlag wurde von den Einkommenssteuerpflichtigen außer von Geringverdienern erhoben; eine elfprozentige Investitionssteuer wurde vorgeschrieben; die öffentlichen Ausgaben wurden gekürzt.[41] Die Bekämpfung der Inflation blieb eine zentrale Aufgabe der Bundesregierung.[42] 1973 endete der weltweite Wirtschaftsauf-

38 Bericht über die Entwicklungshilfe der VR China, 28.08.1975, Bundesarchiv: B136/12545.

39 Wu 2010: 587.

40 Chinese foreign policy in the post-Mao era by Harry Harding Stanford University December 1978, distributed by The China Council of The Asia Society, BAL: 302/972.

41 Weimer 1998: 238.

42 Zohlnhöfer 2006: 295.

schwung, der nach dem Zweiten Weltkrieg begonnen hatte. Die Preise auf dem Weltrohstoffmarkt stiegen massiv, sowohl für die Industrieproduktion als auch für Nahrungsmittel. Die Einschränkung der Ölexporte in die westlichen Industriestaaten aus den arabischen Ölländern im Oktober 1973 sorgte für einen weiteren Abschwung der Weltwirtschaft,[43] wovon auch die deutsche Wirtschaft betroffen war. Gleichzeitig verlangten die Gewerkschaften wegen der hohen Inflation eine starke Lohnerhöhung. Im öffentlichen Dienst und im Bereich Transport und Verkehr verlangten die Gewerkschaften eine Lohnerhöhung von 17 %.[44]

Im Mai 1974 trat Willy Brandt zurück. Der neue Bundeskanzler Helmut Schmidt und Wirtschaftsminister Friderichs betonten die Bedeutung weiterer Investitionen und waren bereit, dafür weitere Gelder aus dem Haushalt auszugeben. Ein großes Problem für die neue Regierung war aber in diesem Zusammenhang, dass der Haushalt die geplanten Staatsausgaben nicht hergab. Die BRD litt in den Jahren 1974 und 1975 weiterhin unter der Wirtschaftsrezession. Ende 1974 wurde ein großes Konjunkturprogramm verabschiedet. Die Bundesregierung plante, 1,13 Mrd. D-Mark für Investitionen im Energiesektor, für den Hochbau, die Bundesbahn, Fernstraßen und für den Grenzschutz auszugeben. Die Gewerkschaften und die Bundesbank unterstützten das Programm. Die Gewerkschaften hielten sich mit Lohnforderungen zurück.[45] Die Arbeitslosigkeit war jedoch weiterhin sehr hoch, und die Kaufkraft ging weiter zurück.[46] Der Begriff „Minus-Wachstum“ wurde oft in den deutschen Medien gebraucht, um die deutsche Wirtschaft in dieser Phase zu beschreiben. Das „Minus-Wachstum“ bezeichnet den Rückgang des Wachstums bzw. eine weitere Rezession. 1975 betrug das „Minus-Wachstum“ ca. 3 %.[47] Mehr als eine Million Menschen waren im Jahr 1975 arbeitslos.[48]

Im August 1975 beschloss die Bundesregierung trotz des Haushaltsdefizits ein Programm zur Stärkung von Bauprojekten und andere Investitionen in Höhe von 5,75 Mrd. D-Mark.[49] Zwar versuchte die Bundesregierung die deutsche Wirtschaft mit Beihilfen zu unterstützen, solche Verfahren konnten jedoch nicht das Interesse der deutschen Unternehmen sicherstellen, weitere Investitionen in die Expansion ihrer Geschäfte vorzunehmen. Viele Unternehmen nutzten die Staatsunterstützung zu arbeitssparenden Rationalisierungsinvestitionen, statt die Produktion zu erweitern. Die internationale sowie innerstaatliche Konkurrenz zwang die deutschen Unternehmer, Profit nicht nur im Bereich technischen Fortschritts, sondern auch mittels Kostensenkungen durch Gehaltsverringerung und Arbeitsplatzreduzierung zu erzielen. Um

43 Weimer 1998: 245.
44 Ebenda: 254.
45 Weimer 1998: 259.
46 Wildmann 2007: 113.
47 Weimer 1998: 250.
48 Thränhardt 1996: 209; Von Prollius 2006: 185.
49 Weimer 1998: 262.

das Problem der Arbeitslosigkeit zu lösen, versuchte die Bundesregierung, durch die Steigerung der Gesamtproduktion den Wiedereinsatz der Arbeitskräfte zu erreichen. Die Steigerung der Gesamtproduktion war jedoch nicht die Lösung der Krise, da es nicht zu einer Steigerung des Konsums kam. Die Schwierigkeiten, Güter abzusetzen, wurden größer.[50] Die Regierung Schmidt unterstützte den Freihandel, freien Kapitalverkehr und stabile Wirtschaftsbeziehungen sowohl zum Westen als auch zum Osten.[51] Vor diesem Hintergrund erreichte das deutsche Exportvolumen Mitte der 70er Jahre einen neuen Höhepunkt, stagnierte aber dann wegen der internationalen Konkurrenz und des Zusammenbruchs des Bretton-Woods-Systems wieder. Weitere Probleme bestanden in Bezug auf die Versorgung mit Rohstoffen.[52] Wegen der ersten Ölkrise war der Preis für wichtige Rohstoffe stark erhöht – und damit verbunden auch die Energiekosten. Die Kaufkraft verringerte sich weiter.[53] In den darauffolgenden Jahren sorgte das Konjunkturprogramm aber dann doch für einen Wachstumsschub.[54] Ab 1976 erhöhte sich die Kaufkraft wieder. Das Sozialprodukt stieg im Jahr 1976 um 5 %,[55] und die Arbeitslosigkeit hatte sich bis zum Jahr 1979 auf ca. 900.000 Menschen reduziert.[56] Aber die deutsche Wirtschaftskrise war noch lange nicht vorbei.

Neben der Unterstützung durch die großen Haushaltsausgaben der Bundesregierung spielte auch die Bundesbank in dieser Phase eine entscheidende Rolle. Die Voraussetzung der Politik der Bundesbank war der Zusammenbruch des Bretton-Woods-Systems. Im August 1971 beschlossen die USA, US-Dollar nicht mehr gegen Gold einzulösen.[57] Wegen des langjährigen Kriegs in Vietnam und der stetigen Ausweitung der Rüstungsindustrie waren die USA seit Ende der 60er Jahre in Zahlungsbilanzdefizite geraten. US-Dollar waren für die Finanzierung des Kriegs in großer Menge gedruckt worden. Daher war die Menge an US-Dollar auf dem internationalen Finanzmarkt und im internationalen Handel stark angestiegen. Die BRD war besonders betroffen: Das exportorientierte Wirtschaftssystem führte dazu, dass US-Dollar zunehmend in die BRD flossen. Von Ende 1969 bis Ende 1972 verdreifachten sich die Währungsreserven der Bundesbank, wobei sich die US-Dollar-Reserven verneunfachten. Dies führte zu höherer Inflation in der BRD. Obwohl die Bundesregierung durch Erlassen mehrerer Regeln – wie des Verbots ausländischer Spekulationsgelder und der Einführung einer Genehmigungspflicht für die Aufnahme ausländischer Kredite – versuchte, den Währungsüberschuss zu verringern, stieg die Inflationsrate weiter.[58] Aufgrund der starken entsprechenden Forderung der Bundesbank trat die BRD 1973 aus dem Bret-

50 Walter 1998: 242 ff.
51 Von Prollius 2006: 185.
52 Glastetter/ Paulert/ Spörel 1983: 476.
53 Frankfurter Allgemein 2003: Rezessionen in der Bundesrepublik.
54 Thränhardt 1996: 211 f.
55 Weimer 1998: 265.
56 Thränhardt 1996: 211 f.
57 Bührer 2002.
58 Von Prollius 2006: 193 ff.; Weimer 1998: 235 f.

ton-Woods-System aus. Damit wurde der feste Wechselkurs zwischen US-Dollar und D-Mark aufgehoben.[59] Der Austritt der BRD aus dem Bretton-Woods-System bedeutete das offizielle Ende des Weltwährungssystems, das den Wechselkurs zwischen US-Dollar und westeuropäischen Währungen festlegte und dessen Ziel es war, den Währungsabwertungswettlauf unter Westblock-Ländern im internationalen Handel zu vermeiden.

Mit dem Zusammenbruch des Bretton-Woods-Systems konnte die Bundesbank die D-Mark nach außen stark aufwerten, während Lira, Franc, Sterling und US-Dollar stark abgewertet wurden. Unter anderem deswegen stagnierte der deutsche Export. Zugleich ermöglichte es der BRD, trotz der Erhöhung des Ölpreises weiter Rohstoffe und andere Güter zu importieren.[60] Nach innen trieb die Bundesbank eine preisniveaustabilisierende Geldmengenpolitik. Die Steuerung der Wirtschaft ging teilweise an die Bundesbank über, die die Preisstabilität wahren sollte.[61] Ende 1974 beschloss die Zentralbank ein strenges Geldmengenziel, um die hohe Inflation zu reduzieren.[62] Die Inflationsrate sank dadurch von 1976 bis 1978 auf 2,7 %.[63] Eine kontraktive Geldpolitik führte jedoch zu einer sinkenden Liquidität auf dem Markt, wodurch der Druck auf die Unternehmen, die Kosten zu reduzieren, verschärft wurde.[64] Sie trug auch zur Massenarbeitslosigkeit bei.[65] Die Bundesregierung setzte zunehmend weniger Vertrauen in das keynesianische Konzept.

Die Bundesregierung unterstützte die deutsche Wirtschaft zwar zwischen 1974 und Anfang 1977 mit mehr als 60 Mrd. D-Mark, dies führte trotz eines kleinen Aufschwungs 1976 jedoch zu keinem großen Erfolg.[66] In dieser Phase wurden die Sozialausgaben wegen der Krise deutlich erhöht: Das Arbeitslosengeld wurde im Dezember 1974 auf 68 % erhöht, die Arbeitslosenhilfe auf 58 %; die Sozialrenten wurden um 11,21 % erhöht; 1975 wurden kleine und mittlere Einkommen steuerlich entlastet; das Renteneintrittsalter wurde flexibilisiert. Ab 1976 wurden von der Bundesregierung umfangreiche Sparmaßnahmen beschlossen: Der Beitragssatz in der Arbeitslosenversicherung und auch die Mehrwertsteuer wurden erhöht; im öffentlichen Dienst kam es zu einer Reduzierung des Personals und Beförderungen wurden gestoppt; Steuervergünstigungen und Subventionen wurden abgebaut und weitere Ausgaben wurden gekürzt.[67] Dadurch wurde das Haushaltsdefizit der Bundesregierung verringert. Zwar be-

59 Autor nicht bekannt 1973: Das Ende von Bretton Woods. Als die Kurse schwanken lernten. In: Bundesbank Magazin 4/2013. Online im Internet: https://www.bundesbank.de/Redaktion/DE/Themen/2013/2013_10_14_das_ende_von_bretton_woods.html. Datum: 02.01.2017.

60 Thränhardt 1996: 211 f.

61 Walter 1998: 244.

62 Weimer 1998: 272.

63 Thränhardt 1996: 211 f.

64 Von Prollius 2006: 182.

65 Weimer 1998: 272.

66 Walter 1998: 242 ff.

67 Kistler 1986: 337 ff.

fand sich auch die BRD in dieser Phase noch in der Wirtschaftsrezession, aber in Anbetracht der weltweiten Wirtschaftskontraktion war die deutsche Wirtschaft im Vergleich zu anderen Ländern relativ stabil.[68]

Wegen des großen Haushaltsdefizits wurde das Konjunkturprogramm der Schmidt-Regierung immer mehr kritisiert. Eine große Debatte fand im Bundestag statt.[69] Die antizyklische Finanzpolitik wurde infrage gestellt.[70] Mit dieser hatte die Bundesregierung seit 1966 versucht, die konjunkturellen Ausschläge durch die Globalsteuerung der Wirtschaft zu glätten, um die wirtschaftliche Entwicklung zu verstetigen. Das „magische Viereck" – Vollbeschäftigung, Geldwertstabilität, Wirtschaftswachstum und außenwirtschaftliches Gleichgewicht – war offiziell gescheitert. Die Wirtschaftskrise konnten die Große Koalition sowie die sozialliberale Koalition mit dem keynesianischen Konzept nicht überwinden.[71] Die Stimulierung der Nachfrage durch hohe Lohnabschlüsse und künstlich unterdrückte Inflation war nicht erfolgreich. Ende der 70er Jahre setzte die Bundesregierung bei der Wiederbelebung der deutschen Wirtschaft schließlich auf eine steuerliche Entlastung der Unternehmen. Die Staatsverschuldung wurde gesenkt und Ausgaben für sozialpolitische Zwecke wurden reduziert. Trotzdem erzielte die Bundesregierung keinen Erfolg. Damit kam auch die sozialliberale Koalition an ihr Ende.[72]

6.3.2 Die deutsche Außenpolitik 1972–1978

1972 wurden die Ostverträge von Moskau und Warschau vom Bundestag ratifiziert; Bundespräsident Heinemann unterschrieb die Ratifikationsgesetze.[73] Durch die Unterzeichnung und das Inkrafttreten der Ostverträge wurde die Oder-Neiße-Linie von der Bundesregierung als Grenze zu Polen anerkannt. Die Ostverträge wurden von den westlichen Alliierten und besonders von den USA begrüßt; starker Widerspruch kam dagegen aus der CDU/CSU, die die Ostverträge als „Ausverkauf deutscher Interessen" bewertete. Aus der Perspektive der CDU/CSU war die deutsche Wiedervereinigung wegen der Ostverträge gefährdet. Die Regierung Willy Brandt sah im Gegensatz dazu die einzige Hoffnung für die deutsche Wiedervereinigung und den Weg nach Berlin in einer Entspannung mit dem Osten. Letztendlich einigten sich der CDU-Vorsitzende Rainer Barzel und Brandt auf einen Kompromiss. Die Abgeordneten der CDU/CSU ließen die Ratifizierung der Verträge durch Stimmenthaltung passieren.[74] Nach der Ratifizie-

68 Thränhardt 1996: 210.
69 Von Prollius 2006: 187.
70 Walter 1998: 242 ff.
71 Bundesministerium für Wirtschaft und Energie 2019: Die wirtschaftspolitische Entwicklung von 1949 bis heute.
72 Bührer 2002.
73 Zeit Online 1972: Bundestag ratifizierte die Ostverträge.
74 Deutsche Bundestag: Historische Debatten (6): Ostverträge.

rung der Ostverträge ergab sich für die Bundesregierung ein größerer Spielraum in der Weltpolitik. Zudem wurde ein Hindernis für die Aufnahme diplomatischer Beziehungen zur VR China beseitigt.

Abb. 5: Oder-Neiße-Linie[75]

Nach dem Inkrafttreten der Ostverträge trat die BRD 1973 in die UNO ein. Dadurch wurden die außenpolitischen Orientierungen der Bundesregierung neu definiert: Die Aufgabe der BRD in der UNO war es hauptsächlich, an der globalen Friedenssicherung und der weiteren Entspannung mitzuwirken. Außerdem sollte die Bundesregierung in der Weltpolitik dazu beitragen, die Beziehungen zwischen den Industrieländern und der Dritten Welt neu zu gestalten, Menschenrechte durchzusetzen und wirtschaftliche und soziale Fortschritte zu fördern. Auch die Deutsche Frage blieb aber weiterhin ein bestimmendes Thema.[76]

Neben dem Beitritt in die UNO war auch die Konferenz über Sicherheit und Zusammenarbeit in Europa (KSZE) von Bedeutung für die deutsche Außenpolitik. Fast gleichzeitig mit der Ratifizierung der Ostverträge entschieden sich die NATO und der Warschauer Pakt dazu, die KSZE einzuberufen, um über die beiderseitige Truppenreduzierung zu verhandeln. Diese Verhandlungen dauerten mehr als zwei Jahre, 1975 wurde die Schlussakte unterzeichnet. Sie sah vor, dass die 35 Unterzeichnerstaaten bestimmte politisch-moralische Regeln einhalten und unter anderem in den Bereichen Sicherheit, Wirtschaft, Wissenschaft, Technik, Umwelt und bei humanitären Angelegenheiten zusammenarbeiten sollten. Durch die KSZE wurde die Konfrontation zwi-

---

75 Brandenburgische Landeszentrale für politische Bildung: Die deutsch-polnische Grenze. URL: https://www.politische-bildung-brandenburg.de/themen/nachbar-polen/die-deutsch-polnische-grenze. Datum: 28.06.2023.

76 Kistler 1986: 376.

schen der NATO und dem Warschauer Pakt, die seit Beginn des Kalten Kriegs bestanden hatte, abgebaut. Die KSZE-Schlussakte war zwar kein Friedensvertrag, hatte aber eine ähnliche Funktion.[77] Sowohl die BRD als auch die DDR nahmen an der KSZE teil. Die KSZE wurde von der Bundesregierung als eine Möglichkeit angesehen, die deutschen Grenzkonflikte friedlich zu lösen. Während der KSZE-Verhandlungen besuchten Schmidt und der deutsche Außenminister Genscher offiziell die Sowjetunion. Trotzdem strebte die Regierung Schmidt weiterhin eine feste Einbindung der BRD in das westliche Bündnis und eine Stabilisierung des Status quo in der Weltpolitik an.[78]

6.4 Die politischen und wirtschaftlichen Beziehungen zwischen der VR China und der BRD von 1972 bis zur chinesischen Reform- und Öffnungspolitik

6.4.1 Die Entwicklung der Handelsbeziehungen zwischen der VR China und der BRD während der Ära der Entspannung

Nach der Ratifizierung der Ostverträge wurden im Jahr 1972 unverzüglich diplomatische Beziehungen zwischen der BRD und der VR China aufgenommen. Die Wirtschaftsbeziehungen zwischen der BRD und der VR China in den 70er Jahren bis zur Umsetzung der Reform- und Öffnungspolitik waren laut Leutner von „der Unterzeichnung mehrerer Verträge und einer beträchtlichen Zunahme im Handelsverkehr gekennzeichnet".[79] Die BRD war trotz der Wirtschaftskrise nach Japan, den USA und Hongkong der viertgrößte Handelspartner der VR China.[80] Das Handelsvolumen zwischen der BRD und der VR China stieg nach der gegenseitigen diplomatischen Anerkennung deutlich. Das Exportvolumen von der BRD nach China stieg im Jahr 1973 um ca. 50 %. Im Jahr 1974 betrug das deutsche Exportvolumen in die VR China zum ersten Mal über 1.000 Mio. D-Mark (siehe Tabelle 1 im Anhang). Im Jahr 1975 fand die TECHNOGERMA als erste Ausstellung der deutschen Industrie in Peking statt, bei der den chinesischen Unternehmen und Endverbrauchern das deutsche Industriepotenzial in der VR China vorgestellt wurde. Die Messe war erfolgreich, zahlreiche Besucher kamen.[81] Im Frühjahr 1976 wurde eine deutsch-chinesische Wirtschaftskommission von den beiden Ländern eingerichtet,[82] und auch ein neues Handelsabkommen zwischen dem deutschen Ostausschuss und der VR China wurde abgeschlossen, um die Geschäftsbedingungen

77 Ebenda: 342 f.

78 Von Prollius 2006: 185.

79 Leutner 1995: 145.

80 Ebenda.

81 Vermerk über TECHNOGERMA Peking vom 5.-18.9.1975, 26.11.1975, HA Krupp: WA51/5497: 2.

82 Vermerk über die VR China – Deutsch-chinesische Wirtschaftskommission, 15.03.1976, HA Krupp: WA51/5496.

zwischen den beiden Seiten zu klären.[83] Nicht nur das Exportvolumen stieg konstant, sondern auch das Importvolumen aus der VR China. Der Handelsbereich und die Warengruppen wurden stark erweitert.

Die Aufnahme diplomatischer Beziehungen war die Voraussetzung dieser Entwicklung. Ohne die offizielle gegenseitige Anerkennung hätte es keine Grundlage für eine solch schnelle Entwicklung gegeben. Bis zur Aufnahme diplomatischer Beziehungen waren die Wirtschaftsbeziehungen zwischen den zwei Ländern noch in einer Phase der Rezession gewesen. Wie im Kapitel 5.4 dargestellt wurde, war der Bundesregierung unklar, ob der Rückgang des Handelsvolumens an den fehlenden diplomatischen Beziehungen der beiden Länder lag. Jedoch glaubte die deutsche Wirtschaft, dass die gegenseitige Anerkennung sowie die Normalisierung der Wirtschaftsbeziehungen die Handelsbeziehungen zwischen der VR China und der BRD wesentlich verbessern könnte. 1972 deutete die chinesische Seite auf der Frühjahrskantonmesse gegenüber den Messebesuchern an, dass die Länder, die mit China diplomatische Beziehungen aufgenommen hatten, beim Handel mit der VR China bevorzugt wurden.[84]

6.4.2 Die politischen Beziehungen zwischen der VR China und der BRD 1972–1978

Die politischen Beziehungen zwischen den beiden Ländern werden im Folgenden in zwei Perioden beschrieben: Die erste Phase umfasst die Vorbereitung der Aufnahme diplomatischer Beziehungen; die zweite Phase beschreibt die bilateralen Beziehungen danach.

Laut einem Bericht für das Bundeswirtschaftsministerium wies die chinesische Seite auf der Kantonmesse im Herbst 1971 darauf hin, dass das Fehlen diplomatischer Beziehungen ein Hemmnis für die Erweiterung der Wirtschaftsbeziehungen zwischen der BRD und der VR China sei. Daher wünschten die deutschen Messebesucher, dass die Bundesregierung nicht auf eine chinesische Initiative warten, sondern schnellstmöglich diplomatische Beziehungen mit der VR China aufnehmen solle.[85] Die chinesische Seite hatte zu diesem Zeitpunkt kein Interesse mehr daran, lediglich einen offiziellen Handelsvertrag abzuschließen. Die VR China war ausschließlich daran interessiert, diplomatische Beziehungen mit der BRD aufzunehmen.[86] Auf der Frühjahrskantonmesse 1972 brachte die chinesische Seite diesen Standpunkt erneut zum

83 Brief der Wirtschaftsvereinigung der Eisen- und Stahlindustrie an die Mitglieder des Fachausschusses, 15.07.1976, HA Krupp: WA51/5496.

84 Bericht von Ministerialdirigent Dr. Thieme im Bundesministerium für Wirtschaft und Finanzen über den Besuch der Frühjahresmesse 1972 in Kanton, 29.05.1972, Bundesarchiv: B102/100083.

85 Aktenvermerk von Dr. Becker, 04.01.1972, Bundesarchiv: B102/100083.

86 Zeitungsartikel „Rauchzeichen aus Bonn – aber Mao schweigt", von Roland Müller, Stuttgarter Nachrichten, 22.02.1972. Bundesarchiv: B102/100083.

Ausdruck.[87] Daraufhin wurden die Stimmen aus der deutschen Wirtschaft, die nach der Aufnahme diplomatischer Beziehungen riefen, noch lauter. Das Auswärtige Amt sah ebenfalls die Möglichkeit, dass die BRD durch die Aufnahme diplomatischer Beziehungen mit der VR China mehr Spielräume in der Weltpolitik bekommen könne.[88]

Vor der Aufnahme diplomatischer Beziehungen zwischen der VR China und der BRD fand eine Rücksprache zwischen Brandt und Breschnew statt. Breschnew wurde überzeugt, dass sich offizielle Kontakte zwischen Bonn und Peking keinesfalls gegen die Sowjetunion richteten. [89] Im Februar 1972 – vor dem Besuch Nixons in der VR China – trafen sich Willy Brandt und Nixon in Florida. Dabei sprach Brandt an, dass die BRD gern bald diplomatische Beziehungen zur VR China aufnehmen würde.[90] Im gleichen Monat übte Strauß im Bundestag Kritik daran, dass die Regierung Brandt bei der Ostpolitik die VR China politisch vernachlässigt habe, obwohl die VR China eine wichtige Weltmacht sei.[91] Um Missverständnisse zu vermeiden, wollte die Regierung Brandt jedoch zunächst die Ratifizierung der Ostverträge abwarten. Ohne die Ratifizierung der Ostverträge hätte sich die BRD nicht der VR China angenähert, auch wenn die chinesische Seite die Initiative ergriffen hätte.[92] Im Frühjahr 1972 wurde der Vorsitzende des Auswärtigen Ausschusses des Bundestags Gerhard Schröder (CDU) durch Wang Shu, den Korrespondenten der chinesischen Nachrichtenagentur in Bonn, nach China eingeladen.[93] Schröder war der erste hochrangige Politiker der BRD, der nach China reiste. Er wurde von Zhou En-Lai empfangen.[94] Schröder äußerte während der Reise den Wunsch, diplomatische Beziehungen mit der VR China aufzunehmen,[95] und der chinesische Staat zeigte ebenfalls Interesse daran.[96] Schröders Reise nach China versprach der CDU durch die öffentliche Unterstützung aus der deutschen Wirtschaft vor den Bundestagswahlen viele Stimmen, sodass sich der Druck auf die regierende sozialliberale Koalition vergrößerte.[97] Die Regierung Brandt musste – unter anderem auch wegen der Bundestagswahl – schließlich einen Schritt auf die VR China zugehen. Durch die Kontakte mit China konnte der SPD-Vorsitzende den Wählern zeigen, dass

87 Bericht von Ministerialdirigent Dr. Thieme im Bundesministerium für Wirtschaft und Finanzen über den Besuch der Frühjahresmesse 1972 in Kanton, 29.05.1972, Bundesarchiv: B102/100083.

88 Bericht vom Auswärtigen Amt Referat 303 über Deutsche-Chinesische Beziehungen, 03.1976, Bundesarchiv: B102/240578.

89 Zeitungsartikel „Bonn: Hinter den Kulissen" von Harald O. Hermann, Münchener Merkur. 07.01.1972, Bundesarchiv: B102/100083.

90 Pan 2006: 198.

91 Trampedach 1997: 133.

92 Zeitungsartikel „Bonn: Hinter den Kulissen" von Harald O. Hermann, Münchener Merkur. 07.01.1972, Bundesarchiv: B102/100083.

93 Leutner 1995: 142.

94 Trampedach 1997: 131.

95 Schaefer 2009: 138.

96 Leutner 1995: 142.

97 Trampedach 1997: 131.

er „mit allen Großen dieser Welt in persönlichem Kontakt steht“. [98] Daher reiste Außenminister Walter Scheel im Oktober 1972 nach China.[99] Am 11. Oktober 1972 unterzeichneten Scheel und der chinesische Außenminister Ji Peng-Fei in der Großen Halle des Volkes in Peking ein gemeinsames Kommuniqué über die Aufnahme diplomatischer Beziehungen zwischen der BRD und der VR China.[100] Voraussetzung für die Aufnahme diplomatischer Beziehungen zwischen den beiden Ländern war, dass die BRD die Interessen von Drittländern wie der Sowjetunion, Japans, der USA oder Indiens nicht verletzen durfte.[101] Weder die Taiwan- noch die Berlin Frage wurden im Kommuniqué erwähnt.[102]

Die Beziehung mit der BRD war ein Element der chinesischen globalen Interessen. Auf dem Wege zum angestrebten Großmachtstatus verband Peking langfristige Interessen mit dem anhaltenden Kampf gegen die Supermächte und der damit verbundenen Ausnutzung von Machtpositionen.[103] Als Schmidt die VR China im Jahr 1975 besuchte, wurde er mit der höchsten diplomatischen Förmlichkeit und von Mao persönlich empfangen. Die politischen sowie strategischen Interessen der VR China richteten sich somit auch auf die BRD. Pekings Deutschland-Politik war jedoch der Politik gegenüber der Sowjetunion untergeordnet.[104]

Die deutsche China-Politik war nach der Aufnahme diplomatischer Beziehungen mit der VR China weiterhin in den Gesamtrahmen der deutschen Außenpolitik eingebettet. Die Beziehungen zur VR China waren zur Gewährleistung der politischen und wirtschaftlichen Entspannung der internationalen Politik untergeordnet. Die Aufrechterhaltung der äußeren Sicherheit der BRD hatte absolute Priorität. Daher wurde die Pflege der Beziehungen zur Sowjetunion weiterhin als den Beziehungen mit der VR China vorrangig angesehen.[105] Bei offiziellen Regierungstreffen mit chinesischen Vertretern äußerte die Bundesregierung sich nie gegen die Sowjetunion. Nach dem Regierungswechsel 1974 blieb die Bundesregierung der Sowjetunion weiterhin treu: Auch die Regierung Schmidt sprach beim Treffen mit der VR China nicht negativ über die Sowjetunion.[106] Als Maos Nachfolger, der Parteivorsitzende Hua Guo-Feng, die BRD im Jahr 1979 besuchte, wurde er am Flughafen weder vom Bundeskanzler noch vom Au-

98 Zeitungsartikel „Bonn: Hinter den Kulissen“ von Harald O. Hermann, Münchener Merkur. 07.01.1972, Bundesarchiv: B102/100083.

99 Leutner 1995: 142.

100 Runge 2003: 57/ Trampedach 1997: 131.

101 Schaefer 2009: 142.

102 Trampedach 1997: 131.

103 Bericht, Betr.: Politische Beziehungen zur Volksrepublik China, 30.08.1975, Bundesarchiv: B136/ 12545.

104 Pan 2006: 213.

105 Bericht, Betr.: Politische Beziehungen zur Volksrepublik China, 30.08.1975, Bundesarchiv: B136/ 12545.

106 Pan 2006: 210, 214.

ßenminister empfangen – aus Rücksicht auf die Sowjetunion, die Peking feindlich gegenüberstand. Huas Delegation durfte auch nicht Westberlin besichtigen.[107]

Jedoch hatte die Bundesregierung seit der Aufnahme diplomatischer Beziehungen eine größere Bewegungsfreiheit gegenüber China als in den 50er und 60er Jahren. Die Rolle Chinas in der Dritten Welt zwang auch die Bundesregierung zu einer Intensivierung der Kontakte mit der VR China. Als bevölkerungsreichstes Land der Welt und als ständiges Mitglied des Sicherheitsrates der UN wurde Chinas Rolle in der Weltpolitik immer wichtiger. Daher hatten die Beziehungen zur VR China eine zunehmende Bedeutung für die BRD in Bezug auf die internationale Politik. Die Bundesregierung versuchte vor diesem Hintergrund in den Jahren nach der Aufnahme diplomatischer Beziehungen, „in geduldiger Kleinarbeit psychologische Barrieren zu überwinden“[108] und eine breite Basis von Kontakten zu schaffen, die die chinesische Regierung dazu bewog, ihre Deutschland-Politik nicht als eine bloße Funktion ihrer gegen die Supermächte gerichteten Politik zu begreifen, sondern als eine Beziehung von eigenem Gewicht anzusehen. Um dieses Ziel zu erreichen, setzte die Bundesregierung den Meinungsaustausch mit der VR China fort und unterstützte die Handelsbeziehungen so weit wie möglich.[109]

6.4.3 Die Liberalisierung des deutschen Imports aus der VR China

Die Normalisierung der politischen Beziehungen schuf günstigere Bedingungen für die Bundesregierung, um die Interessen der deutschen Wirtschaft zu vertreten und zu unterstützen. Das chinesische Handelsdefizit stellte für die Entwicklung der Wirtschaftsbeziehungen zwischen der VR China und der BRD eines der größten Hindernisse dar. Die chinesische Seite warf der BRD immer wieder vor, dass die deutschen Einfuhreinschränkungen gegenüber der VR China diskriminierend seien. Auch der deutsche Export wurde dadurch schwer beeinträchtigt.

Wie bereits dargestellt wurde, wurde die VR China bei der Ende 1971 beschlossenen Erweiterung der Ausschreibung mit laufender Antragstellung (AmlA) ausgeschlossen. Für die Einfuhr aus der VR China hatte die Bundesregierung eine interne, nicht veröffentlichte Freiliste.[110] Die Liberalisierung der Liste der erlaubten Waren und der Menge von Waren aus der VR China (China-Liste) hatte sowohl eine politische als auch

107 Ebenda.

108 Bericht, Betr.: Politische Beziehungen zur Volksrepublik China, 30.08.1975, Bundesarchiv: B136/12545.

109 Ebenda.

110 Brief vom Ministerialdirektor des Bundesministeriums für Wirtschaft und Finanzen Hanemann an Staatssekretär Dr. Schöllhorn, Betr.: Erweiterung der AmlA und der internen Chinaliste. 07.01.1972. Bundesarchiv: B102/100083.

eine handelspraktische Bedeutung.[111] Seit der Aufnahme diplomatischer Beziehungen zwischen den beiden Ländern fand mehr Austausch zwischen der deutschen Wirtschaft und der Bundesregierung bezüglich der die VR China betreffenden Einfuhrsituation statt.

Die Außenhandelsvereinigung des Deutschen Einzelhandels e. V. (ADE) schlug dem Wirtschaftsministerium hinsichtlich des Imports aus der VR China vor, die Einfuhrpolitik gegenüber der VR China solle mit jener gegenüber Taiwan gleichgestellt werden. Die VR China solle nach der Aufnahme diplomatischer Beziehungen in die Länderliste B der Einfuhrliste einbezogen werden, in der Taiwan seit vielen Jahren verzeichnet war. Ansonsten sei eine einfuhrpolitische Diskriminierung der VR China im Verhältnis zu Taiwan gegeben. Außerdem sollte nach Ansicht der ADE die Einfuhrkontingentierung gegenüber der VR China nicht mehr intern bereitgestellt, sondern im Bundesanzeiger ausgeschrieben werden. Das System interner Bereitstellungen entspreche nicht dem deutschen Außenwirtschaftsrecht. Dass die China-Liste intern bereitgestellt wurde, sei eine Ausnahme gewesen, weil die BRD und die VR China in einer besonderen politischen Situation gewesen seien. Aber seit der Aufnahme diplomatischer Beziehungen sei diese Situation nicht mehr gegeben. Weiterhin wurde darum gebeten, die Einfuhrkontingente für die VR China zu erweitern. Auf diese Weise werde es möglich, die zum Teil noch geringe und häufig auch wechselnde Lieferfähigkeit der VR China im Konsumgütersektor zu kompensieren und dabei einen hohen Ausnutzungsgrad der gegebenen Einfuhrmöglichkeiten zu erreichen. Ferner schlug die Außenhandelsvereinigung vor, dass das Einfuhrverfahren zeitlich so angelegt werden solle, dass es mit der Kantonmesse korrespondiere. Außerdem wurde um eine Vergrößerung des Messekontingents für Konsumgüter für die Kantonmesse gebeten.[112]

Der Bundesverband des Deutschen Groß- und Außenhandels (BDGA) unterbreitete dem Wirtschaftsministerium ebenfalls Vorschläge für den Einfuhrbereich. Wie die ADE war auch der BDGA für die Gleichstellung der Importbedingungen für die VR China und Taiwan. Anders als die ADE war der BDGA aber der Ansicht, dass die China-Liste weiterhin intern bereitgestellt werden solle, da die Handelsbeziehungen mit der VR China „einer besonderen Mentalität unterliegen“[113]. Der BDGA war der Meinung, die Ausschreibungen der China-Liste im Bundesanzeiger könnten nicht nur protektionistische Widerstände der betroffenen Industriezweige in der BRD provozieren, sondern würden voraussichtlich auch zu einer Antragsflut bei bestimmten Erzeugnissen führen, die selbst bei Berücksichtigung der traditionellen China-Importhäuser nur

111 Bericht von Ministerialdirigent Dr. Thieme im Bundesministerium für Wirtschaft und Finanzen über den Besuch der Frühjahresmesse 1972 in Kanton, 29.05.1972, Bundesarchiv: B102/100083.

112 Brief von der Geschäftsführung der Außenhandelsvereinigung des deutschen Einzelhandels E. V. an den Ministerialdirektor des Bundesministeriums für Wirtschaft und Finanzen Hanemann, 25.10.1972. Bundesarchiv: B102/100083.

113 Brief vom Geschäftsführer der Bundesverband des Deutschen Groß- und Außenhandels eV. Min. Dir. Dr. Hanemann, 14.11.1972, Bundesarchiv: B102/100083.

sehr geringe Quoten in der Zuteilung erbringen würden. Um die Einfuhr aus der VR China zu stimulieren, schlug der BDGA vor, die internen Bereitstellungen und die bereits im Bundesanzeiger ausgeschriebenen Einfuhrkontingente zu breiteren Warenbereichen zusammenzufassen, um eine größere Flexibilität in der Antragstellung der Einfuhrlizenzen zu erreichen. Ein solches Verfahren berücksichtige die wechselnden Liefermöglichkeiten der VR China.[114]

Der Ministerrat des Bundeswirtschaftsministeriums reagierte schnell auf die Vorschläge. Er hielt den Vorschlag, die VR China wie Taiwan in die Länderliste B aufzunehmen, für nicht geeignet. Der Ministerrat begründete dies vor allem damit, dass die Wirtschaftsordnungen der BRD und der VR China sehr unterschiedlich seien. Nach Ansicht des Ministerrats sollten zunächst die osteuropäischen Staatshandelsländer mit Taiwan gleichgestellt werden, die dem General Agreement on Tariffs and Trade (GATT) angeschlossen waren. Als Zweites müsse die Sowjetunion gleichgestellt werden. Die Aufnahme der VR China in die Länderliste B führe wahrscheinlich zu Marktstörungen, wie manche Industriezweige (besonders die Textilindustrie) und Gewerkschaften befürchteten. Hinsichtlich der Einfuhrkontingentierung erklärte das Wirtschaftsministerium, dass eine Einschließung der VR China in die AmlA-Liberalisierung möglich sei, sofern die BRD mit der VR China einen akzeptablen Handelsvertrag abschließe.[115] Die Bundesregierung stimmte der Stellungnahme des BDGA bezüglich der internen China-Liste zu. Das Wirtschaftsministerium war nicht bereit, die interne China-Liste im Bundesanzeiger zu veröffentlichen. Seit der Aufnahme diplomatischer Beziehungen zwischen den zwei Ländern war das Interesse der deutschen Öffentlichkeit an Informationen über die China-Liste gewachsen. Größere Transparenz konnte zwar zur Ausweitung der Einfuhren und damit des Handels führen, aber die Umwandlung der internen Bereitstellungen in veröffentlichte Kontingente bedeutete eine Angleichung an die EWG-Einfuhrregelung. Daher wollte der Ministerrat alle Bereitstellungen erst nach einer Normalisierung der Handelsbeziehungen zwischen der BRD und der VR China öffentlich ausschreiben. Die Ausschreibungen sollten sich in Bezug auf die Wertgrenzen und die inhaltliche Einteilung an den mit den osteuropäischen Staatshandelsländern vereinbarten Kontingenten ausrichten.[116]

Ein Interesse an der Ausweitung der Einfuhr aus der VR China bestand nicht nur im Handelsbereich. Die deutsche Fleischindustrie bat die Bundesregierung darum, bei der Ministerratskonferenz der EWG anzufragen, den Import von Rindfleisch und Schweinefleisch aus der VR China freizugeben. Davon profitiere nicht nur die Fleischindustrie in Bezug auf billige Waren aus der VR China, sondern auch die Maschinenbauindustrie, da die VR China auch die zur Verarbeitung von Fleisch nach deutschen

114 Ebenda.

115 Brief von Herrn MinRat. Dr. Becker/ Sangenstedt an Herrn MinDir Dr. Engelmann, Betr.: Einfuhrpolitik gegenüber der VR China, 09.11.1972. Bundesarchiv: B102/100083.

116 Brief von Min. Dir. Dr. Hanemann an Herrn Abteilungsleiter W/IV, 20.11.1972, Bundesarchiv: B102/ 100083.

Anforderungen notwendigen Maschinen bräuchte. Es wurde außerdem darum gebeten, dass die Bundesregierung Unterstützung, auch in Form von Subventionen, leisten solle.[117]

Ab dem 27. April 1973 wurde die deutsche Einfuhr aus der VR China in demselben Umfang von mengenmäßigen Beschränkungen freigestellt, wie es bei allen anderen osteuropäischen Ländern der Fall war. Im Rahmen des 2. Stabilitätsprogramms der Bundesregierung wurden die China-Kontingente weiter aufgestockt. Für das Jahr 1974 sah die Bundesregierung vor, weitere Aufstockungen im Bereich Chemie und Metall einzuräumen, nicht aber bei Textilien.[118] Voraussetzung für eine Politik der Marktöffnung gegenüber der VR China war die Einhaltung marktgerechter Preise. Dazu hatte sich die chinesische Seite im Handels- und Verkehrsabkommen am 05. Juli 1973 verpflichtet. Das offizielle Handelsabkommen war für die Liberalisierung des Imports aus der VR China von großer Bedeutung.

6.4.4 Das erste offizielle Handelsabkommen zwischen der BRD und der VR China

Die Aufgabe für die beiden Regierungen bestand nach der Aufnahme diplomatischer Beziehungen vor allem darin, die Wirtschaftsbeziehungen zu normalisieren. Vor diesem Hintergrund fand im Jahr 1972 während der Reise des Außenministers Scheel ein Gespräch über die Wirtschaftsbeziehungen zwischen den beiden Ländern statt. Die deutsche Wirtschaft war an dem Entwurf des Handelsabkommens beteiligt. Eine der wichtigsten Voraussetzungen war auch, die Zusammenarbeit mit Taiwan zu regulieren.

Wirtschaftliche Gespräche zwischen dem Außenminister Scheel und dem chinesischen Außenhandelsminister Bai Xiang-Guo fanden am 12. und 13. Oktober 1972 statt. Die beiden Seiten sprachen zuerst über den Austausch von Wirtschaftsdelegationen. Nach der Aufnahme diplomatischer Beziehungen wünschte sich die VR China einen Austausch von kleineren, fachlich orientierten Gruppen. An einem Austausch großer Delegationen hatte die VR China weniger Interesse. Der Ostausschuss und der CCPIT blieben weiterhin die zentralen Partner für den wirtschaftlichen Kontakt zwischen den beiden Ländern.[119]

In Bezug auf den Abschluss eines neuen Handelsabkommens erklärte die chinesische Seite, dass ein Abkommen mit der EG vorerst nicht in Betracht komme. Die VR China hatte zwar keine Bedenken gegenüber der EG, hatte aber mit ihr noch keine Be-

---

117 Brief von Ernst Weiß vom Schlachthof Georg Weiß & Sohn an den Bundesminister für Wirtschaft und Finanzen Helmut Schmidt, 26.10.1972. Bundesarchiv: B102/100083.

118 Bericht über Abendessen von Herrn Minister in der Botschaft der VR China am 5.11.1973, 05.11.1973, Bundesarchiv: B102/240578.

119 Bericht über die Reise des Herrn Bundesministers nach Peking, 19.10.1972, Bundesarchiv: B102/100083.

ziehungen oder Kontakte. Der Beobachtung der deutschen Seite zufolge war die VR China in Bezug auf Verhandlungen mit der EG unsicher. Es habe Scheu vor Verhandlungen mit einer Organisation von neun Staaten bestanden. Die VR China bevorzugte bilaterale und überschaubare Kontrakte. Die beiden Seiten einigten sich daher darauf, ein neues Handelsabkommen zunächst nur zwischen der VR China und der BRD abzuschließen.[120]

Die VR China beabsichtigte, die von der chinesischen Seite auf Eis gelegten Anlagengeschäfte mit der BRD wieder zu starten. Die Importinteressen der VR China richteten sich auf Stahlwerke sowie Chemiefaser-, Sauerstoff- und Düngemittelwerke. Besonders an deutschen Walzanlagen war die VR China interessiert. Weitere Kontakte in diesem Bereich sollten über die chinesische Einkaufsstelle MACHIMPEX stattfinden. Die VR China lehnte es ab, für die Zahlung Kredite aufzunehmen. Teilzahlungen bzw. Lieferantenkredite unter der Bezeichnung „deferred payment" waren für die VR China jedoch nicht ausgeschlossen.[121]

Grundsätzlich war die chinesische Seite bereit, ein Luftverkehrsabkommen auf Regierungsebene abzuschließen. Den konkreten Inhalt erläuterte die chinesische Seite jedoch nicht. Die Verhandlungen darüber sollten erst dann beginnen, wenn beiderseitige Botschaften eingerichtet sein würden.[122] Die Gespräche zwischen Scheel und Minister Bai Xiang-Guo bestätigten das Interesse der beiden Seiten an einem offiziellen Handelsabkommen. Die Grundlage des Abkommens wurde bei diesem Gespräch gelegt.

Die Regulierung des Zahlungsverkehrs und des Wechselkurses zwischen RMB und D-Mark war während des Treffens zwischen Scheel und Bai nicht besprochen worden. Es handelte sich aber um einen wichtigen Bestandteil des ersten offiziellen Handelsabkommens. Für die Verhandlungen des Handelsabkommens in diesem Bereich schlug Hufnagel vor, dass Handelsgeschäfte zwischen der VR China und der BRD in D-Mark, RMB oder gegebenenfalls dritten konvertierbaren Währungen erfolgen sollten. In den Vereinbarungen zwischen der Bank of China und italienischen Banken über die Abwicklung von Zahlungen war lediglich festgelegt, dass Zahlungen in RMB und Lire geleistet werden durften und der Zahlungsverkehr nach Maßgabe der Devisenbestimmungen beider Länder zu erfolgen hatte. Eine solche Klausel, erklärte Hufnagel, gebe der Bank of China jedoch in jeder Hinsicht freie Hand und sei daher mit der Interessenlage der deutschen Wirtschaft nicht vereinbar. Die Einbeziehung dritter konvertierbarer Währungen sei deswegen für die Kurssicherung wichtig: Die Wertverhältnisse zwischen RMB und den frei konvertierbaren Währungen dürften nicht verzerrt werden. Die Relationen zwischen RMB und D-Mark zu dritten konvertierbaren Währungen müssten mit den sich ergebenden Cross-Rates übereinstimmen. Damit, so Hufnagel, könne die VR China den Wechselkurs gegen D-Mark zwar neu festsetzen, könne

120 Ebenda.
121 Ebenda.
122 Ebenda.

jedoch nicht einseitig das Wertverhältnis zu einer einzelnen Drittwährung verändern, sodass der Wechselkurs zwischen RMB und D-Mark stabilisiert werde. Wenn die Bank of China ihren RMB-D-Mark-Terminkurs nicht aufrechterhalten könne, solle für die deutschen Unternehmen die Möglichkeit bestehen, RMB-Termingeschäfte gegen dritte konvertierbare Währungen tätigen zu können.[123]

Im Mai 1971 hatte die VR China den RMB-Terminkauf gegen D-Mark verboten.[124] Bis zum Mai 1971 hatte die Bank of China die Möglichkeit eingeräumt, RMB-Terminkäufe und -verkäufe gegen D-Mark für eine Laufzeit von bis zu sechs Monaten abzuschließen. Diese Laufzeit reichte für Geschäfte mit längeren Lieferfristen nicht aus. Für solche Fälle hatte die Bank of China die Glattstellung eines ersten Geschäfts und den Abschluss eines oder gegebenenfalls mehrerer Anschlussgeschäfte für die vom zugrunde liegenden Lieferkontrakt her erforderlichen Fristen gestattet. In besonderen Ausnahmefällen war die Bank of China auch bereit gewesen, von vornherein RMB-Terminkäufe mit einer Laufzeit von über sechs Monaten bis zu zwölf Monaten abzuschließen. Diese Art von Terminkäufen war laut Hufnagel zwar eine Option für die Vereinbarung über den Zahlungsverkehr, aber nicht ideal für die deutsche Wirtschaft. Glattstellungen und Anschlusstermingeschäfte zur Darstellung einer insgesamt längeren Laufzeit waren aus Sicht der deutschen Exportfirmen keine befriedigende Lösung, da die Bank of China jederzeit in der Lage gewesen wäre, Anschlussgeschäfte gegen D-Mark abzulehnen. Für die deutsche Wirtschaft, so Hufnagel, sei es daher wünschenswert, wenn die Bank of China dazu bereit sei, Termingeschäfte von vornherein für Laufzeiten abzuschließen, die den im jeweiligen Geschäft vorgesehenen Lieferfristen – und zu einem späteren Zeitpunkt gegebenenfalls auch Zahlungszielen – entsprächen.[125]

Der letzte Schritt von deutscher Seite, um die Verhandlung des Handelsvertrags vorzubereiten, war es, die wirtschaftliche Zusammenarbeit mit Taiwan zu regulieren. Aus Sicht des Auswärtigen Amts mussten die Wirtschaftsbeziehungen mit Taiwan eingeschränkt werden, um jene zur VR China zu verbessern. Jeglicher staatlicher Kontakt zu Taiwan – auch auf der Wirtschaftsebene – bedeutete einen Verstoß gegen die Interessen der VR China.[126] Das Auswärtige Amt schrieb dem Bundesminister für wirtschaftliche Zusammenarbeit bezüglich der technischen Hilfe für Taiwan Folgendes vor: Die schon begonnenen Projekte sollten vereinbarungsgemäß abgewickelt werden, es sollten jedoch keine neuen Projekte für Taiwan genehmigt werden. Lieferungen landwirtschaftlicher Produktionsmittel kamen ebenfalls nicht mehr in Betracht. Die im Rahmen der technischen Hilfe vorgesehenen Stipendien für technische Fach- und Führungskräfte durften dagegen weiterhin gewährt werden. Kirchliche Hilfe durfte

---

123 Brief von Hufnagel an den Staatssekretär im Bundesministerium für Wirtschaft und Finanzen Herrn Dr. E. W. Mommsen, 20.11.1972, Bundesarchiv: B102/100083.

124 Ebenda.

125 Ebenda.

126 Brief von Dr. Hellbeck an den Bundesminister für wirtschaftliche Zusammenarbeit, Betr.: Technische Hilfe für Taiwan, 27.11.1972, Bundesarchiv: B102/100083.

auch weiter gewährt werden, allerdings unter der Voraussetzung, dass für ihre Vermittlung keine Kontakte auf Regierungsebene hergestellt werden mussten. Die Einbeziehung Taiwans in die Programme der Deutschen Stiftung für Entwicklungsländer war ebenfalls ausgeschlossen, wenn dafür Kontakte auf Regierungsebene notwendig waren. Auch von Einladungen gegenüber Angehörigen der öffentlichen Verwaltung Taiwans wurde abgeraten.[127]

Am 18. Dezember 1972 wurde in Peking nach einwöchigen, in freundlicher Atmosphäre geführten Verhandlungen das deutsch-chinesische Abkommen über den Handel und den Zahlungsverkehr paraphiert. Es enthielt Regeln zur beiderseitigen Absicht zur Handelsförderung, zur Meistbegünstigung und zur Einhaltung marktgerechter Preise, eine Zahlungsverkehrsklausel (RMB, D-Mark oder konvertierbare Währung), Regeln zur Einsetzung einer gemischten Kommission sowie eine Berlinklausel. Es gab keine Klausel zum RMB-Termingeschäft. Zum Abschluss wurde die deutsche Delegation vom chinesischen Vize-Außenminister und Vize-Außenhandelsminister empfangen.[128]

Am 5. Februar 1973 empfing Bundeswirtschaftsminister Dr. Hans Friderichs den Geschäftsträger der Botschaft der VR China in der BRD, Herrn Wang Shu, zu einem Antrittsbesuch. Bei dieser Gelegenheit wurde der Stand der deutsch-chinesischen Wirtschaftsbeziehungen erörtert. Beide Seiten gaben ihrer Erwartung Ausdruck, dass die Wirtschaftsbeziehungen zwischen den beiden Ländern auf der Grundlage des am 18. Dezember 1972 in Peking paraphierten deutsch-chinesischen Handels- und Zahlungsabkommens nachhaltig ausgeweitet würden.[129]

6.4.5 Die deutsch-chinesischen Wirtschaftsbeziehungen nach der Normalisierung der Handelsbeziehungen bis zur chinesischen Reform- und Öffnungspolitik

Nach der Beseitigung der politischen Hindernisse kam es, wie in der Einführung zu diesem Kapitel dargestellt, zu einer schnellen Entwicklung der Wirtschaftsbeziehungen zwischen der VR China und der BRD. Neben einem großen Anstieg des Handelsvolumens nahm auch der offizielle Wirtschaftsaustausch gegenüber allen vorherigen Phasen stark zu. Durch den intensiven Austausch stieg das Handelsvolumen noch weiter.

Zur Untersuchung der Entwicklung der Wirtschaftsbeziehungen zwischen der VR China und der BRD werden im Folgenden unter anderem einige Delegationsbesuche,

127 Ebenda.

128 Brief von Hamemann an den Leiter der Abteilung V, Betr.: Deutsch-chinesische Wirtschaftsbeziehungen, 31.01.1973, Bundesarchiv: B102/100083; Bericht über 29. Jahrestagung der ECAFE vom 11. bis 23. April 1973 in Tokio, 06.03.1973, Bundesarchiv: B102/100083.

129 Tagesnachrichten der Bundesminister für Wirtschaft, Betr.: Bundesminister Friedrichs empfing Geschäftsträger der Botschaft der VR China im BMWi, 07.02.1973, Bundesarchiv: B102/100083.

die Messe TECHNOGERMA und die Tagung der gemischten Wirtschaftskommission ausgewählt. Die erste offizielle deutsche Wirtschaftsdelegation unter Leitung von Berthold Beitz, dem Vorsitzenden des Aufsichtsrates der Firma Friedrich Krupp, nutzte die Gelegenheit, sich mit der chinesischen Seite über die wichtigsten Grundlagen der Entwicklung wirtschaftlicher Beziehungen auszutauschen. Durch die Reise wurden Erkundigungen über die chinesische Wirtschaftspolitik sowie Produktionsstandards eingeholt. Besprochen wurden relevante Themen wie die Warenstruktur, die Verbesserung der Kontakte zwischen den beiden Seiten, die Aussicht auf eine technische Zusammenarbeit und das chinesische Handelsdefizit. Nach der Reise der ersten offiziellen deutschen Wirtschaftsdelegation in die VR China richteten sich die Gespräche zwischen den beiden Ländern auf den Austausch über konkrete Geschäftsbereiche. Die gegenseitigen Besuche des hessischen Wirtschaftsministers Karry und des chinesischen Finanzministers Li Xian-Nian sind Beispiele für Gespräche zwischen den beiden Seiten auf Regierungsebene über Öl- und Rohstofflieferungen aus der VR China in die BRD sowie eine eventuelle diesbezügliche deutsche technische Unterstützung. Während des Besuchs des BDI-Präsidenten in der VR China wurden politische Themen von Wirtschaftsexperten diskutiert, und es wurden weitere Möglichkeiten des technischen Austauschs besprochen. Die TECHNOGERMA als erste deutsche Messe in der VR China ist ein Beleg für die Intensivierung der deutsch-chinesischen Wirtschaftsbeziehungen. Die Darstellung der ersten Tagung der gemischten Wirtschaftskommission 1976 zeigt dann noch einmal die für beide Seiten interessanten Perspektiven sowie Schwierigkeiten bei der wirtschaftlichen Zusammenarbeit auf. Aufgrund solcher Formen des Wirtschaftsaustauschs entwickelten die Wirtschaftsbeziehungen zwischen den beiden Ländern eine neue Dynamik.

Wie oben erwähnt fand nach der Aufnahme diplomatischer Beziehungen und der Normalisierung der Handelsbeziehungen ein reger Austausch über die Wirtschaftsbeziehungen zwischen den beiden Ländern statt.[130] Der Austausch war nicht mehr nur auf die private und semi-staatliche Ebene beschränkt. Bis zum Jahr 1975 besuchten mehr als zehn bedeutende westdeutsche Politiker aus verschiedenen Parteien die VR China, z. B. Genscher im Jahr 1973 und Kohl im Jahr 1974.[131] Der neue Bundeswirtschaftsminister Lambsdorff reiste im Jahr 1977 nach Peking.[132] Umgekehrt besuchten auch mehrere wichtige Spitzenpolitiker der KPCh die BRD, so beispielsweise der Außenminister Qiao Guan-Hua im Jahr 1974. [133] Einige Situationen des Austauschs werden ausgewählt, um die Entwicklung der Wirtschaftsbeziehungen darzustellen. Der erste

130 Aktennotiz Nr.236 des Ersten Ministeriums des Maschinenbaus /第一机械工业部文件 236号, 22.02.1973, Shanghai Municipal Archives / 上海市档案馆: B103-4-416-5.

131 Anlage des Berichts, Betr.: Politische Beziehungen zur Volksrepublik China, 30.08.1975, Bundesarchiv: B136/1254.

132 Fernschreiben an 303, Betr.: Besuch Bundesminister in Peking, 17.10.1977, Bundesarchiv: B136/12546.

133 Anlage des Berichts, Betr.: Politische Beziehungen zur Volksrepublik China, 30.08.1975, Bundesarchiv: B136/1254.

offizielle große Wirtschaftsaustausch fand im Jahr 1973 statt, fast direkt nach der Unterzeichnung des Handelsabkommens zwischen den beiden Ländern.

Nach der Aufnahme diplomatischer Beziehungen reiste die erste offizielle deutsche Wirtschaftsdelegation in die VR China.[134] Die Delegation wurde von Berthold Beitz geleitet und bestand aus Vertretern von Industrie, Banken, Handel und aus dem Außenhandelsbeirat des Bundesministers.[135] Berthold Beitz war der Vorsitzende des Aufsichtsrates der Firma Friedrich Krupp in Essen. Im Jahr 1970 waren bereits Kontakte zwischen dem Krupp-Konzern und Wang Shu, dem Korrespondenten der Nachrichtenagentur Xinhua, aufgenommen worden: Wang Shu besuchte im Jahr 1970 nach der Kontaktaufnahme als Vertreter der chinesischen Regierung den Krupp-Konzern sowie Berthold Beitz in Essen. Er äußerte während des Besuchs Interesse an einem zukünftigen Ausbau der deutsch-chinesischen Wirtschaftsbeziehungen und an engen Kontakten zu führenden deutschen Unternehmern, obwohl die Handelsbeziehungen zwischen den beiden Ländern in dieser Phase noch stagnierten. Außerdem lud Wang Shu Berthold Beitz im Namen der chinesischen Regierung nach China ein. Wegen des Fehlens diplomatischer Beziehungen zwischen den beiden Ländern in den Jahren 1970 und 1971 wurde die Reise nach China jedoch verschoben. Während des Aufenthalts des deutschen Außenministers Scheel in Peking beschlossen die beiden Regierungen dann 1972 einen Austausch von Wirtschaftsdelegationen.[136] Direkt im Anschluss wurde Berthold Beitz durch Wang Shu wieder inoffiziell nach China eingeladen. Im Februar 1973 erhielt Beitz schließlich eine offizielle Einladung durch den CCPIT in Peking.[137]

Die Reise dauerte vom 21. Mai 1973 bis zum 1. Juni 1973[138] und wurde von der deutschen Regierung voll unterstützt.[139] Ziel der Reise war es, den „Boden für die weiteren Geschäfte“[140] zu bereiten: Durch die Reise sollte die deutsche Delegation vor allem über Vorhaben der chinesischen Regierung in Bezug auf die zukünftige Wirtschaftsentwicklung und die chinesische Außenwirtschaft, besonders mit Blick auf die den Importbedarf betreffenden Pläne, unterrichtet werden. Weiterhin sollte die chinesische Wirtschaftssituation durch Besichtigungen der Delegation von chinesischen Werkstätten, Fabriken, Betrieben und Kommunen erkundet werden. Auch die für die Förderung des Ausbaus der Wirtschaftsbeziehungen notwendigen persönlichen Kontakte zur VR China sollten durch die Reise hergestellt werden. Zudem sollte die Delegation versuchen, Lösungen für das chinesische Handelsdefizit zu finden. Gegenüber dem

134 Zeitungsartikel im Handelsblatt, 30.04.1973, HA Krupp: WA160/192.

135 Vorläufige Übersicht über die Mitglieder der Delegation, HA Krupp: WA160/192.

136 Handelsblatt: Beitz nach Peking, 21.01.1973, HA Krupp: WA4/3999.

137 Chronologische Darstellung der Kontakte zwischen Herrn Beitz und der VR China, 11.04.1973, HA Krupp: WA160/192.

138 Brief von Rossberg an Mommsen, 08.05.1973, HA Krupp: WA160/192.

139 Aktennotiz über das Gespräch mit Premierminister Chou En-Lai am 27.05.1973, 05.06.1973, HA Krupp: WA160/193: 2.

140 Aufzeichnungen über die Pressekonferenz der Deutschen Industrie-Delegation, 02.07.1973, HA Krupp: WA160/193.

chinesischen Staat sollte die Delegation das Interesse der deutschen Industrie an einer Intensivierung der deutsch-chinesischen Handelsbeziehungen zum Ausdruck bringen.[141] Finanzierungsmöglichkeiten für den chinesischen Import aus der BRD sowie die Situation des Warentransports zwischen den beiden Ländern sollten ebenfalls diskutiert werden, und schließlich sollte auch der Ausbau der wissenschaftlich-technischen Zusammenarbeit besprochen werden.[142] Einzelne konkrete Aufträge oder Projekte sollten hingegen nicht verhandelt oder abgeschlossen werden.[143] Li Si-Fu, Vizepräsident des CCPIT und Leiter der chinesischen Delegation auf der Hannover-Messe, begleitete die deutsche Delegation während der gesamten Reise.[144] Die Delegation wurde auch von Premierminister Zhou En-Lai in der Großen Halle des Volkes in Peking empfangen. Das Gespräch mit der deutschen Delegation wurde von Zhou En-Lai „sehr gelöst und frei geführt".[145]

Vor der Reise war ein Austausch mit dem chinesischen Staat über statistische Informationen, etwa in Bezug auf das Bruttosozialprodukt, die Außenwirtschaft und Investitionen, unmöglich. Auf chinesischer Seite war es vielmehr üblich, bei derartigen statistischen Angaben „von Soll-Produktionen zu sprechen".[146] Die deutsche Industrie konnte an diese Informationen über die chinesische Wirtschaft nur durch die Reise der Delegation, durch die verschiedenen Unterhaltungen mit chinesischen Ansprechpartnern und im Zusammenhang mit den Besichtigungen von Wirtschaftsunternehmen gelangen.[147] Zu diesem Zweck besichtigte die Delegation ein Stahlwerk, ein Automobilwerk, eine Maschinenfabrik, eine Textilfabrik, eine landwirtschaftliche Kommune und eine Industrieausstellung.[148]

In den deutschen Medien wurde viel über die Reise der deutschen Wirtschaftsdelegation berichtet, und das Echo in der Öffentlichkeit in der BRD war sehr positiv.[149] Die Delegation selbst war mit der Reise ebenfalls zufrieden, hatte die chinesischen Gastgeber als höflich und freundlich und das Gesprächsklima als angenehm empfunden. Auskünfte waren großzügig erteilt worden und die chinesischen Ansprechpartner waren sehr kooperativ bei der Beantwortung von Fragen der deutschen Delegation ge-

---

141 Telefax von Wolter an Rossberg, 30.03.1973, HA Krupp: WA160/192.

142 Vermerk über Gesprächsthemen der VR China-Beitz-Delegation, 16.04.1973, HA Krupp: WA160/192.

143 Aufzeichnungen über die Pressekonferenz der Deutschen Industrie-Delegation, HA Krupp: WA160/193.

144 Rolf Audouard: Bericht über die Reise einer Wirtschaftsdelegation der Bundesrepublik Deutschland in die VR China unter Leitung von Herrn Berthold Beitz, 15.06.1973, HA Krupp: WA160/193: 2.

145 Aktennotiz über das Gespräch mit Premierminister Chou En-Lai am 27.05.1973, 05.06.1973, HA Krupp WA160/193: 1.

146 Rolf Audouard: Bericht über die Reise einer Wirtschaftsdelegation der Bundesrepublik Deutschland in die VR China unter Leitung von Herrn Berthold Beitz, 15.06.1973, HA Krupp: WA160/193: 18.

147 Ebenda: 19.

148 Aufzeichnungen über die Pressekonferenz der Deutschen Industrie-Delegation, HA Krupp: WA160/193.

149 Brief von Beitz an das Außenhandelsministerium der Volksrepublik China, 07.06.1973, HA Krupp: WA160/193.

wesen. Wünschen der Delegation, etwa hinsichtlich Besichtigungen, waren sie nachgekommen.[150] Anders als noch kurz vor der Aufnahme diplomatischer Beziehungen gab es während der Reise keinerlei Anzeichen dafür, dass die politischen Abweichungen in Bezug auf die deutsche Entspannungspolitik zu einer Beschränkung oder Beeinflussung der Handelsbeziehungen zwischen der VR China und der BRD führen würden.[151]

Der VR China war bewusst, dass es für die weitere langfristige Wirtschaftsentwicklung nötig war, moderne Technologie zu importieren, weil die chinesischen industriellen Technologien veraltet und die Produktivität gering waren. Die Rentabilität der chinesischen Industrie wurde durch die besonders billigen Arbeitskräfte erzielt. Die Kosten für Arbeitskräfte in der VR China betrugen durchschnittlich nur 5 % der Kosten in der BRD. Die chinesische Technologie im Jahr 1973 war auf dem Stand der deutschen Industrie Mitte der 60er Jahre:[152] Mithilfe der der deutschen Delegation zur Verfügung gestellten Statistiken einzelner chinesischer Betriebe konnte die Produktivität der beiden Länder verglichen werden. Laut der amtlichen Statistik für das Jahr 1974 (ein Jahr nach der Reise der deutschen Delegation) war die deutsche Produktivität in fast allen Bereichen durchschnittlich doppelt so hoch wie die chinesische Produktivität. Produktivitätsunterschiede bestanden insbesondere in den Bereichen Maschinenbau, Energieindustrie und Stahlerzeugung.[153] Daher wollte die chinesische Regierung beim Handel mit der BRD nicht nur fertige Produkte importieren, um die Engpässe des inländischen Bedarfs zu decken, sondern auch Zugriff auf moderne industrielle Anlagen und Technologie gewinnen. Die zu importierenden Technologien und Anlagen sollten hauptsächlich den vom Staat unterstützten Bereichen dienen: der Modernisierung der landwirtschaftlichen Produktion, der Energieindustrie, der Rohstoffindustrie und auch der Leichtindustrie, die sowohl mit dem Lebensbedarf der chinesischen Bevölkerung als auch mit dem chinesischen Export eng verbunden war. Die Relevanz der Rohstoff- und Energieindustrie wurde von Zhou En-Lai mit dem Slogan betont: „The cleverest housewife cannot cook a meal without rice" (巧妇难为无米之炊).[154]

Die Gleichberechtigung und die Unabhängigkeit gegenüber dem Handelspartner Deutschland wurden von der chinesischen Seite während der Reise der deutschen Delegation jedoch immer wieder hervorgehoben. Durch mehrere Gespräche und Besichtigungen brachte die deutsche Wirtschaftsdelegation in Erfahrung, dass die VR China Außenhandel immer noch nur zum Zwecke der Deckung von eigenen Engpässen betreiben wollte. Der Import von Anlagen und Technologien wurde als Ergänzung der eigenen wirtschaftlichen und industriellen Entwicklung betrachtet. Die Autarkiepolitik

150 Aufzeichnungen über die Pressekonferenz der Deutschen Industrie-Delegation, HA Krupp: WA160/193.

151 Bremer Nachrichten: Gute Chancen im China-Handel. 02.06.1973, HA Krupp: WA4/3999.

152 Aufzeichnungen über die Pressekonferenz der Deutschen Industrie-Delegation, HA Krupp: WA160/193.

153 Weggel 1977: 10 und eigene Berechnung.

154 Liu 2006: 313.

spielte, wenn auch in stark modifizierter Form, weiterhin eine wichtige Rolle in der chinesischen Außenwirtschaft. Daher sollte die Kooperation mit der deutschen Industrie dem Prinzip der Wirtschaftsunabhängigkeit nicht grundsätzlich widersprechen. Im Jahr 1972, vor der Reise der deutschen Delegation, entfiel auf den Handel mit der VR China ein Anteil von nur 0,3 % des gesamten deutschen Außenhandels.[155] In der BRD vermuteten die Wirtschaftsexperten, dass das Handelsvolumen zwischen der VR China und der BRD trotz der günstigeren Bedingungen und trotz des Willens der deutschen Industrie nicht stark steigen würde, wenn die als „self reliance“ bezeichnete Autarkiepolitik weiter eine große Rolle in der chinesischen Wirtschaftspolitik spielte. Für die VR China waren angesichts der Größe der Bevölkerung und zahlreicher Naturressourcen prinzipiell gute Voraussetzungen für die Verfolgung einer Autarkiepolitik gegeben. Maos diesbezügliche politische Entscheidungen waren stark durch die Tradition der Autarkiepolitik des Kaiserreichs während der Tsing-Dynastie geprägt.[156] Die traumatischen Erfahrungen mit dem amerikanischen Embargo[157] sowie mit dem Abzug der sowjetischen Entwicklungshelfer und des sowjetischen Kapitals veranlassten die VR China auch, die Autarkiepolitik aus sicherheitsstrategischen Überlegungen beizubehalten.[158] Auch die Delegation stellte anerkennend fest, dass die VR China mit dem Prinzip der Selbstständigkeit „beachtliche Resultate“ erzielt hatte.[159]

Angesichts dieses industriellen Fortschritts war die chinesische Bevölkerung laut der deutschen Delegation „gut ausgerüstet, von der Ernährung bis zur Bekleidung“[160], obwohl der Große Sprung nach vorn, die Naturkatastrophe und die Kulturrevolution den chinesischen Wirtschaftsaufbau und den Lebensstandard der chinesischen Bevölkerung stark geschwächt hatten. Die VR China war infolge der stabilen Wirtschaftssituation Anfang der 70er Jahre ein annehmbarer Handelspartner für andere Länder. Nach der Annäherung mit den USA und dem Eintritt in die UNO sowie der gegenseitigen Anerkennung mit verschiedenen westlichen Ländern öffnete sich die VR China langsam gegenüber der ganzen Welt,[161] wodurch sie auch zu einem sehr großen Absatzmarkt wurde. In den verschiedenen Gesprächen mit den chinesischen Ansprechpartnern und Zhou En-Lai stellte die deutsche Delegation fest, dass die gegenseitige diplomatische Anerkennung zwischen der BRD und der VR China einen äußerst positiven Einfluss auf die Handelsbeziehungen zwischen den beiden Ländern hatte. Gleichzeitig profitierten aber auch andere westliche Länder von der politischen Öff-

---

155 Schüller 2003: 115.

156 Bellers/ Demuth 1993: 208.

157 Zhang 2010: 464 f.

158 Wirtschaftswoche Nr. 24: Wir kamen als Fremde, gingen als Freunde. 08.06.1973./ Kölner Stadt-Anzeiger Nr. 128: Zufrieden über Reise nach China, 04.06.1973, HA Krupp: WA4/3999.

159 Rolf Audouard: Bericht über die Reise einer Wirtschaftsdelegation der Bundesrepublik Deutschland in die VR China unter Leitung von Herrn Berthold Beitz, 15.06.1973, HA Krupp: WA160/193: 45.

160 WAZ: Industrielle ändern Meinung über China. Beitz: Selbstsicher und gut ausgerüstet. 04.06.1973, HA Krupp: WA4/3999.

161 Ebenda: 47.

nung der VR China, da auch für sie bessere Handelsbedingungen geschaffen wurden. Vor diesem Hintergrund nahm auch die Konkurrenz zu: Neben dem alten Konkurrenten Japan versuchten andere Länder, z. B. Großbritannien und die USA, sich ebenfalls einen Teil des chinesischen Marktes zu sichern. Die deutschen Produkte waren zwar von guter Qualität und entsprachen modernsten technischen Standards, ihr Preis aber war im Vergleich zu anderen Handelspartnern der VR China oft nicht konkurrenzfähig genug. Die Rückkehr der VR China in die Weltpolitik brachte somit zwar neue Geschäftsmöglichkeiten für die deutsche Industrie mit sich, gleichzeitig entstanden durch die neue Konkurrenz aber auch neue Probleme.[162]

Neben der großen Konkurrenz hatte die BRD auch Schwierigkeiten damit, die Handelsbilanz mit der VR China auszugleichen, was ein großes Hindernis für den deutschen Handel mit der VR China darstellte. Zhou En-Lai betonte während des Gesprächs mit der deutschen Delegation die Bedeutung des volumenmäßigen Gleichgewichts bei den Wirtschaftsbeziehungen.[163] Auch hier war der Hintergrund der Wunsch der VR China, unabhängig von allen anderen Ländern zu sein. Als Vorbild führte die chinesische Seite den Handel mit Japan an: Japan nahm jährlich 1.500 Tonnen Rohseide von China ab und war damit der größte Handelspartner der VR China.[164]

Die besten Geschäftsmöglichkeiten mit der VR China für die deutsche Industrie sah die Delegation im Bereich der Landwirtschaft, weil diese zum Zeitpunkt der Reise der deutschen Wirtschaftsdelegation in der VR China absolute Priorität hatte. Nach dem Sturz von Lin Biao hatte auch Zhou En-Lai die Bedeutung der Landwirtschaft im Rahmen der neuen Readjustierung erneut betont.[165] Der Grund dafür war vor allem, dass 80 % der Bevölkerung im Bereich Landwirtschaft tätig waren.[166] Um eine innerstaatliche Stabilisierung zu bewirken, mussten die Interessen der Bauern befriedigt werden: Die Erfahrung der Bauernunruhen während des ersten Fünfjahresplans bzw. der Zwangsindustrialisierung nach der Gründung der VR China und der Hungersnot wegen des Großen Sprungs nach vorn zwangen die KPCh, den Schwerpunkt der chinesischen Entwicklung auf die Ernährung der Bevölkerung zu legen. Eine gut entwickelte Landwirtschaft war zudem eine notwendige Voraussetzung der Autarkiepolitik: Der Anstieg der Einkommen der Bauern und die ausreichende Ernährung der Bevölkerung verstärkten die inländische Kaufkraft für andere Konsumgüter und begünstigten die Entwicklung anderer Sektoren. Für die deutschen Unternehmen bot die Priorisierung der Landwirtschaft vor allem die Gelegenheit, Chemieanlagen und landwirtschaftliche

162 Rolf Audouard: Bericht über die Reise einer Wirtschaftsdelegation der Bundesrepublik Deutschland in die VR China unter Leitung von Herrn Berthold Beitz, 15.06.1973, HA Krupp: WA160/193: 45.

163 Aktennotiz über das Gespräch mit Premierminister Chou En-Lai am 27.05.1973, 05.06.1973, HA Krupp: WA160/193: 6.

164 Rolf Audouard: Bericht über die Reise einer Wirtschaftsdelegation der Bundesrepublik Deutschland in die VR China unter Leitung von Herrn Berthold Beitz, 15.06.1973, HA Krupp: WA160/193: 44.

165 Liu/ Wu 1988: 392.

166 Stuttgarter Zeitung: Rotchina will Handel, aber keine Auslandsinvestition, 16.06.1973, HA Krupp: WA4/3999.

Maschinen in die VR China zu exportieren, weil China in diesem Bereich technisch noch zurücklag. Die Chemieanlagen konnten das Problem des Mangels an Kunstdünger in der VR China beheben, während die Maschinen der Modernisierung der chinesischen Landwirtschaft dienten. Eine verbesserte landwirtschaftliche Produktion konnte auch zur Behebung des chinesischen Handelsdefizits beitragen, weil Nahrungsmittel ein wichtiger Importzweig für die BRD waren.[167]

Neben der Landwirtschaft bestanden für die deutsche Industrie Möglichkeiten, Waren und Anlagen in den Bereichen Verkehrswesen, Schwerindustrie, Energieindustrie sowie Rohstoffindustrie und Leichtindustrie in die VR China zu exportieren. Diese fünf Bereiche waren die Basis für die weitere Wirtschaftsentwicklung der VR China, sodass der chinesische Staat diese ebenfalls förderte. Die chinesischen Technologien in diesen Bereichen waren den Beobachtungen der deutschen Delegation zufolge rückständig. Ohne den Import ausländischer Technik oder fertiger Waren konnte die VR China beim Wirtschaftsausbau keine weiteren Fortschritte erzielen. Die deutsche Delegation empfahl daher, die BRD solle ihre Bemühungen zur Eroberung des chinesischen Marktes auf diese fünf Bereiche konzentrieren.[168]

Die beiden Seiten vereinbarten, dass die deutsche Industrie dem chinesischen Staat auch bei der Verbesserung der Verkehrsinfrastruktur helfen sollte, so etwa beim Eisenbahn- und Hafenbau, weil ein günstiger Ferntransport Voraussetzung für die weitere Entwicklung des Warenaustauschs zwischen den beiden Ländern war. Außerdem konnte ein gutes Verkehrswesen im Inland aus Sicht beider Seiten die Wirtschaftsentwicklung innerhalb der VR China verbessern, wodurch wiederum die Kaufkraft der chinesischen Unternehmen und der Bevölkerung für den Kauf ausländischer Produkte mit besserer Qualität und hohem technischem Standard gestärkt werden konnte. Auch der chinesische Export konnte durch die Verbesserung des Verkehrswesens gesteigert werden. Nach der Rückkehr der Delegation in die BRD kam es zu einem Gespräch zwischen der chinesischen zuständigen Regierungsstelle und Helmuth Kern, dem Senator für Wirtschaft und Verkehr der Freien Hansestadt Hamburg, über den Ausbau und die Modernisierung der Häfen in der VR China, weil Hamburg die modernsten und größten Umschlagseinrichtungen hatte.[169]

Die Reise der Wirtschaftsdelegation schuf eine Grundlage für den weiteren Austausch zwischen den beiden Ländern. Obwohl keine konkreten Projekte verhandelt worden waren, hatte die deutsche Wirtschaft einen guten Überblick über die chinesische Wirtschaft und das Potenzial des chinesischen Markts bekommen. Der Austausch zwischen den beiden Ländern wurde anschließend konkreter und zielorientierter.

Auf Einladung des stellvertretenden Ministers für die Erdöl- und Chemieindustrie der VR China, Sun Xiao-Feng, der 1974 Hessen besucht hatte, hielt sich der hessische

167 Rolf Audouard: Bericht über die Reise einer Wirtschaftsdelegation der Bundesrepublik Deutschland in die VR China unter Leitung von Herrn Berthold Beitz, 15.06.1973, HA Krupp: WA160/193.
168 Ebenda.
169 Brief an die Botschaft der VR China, 13.07.1973, HA Krupp: WA160/193.

Wirtschaftsminister Karry vom 20. April bis zum 2. Mai 1975 in der VR China auf, um über die Technik in den Bereichen Erdöl, Chemikalien und Kohlebergbau sowie die weitere Wirtschaftszusammenarbeit zu sprechen. Die Delegation bestand aus zehn Vertretern führender Unternehmen des Großanlagen- und Maschinenbaus, der Eisen- und Stahlindustrie, des Kohlebergbaus und der chemischen Industrie. Die Unternehmensvertreter hatten durch die Reise die Möglichkeit zu Gesprächen mit hochrangigen Vertretern von chinesischen Ministerien und Außenhandelsgesellschaften, zu denen sie im Allgemeinen keinen Zugang hatten. Zu den Gesprächspartnern der Delegation gehörten u. a. ein stellvertretender Minister für Außenhandel bzw. für die Erdöl- und Chemieindustrie, der Präsident des China-Rates für die Förderung des internationalen Handels (eine einer Außenhandelskammer ähnliche Institution), Generaldirektoren und andere leitende Mitarbeiter von Außenhandelsgesellschaften und wissenschaftlichen Forschungsinstituten. Die zahlreichen Delegations- und Einzelgespräche wurden durch ein umfangreiches Besichtigungsprogramm ergänzt.[170]

Der deutsche Botschafter nahm an dem Empfang der Delegation teil. Karry erklärte gegenüber der chinesischen Seite, dass die Bundesregierung diesen Besuch sehr ernst nehme und dass der Bundespräsident mitgekommen wäre, hätte seine Gesundheitssituation es erlaubt. Karry richtete Grüße vom Bundesaußenminister und vom Bundeswirtschaftsminister aus. Er begrüßte die technische Zusammenarbeit und die Erweiterung der Handelsbeziehungen zwischen den beiden Ländern.[171] Weiterhin brachte er deutlich den Wunsch der deutschen Seite zum Ausdruck, Kohle und Erdöl aus China zu importieren, und erklärte, die deutsche Seite wolle den chinesischen Bergbau technisch unterstützen.[172] Wegen der Erhöhung des Ölpreises und der damit zusammenhängenden Steigerung der Preise fast aller Rohstoffe war die VR China ein für die deutsche Wirtschaft interessanter Ersatzlieferant. In Bezug auf technische Themen war die deutsche Delegation im Gespräch hingegen sehr zurückhaltend. Es ging eher um den Handel als um einen technischen Austausch, was zu Enttäuschung auf chinesischer Seite führte.[173]

Auch in weiteren Gesprächen betonte Karry den Wunsch der deutschen Seite, chinesische Ressourcen wie Erdöl und Kohle zu importieren. Außerdem richtete er den Wunsch der deutschen Industrie nach einem Abkommen im Bereich des Warentransports zwischen den beiden Ländern aus. Die deutsche Seite schlug auch vor, dass die Bank of China schnellstmöglich eine Niederlassung in Frankfurt am Main gründen sol-

170 Ergebnisse der Reise des hessischen Wirtschaftsministers Karry in die Volksrepublik China, 30.08.1975, Bundesarchiv: B136/12545.

171 Bericht über den Empfang von Herrn Karry des chinesischen Ministeriums der Petrochemie /石油化工对外联络组对孙晓风副部长会见西德黑森州副州长经济技术部长卡里情况的报告, 21.04.1975, Shanghai Municipal Archives /上海市档案馆: B76-3-1500.

172 Bericht über den Empfang von Herrn Karry des chinesischen Ministeriums der Petrochemie /石油化工对外联络组对孙晓风副部长会见西德黑森州副州长经济技术部长卡里情况的报告, 24.04.1975, Shanghai Municipal Archives /上海市档案馆: B76-3-1500.

173 Ebenda.

le, damit die Zahlungen zwischen den beiden Seiten einfacher abgewickelt werden könnten. China zeigte sich sehr aufgeschlossen gegenüber der Ausfuhr von Rohöl, wofür zu diesem Zeitpunkt allerdings die erforderliche Transportkapazität fehlte. Auch Kohle stand bis auf Weiteres mangels ausreichender Förderung und geeigneter Transportmöglichkeiten für den Export nicht zur Verfügung.[174]

Karry richtete weiterhin den Wunsch der im Bereich Elektrotechnik tätigen Firma Hessmann aus, Kraftwerke in die VR China zu liefern. Am Anfang der Reise hatte Karry angeboten, die aktuellste deutsche Technik aus den Bereichen Bergbau und Ölgewinnung in die VR China zu exportieren, während die VR China im Gegenzug Erdöl und Kohle in die BRD liefern solle. Dieses Angebot lehnte die chinesische Seite jedoch strikt ab. Karry erklärte, er könne nachvollziehen, dass die VR China vor dem Hintergrund der schlechten Erfahrungen mit der Sowjetunion technisch unabhängig sein wolle. Die VR China habe auch ohne ausländische Hilfe große technische Fortschritte erzielt.[175]

Die Unternehmer, die an der Reise teilnahmen, hielten das Chinageschäft für aussichtsreich. Interesse hatte die chinesische Seite vor allem an besonderen Verfahren des Abbaus, der Verkokung, Vergasung und Verflüssigung von Kohle, an einzelnen Methoden der Öl- und Gasexploration, am Bau von Pipelines für den Flüssig- und Feststofftransport, an Raffinerien sowie an verschiedenen anderen Chemieanlagen, z. B. für die Kunststoff- und Kunstfaserherstellung. Die deutsche Delegation hatte jedoch den Eindruck, dass die VR China technisches Know-how möglichst kostenlos auf dem Wege des Erfahrungsaustauschs erwerben wollte und dass das Kopieren westlicher Technologie als Weiterentwicklung aus eigener Kraft galt. In einzelnen Fällen beschränkte sich das chinesische Interesse von vornherein auf besonders komplizierte Komponenten oder Baugruppen von Anlagen, die in China noch nicht hergestellt werden konnten.[176]

Anfang 1976 reisten Vertreter der chinesischen Botschaft im Rahmen eines Gegenbesuchs nach Wiesbaden, um weiter mit der deutschen Industrie über den Export chinesischer Rohstoffe zu verhandeln, insbesondere über den Export von Kohle. Aber die chinesischen Vorstellungen bezüglich Menge, Qualität, Preis und Transport waren weiterhin problematisch für die deutsche Seite.[177] Vor allem war eine Kohlelieferung in der Größenordnung, wie sie von der BRD gewünscht wurde, unmöglich für die VR China.[178]

---

174 Ergebnisse der Reise des Hessischen Wirtschaftsministers Karry in die Volksrepublik China, 30.08.1975, Bundesarchiv: B136/12545.

175 Bericht über den Empfang von Herrn Karry des chinesischen Ministeriums der Petrochemie /石油化工对外联络组对孙晓风副部长会见西德黑森州副州长经济技术部长卡里情况的报告, 29.04.1975, Shanghai Municipal Archives /上海市档案馆: B76-3-1500.

176 Ergebnisse der Reise des Hessischen Wirtschaftsministers Karry in die Volksrepublik China, 30.08.1975, Bundesarchiv: B136/12545.

177 Protokoll über die Sitzung vom 19.2.1976 im Landeshaus Wiesbaden, HA Krupp: WA51/5496.

178 Brief des Handelsbüros der Botschaft der Volksrepublik China in der Bundesrepublik Deutschland an den hessischen Minister für Wirtschaft und Technik, 16.06.1976, HA Krupp: WA51/5496.

Einige wichtige chinesische Politiker besuchten in dieser Phase auch die BRD, u. a. der chinesische Finanzminister Li Xian-Nian, der später zum Staatspräsidenten der Volksrepublik China ernannt wurde. Ziel der Reise war es, mit der deutschen Seite über die Erweiterung der Wirtschaftsbeziehungen zwischen der VR China und der BRD zu sprechen, insbesondere in Bezug auf den Rohstoffexport und das Verkehrswesen. Einleitend stellte Li Xian-Nian die gegenwärtige Wirtschaftslage der VR China vor. Minister Li bezeichnete die VR China als arm und rückständig. Weiterhin erläuterte er die Entwicklung des wirtschaftlichen und industriellen Aufbaus der VR China. China habe vor 1949 kaum über nennenswerte Industrie verfügt. Diese sei überwiegend in ausländischer Hand gewesen. Schwerindustrie habe es nicht gegeben. Nach 1949 sei der Aufbau der chinesischen Industrie fast vollständig von der Sowjetunion übernommen worden. Seit den 60er Jahren habe die VR China sämtliche Schulden bei der Sowjetunion beglichen, und seitdem habe sich die gesamte Industrie Chinas aus eigener Kraft entwickelt.[179]

Im weiteren Verlauf äußerte sich Li Xian-Nian zum Import und Export zwischen der VR China und der BRD. In dem Gespräch stellte sich heraus, dass das chinesische Außenhandelsministerium den Export von Kohle und Erdöl befürwortete, während die Fachministerien ebenso wie die Provinzbehörden sich gegen den Export dieser Rohstoffe aussprachen, weil sie sie für den eigenen Bedarf behalten wollten. Die chinesische Seite betonte wie in jedem Gespräch wieder, das Handelsdefizit mit der BRD durch einen verstärkten Export auszugleichen. Während des Gesprächs wurde festgestellt, dass noch ungenutzte Möglichkeiten zur Ausweitung des Handels zwischen den beiden Ländern bestanden. Weitere Gesprächsinhalte waren der gemeinsame europäische Markt und die Möglichkeiten, das Volumen des chinesischen Exports nach Europa zu erhöhen. Die deutsche Delegation begrüßte die Bemühungen der chinesischen Seite auf dem EU-Markt, weil dies auch eine Erleichterung des Handels mit der BRD bedeutete. Die chinesische Seite äußerte den Wunsch nach der weiteren Verbreiterung der Kontingente gegenüber China, vor allem in der Textilindustrie. Wie die VR China war auch die Bundesregierung an einem verstärkten Austausch und an einem Ausgleich der Handelsbilanz interessiert. Die deutsche Seite erwähnte diesbezüglich den Ankauf von zwei chinesischen Werkzeugmaschinen durch eine deutsche Firma. Außerdem wurden Verhandlungen über den Ankauf von 1 Mio. Tonnen Kohle angesprochen.[180]

Im Laufe des weiteren Gesprächs gab der deutsche Vertreter Minister Li einen Überblick über die Lage der Wirtschaft der europäischen Partner und stellte die Abhängigkeit der deutschen Wirtschaft vom Export sowie die Zusammenhänge mit der Konjunkturentwicklung in den USA, Japan und den europäischen Nachbarländern dar. Minister Li gab an, dass die VR China gerne mithilfe deutscher Unterstützung ver-

179 Fernschreiben aus Peking an 403 als Vorbereitung für den Besuch des Bundesministers Friedrichs, Betr.: Besuch Bundesminister Friedrichs, 10.09.1975, Bundesarchiv: B136/12545.

180 Fernschreiben aus Peking an 403 als Vorbereitung für den Besuch des Bundesministers Friedrichs, Betr.: Besuch Bundesminister Friedrichs, 10.09.1975, Bundesarchiv: B136/12545.

suchen wolle, das Verkehrswesen zu modernisieren und das Eisenbahnsystem zu verbessern. In Bezug auf außenpolitische Fragen betonte Li, dass China keinen Krieg beginnen werde. Die VR China sah die Sowjetunion weiterhin als verantwortlich für die Spannungen in der Weltpolitik an.[181]

Der Austausch über wirtschaftliche Fragen ging über gegenseitige Besuche hinaus. Nach der Aufnahme diplomatischer Beziehungen und der Normalisierung der Wirtschaftsbeziehungen zwischen der BRD und der VR China wurde die erste Messe in der VR China zugelassen, die ausschließlich der deutschen Industrie gewidmet war, die TECHNOGERMA. Diese Ausstellung wurde vom CCPIT nach Art einer selbstständigen Sonderveranstaltung der deutschen Außenhandelswirtschaft im Ausland organisiert, die mit Messen und Ausstellungen oder anderen Marktveranstaltungen auch im Osten vergleichbar war. Nach chinesischer Auffassung war das Ziel der TECHNOGERMA die Vermittlung von neuen technischen Informationen und aktuellen technologischen Erkenntnissen der BRD. Durch die Verbindung der Demonstration von Mustern mit Lehrveranstaltungen deutscher Spezialisten für die ausgewählten chinesischen Fachkräfte sollte diese Ausstellung die Basis für die weitere technische Zusammenarbeit zwischen den beiden Ländern schaffen. Auch Handelsfirmen durften durch eine von ihnen im Chinageschäft vertretene Herstellerfirma auf der Messe ausstellen. Die Zusammensetzung der Exponate entsprach dem chinesischen Wunsch entsprechend der aktuellsten Technologie und besten Qualität der deutschen Industrie. Auch kleine und mittelständische Firmen durften auf der Messe ausstellen. Eine solche Möglichkeit war für kleinere deutsche Unternehmen vor der Aufnahme diplomatischer Beziehungen zwischen den beiden Ländern undenkbar gewesen. Für die deutschen Unternehmen bot die Messe die Möglichkeit, einen Blick auf den chinesischen Markt zu werfen.[182]

Obwohl die TECHNOGERMA als eine Veranstaltung für die deutschen Privatunternehmen konzipiert war, reiste der Bundesminister für Wirtschaft Friderichs mit in die VR China und führte bei der Eröffnung der Messe ein Gespräch mit dem chinesischen Vertreter. Während des Gesprächs brachten beide Seiten erneut ihr Interesse an einer Verstärkung des Warenhandels und des technischen Austausches zum Ausdruck. Anders als Ende der 60er bis Anfang der 70er Jahre sah die chinesische Seite als Ursache des Handelsdefizits die chinesische Warenstruktur und den hohen inländischen Bedarf an, da die deutschen Einfuhrdiskriminierungen beseitigt worden waren. Eine Kreditaufnahme lehnte die VR China weiterhin ab. Ein besonderes Interesse zeigte Friderichs an Rohstofflieferungen aus der VR China. Er erklärte, dass die Bundesregierung dabei sei, zu prüfen, welche chinesischen Rohstoffe für die deutsche Industrie relevant

181 Ebenda.

182 Ergebnisbericht über die sechste Sitzung des Komitees für die Technische Ausstellung der Bundesrepublik Deutschland in Peking 1975 am 14.11.75 in München, 04.12.1975, BAL: Sign. 302/782.

sein könnten und wie das Problem der Transportkosten gelöst werden könne, um einen Ausgleich der Handelsbilanz zu erreichen.[183]

Für die deutschen Unternehmen war die Messe erfolgreich. Insgesamt 243 deutsche Firmen nahmen an der TECHNOGERMA im Jahr 1975 teil. Die Auswertung eines an die deutschen Messeaussteller verteilten Fragebogens ergab, dass 90 % der beteiligten deutschen Unternehmen zufrieden mit dem Ergebnis waren und die Messe für sinnvoll hielten. 90 % der Firmen konnten Kontakte mit kompetenten chinesischen Personen oder Dienststellen aufnehmen und Gespräche führen, und 65 % dieser Firmen hatten den Eindruck, dass die Gespräche zu konkreten Geschäftsmöglichkeiten führen könnten. 15 % der Aussteller konnten während der Ausstellung Geschäftsabschlüsse tätigen, und 90 % der Aussteller gaben an, nach der Messe ein gesteigertes Interesse an einer weiteren Intensivierung der Wirtschaftsbeziehungen zwischen der BRD und der VR China zu haben.[184]

Nach der TECHNOGERMA gaben mehrere deutsche Firmen Vertragsabschlüsse bekannt. Mannesmann hatte einen Liefervertrag von 1 Mio. Tonnen chinesischer Kohle zur Verwendung außerhalb der BRD in Aussicht. Die Klöckner-Gruppe hatte einen Vertrag über die Lieferung zweier chinesischer Maschinen zum Einsatz in Fabriken in Deutschland abgeschlossen. Krupp hatte einen Vertrag über die Lieferung einer Turbine in die VR China unterzeichnet. Ob deutsche Flugzeuglieferungen in Betracht kamen, war hingegen zweifelhaft, da die VR China in großem Umfang Flugzeuge aus den USA bezogen hatte, die offensichtlich noch nicht alle eingesetzt werden konnten. Die VR China hatte aber großes Interesse an Know-how für die Düngemittelproduktion, wie den entsprechenden deutschen Unternehmen auf der Messe mitgeteilt worden war.[185] Im Anschluss an die TECHNOGERMA stellte sich die VR China in Köln mit einer erfolgreichen Nationalausstellung der deutschen Öffentlichkeit vor.[186]

Neben dem reinen Wirtschaftsaustausch wurden, anders als es in anderen Phasen zum Teil der Fall gewesen war, auch politische Themen offen besprochen. Auf Einladung des CCPIT reiste der Präsident des BDI im Mai 1976 in die VR China, um Besprechungen über die Wirtschaftsbeziehungen zwischen den beiden Ländern abzuhalten und Betriebe zu besichtigen. Diese Reise hatte eine ähnliche Funktion wie die Reise unter der Leitung von Berthold Beitz 1973. Beim Austausch zwischen den beiden Seiten stand nicht ein konkreter Bereich im Mittelpunkt, sondern die allgemeinen Möglichkeiten der Entwicklung der Wirtschaftsbeziehungen. Anders als es bei der Reise unter

183 Bericht über die Reise von Bundesminister Friderichs nach China anlässlich der Eröffnung der TECHNOGERMA, 16.09.1975, Bundesarchiv: B136/12545.

184 Bericht über das Ergebnis der TECHNOGERMA Peking 1975, 13.10.1975, Bundesarchiv: B136/12545.

185 Anlage des Fernschreibens aus Peking an 403, Betr.: Besuch Bundesminister Friedrichs, 10.09.1975, Bundesarchiv: B136/12545.

186 Gesprächsführungsvorschlag Die wirtschaftlichen Beziehungen der Bundesrepublik Deutschland zu VR China, 30.09.1975, Bundesarchiv: B136/12545.

Beitz 1973 der Fall gewesen war, fanden während dieser Reise auch Gespräche über Politik statt.

Da die Reise knapp ein Jahr nach der Unterzeichnung der KSZE-Schlussakte stattfand, wurde auch über die Außenpolitik beider Länder gesprochen. Die chinesische Seite brachte vor allem ihre Ablehnung gegenüber der Sonnenfeldt-Doktrin und der KSZE zum Ausdruck, weil sowohl die Sonnenfeldt-Doktrin als auch die KSZE die Machtstellung der Sowjetunion im Osten bestätigten und anerkannten. Die deutsche Delegation meinte, dass die BRD von der Sonnenfeldt-Theorie nicht berührt werde und an der Selbstständigkeit der Verbündeten der UdSSR in Osteuropa sehr interessiert sei, nicht zuletzt im Hinblick auf das Problem der Wiedervereinigung Deutschlands und um weltweite Spannungen zu vermeiden.[187]

Für die deutsche Industrie waren laut dem Präsidenten des BDI in Bezug auf die Außenpolitik zwei Punkte von großer Bedeutung: die europäische Einigung und die Beziehungen zu den USA. Weiterhin erklärte die deutsche Delegation, dass die Bundesregierung hauptsächlich zwei politische Ziele verfolge. Das eine sei die Entspannung und das andere die Wiedervereinigung. Daher bestehe kein wesentlicher Konflikt zwischen der BRD und der VR China hinsichtlich der Außenpolitik.[188]

Das Gespräch ging dann zu wirtschaftlichen Themen über, und die deutsche Seite sprach über die Handelssituation mit anderen Ostländern. Die Devisenverschuldung der Länder des RGW betrage nach amerikanischen Berichten gegenwärtig über 32 Mrd. US-Dollar, wobei mehr als ein Drittel davon auf die UdSSR entfalle. Der Handel der Bundesrepublik mit der Volksrepublik China sei Anfang 1976 in beiden Richtungen um über 50 % gestiegen, während jener mit den RGW-Ländern nur eine Zunahme von 12 % verzeichnet habe. Die BRD gewähre der Sowjetunion keine langfristigen Kredite und keine Zinsvergünstigungen, obwohl der Parteichef Breschnew dies bei seinem Bonner Besuch vorgeschlagen habe. Trotz der Entspannungspolitik und der KSZE habe die deutsche Wirtschaft zu diesem Zeitpunkt mehr Vertrauen, die Wirtschaftsbeziehungen mit der VR China weiter zu entwickeln.[189]

Die deutsche Delegation sprach darüber hinaus über die deutsche Wirtschaftskrise, wobei drei aktuelle Probleme der deutschen Wirtschaft identifiziert wurden: die Wachstumsförderung, die Erhöhung der Investitionsrate und die Verbesserung der Situation auf dem Arbeitsmarkt. Dennoch sei die BRD in Anbetracht der relativ günstigen Inflationsrate unverändert als stabiler Handelspartner der VR China anzusehen.[190] Die Vertreter des CCPIT versicherten, dass die BRD ein traditioneller und gern gesehener Wirtschaftspartner Chinas sei. Die VR China sei daran interessiert, die Wirtschaftsbeziehungen zur BRD weiter auszubauen. Mit einem bilateralen Gesamtumsatz von

187 Reisebericht über den Besuch des Präsidenten des Bundesverbandes der Deutschen Industrie e. V., 05.1976, BAL: 302-1010.

188 Ebenda.

189 Ebenda.

190 Ebenda.

1,85 Mrd. D-Mark im Jahr 1975 und einer Zunahme des Handelsvolumens um über 50 % in den ersten drei Monaten des Jahres 1976 stand die Bundesrepublik in Europa als Handelspartner Chinas an erster Stelle und unter den Industrieländern der Welt nach Japan an zweiter Stelle. Die Voraussetzungen dafür, diese Position nicht nur zu halten, sondern weiter auszubauen, wurden von beiden Seiten langfristig als günstig beurteilt. In die VR China sollten jedoch in erster Linie nur solche Produkte importiert werden, die noch nicht in China hergestellt oder in nicht ausreichender Menge erzeugt wurden.[191]

Im weiteren Verlauf des Gesprächs ging es auch um den konkreten chinesischen Bedarf. Die VR China war weiterhin an Stahleinfuhren sowie am Anlagenimport interessiert. Die deutsche Seite war der Ansicht, dass der Informationsaustausch mit der VR China über die Liefermöglichkeiten verbessert werden müsse. Sich nur auf die zweimal pro Jahr stattfindende Kantonmesse zu verlassen, reiche nicht. Die deutsche Delegation erklärte auch, dass die Industrie der Bundesrepublik in der Lage sei, Anlagen und Know-how aus verschiedensten Gebieten zu liefern und die Ausbildung von Fachpersonal anzubieten. Im Anschluss sprachen die beiden Seiten über den technischen Austausch. Die chinesische Seite wies darauf hin, dass der CCPIT eine besondere Abteilung für den technischen Austausch mit dem Ausland unterhalte, unter deren Regie jährlich über 1.000 Themen in Symposien behandelt würden.[192]

Eine weitere Steigerung des deutschen Exports nach China war durchaus erwünscht, aber auch eine Zunahme der Importe aus der VR China wurde als wichtig erachtet, um eine ausgeglichenere Handels- und Zahlungsbilanz zu erreichen. Das Thema des Imports chinesischer Rohstoffe wurde erneut angesprochen, und die deutsche Delegation brachte wieder das Interesse an chinesischen Rohstoffen zum Ausdruck, vor allem an Kohle und Erdöl. Die deutsche Seite bot auch an, sowohl Ölpipelines als auch Bohrinseln in die VR China zu liefern. Der chinesische Vertreter bezifferte die chinesische Ölproduktion auf 100 Mio. Tonnen pro Jahr. Liefermöglichkeiten bestanden wegen des hohen Eigenverbrauchs zunächst noch nicht – sowohl die deutsche als auch die chinesische Seite sahen eine Erhöhung der Exportfähigkeit Chinas für diese Produkte zu einem späteren Zeitpunkt jedoch als wahrscheinlich an. Die chinesische Seite gab an bemerkt zu haben, dass die BRD auch auf den Import von Eisenerz angewiesen sei. Die VR China sei bereit, auch solche Rohstoffe in die BRD zu liefern. Abschließend erklärte die chinesische Delegation, die VR China sei auch in der Lage, Werkzeugmaschinen und Holzbearbeitungsmaschinen zu liefern. Die deutsche Seite betonte in diesem Zusammenhang, dass es für die chinesischen Unternehmen von Bedeutung sei, in der BRD Marketing und Akquisition zu betreiben, was bisher noch nicht genügend der Fall sei. Die zuständigen Stellen (Verbände und Unternehmen) in der BRD seien gern bereit, sie hierbei zu unterstützen.[193]

191 Ebenda.
192 Ebenda.
193 Ebenda.

Das erste Regierungshandelsabkommen zwischen der BRD und der VR China sah vor, dass die beiden Länder zusammen eine gemischte Kommission für die Untersuchung und Förderung des Warenaustauschs bilden sollten.[194] Die Gründung einer gemischten Kommission war politisch von großer Bedeutung. Die Tagung der gemischten Kommission war der wichtigste Wirtschaftsaustausch zwischen den beiden Ländern und auf der höchsten Ebene angesiedelt. Die Themenbereiche, zu denen ein Austausch erfolgte, waren vielfältig. Der deutschen Vorstellung zufolge sollte die Kommission vor allem eine Verbesserung der Kontakte deutscher Unternehmen zu den chinesischen Außenhandelsgesellschaften mit sich bringen. Eine solche staatliche Hilfe bei der Informations- und Kontaktvermittlung war für die deutschen Unternehmen auf dem chinesischen Markt insofern notwendig, als die leitenden Direktoren der chinesischen Außenhandelsgesellschaften schwer zu erreichen waren. Das galt insbesondere für kleinere und mittlere Unternehmen.[195]

Im Frühjahr 1976 wurde die deutsch-chinesische Wirtschaftskommission von den beiden Ländern eingerichtet.[196] Die erste Tagung fand im gleichen Jahr vom 29. November bis zum 04. Dezember in Peking statt. Die deutsche Delegation wurde geleitet von Ministerialdirektor Dr. Lahn vom Auswärtigen Amt. Vertreter des Auswärtigen Amts, des Wirtschaftsministeriums, des Bundesfinanzministeriums, des Ministeriums für Ernährung, Landwirtschaft und Forsten, der Bundesbank und der Deutschen Botschaft in Peking sowie fünf Vertreter aus der Wirtschaft nahmen an der Tagung teil. Die chinesische Delegation bestand aus für den Import und Export zuständigen leitenden Beamten des Ministeriums für Außenhandel.[197]

Die chinesische Seite stellte zunächst die allgemeine Situation in der VR China vor, wobei sie als aktuelle Probleme die Unruhen wegen der Entmachtung der „Viererbande“ und das Erdbeben in Tangshan sowie Ernteschäden anführte. Dennoch seien die Leitlinien der chinesischen Wirtschaft für die nächsten zehn Jahre unverändert: Die Landwirtschaft habe weiterhin Vorrang, wobei sie industrialisiert werden müsse. Anders als während des Großen Sprungs nach vorn und in der Anfangsphase der Kulturrevolution wurde die Entwicklung der Leichtindustrie gegenüber jener der Schwerindustrie priorisiert.[198] Da die Sitzung zu einem Zeitpunkt stattfand, zu dem der Entscheidungsprozess über die Zahlen des neuen Fünfjahresplans (1976–1980) noch nicht abgeschlossen war, konnte die chinesische Delegation konkrete Nachfragen von

194 Abkommen zwischen der Regierung der Bundesrepublik Deutschland und der Regierung der Volksrepublik China über den Handel und den Zahlungsverkehr, HA Krupp: WA 160/192.

195 Zuständigkeit für die Leitung der deutschen Delegation in der deutsch-chinesischen Gemischten Regierungskommission, 16.09.1975, Bundesarchiv: B136/12545.

196 Vermerk über die VR China – Deutsch-chinesische Wirtschaftskommission, 15.03.1976, HA Krupp: WA51/5496.

197 Bericht über die Tagung der Deutsch-chinesischen Gemischten Kommission zur Förderung der Wirtschaftsbeziehungen vom 29. November bis 4. Dezember 1976 in Peking, 28.12.1976, BAL: 302-1010.

198 Fernschreiben-vtl an 303 eingegangen: 02.12.76 oz auch für bmwi, bmf, bml, Bundesbank, 02.12.1976, Bundesarchiv: B102/240579.

deutscher Seite hinsichtlich des chinesischen Bedarfs auf der Tagung nicht beantworten.[199]

Ein zentrales Thema der Tagung war der chinesische Entwicklungsplan, der vorsah, dass die VR China bis zum Jahr 1980 ein selbstständiges und leistungsfähiges Industriesystem errichten sollte. Der deutschen Delegation wurde auf der Tagung der Begriff der „vier Modernisierungen" erklärt. Für das Erreichen der „vier Modernisierungen" benötige die VR China zwar ausländische Unterstützung, das Ziel der wirtschaftlichen Selbstständigkeit bzw. Autarkie bleibe aber weiterhin bestehen. Die chinesische Delegation kündigte an, dass die VR China weiter Anlagen, Maschinen und Know-how importieren werde, um den „Aufbau aus eigener Kraft" zu fördern. Die deutsche Delegation unterstützte dies.[200]

Die chinesische Delegation bedankte sich für die Erweiterung der Einfuhrkontingente für die VR China und die dadurch erweiterten chinesischen Exportmöglichkeiten. Von chinesischer Seite bestand allerdings der Wunsch nach einer weiteren Modifizierung der Kontingente, vor allem für Baumwollgewebe. Einige Kontingente, etwa für Düngemittel, benötigte die VR China nicht, da sie ohnehin nicht in der Lage war, solche Produkte zu exportieren. Daher bat die chinesische Seite darum, die Einfuhrkontingente in die BRD weiter zu optimieren.[201] Die deutsche Seite entgegnete, in Bezug auf die Weberei bestünden innenpolitische Schwierigkeiten, die Kontingente zu erweitern. Eine weitere Verbesserung der Einfuhrmöglichkeiten für bestickte Textilien und insbesondere für Häkeldecken könne die Bundesregierung aber prüfen. Die deutsche Seite wies darauf hin, dass chinesische Fertigwaren stärker an den deutschen Modegeschmack angepasst werden sollten. Außerdem solle die VR China mehr in Marketing auf dem deutschen Markt investieren. Diesem Vorschlag stimmte der chinesische Vertreter zu.[202]

Die Lieferung chinesischer Rohstoffe in die BRD war ebenfalls ein zentrales Thema. Von deutscher Seite gab es den Wunsch, Angaben über die Verfügbarkeit der Exportrohstoffe zu erhalten, um den deutschen Unternehmen zu ermöglichen, längerfristig zu disponieren. Die chinesische Seite erklärte, sie sei wegen ihres Eigenbedarfs nicht bereit, Güter wie Erze und Asbest oder Uran zu liefern. Die Produktion und der Export von Erdöl seien durch die „Sabotage der Viererbande"[203] beeinträchtigt worden. Der VR China war bewusst, dass die deutsche Industrie an der Abnahme des chinesischen Erdöls interessiert war, da die beiden Seiten deswegen bereits Kontakt miteinander aufgenommen hatten. Die VR China sei auch grundsätzlich daran

199 Bericht an das Auswärtige Amt, Betr.: Sitzung der deutsch-chinesischen Gemischten Kommission hier: Gesamtwürdigung, 14.12.1976, Bundesarchiv: B102/240579.

200 Bericht über die Tagung der Deutsch-chinesischen Gemischten Kommission zur Förderung der Wirtschaftsbeziehungen vom 29. November bis 4. Dezember 1976 in Peking, 28.12.1976, BAL: 302-1010.

201 Ebenda.

202 Ebenda.

203 Bericht über die Tagung der Deutsch-chinesischen Gemischten Kommission zur Förderung der Wirtschaftsbeziehungen vom 29. November bis 4. Dezember 1976 in Peking, 28.12.1976, BAL: 302-1010.

interessiert, Erdöl in die BRD zu liefern, jedoch dürfe inzwischen bekannt sein, dass Teile der chinesischen Kohlegewinnung durch das Erdbeben in Tangshan gelitten hätten. Öl werde als Ersatz für Kohle verwendet. Daher sei der Eigenbedarf an Rohöl gestiegen.[204] Auch die durch die Kulturrevolution verursachten Nachwirkungen und Schäden für die Ölgewinnung bestünden noch fort.[205] Auf längere Sicht sollten die Gespräche über Öllieferungen aber fortgesetzt werden, wenn die chinesischen Verhältnisse wieder geordnet seien.[206]

Ein weiteres Thema war der Agrarsektor. Die deutschen Bemühungen in Brüssel um die Liberalisierung der Einfuhr von Champignons wurden von der chinesischen Seite anerkannt. Die chinesische Delegation erbat die Überprüfung der Einfuhr von mehr als 15.000 Tonnen chinesischer Champignons jährlich. Die VR China war auch bereit, Schnittbohnen in größerem Umfang zu liefern. Die Lieferfähigkeiten der deutschen Seite im Bereich Tierzucht, Saatzucht und Mechanisierung der Landwirtschaft wurden mit Interesse zur Kenntnis genommen.[207]

Audouard wies darauf hin, wie unbefriedigend es sei, wenn die deutschen Unternehmen, angeregt z. B. durch Messen und Ausstellungen, sich mit umfangreichen Unterlagen an die chinesischen Gesellschaften wendeten, dann aber ohne Antwort blieben. Die chinesische Seite erklärte hierzu, die Zentralen der chinesischen Organisationen und Gesellschaften seien oft überlastet und überfordert, sodass solche Fälle vorkommen könnten. Die chinesische Delegation empfahl, dass die deutschen Unternehmen sich für den Informationsaustausch in erster Linie an die chinesische Botschaft in Bonn wenden sollten.[208]

Bei einem Gespräch mit der Bank of China am Rande der Sitzung wies Bundesbankdirektor Kloft auf das allgemeine Interesse der Bundesbank an der Entwicklung des bilateralen Zahlungsverkehrs hin. Die deutsche Seite war der Ansicht, dass das zurzeit bei der Zahlungsabwicklung angewandte Verfahren zwar gut funktioniere, es aber dennoch weiter modifiziert werden könne. Dass eine Kreditaufnahme bei ausländischen Banken von chinesischer Seite abgelehnt wurde, führte dazu, dass die kleineren und mittleren deutschen Unternehmen von den durch die VR China als „deferred payment“ bezeichneten Zahlungszielen belastet waren. Die Beschränkung auf die Zahlungsziele zwang die deutschen Exporteure, die Forderungen in der jeweils ausstehenden Höhe in ihren Bilanzen auszuweisen, was schnell zu einer Erschöpfung ihres Kreditspielraums führen konnte. Exportgeschäfte konnten somit schon allein an solchen Bilanzproblemen deutscher Unternehmen scheitern. Die deutsche Seite bat zu-

204 Ebenda.

205 Bericht über die Tagung der Deutsch-chinesischen Gemischten Kommission zur Förderung der Wirtschaftsbeziehungen von 29. Nov. bis 04. Dezember 1976 in Peking, 28.12.1976, Bundesarchiv: B102/240579.

206 Bericht über die Tagung der Deutsch-chinesischen Gemischten Kommission zur Förderung der Wirtschaftsbeziehungen vom 29. November bis 4. Dezember 1976 in Peking, 28.12.1976, BAL: 302-1010.

207 Fernschreiben-vtl an 303, 02.12.1976, Bundesarchiv: B136/12546.

208 Ebenda.

dem darum, dass die Bank of China die Sechsmonatsfrist für die Kurssicherung bei den RMB-Termingeschäften verlängern solle. Die chinesische Seite erwiderte, die Bank of China habe den deutschen Wunsch nach einer Verlängerung der Frist für die Termingeschäfte geprüft. Die Bank of China wollte jedoch an der bisherigen Praxis festhalten. Auch eine Kreditaufnahme kam nicht infrage.[209]

Die Tagung endete am 01.12.1976. Die deutsche Delegation war in Anbetracht der Umstände mit dem erzielten Ergebnis zufrieden. Alle Punkte waren in offener und sachlicher Atomsphäre besprochen worden. Als chinesische Grundtendenz meinte die deutsche Seite zu erkennen, dass die VR China alle Probleme der mittlerweile entmachteten „Viererbande" anlastete. Die chinesische Seite betonte ihre Erwartung einer stabilen und kontinuierlichen Aufwärtsentwicklung der Wirtschaft. Der harmonische Verlauf der Tagung der gemischten Kommission spiegelte den guten Stand der politischen und wirtschaftlichen Beziehungen zwischen den beiden Ländern wider.[210]

Mit der Aufnahme diplomatischer Beziehungen stieg das Handelsvolumen zwischen den beiden Ländern rasant.[211] Die BRD war im Jahr 1974 nach Japan und den USA der drittgrößte Handelspartner der VR China in Bezug auf den Export. Als Abnehmerland stand die BRD nach Hongkong, Japan und Singapur an vierter Stelle.[212] Bis April 1973 waren hauptsächlich Metallhalb- und -vorerzeugnisse, chemische und pharmazeutische Erzeugnisse und Erzeugnisse der mechanischen Industrie in die VR China exportiert worden. Als Lieferantenkredite bzw. Zahlungsziele mit einer Laufzeit von bis zu fünf Jahren von der chinesischen Seite in Anspruch genommen wurden, war die Entwicklung des Exports in die VR China weniger strikt an die Entwicklung der Einfuhr aus diesem Land gebunden. Durch die Einräumung der Zahlungsziele bzw. durch die Lieferantenkredite hatte die VR China mehr Devisen, um etwa bei kleineren Importen direkt zu bezahlen. Vor diesem Hintergrund kam es ab 1973 zu einem starken Anstieg des Exportvolumens nach China. Nach der Aufnahme diplomatischer Beziehungen zwischen den beiden Ländern war der Handel zudem nicht mehr nur auf den Warenverkehr beschränkt. Wesentlich mehr Anlagen wurden mit Zahlungszielen nach China exportiert. Der durchschnittliche Zinssatz der Zahlungsziele lag bei 6 %. Das größte Projekt war das Walzanlagenprojekt der DEMAG, das schon im Jahr 1965 mit der VR China verhandelt worden war. Es wurde nach der Pause während der Anfangsphase der Kulturrevolution wieder gestartet. Der Auftragswert lag bei 1,0 bis 1,2

209 Bericht von Wickert an das Auswärtige Amt, Betr.: Sitzung der deutsch-chinesischen Gemischten Kommission hier: Gespräch am Rande der Sitzung mit der Bank of China, 09.12.1976, Bundesarchiv: B102/240579.

210 Fernschreiben-vtl an 303, 02.12.1976, Bundesarchiv: B136/12546.

211 Bericht über die Entwicklung der deutsch-chinesischen Wirtschaftsbeziehungen vom Bundesminister für Wirtschaft, 03.11.1976, Bundesarchiv: B102/240579.

212 Brief von Grüner an das Mitglied des Deutschen Bundestages Herrn Abgeordneten Dietrich-Wilhelm Rollmann, Betr.: Fragestunde des deutschen Bundestages am 4./5. Dezember 1974, 05.12.1974, Bundesarchiv: B102/240578.

Mrd. D-Mark. 1977 wurde diese Anlage in Wuhan in Betrieb genommen.[213] Außerdem bestellte die VR China bis zum Jahresende 1973 eine Anlage für Acetaldehyd mit einer Jahresproduktionskapazität von dreißigtausend Tonnen im Wert von 13,5 Mio. D-Mark bei der Firma Uhde. Auch zehn Anlagen aus dem Bereich der vollmechanisierten Kohlegewinnung im Wert von 35 Mio. D-Mark bezog die VR China von deutschen Unternehmen. 30 schwere Diesellokomotiven im Wert von 80 Mio. D-Mark wurden beim Unternehmen Henschel bestellt – wie auch ein Kraftwerk der KWU auf Braunkohlebasis im Wert von 165 Mio. D-Mark.[214] Obwohl das Gesamtvolumen des deutschen Exports wegen der Ölkrise leicht zurückgegangen war, stiegen die Lieferungen in die VR China 1975 um 26,1 % auf 557,8 Mio. D-Mark.[215] Im Jahr 1978 waren elf größere Projekte Gegenstand von Verhandlungen mit deutschen Unternehmen, darunter solche der Petrochemie, der Kunstfaserherstellung, der Herstellung von Düngemitteln auf Kohlebasis und der Ausrüstung für den Tagebau.[216] Gespräche über Möglichkeiten der Zusammenarbeit in den Bereichen Satellitentechnologie, Rohstoff- sowie Werkstoffforschung, Computer, Hochtemperaturphysik und Luftfahrt und Astronomie wurden zwischen den beiden Ländern ebenfalls im Jahr 1978 geführt.[217]

Auch der chinesische Export in die BRD stieg nach der Aufnahme diplomatischer Beziehungen. Bis Anfang 1973 waren aus der VR China vor allem Güter aus dem Bereich Ernährung und Landwirtschaft, der Häute- und Lederwirtschaft und der Textilwirtschaft sowie chemische und pharmazeutische Erzeugnisse importiert worden. Nach der Aufnahme diplomatischer Beziehungen und der Normalisierung der Wirtschaftsbeziehungen wurde die Einfuhr aus der VR China großzügig liberalisiert. Trotz des konjunkturell bedingten Nachfragerückgangs auf dem deutschen Markt, als die Bezüge aus fast allen Staatshandelsländern stagnierten, nahm der Import aus der VR China im Jahr 1975 um 10,7 % und 1976 um 10,6 % zu. Um das Problem der Passivsalden gegenüber der BRD und anderen westeuropäischen Ländern zu lösen, glich die VR China Deviseneinnahmen zu einem großen Teil über den Handel mit Hongkong und Südostasien aus. Da das chinesische Ausfuhrsortiment an industriellen Fertigwaren begrenzt war, waren die deutschen Unternehmen weiterhin vorrangig an einem Import

213 Brief von Elson an Herrn Minister, Betr.: Besuch des chinesischen Botschafters Wang am 22. April 1974, 16.00 Uhr, 19.04.1974, Bundesarchiv: B102/240578.

214 Bericht über Abendessen von Herrn Minister in der Botschaft der VR China am 5.11.1973, 05.11.1973, Bundesarchiv: B102/240578.

215 Gesprächsführungsvorschlag Die wirtschaftlichen Beziehungen der Bundesrepublik Deutschland zu VR China, 30.09.1975, Bundesarchiv: B136/12545.

216 Vermerk, Betr.: Ergebnis des Gesprächs zwischen Bundeswirtschaftsminister Dr. Graf Lambsdorff und dem chinesischen Stellvertretenden Ministerpräsidenten Gu Mu am 5.6.1978, 05.06.1978, Bundesarchiv: B136/12546.

217 Fernschreiben Auswärtiges Amt, Betr.: Vorstellungen des Stellv. Ministerpräsidenten Gu Mu, 27.07.1978, Bundesarchiv: B136/12546.

chinesischer Rohstoffe interessiert. Der Import chinesischer Rohstoffe war bei fast jedem Wirtschaftsaustausch zwischen den beiden Ländern Thema.[218]

Zu den Rohstoffen, die die deutsche Industrie aus der VR China importieren wollte, gehörten vor allem Erdöl und Kohle. 1974 wurde die VR China ein wichtiges erdölexportierendes Land. Während der Ölpreissteigerung war die VR China eine gute Alternative zu anderen Öl- und Rohstofflieferern.[219] Die VR China zeigte ebenfalls Interesse an der Lieferung von Rohstoffen in die BRD. Allerdings war der Ölimport aus der VR China für deutsche Unternehmen sehr frachtkostennachteilig. Um den Import der chinesischen Rohstoffe zu fördern, boten mehrere deutsche Unternehmen an, die VR China bei der Exploration und der Entwicklung von Verfahren für die Aufbereitung sowie der Ausrüstung im Bereich Bergbau und Ölgewinnung zu unterstützen.[220] Wie im vorherigen Kapitel bei der Darstellung der Gespräche und des wirtschaftlichen Austausches dargestellt wurde, wurde dies auch durch die Bundesregierung unterstützt.[221] Die chinesische Regierung lehnte jedoch Joint Ventures ebenso wie eine Verpflichtung zu Gegenlieferungen strikt ab und ließ nur den Abschluss von Geschäften auf der Basis von Ware gegen Geld zu.[222] Für die deutsche Industrie konnten sich Chancen für Anlagenlieferungen und moderne Technologien ergeben, wenn die VR China der Exploration der an den Küsten vermuteten großen Ölvorkommen zustimmte. Die VR China lehnte aber auch die Exploration durch ausländische Gesellschaften oder deren Beteiligung kategorisch ab. Die chinesischen Öllieferkapazitäten waren von mehreren Faktoren abhängig: dem Eigenbedarf der chinesischen Wirtschaft, den Steigerungsmöglichkeiten der chinesischen Raffineriekapazitäten, Transporteinrichtungen und Verladekapazitäten sowie der Anpassungsfähigkeit der chinesischen Verkaufspraktiken an internationale Gepflogenheiten. Für die deutsche Wirtschaft war unklar, ob die VR China zur Devisengewinnung Öl exportierte oder die Ölexporte politisch mit dem Ziel steuerte, andere Länder, z. B. Japan, aber auch Nordvietnam, Nordkorea und die Philippinen, stärker an sich zu binden.[223] 1977 war die BRD nach Japan der zweitgrößte Handelspartner Chinas. Im Gegensatz zu den USA, Großbritannien, Frankreich und

218 Bericht über die Entwicklung der deutsch-chinesischen Wirtschaftsbeziehungen vom Bundesminister für Wirtschaft, 03.11.1976, Bundesarchiv: B102/240579.

219 Vermerk über die Möglichkeiten des Bezugs von Rohöl aus der Volksrepublik China, 30.08.1975, Bundesarchiv: B136/12545

220 Bericht über die Entwicklung der deutsch-chinesischen Wirtschaftsbeziehungen vom Bundesminister für Wirtschaft, 03.11.1976, Bundesarchiv: B102/240579.

221 Vermerk über die Möglichkeiten des Bezugs von Rohöl aus der Volksrepublik China, 30.08.1975, Bundesarchiv: B136/12545

222 Bericht über Abendessen von Herrn Minister in der Botschaft der VR China am 5.11.1973, 05.11.1973, Bundesarchiv: B102/240578.

223 Vermerk über die Möglichkeiten des Bezugs von Rohöl aus der Volksrepublik China, 30.08.1975, Bundesarchiv: B136/12545

den Niederlanden war der deutsche China-Handel durch deutsche Ausfuhrüberschüsse gekennzeichnet.[224]

Um den Warenverkehr zu verbessern, trafen die BRD und die VR China einige das Verkehrswesen betreffende Abkommen. Im Jahr 1975 schlossen die beiden Staaten ein Luftverkehrsabkommen ab, das festlegte, dass Flugzeuge aus der VR China über fünf Zwischenlandepunkte nach Frankfurt oder Köln/Bonn fliegen konnten. Aus der BRD verkehrten Flugzeuge von Frankfurt und einem weiteren Flughafen über fünf Zwischenlandepunkte nach Peking oder Shanghai und darüber hinaus nach Tokyo.[225] Im gleichen Jahr wurde das Abkommen über die deutsch-chinesischen Seeverkehrsbeziehungen paraphiert. Dieses regelte Fragen des Seeverkehrs für Reedereien beider Länder mit dem Ziel, den Seeverkehr zwischen der BRD und der VR China zu erleichtern.[226]

Ab 1977 gab es auch offizielle Gespräche über Lieferungen im Bereich Kernkraft aus der BRD in die VR China sowie über eine diesbezügliche technische Unterstützung durch die BRD. Dies war vor der Aufnahme diplomatischer Beziehungen zwischen den beiden Ländern noch undenkbar gewesen – es war Ausdruck einer neuen Ära der Wirtschaftsbeziehungen zwischen der VR China und der BRD.[227]

Im Jahr 1977 während des Besuchs unter der Leitung des Bundeswirtschaftsministers in der VR China sprachen die beiden Seiten erstmals über Kernkraftwerke und Kernkraftstoffe. Der chinesische Außenhandelsminister Li Qiang fragte sehr direkt an, ob die BRD Kernkraftwerke nach China liefern könne. Wolff von Amerongen bejahte diese Frage. Li Qiang nahm dies lachend zur Kenntnis und sagte, dass darüber später noch einmal zwischen den beiden Ländern gesprochen werden solle. Auf die Frage des Bundesministers, ob denn die VR China bereit sei, Kernbrennstoffe zu liefern, antwortete Li, dass die VR China diese weder exportiere noch importiere.[228]

Ein Jahr später, während der Reise einer chinesischen Delegation unter der Leitung des stellvertretenden Ministers für Wasserwirtschaft und Elektrizität Chang Ping, fand erneut ein Gespräch über Kernkraftwerke sowie Kernkrafttechnologie statt. Vor dem Gespräch verfolgte die Bundesregierung aufmerksam den Verlauf der chinesischen nationalen Wissenschaftskonferenz, die in Peking begonnen hatte, und stellte fest, dass eine Neuorientierung der VR China in wichtigen technologischen Bereichen erkennbar war. Von besonderem Interesse war hierbei für die Bundesregierung die Neuorientierung der chinesischen Energiepolitik hinsichtlich des Baus von Kernkraftwerken. Die chinesische Delegation fragte, ob die Bundesrepublik beim Export von

224 Besuch des chinesischen Außenhandelsministers Li Chinag am Dienstag, 4. April 1978, 12.30 bis 13.15 Uhr, 03.04.1978, Bundesarchiv: B136/12546.

225 Deutsch-chinesische Luftverkehrsbeziehungen, 13.01.1975, Bundesarchiv: B136/12546.

226 Deutsch-chinesische Seeverkehrsbeziehungen, 13.10.1975, Bundesarchiv: B136/12546.

227 Besuch des chinesischen Außenhandelsministers Li Chinag am Dienstag, 4. April 1978, 12.30 bis 13.15 Uhr, 03.04.1978, Bundesarchiv: B136/12546.

228 Fernschreiben an 303, Betr.: Besuch Bundesminister in Peking, 17.10.1977, Bundesarchiv: B136/12546.

Kernkraftwerken stärkeren Beschränkungen als Frankreich unterliege. Von deutscher Seite wurde entgegnet, die BRD könne bezüglich Kernkrafttechnologie als ein ihren westlichen Partnern gleichwertiger Gesprächspartner für die chinesische Seite betrachtet werden. Die chinesische Delegation gab bei dieser Gelegenheit zu erkennen, dass die VR China nicht bereit war, die Sicherheitskontrollen durch internationale Institutionen wie die Internationale Atomenergie-Organisation (IAEO) oder Drittstaaten zu akzeptieren.[229] Die deutsche Seite konnte an dieser Stelle kein direktes Feedback geben, brachte jedoch noch einmal ihr Interesse an einer Zusammenarbeit mit der VR China im Bereich der friedlichen Nutzung der Kernenergie zum Ausdruck. Im Rahmen der deutschen Nichtverbreitungspolitik ergaben sich beim Export von Kernkraftwerken nach China jedoch Fragen, die die anderen nuklearen Lieferländer gleichermaßen angingen. Die deutsche Seite erklärte, sie würde sich bemühen, die Fragen zu klären, und sei zu weiteren Gesprächen bereit.[230]

Nach der Reise nach Peking 1977 wurde das Thema der Lieferung von Kernkraftwerken sowie Kerntechnologien in die VR China in der Bundesregierung diskutiert. Eine Lieferung von Kernkraftwerken an China unterlag den CoCom-Bestimmungen, an die die BRD gebunden war. Nach den CoCom-Bestimmungen war die Lieferung von Kernkraftwerken an die Verpflichtung des Empfängers gebunden, die Anlage den Sicherungsmaßnahmen der IAEO zu unterstellen. Die chinesische Seite hatte jedoch klargemacht, dass sie weder multilaterale noch bilaterale Kontrollen akzeptieren würde. Die VR China war zwar seit 1964 ein Kernwaffenstaat, aber nicht Partei des Atomwaffensperrvertrags. Daher verstießen Exporte bzw. Reexporte von Kernmaterial nach China gegen den Atomwaffensperrvertrag und die Richtlinien der IAEO.[231] Somit hatten zwar beide Seiten ein Interesse an der Lieferung von Kernkraftwerken aus der BRD nach China, aber notwendige Bedingungen waren nicht erfüllt. In Bezug auf die Lieferung von Kernkraftwerken äußerte der Vizepremier Gu Mu während seiner Reise in die BRD im Jahr 1978, die VR China habe zwar Interesse an Kernkraftwerken, die Kohleenergie solle jedoch weiterhin der Schwerpunkt der chinesischen Energieversorgung bleiben.[232]

Trotz der Verbesserung der Wirtschaftsbeziehungen gab es für die deutschen Unternehmen weiterhin Schwierigkeiten beim China-Handel. Vor allem zeigte die VR Chi-

229 Aktennotiz, Betr.: Besuch des chinesischen Außenhandelsministers Li Chiang, 28.03.1978, Bundesarchiv B136/12546; Höflichkeitsbesuch des chinesischen Außenhandelsministers am 4. April 1978, 30.03.1978, Bundesarchiv: B136/12546.

230 Aktennotiz, Betr.: Besuch des chinesischen Außenhandelsministers Li Chiang, 28.03.1978, Bundesarchiv B136/12546; Höflichkeitsbesuch des chinesischen Außenhandelsministers am 4. April 1978, 30.03.1978, Bundesarchiv: B136/12546.

231 Zu TOP 4b der 6. Sitzung des Kabinettausschusses für die friedliche Nutzung der Kernenergie am 15. Februar 1978, 14.02.1978, Bundesarchiv: B136/12546.

232 Vermerk, Betr.: Ergebnis des Gesprächs zwischen Bundeswirtschaftsminister Dr. Graf Lambsdorff und dem chinesischen Stellvertretenden Ministerpräsidenten Gu Mu am 5.6.1978, 05.06.1978, Bundesarchiv: B136/12546.

na wenig Interesse an Lizenz- und Know-how-Verträgen. Vielmehr sollte das technische Wissen möglichst unentgeltlich durch einen Erfahrungsaustausch erworben werden. Eine wissenschaftliche Zusammenarbeit und traditionelle Lizenzgeschäfte kamen für die VR China nur in fortgeschrittenen und zukunftsorientierten Technologiebereichen infrage, z. B. in der Kernenergieforschung, der Fernmeldetechnik, der Datenverarbeitung und dem Luftfahrzeugbau.[233]

Nach Angaben der Firmen BASF, Bayer, Hüls und weiteren hatten die deutschen Unternehmen in Bezug auf die Kommunikation mit der zuständigen chinesischen Handelsstelle noch immer Probleme, da die chinesische Seite oft nicht antwortete. Weiterhin wurden Incoterms in der VR China nicht anerkannt, und häufig gab es mangelhafte Verpackungen und Lieferungsverzögerungen. Die Auswahl des Verschiffungshafens war sehr eingeschränkt. Die chinesische Seite sprach auch von Engpässen im Transportsektor, insbesondere bei der Hafenabfertigung. Darüber hinaus akzeptierte die VR China keine ausländischen Transportversicherungen. Beim technischen Austausch kam es für die deutschen Techniker oft zu Verzögerungen im Zusammenhang mit der Visa-Erteilung. Außerdem erkannte die chinesische Seite den Patentschutz nicht an.[234]

Die Außenverschuldung der VR China war äußerst gering. Im Jahr 1971 hatte die VR China bei der gesamten Handelsbilanz einen Überschuss von ca. 170 Mio. US-Dollar. Die Wachstumsrate der industriellen und landwirtschaftlichen Produktion wurde im Jahr 1972 von der deutschen Seite auf 10 % geschätzt. Daher waren die Bundesregierung sowie die deutschen Banken bereit, einen langfristigen Kredit an die VR China zu vergeben.[235] Beispielsweise war die Deutsche Bank im Falle einer Genehmigung bereit, liefergebundene Finanzkredite für das Walzanlagenprojekt an den chinesischen Besteller zu vergeben. Voraussetzung dafür war eine Bundesausfuhrbürgschaft von mindestens 700 Mio. D-Mark. Die Laufzeit des Kredits betrug fünf Jahre, und die Zahlung sollte erst sechs Monate nach Betriebsbereitschaft der Anlagen fällig werden. Der Zins sollte 3,875 % über dem jeweils gültigen Diskontsatz der Deutschen Bundesbank bzw. zwischen 7,75 % p. a. und 9,25 % p. a. liegen.[236] Die nur für die VR China geltenden Einschränkungen der Kreditgewährung wurden aufgehoben, wobei es für die deutsche Seite problematisch war, dass die chinesische Seite keine längerfristigen Kreditbedingungen in Anspruch nehmen wollte.[237]

Großprojekte wurden daher ausschließlich durch die von der chinesischen Seite als „deferred payment“ bezeichneten Zahlungsziele bzw. Lieferantenkredite finan-

---

233 Bericht über die Entwicklung der deutsch-chinesischen Wirtschaftsbeziehungen vom Bundesminister für Wirtschaft, 03.11.1976, Bundesarchiv: B102/240579.

234 Aktenvermerk, Betr.: Wirtschaftsbeziehungen mit der VR China; hier: Sitzung des Arbeitskreises China im Ost-Ausschuss der Deutschen Wirtschaft am 09.03.1977, 11.03.1977, Bundesarchiv: B102/240579; Fernschreiben-vtl an 303, 02.12.1976, Bundesarchiv: B136/12546.

235 Aktenvermerk, Betr.: VR China, 14.11.1972, Bundesarchiv: B102/215200.

236 Brief von Deutschen Bank an DEMAG AG, Betr.: Walzwerk-Projekt VR China, Datum nicht vorgegeben, HADB: V30/156.

237 Aktenvermerk, Betr.: VR China, 14.11.1972, Bundesarchiv: B102/215200.

ziert. Abschlüsse auf der Basis von Zahlungszielen bedeuteten für einen deutschen Exporteur, dass er seine Exportforderung in der jeweils ausstehenden Höhe in seiner Bilanz auszuweisen hatte. Je nachdem in welchem Verhältnis der Umfang und die Laufzeit dieser Forderungen zur Größe und Finanzierungskraft der betreffenden Firma standen, fiel es dieser leichter oder schwerer, derartige Forderungen in ihrer Bilanz unterzubringen. Hierbei half es auch nicht, wenn dem Unternehmen die Refinanzierung von Exportforderungen durch eine Bundesdeckung in Höhe von 80 % des ausstehenden Betrages erleichtert wurde. Schon die Akkumulation der Selbstbehaltsquoten in Höhe von jeweils 20 % der Forderungen zusammen mit der Notwendigkeit, die Exportforderungen und die zu ihrer Refinanzierung aufgenommenen Kredite in der jeweils ausstehenden Höhe in der Bilanz auszuweisen, konnte den vorhandenen Finanzierungsspielraum des Unternehmens ausschöpfen. Erreichte ein Unternehmen die Kapazitätsgrenze der Absatzfinanzierung (der Finanzierung von zu verkaufenden Waren mittels Kredit), war es für dieses Unternehmen nicht mehr möglich, weitere Aufträge anzunehmen.[238]

Die Lösung suchte das Bundeswirtschaftsministerium in der Zusammenarbeit mit deutschen Banken. Die Hausbank des Exporteurs oder eine andere oder mehrere deutsche Banken konnten zunächst bei der Bank des Bestellers oder auch der Bank of China einen Deposit einzahlen, aus dem die deutschen Lieferanten bar bezahlt werden konnten. Der chinesische Besteller zahlte die den Zahlungszielen entsprechenden Raten wie in jedem anderen Falle bei der Bank of China ein. Die Raten sollten jedoch in diesem besonderen Falle nicht dem deutschen Lieferanten überwiesen werden, sondern entsprechend der gleichzeitig mit dem Abschluss des Kaufvertrages getroffenen Deposit-Vereinbarung zur allmählichen Rückführung des Deposits verwendet werden. Dieses Verfahren hatte den Vorteil, durch die Heranziehung der größeren Finanzierungsmöglichkeiten der Banken die Hindernisse zu überwinden, die aus den beschränkteren finanziellen Möglichkeiten einzelner Export- und Importfirmen resultierten.[239]

Es gab jedoch einige Probleme mit diesem Verfahren. Die Exportfirmen, die deutschen Banken und die VR China konnten sich oft nicht auf einen Zinssatz einigen, da der von der VR China vorgeschlagene Zinsfuß von 6 bis 6,5 % p. a. und der durch die deutschen Banken von den Firmen geforderte Zinsfuß von 9,5 % nicht in Einklang zu bringen waren.[240] Dieser von der chinesischen Seite angebotene Zinssatz für die Zahlungsziele war auch niedriger als die Angebote der direkten Kredite der Deutschen

238 Entwurf eines Memorandums an die Regierung der VR China über technische Fragen bei Exportfinanzierung, 20.11.1975, Bundesarchiv: B102/215200.

239 Ebenda.

240 Aide-Mémoir an die Volksrepublik China über technische Fragen bei Exportfinanzierungen, 23.01.1976, Bundesarchiv: B102/215200.

Bank (7,75 % p. a. und 9,25 % p. a.).[241] Vor diesem Hintergrund ist es wahrscheinlich, dass auch der Kostenfaktor neben der Politik des Strebens nach Wirtschaftsunabhängigkeit ein Grund für die VR China war, direkte Kredite bei ausländischen Finanzinstituten abzulehnen.

Nicht nur die für die deutschen Unternehmen ungünstigen Kreditbedingungen waren eine Hürde für den Handel mit der VR China, sondern auch das Wechselkursrisiko. Da die Bank of China für Termingeschäfte eine Frist von sechs Monaten gesetzt hatte, bestanden große Wechselkursrisiken für die deutschen Exporteure bei durch RMB abgewickelten Projekten, die länger als sechs Monate dauerten. Wollte ein deutscher Exporteur im Rahmen eines Kaufvertrages eine länger als sechs Monate laufende RMB-Forderung erwerben, hatte er keine Möglichkeit, sich über den ihm letztendlich in D-Mark zufließenden Erlös Klarheit zu verschaffen. Zur Beseitigung dieser Schwierigkeiten musste die Bank of China entweder Kurssicherungen für die gesamte Dauer der Zahlungsziele anbieten oder den Abschluss des Kaufvertrages in D-Mark ermöglichen.[242]

Das chinesische Handelsdefizit gegenüber der BRD hatte auch einen negativen Einfluss auf den deutschen Export und Import mit der VR China. Die VR China hatte von 1971 bis 1974 Waren im Gesamtwert von ungefähr 1,9 Mrd. D-Mark aus der BRD importiert, demgegenüber aber nur Waren für ca. 1 Mrd. D-Mark nach Deutschland exportiert. Um dieses Defizit auszugleichen, versuchte die VR China, den Preis der exportierten Waren für die BRD zu erhöhen. Aber die deutschen Unternehmen waren nicht bereit, diesen höheren Preis für die chinesischen Waren zu bezahlen. Daher geriet die VR China hinsichtlich ihres Handelsdefizits in einen Teufelskreis. Ohne die Aufnahme ausländischer Kredite verschlechterte sich die Situation noch weiter, sodass die VR China das Importvolumen aus der BRD verringern musste. Nach der Herbstkantonmesse 1974 wurde das Problem des chinesischen Handelsdefizits offensichtlich: Das chinesische Importvolumen sank weiter stark, und der Preis für exportierte Güter stieg weiter.[243] Das Exportvolumen aus der BRD in die VR China nahm zwar von 1972 bis 1976 stetig zu, es ist aber davon auszugehen, dass hierfür die chinesischen Zahlungen für die fünfjährigen Zahlungsziele bei den großen Projekten verantwortlich waren, die die VR China direkt nach der Aufnahme diplomatischer Beziehungen bei den deutschen Unternehmen in Auftrag gegeben hatte. So kam es im Jahr 1977 zu einem tiefen Einbruch des Exportvolumens zwischen der BRD und der VR China, obwohl das gesamte Importvolumen der VR China im gleichen Jahr stieg.

---

241 Betr.: Entwurf eines Memorandums an die Regierung der VR China über technische Fragen bei Exportfinanzierung, 20.11.1975, Bundesarchiv: B102/215200.

242 Betr.: Entwurf eines Memorandums an die Regierung der VR China über technische Fragen bei Exportfinanzierung, 20.11.1975, Bundesarchiv: B102/215200.

243 Bericht über den Messebesuch in Kwangchow, V. R. China vom 17.10. bis 10.11.1974, 22.11.1974, HA Krupp: WA160/194.

Neben den oben erwähnten Schwierigkeiten wurde auch die chinesische Innenpolitik von deutscher Seite immer noch als Risikofaktor eingeschätzt. Durch die Bewegung zur Kritik an Lin Biao und Konfuzius 1974 geriet die chinesische Innenpolitik wieder in Chaos. Für die deutschen Unternehmen waren zukünftige Geschäftserfolge mit der VR China von der Nachfolge Maos und Zhous abhängig. Hätte die „Viererbande" im Machtkampf gegen die gemäßigte Fraktion gewonnen, so hätten sich auch die Handelsbeziehungen mit der VR China trotz der gegenseitigen diplomatischen Anerkennung nicht weiterentwickelt.[244]

Die VR China war bei der Planung der Produktion, z. B. in der Stahlproduktion, aus deutscher Perspektive immer noch stark von ideologischer Irrationalität geprägt. Deshalb gingen viele deutsche Unternehmer davon aus, dass sich eine Wirtschaftskatastrophe wie im Zusammenhang mit dem Großen Sprung nach vorn wiederholen könnte. Auch das aggressive militärische Engagement der VR China blieb als eine große Gefahr für die Handelsbeziehungen zwischen den beiden Ländern bestehen. In Bildung, Kunst und Propaganda tauchten in der VR China zudem immer wieder ablehnende Aussagen gegenüber dem westlichen System auf.[245] Weiterhin waren auch die feindlichen Beziehungen zwischen der VR China und der Sowjetunion ein Hindernis für die Handelsbeziehungen zwischen der VR China und der BRD. Viele deutsche Unternehmen vermieden es, mit der VR China wirtschaftlich zu kooperieren, weil sie eine Gefährdung der geschäftlichen Beziehungen mit der Sowjetunion befürchteten.[246] Die Wirtschaftskontakte zwischen der BRD und der VR China waren zwar durch die diplomatische Anerkennung verbessert worden, die Bedingungen waren aber durch die Ablehnung von Niederlassungen und direkten Vertretungen deutscher Unternehmen in der VR China weiterhin ungünstig.

Trotz all dieser Probleme hielt die deutsche Wirtschaft an ihrem Ziel fest, mit der VR China sowohl wirtschaftlich als auch technisch zusammenzuarbeiten, weil China als das bevölkerungsreichste Land der Welt sowohl für die Bundesregierung als auch für die deutschen Unternehmer der „Markt der Zukunft" war.[247] Auch die VR China hinterließ in Gesprächen mit der deutschen Wirtschaft den Eindruck, dass sie ihren politischen Schwerpunkt in dieser Phase eher auf die Wirtschaftsaktivität legte.[248] Auch vor dem Hintergrund der spezifischen Schwierigkeiten beim China-Handel war die Bundesbürgschaft als Förderung für die deutschen Unternehmen auf dem chinesischen Markt besonders wichtig – sie wurde jedoch im Jahr 1970 von der Bundesregie-

244 Bericht über Messebesuch in Kwangchow, V. R. China vom 17.10. bis 10.11.1974, 22.11.1974, HA Krupp: WA160/194.

245 Rolf Audouard: Bericht über die Reise einer Wirtschaftsdelegation der Bundesrepublik Deutschland in die VR China unter Leitung von Herrn Berthold Beitz, 15.06.1973, HA Krupp: WA160/193.

246 Wirtschaftswoche: Beitz nach Peking. 23.03.1973, HA Krupp: WA4/3999.

247 Leutner 1995: 141.

248 Aufzeichnungen über die Pressekonferenz der Deutschen Industrie-Delegation, HA Krupp: WA160/193.

rung zurückgenommen. Nach der Aufnahme diplomatischer Beziehungen wurde die Bundesbürgschaft von deutscher Seite erneut geregelt.

Obwohl die Bundesbürgschaft nach der Aufnahme diplomatischer Beziehungen zwischen den beiden Ländern keine überwiegende politische Bedeutung mehr hatte und die Bundesregierung wegen des hohen Exportüberschusses die Ausfuhr nicht unterstützen wollte, wollte die Bundesregierung der deutschen Wirtschaft signalisieren, dass der China-Handel wie von ihr gewünscht gefördert wurde. Die Diskussionen über die Bundesbürgschaft für die VR China fanden fast ausschließlich auf wirtschaftlicher Ebene statt. Um eine geeignete Strategie gegenüber der VR China in Bezug auf die Hermes-Deckung zu wählen, wurden Mitte 1972 die Meinungen verschiedener Exportversicherungsfirmen abgefragt. Laut den Erfahrungen der Versicherungsfirma GERG waren die Zahlungen der VR China immer pünktlich erfolgt. Die meisten Unternehmen hatten nur gute Erfahrungen beim Handel mit der VR China gemacht. Auch die Unternehmen, die Mitte der 60er Jahre Zahlungsziele für die VR China eingeräumt hatten, hatten die Zahlungen pünktlich erhalten. Nur sehr wenige Firmen hatten Probleme mit den chinesischen Käufern. Insgesamt war die VR China für die deutsche Exportindustrie ein sehr zuverlässiger Handelspartner.[249] Vor diesem Hintergrund sah die Bundesregierung keine großen Risiken bei der Deckung für die China-Geschäfte. So wurde die Hermes-Deckung für die China-Geschäfte wieder eingeräumt.[250]

6.4.6 Die Aktivitäten ausgewählter deutscher Unternehmen auf dem chinesischen Markt von 1972 bis zur chinesischen Reform- und Öffnungspolitik

Im Folgenden werden einige deutsche Unternehmen ausgewählt, um die Unternehmensaktivitäten auf dem chinesischen Markt beispielhaft darzustellen. Nachdem die beiden Länder diplomatische Beziehungen aufgenommen hatten, waren mehr Unternehmen auf dem chinesischen Markt aktiv als in früheren Phasen. Die für die folgende Darstellung ausgewählten Unternehmen waren gegenüber China exportorientiert und für sie steht umfangreiches Forschungsmaterial zur Verfügung. Sie repräsentieren die für den Handel zwischen der VR China und der BRD zentralen Branchen: Bayer und BASF repräsentieren die Chemieindustrie und Krupp repräsentiert die Stahl- und Metallindustrie sowie den Bereich Maschinenbau.

Wie oben skizziert wurde, war die VR China an dem Import von Kraftwerken interessiert. Die Siemens AG, einer der wichtigsten Hersteller von Turbinen und Kraftwerken, bekam laut den Auftragsmeldungen ab 1972 mehrere Aufträge aus der VR China.[251] Allerdings können die Verhandlungen zwischen der Siemens AG und der

249 Aktennotiz für die Ressorts von Hermes Kreditversicherungsaktiengesellschaft, Betr.: VR China, 27.11.1972, Bundesarchiv: B102/215200.

250 Ausfuhrbürgschaftspolitik gegenüber der VR China, 31.10.1978, Bundesarchiv: B102/215200.

251 Auftragsmeldungen der Siemens AG, Siemens-Archiv: 35.LS 826.

chinesischen Seite aufgrund der Beschränkung des Zugangs zu Forschungsmaterial nicht ausführlich auseinandergesetzt werden.

Anders als viele andere deutsche Unternehmen erzielte Bayer von 1970 bis 1973, in der Phase der Stagnation der Handelsbeziehungen zwischen den beiden Ländern, einen jährlichen Umsatz von über 70 Mio. D-Mark durch den Export von Gütern in die VR China. Trotzdem fand zwischen 1964 und 1971 kein technischer Austausch außerhalb der Kantonmesse mehr statt.[252]

1972 zeigte die chinesische Seite erstmalig die Bereitschaft an, Techniker von Bayer außerhalb der Kantonmesse zu Vorträgen zu empfangen.[253] Im gleichen Jahr fuhr eine technische Delegation von Bayer auf Einladung der CNCIEC (China National Chemical Import & Export Corporation) nach Peking und Shanghai. Der Besuch diente der Vertiefung der Geschäftsbeziehungen zwischen den Handelsorganisationen der VR China und Bayer. Während des Bayer-Besuchs fanden technische Gespräche und ein Erfahrungsaustausch statt. Neben der CNCIEC nahmen auch die China National Textiles Import & Export Corporation sowie der CCPIT an den Gesprächen teil. Während der Gespräche konnte die Bayer-Delegation Absatzmöglichkeiten auf dem chinesischen Markt in Erfahrung bringen. Außerdem erkundigte sich Bayer nach den Liefermöglichkeiten der chinesischen Seite für von Bayer benötigte Produkte. Bayer schlug vor, einen Vertrag über die langfristige (zwei bis zehn Jahre) Lieferung von Rohpenicillin aus der VR China an Bayer abzuschließen. Die chinesische Seite wies darauf hin, dass die VR China nur die Güter liefern könne, die das Land nicht für den Eigenbedarf brauche. Der Vertreter der CNCIEC bemerkte weiterhin, bei einer Planwirtschaft wie in der VR China sei eine ständige Wechselbeziehung zwischen Eigenproduktion, Importbedarf und Exportüberschüssen gegeben. Die staatlichen Handelsorganisationen hätten die Aufgabe, den jeweiligen Importbedarf der VR China zu decken und die für den Export produzierten Güter ins Ausland abzusetzen. Daher wünschte die chinesische Seite eine Vertiefung der Kontakte mit Bayer anstelle eines festen Vertrages mit einer langen Laufzeit. Nach Ansicht der chinesischen Seite standen Bayer mehrere Möglichkeiten zur Verfügung, Kontakt mit den chinesischen Handelsorganen aufzunehmen: auf der Kantonmesse, durch die Vertretung der CNCIEC in Hongkong, durch direkte Besuche in Peking und über den Postversand von Katalogen und schriftlichen Informationen über die Produkte beider Seiten. Von chinesischer Seite wurden darüber hinaus Anfragen im Bereich Farben und Chemikalien gestellt.[254]

Die Delegation besichtigte Volkskommunen, verschiedene Fabriken und Ausstellungen in der VR China.[255] Die Bayer-Delegation versuchte herauszufinden, ob es möglich war, direkte Kontakte mit den Endverbrauchern aufzunehmen. Die chinesische Sei-

252 Aktennotiz über die Besprechungen auf dem VINYLACETAT-Gebiet in Peking vom 3.11. bis 14.11.1972, 27.11.1972, BAL: 302-1009.

253 Brief von Dr. Bongard, 30.10.1972, BAL: 302-1009.

254 Bericht über die Reise nach Peking und Schanghai von 06. bis 15.03.1972, 17.03.1972, BAL: 302-1009.

255 Ebenda.

te machte jedoch deutlich, dass die Geschäfte nur über die Staatshandelsorgane abgewickelt werden dürften. Sie lehnte auch eine von Bayer bezahlte Person als Verbindungsstelle in Peking ab, die es Bayer ermöglicht hätte, bessere Kontakte zu den Endverbrauchern zu pflegen. Auch Kontakte zu Forschungs- und Entwicklungsinstituten in der VR China erwiesen sich als unmöglich.[256] Erst im Herbst 1977 erlaubte die VR China Bayer allmählich, direkte Kontakte mit Endverbrauchern aufzunehmen, um in der Praxis auftretende Probleme zu vermeiden. Dennoch blieben solche Gelegenheiten selten.[257]

Nach der Reise äußerte Bayer gegenüber der chinesischen Seite erneut den Wunsch, Rohstoffe aus der VR China zu importieren. Um den Export der VR China zu unterstützen, importierte Bayer 1972 Güter im Wert von 18,8 Mio. D-Mark und 1973 Güter im Wert von 33,9 Mio. D-Mark aus der VR China.[258] Bayer war bereit, chinesische Techniker zum Zwecke des technischen Austauschs zu empfangen. Außerdem äußerte Bayer in einem Brief an die CNCIEC den Wunsch nach einem verstärkten Informationsaustausch, um die chinesische industrielle Entwicklung unterstützen zu können. Bayer fragte auch erneut an, ob für die Kontakte ein Büro in Peking eröffnet werden könne.[259] Die chinesische Seite erlaubte die Eröffnung eines deutschen Büros in der VR China aber erst nach der Reform- und Öffnungspolitik.

Im November 1972 verhandelte die MACHIMPEX mit Kuraray und Bayer über einen Vinylacetat-drei-Parteien-Vertrag. Bayer begegnete wie andere deutsche Unternehmen einigen allgemeinen Schwierigkeiten. Das Projekt sollte durch Zahlungsziele finanziert werden. Der Zinssatz lag bei 5,5 %. Bei der Kontaktaufnahme äußerte die chinesische Seite, sie freue sich wegen der „freundschaftlichen Beziehungen zur BRD" über die Intensivierung der Kontakte. Die MACHIMPEX legte Wert darauf, so viele technische Informationen wie möglich zu bekommen, um später in der Lage zu sein, einen dem Bayer-Katalysator qualitativ gleichwertigen Katalysator herzustellen. Daher bat die MACHIMPEX Bayer darum, Techniker nach China zu entsenden, um die chinesische Seite in die Produktion des Katalysators einzuweisen. Die deutsche Seite war zwar bereit, Techniker in die VR China zu schicken, aber nicht damit einverstanden, alle technischen Informationen kostenlos herauszugeben. Streitpunkte gab es auch bei der Geheimhaltungsverpflichtung in Bezug auf die Patente. Bei den Verhandlungen zwischen der VR China und Kuraray war eine Geheimhaltungsverpflichtung von sieben Jahren nach Abschluss des Vertrags vorgesehen. Bayer wollte jedoch eine Geheimhaltungsverpflichtung für 15 Jahre, mindestens aber für zehn Jahre ab Projektbeginn festlegen.[260]

256 Auszug aus der Niederschrift über die Vorstandssitzung der FFB vom 21./28.3.72, 03.05.1972, BAL: 302-1009.

257 Telegramm aus Hongkong für Herrn Seeliger, 06.10.1977, BAL: 302-1010.

258 Brief von Günter Fischer an Kurt Hansen, 07.03.1974, BAL: 302-1009.

259 Brief von Hansen und Meyerheim vom Vorstand Farbenfabriken Bayer AG an China National Chemicals Import & Export Corporation, 18.04.1972, BAL: 302-1009.

260 Aktennotiz über die Besprechungen auf dem VINYLACETAT-Gebiet in Peking vom 3.11. bis 14.11.1972, 27.11.1972, BAL: 302-1009.

Die Taiwan-Frage stellte kein Hindernis für die Entwicklung der Handelsbeziehungen zwischen Bayer und der VR China dar. Mit Genehmigung der Bundesregierung und der Zusage der VR China begann Bayer wieder, Anlagen in Taiwan zu bauen, und auch ein wegen der politischen Beziehungen zur VR China angehaltenes Lieferprojekt von Farbstoff-Fabrikationen nach Taiwan konnte im Jahr 1973 wieder aufgenommen werden.[261]

BASF war auf dem chinesischen Markt zwar nicht so erfolgreich wie Bayer, war aber trotzdem ein wichtiger Handelspartner der VR China. Nach dem Abschluss eines Agenturvertrags mit dem dänischen Handelsunternehmen Jebsen & Co. 1972 erzielte BASF bis zum Ende der 70er Jahre einen Umsatz von ca. 100 Mio. D-Mark auf dem chinesischen Markt. Produkte aus ungefähr 30 verschiedenen Industriezweigen wurden in die VR China verkauft. Kurz vor der Aufnahme diplomatischer Beziehungen zwischen der BRD und der VR China stand BASF in ständigem Kontakt mit der chinesischen Botschaft in Bern. Eine Expertendelegation wurde nach China eingeladen. Im Herbst 1975 verhandelte BASF mit der China National Technical Import Corporation (CNTIC) über die Lizenzvergabe für den Bau einer Oxo-Anlage in der Provinz Jilin. Die Verhandlungen fanden in Peking statt. Trotz der Sprachbarrieren verhandelten die beiden Seiten über Preisregelungen, Zahlungsbedingungen, Spezifikationen, Garantiebedingungen und weitere Themen. Schwierigkeiten ergaben sich – anders als im Fall Bayer – in Bezug auf Personalfragen bzw. die Reise der BASF-Mitarbeiter in die VR China. Nach langen Verhandlungen und trotz harter Konkurrenz bekam BASF im Jahr 1976 den mehr als einhundert Seiten langen Vertrag.[262]

Schon während der Reise der offiziellen deutschen Wirtschaftsdelegation 1973 hatten die Vertreter des Krupp-Konzerns mit chinesischen Ansprechpartnern kurz über die allgemeinen Möglichkeiten einer Kooperation zwischen Krupp und der VR China gesprochen.[263] Krupp wollte nach der gegenseitigen Anerkennung und der Normalisierung der Handelsbeziehungen zwischen den beiden Ländern den Handel mit der VR China nicht länger über die zwischengeschalteten vermittelnden Unternehmen organisieren.[264]

Im Juli 1973 reiste eine große technische Delegation des Krupp Konzerns in die VR China. Die Delegation bestand aus wichtigen Krupp-Vertretern aus den Bereichen Chemieanlagenbau, Elektronik, Maschinenbau sowie Schiffbau, Stahlgewinnung und Metallbearbeitung, darunter sowohl Techniker als auch Vertreter der Exekutive. Es handelte sich um jene Bereiche, die den Beobachtungen der deutschen Wirtschaftsdelegation zufolge für die VR China von Interesse sein konnten. Zweck der Reise war die Vorstellung technischer Leistungen und Produkte des Krupp-Konzerns, die dem durch

261 Brief von Bayer Sparte Farben an den Vorstand, 28.02.1973, BAL: 369/350.
262 Grabicki 2015: 103.
263 Brief von König an Mommsen, 03.04.1973, HA Krupp: WA160/192.
264 Vermerk, 03.05.1973, HA Krupp: WA160/192.

die Beitz-Reise in Erfahrung gebrachten technischen Bedarf der VR China entsprachen.[265]

Die Krupp-Delegation war von der MACHIMPEX eingeladen worden. Außer mit dieser sprach die Delegation auch mit mehreren chinesischen Einkaufsgesellschaften, u. a. mit der China National Machinery Import (CNMI), mit der China National Technical Import Corporation (CNTIC) und der China National Minerals and Metals Import and Export Corporation (CNMMIEC).[266] Von der CNTIC bekam Krupp-Chemieanlagenbau eine Anfrage für einen Aromaten-Komplex und eine DMT-Anlage (Dimethylterephthalat-Anlage)[267] mit einer Jahreskapazität von 90.000 Tonnen. Eine Anfrage für eine Stranggussanlage wurde an die Krupp Hüttenwerk AG gestellt.[268] Darüber hinaus bekam Krupp eine Anfrage über zwei Dosenlinien und 30 bis 80 Mobilkrane mit Leistungen von 15 bis 30 Tonnen. Krupp Industrie- und Stahlbau erhielt einen Auftrag über Stahlrohre im Wert von 3,2 Mio. D-Mark und einen Probeauftrag über 13.000 Tonnen Roheisen. Die Weser AG, ein Konzernunternehmen von Krupp, schloss einen Auftrag über vier Frachtlinienschiffe im Wert von 96 Mio. D-Mark[269] und einen weiteren Auftrag für Schiffsdieselmotoren für 2 Mio. D-Mark ab. Zusätzlich wurden an die Weser AG Anfragen in Bezug auf Spezialfrachtschiffe und Werften gerichtet.[270] Auch ein Kontrakt bezüglich Pressen für den Automobilbau im Wert von ca. 4 Mio. D-Mark wurde zwischen dem Krupp-Konzern und den chinesischen Einkaufsgesellschaften abgeschlossen.[271]

Anders als im Fall Bayer durfte Krupp sich direkt mit Endverbrauchern treffen. Es ist davon auszugehen, dass die Frage, ob sich die deutschen Unternehmen mit den Endverbrauchern treffen durften, branchenabhängig entschieden wurde.[272] Viele der mit den chinesischen Ansprechpartnern besprochenen und verhandelten Projekte waren für den Krupp-Konzern aussichtsreich. Der Krupp-Konzern erlangte durch die Reise auch einen besseren Überblick über den technischen Standard in der VR China. Dadurch ergaben sich für Krupp weitere Möglichkeiten, industrielle Anlagen an die chinesische Industrie zu verkaufen:[273] Beispielsweise erfuhr die Krupp-Delegation durch die Besichtigung eines Hüttenwerks, dass die VR China für die weitere Entwick-

---

265 Reisebericht über die Reise der FK Delegation unter Leitung von Herrn Siber, 25.07.1973, HA Krupp: WA160/193: 1.

266 Ebenda.

267 „DMT [war] mit einem Weltmarktanteil von 80 v. H. der dominierende Rohstoff für Polyesterfasern jeden Typs". Die von der chinesischen Seite angefragte DMT-Anlage arbeitete nach dem Witten-DMT-Verfahren (Information Wissenschaft und Technik: Krupp-Koppers baut in China DMT-Anlage, 05.01.1976, HA Krupp: WA51/5485).

268 Bericht des Herrn Oehler/ Fried. Krupp Hüttenwerk AG, HA Krupp: WA160/193: 11.

269 Brief von Hinz an Beitz, 05.06.1973, HA Krupp: WA 160/193.

270 Brief von König an StA Verkauf Ausland, 25.07.1973, HA Krupp: WA160/193.

271 Besuchsbericht. VR China. Automobilfertigung, 20.07.1973, HA Krupp: WA160/193.

272 Brief von König an StA Verkauf Ausland, 25.07.1973, HA Krupp: WA160/193.

273 Kurzbericht an Herrn Siber, 21.07.1973, HA Krupp: WA160/193.

lung dringend neue Hüttenanlagen benötigte.[274] Durch die Besichtigung einer Werft in Shanghai kam die Krupp-Delegation zu dem Schluss, dass die VR China in Bezug auf den Schiffbau sehr weit zurücklag.[275]

Nach der Reise der technischen Delegation von Krupp wurden viele der in Aussicht gestellten Projekte zwischen Krupp und der VR China weiterverhandelt, wobei diese Projekte fast alle Bereiche umfassten, in denen Krupp tätig war. Einzelne Aufträge für fertige Maschinen wurden unterzeichnet, z. B. für Mobilkräne[276] (Während der Reise der technischen Delegation von Krupp wurden die Leistungen des Krupp-Kranbaus ausführlich vorgestellt[277]). Neben der Lieferung fertiger Maschinen wurden auch Anlagenlieferungen verhandelt. Zu diesem Zweck kam es immer wieder zum Austausch technischer Delegationen zwischen dem zuständigen chinesischen Staatsunternehmen und Krupp – deutlich häufiger als noch vor der Aufnahme diplomatischer Beziehungen.[278]

Ein entscheidendes Projekt war die Lieferung der DMT-Anlage in die VR China. Das Projekt beinhaltete, ein „Kreditgeschäft mit der Laufzeit von 5 Jahren über ein Volumen von ca. 90 Mio. D-Mark"[279] abzuschließen. Bereits im Oktober 1973 wurde ein Memorandum von Krupp und der CNTIC erarbeitet und unterzeichnet, wonach die chinesische Seite die Vorschläge von Krupp für die Realisierung des Projekts studieren werde.[280] Aber ein Vertragsabschluss kam wegen der starken Konkurrenz aus Frankreich und Japan zunächst nicht zustande. Erst im November 1975 wurde der Vertrag abgeschlossen.[281] Die Einrichtung dieser Chemieanlage für die Leichtindustrie entsprach dem bald auslaufenden vierten Fünfjahresplan. Der Auftragswert betrug 104 Mio. D-Mark und umfasste die Vergabe eines Lieferantenkredits mit einer Laufzeit von

274 Reise nach China, Besichtigung des Hüttenwerks „Hauptstadt" in der Nähe von Peking am 12.07.1973, HA Krupp: WA160/193.

275 Besichtigung der Shanghai Shipyard, Shanghai. 14.07.1973, HA Krupp: WA160/193.

276 Confirmation of order, 13.09.1973, WA 51/5483/ vgl. HA Krupp, Contract, 13.05.1974, HA Krupp: WA 51/5481.

277 Reise nach China, Besprechung am 09.07.1973 über Krane bei China National Machinery Import & Export Corporation, Peking. 20.07.1973, HA Krupp: WA160/193.

278 Informatory Offers for Bucket Wheel Excavators, 18.07.1975, HA Krupp: WA 51/5483/ Brief von Dyckerhoff an den hessischen Minister, 10.09.1975, HA Krupp: WA 51/5483/ Brief von China national machinery import & export corporation an KIS, 15.10.1973, HA Krupp: WA 51/5483/ Brief von Krupp Maschinenfabriken an China National Machinery Import and Export Corporation, 15.08.1974, HA Krupp: WA 51/5490/ Brief von Dyckerhoff an Hessischen Minister, 10.09.1975, HA Krupp: WA 51/5483/ Brief von Wolter an AG „Weser", 12.05.1976, HA Krupp: WA 51/5497/ Brief von Siber, 27.04.1976, HA Krupp: WA 51/5483/ Brief von KIS an Kao Lu-Ling, 08.04.1975, HA Krupp: WA 51/5483.

279 Auszug aus der Niederschrift über die 31. Vorstandsitzung, 04.09.1973, HA Krupp: WA160/194.

280 Brief von Siber an Herrn Beitz über Projekte mit der Volksrepublik China, 23.10.1973, HA Krupp: WA160/194.

281 W. Siber: Bericht über Großprojekte VR China, 22.09.1975, HA Krupp: WA160/194: 2.

57 Monaten und dem Zinssatz von 5 %.[282] Die Anlage in der VR China wurde im Jahr 1979 fertiggestellt.[283]

Starke Konkurrenz gab es nicht nur im Bereich Anlagenbau, sondern auch beim Stahlexport: Zwar verfolgte die VR China eine Politik von Auftragsstreuungen, sodass Japan trotz des geografischen Vorteils kein Monopol auf dem chinesischen Markt erreichen konnte, aber neben Japan waren auch einige europäische Länder und die USA sehr konkurrenzfähig. Krupp konnte wegen der hohen Preise nur bestimmte Sonderprodukte in die VR China exportieren.[284] Ein Aromaten-Projekt scheiterte 1975 etwa an den Lieferantenkreditkonditionen: Das Angebot der deutschen Seite war mit einem Zinssatz von 6,5 % schlechter als das Angebot aus Japan.[285] Eine Ausnahme von den in diesem Jahr die Erwartungen im Allgemeinen nicht erfüllenden Ergebnissen im Bereich Export stellte ein Auftrag für Spezialstahl im Wert von 23 Mio. D-Mark dar, den Krupp erhielt.[286]

Zwar durfte Krupp wie andere Unternehmen kein eigenes Büro in China stellen, aber die VR China richtete eine eigene Vertretung in Essen ein.[287] Die beiden Seiten blieben in regelmäßigem Kontakt. Daher verfügte Krupp zeitnah über wichtige Informationen über die chinesische Politik und Wirtschaftssituation. Als die politische Situation in der VR China sich nach dem durch die Bewegung zur Kritik an Lin Biao und Konfuzius entstandenen Chaos stabilisiert hatte, reiste im Sommer 1975 eine weitere Krupp-Delegation nach China, um erneut Technik und Leistungen von Krupp den jeweiligen chinesischen Staatshandelsgesellschaften vorzustellen und einige Projekte weiter zu verhandeln.[288] Auf der Messe TECHNOGERMA waren auch Anfragen über Schwergutfrachter und zu Projekten im Kohletagebau von der chinesischen Seite an Krupp herangetragen worden.[289]

Ähnlich wie Bayer war der Krupp-Konzern bestrebt, Rohmaterialien aus der VR China zu importieren, um die Geschäftsmöglichkeiten mit der VR China zu verbessern. Um zu zeigen, dass Krupp versuchte, die Handelsbilanz zwischen den beiden Seiten auszugleichen, importierte Krupp schließlich Baumwoll-Arbeitsanzüge aus der VR China.[290]

---

282 W. Siber: Bericht VR China Braunkohlentagebau I – Pingchuan, 15.12.1976, HA Krupp: WA51/5497: 10.

283 Bericht von StA Verkauf Ausland über die VR China, 19.11.1976, HA Krupp: WA51/5497.

284 Bericht von StA Verkauf Ausland V. R. China, 12.10.1973, HA Krupp: WA160/194: 3.

285 Brief von StA Verkauf Ausland an Herrn Petrz, Herrn Dr. Dyckerhoff und Herrn Dr. Lukac, 22.12.1975, HA Krupp: WA51/5485.

286 Vermerk über TECHNOGERMA Peking vom 5.-18.9.1975, 26.11.1975, HA Krupp: WA51/5497: 5 f.

287 Bericht von StA Verkauf Ausland über die Volksrepublik China, 24.03.1975, HA Krupp: WA160/194: 6.

288 Bericht von StA Verkauf Ausland über die V. R. China – Delegation vom 30.6 bis 15.7.1975, 19.08.1975, HA Krupp: WA160/194: 2.

289 Vermerk über TECHNOGERMA Peking vom 5.-18.9.1975, 26.11.1975, HA Krupp: WA51/5497:4 f.

290 Bericht von StA Verkauf Ausland an Herrn Prof. Dr. Dettmering, 17.03.1976, HA Krupp: WA51/5497.

6.5 Zwischenfazit

Nach dem Eintritt in die UNO und der KSZE kam es zu einer leichten Änderung der nationalen Identität der BRD. Als „normal West European nation state" sah die BRD ihre Aufgabe nun darin, aktiv an der Erreichung des Weltfriedens und einer Entspannung im Kalten Krieg mitzuwirken. Von einer passiven Rolle ging die BRD zu einer aktiven Rolle über. Die Bundesregierung ergriff nun stärker die Initiative in der Weltpolitik, u. a. auch in Bezug auf die Annäherung zur VR China. Durch die Ratifizierung der Ostverträge war die Bundesregierung sicher, dass die Aufnahme diplomatischer Beziehungen mit der VR China der Entspannungspolitik nicht schaden würde. Nach Rücksprache mit der Sowjetunion stellte sich heraus, dass diese sich nicht gegen die Anerkennung der VR China durch die BRD aussprach. Durch die KSZE-Schlussakte konnte die Bundesregierung auch sicher sein, dass die BRD nicht wegen der Aufnahme diplomatischer Beziehungen zur VR China später in eine eventuelle militärische Auseinandersetzung mit der UdSSR geraten würde. Die gegenseitige Annäherung zwischen den USA und der VR China beseitigte die Hindernisse, die der Entwicklung politischer Beziehungen seit Dekaden im Wege gestanden hatten. Die Rollenerwartung der deutschen Wirtschaft an die Bundesregierung, *offizieller Handelspartner* der VR China zu sein, konnte schließlich erfüllt werden. So wurden im ersten Schritt diplomatische Beziehungen zwischen der BRD und der VR China aufgenommen. Kurz danach wurde der erste Handelsvertrag auf Regierungsebene abgeschlossen. Die Bundesregierung übernahm gegenüber der VR China das Rollenkonzept bzw. ihr NRC als *offizieller Handelspartner*.

Im Anschluss stimmte auch die Role Performance der Bundesregierung mit dem neuen Rollenkonzept als offizieller Handelspartner überein: Das Auswärtige Amt schränkte die Wirtschaftsbeziehungen zu Taiwan ein, weil die Beziehung zur VR China vorrangig war; das Wirtschaftsministerium suchte aktiv nach Lösungen für die Probleme, auf die die deutschen Unternehmen auf dem chinesischen Markt stießen; Regierungs- und Parteivertreter reisten nach China, um sich über Wirtschaftsinteressen auszutauschen; die Einfuhrkontingente gegenüber der VR China wurden stark liberalisiert; die Bundesbürgschaft wurde wieder eingeräumt; die Vergabe von Krediten an die VR China wurde gefördert. Nach dem Handelsvertrag 1973 wurden mehrere weitere Wirtschaftsabkommen zwischen der VR China und der BRD unterzeichnet, um die Wirtschaftsbeziehungen in verschiedenen Bereichen zu regulieren. Auch die Bundesbank arbeitete daran, die Zahlungsbedingungen mit der VR China zu verbessern.

Angesichts solcher Unterstützungen boten sich den deutschen Unternehmen mehr Spielräume auf dem chinesischen Markt. Während des Besuchs der ersten offiziellen Wirtschaftsdelegation wurde die Grundlage der chinesischen Wirtschaft und Wirtschaftspolitik erkundet. Die Kontaktmöglichkeiten waren nicht mehr nur auf die Kantonmesse beschränkt. In der Folge kam es zu einer Verbesserung der Kontakte zu den zuständigen chinesischen Staatshandelsgesellschaften durch gegenseitige Besuche. Auch der Kontakt zur chinesischen Botschaft wurde ermöglicht, und der Zugang der deutschen Wirtschaft zu aktuellen Informationen der VR China wurde erleichtert. Von der Liberalisierung der Einfuhrkontingente profitierten nicht nur die deutschen Importeure, sondern auch die Exporteure wurden dadurch insofern gefördert, als dies zu einem leichten Ausgleich der Handelsbilanz führte. Es ergaben sich auch vielseitigere Handelsmöglichkeiten: Neben vielen Anlagenlieferungen wurde auch die Lieferung von Kernkraftwerken verhandelt. Das Handelsvolumen zwischen den beiden Ländern stieg ab 1972 stark an.

Allerdings standen die deutschen Unternehmen auf dem chinesischen Markt auch neuen Herausforderungen gegenüber. Innenpolitische Ereignisse in der VR China, etwa die Kritik an Konfuzius und Lin Biao, gingen mit kurzfristigen Störungen der Handelsabwicklung einher. Die chinesische Außenpolitik der Annäherung an die USA und Europa führte zu einer starken Konkurrenz auf dem chinesischen Markt. Die deutschen Unternehmen hatten wegen der Wirtschaftsrezession und der Stabilitätsgesetze die Kosten der Produktion nicht senken können, sodass die deutschen Preise auf dem chinesischen Markt nicht konkurrenzfähig waren. Nach dem Ende des Bretton-Woods-Systems wurde die D-Mark stark aufgewertet, was zu weiteren Konkurrenznachteilen führte. Wegen der Warenstruktur zwischen den beiden Ländern konnte das chinesische Handelsdefizit nicht vollständig ausgeglichen werden. Auch ein Anlagenbau gegen verbindliche Rohstofflieferungen wurde von der chinesischen Seite abgelehnt. Vor dem Hintergrund ihres Strebens nach Wirtschaftsunabhängigkeit lehnte die chinesische Seite es zudem ab, Kredite aufzunehmen. Nur „deferred payment" bzw. Lieferantenkredite wurden akzeptiert. Die deutschen Exportunternehmen waren deshalb durch die Refinanzierung belastet. Für Patentrechte und technisches Know-how wollte die VR China ungern bezahlen. Die Einrichtung von Joint Ventures, Niederlassungen und Geschäftsstellen aus dem Ausland in der VR China wurde strikt abgelehnt. Die Schwierigkeiten auf dem internationalen Markt und die Einwände der chinesischen Seite konnten auch mithilfe der Unterstützung der Bundesregierung nicht überwunden werden, vor allem nicht während der Jahre der Wirtschaftskrise.

Die deutschen Unternehmen versuchten daher auf andere Art und Weise, die eigenen Handelsbeziehungen mit der VR China zu verbessern. Beispielsweise importierten Bayer und Krupp chinesische Güter, um der VR China zu demonstrieren, dass sie sich um den Ausgleich der Handelsbilanz bemühten. Diese Bemühungen auf der Unternehmensebene trugen jedoch nur wenig zur Verbesserung der Wirtschaftsbeziehungen zwischen den beiden Seiten bei. So stagnierten die Handelsbeziehungen zwischen den beiden Seiten Mitte der 70er Jahre. Erst nach der Reform- und Öffnungspolitik der VR China erreichten die beiden Länder in Bezug auf das Handelsvolumen einen neuen Durchbruch.

7 Fazit

Da es im Zwischenfazit jedes vorangegangenen Kapitels eine Auseinandersetzung anhand der Rollentheorie der internationalen Politik gegeben hat, wird im Folgenden der Komplex der Wirtschaftsbeziehungen und der politischen Beziehungen zwischen der BRD und der VR China ohne Einbezug der Rollentheorie noch einmal zusammengefasst, um die Forschungsfragen eindeutig zu beantworten und die Hypothesen zu prüfen.

In der Phase zwischen 1949 und 1952, nach der Gründung der neuen Volksrepublik, konzentrierte sich die KPCh vor allem auf die innenpolitische Konsolidierung und auf die Beziehungen zur UdSSR. Um die Zufriedenheit der chinesischen Bauern zu erhöhen, die 80 % der Bevölkerung stellten, wurde eine Bodenreform verabschiedet und umgesetzt. Durch diese Reform, die der kommunistischen egalitären Ideologie entsprach, bekamen die chinesischen Bauern zum ersten Mal eigenen Boden. Im Rahmen der sozialistischen Umgestaltung wurde die chinesische Industrie schrittweise kollektiviert. Die Drei-Anti- und die Fünf-Anti-Kampagne sorgten für die weitere Kollektivierung sowie Enteignung, vor allem im Bereich Außenhandel. (siehe Kapitel 2.1.1)

Außenpolitisch musste die KPCh zunächst eine friedliche Lösung mit der Sowjetunion für die sowjetischen Sonderrechte in der Mandschurei finden. Die damit verbundene außenpolitische Richtlinie „zu einer Seite neigen" festigte die Zugehörigkeit der VR China zum Ostblock. Die unter anderem deswegen entstehende Befürchtung, dass die USA die neue Volksrepublik über Korea militärisch angreifen könnten, führte zum Eintritt der VR China in den Koreakrieg. (siehe Kapitel 2.1.2) Die Entwicklung der Beziehungen zur BRD als westeuropäisches Land mit Besatzungsstatus hatte für die VR China nicht die höchste Priorität. Wirtschaftlich wurden zwar Kontakte zwischen den beiden Ländern aufgenommen, aber sowohl quantitativ als auch qualitativ war der Handel für die VR China nicht bedeutend. Das heißt aber nicht, dass die VR China kein Interesse an einer Intensivierung der Handelsbeziehungen gehabt hätte. Die chinesischen Vertreter erklärten auf der Moskauer Konferenz 1952, dass die VR China bestrebt sei, die Wirtschaftsbeziehungen zu Westeuropa zu verstärken. Diese Äußerung war zwar nicht ausschließlich an die BRD gerichtet, aber bei einer Betrachtung der Gespräche und des inoffiziellen Treffens mit deutschen Wirtschaftsvertretern in Ostberlin ist festzustellen, dass die VR China ein ebenso großes Interesse an den Handelsbeziehungen mit der BRD hatte wie umgekehrt die deutsche Außenwirtschaft am Handel mit der VR China (siehe Kapitel 2.4.2). Daher erwartete die VR China eine verstärkte Wirtschaftskooperation mit der BRD.

In der Phase von 1953 bis 1957 wurde die VR China im Rahmen des ersten Fünfjahresplans – insgesamt erfolgreich – industrialisiert (siehe Kapitel 3.1.1). Der Erfolg des ersten Fünfjahresplans führte zu den folgenden außenpolitischen und außenwirtschaftlichen Umstellungen Chinas: Erstens musste die KPCh die Wirtschaftsbeziehungen mit Westeuropa dringend erweitern, weil der große industrielle Bedarf wegen des ersten Fünfjahresplans nicht vollständig im Rahmen der sowjetischen wirtschaftlichen

https://doi.org/10.1515/9783111245805-007

Unterstützungen gedeckt werden konnte. Zweitens versuchte die chinesische Regierung nach der innerstaatlichen Konsolidierung die eigene Position in der Weltpolitik zu finden, und zwar indem sich das Land von der Abhängigkeit von der Sowjetunion zu befreien versuchte, ohne die Distanz zu den USA abschwächen zu müssen. Die Außenpolitik gegenüber den zwei Supermächten war provokativ: Einerseits stellte Mao Chruschtschow als neuen Parteiführer der Sowjetunion ideologisch und politisch infrage (siehe Kapitel 3.1.2), andererseits forderte der Beschuss der Inseln Quemoy und Matsu die Machtposition der USA in Asien heraus (siehe Kapitel 3.1.2). Sowohl aus wirtschaftlichen als auch aus außenpolitischen Gründen versuchte die VR China, die Wirtschaftsbeziehungen mit der BRD auf offizieller Ebene zu verbessern, um mehr Spielräume in der Weltpolitik für die VR China zu schaffen. Daher drängte die chinesische Delegation den Ostausschuss, einen Handelsvertrag auf staatlicher Ebene abzuschließen. Ein offizieller Handelsvertrag hätte der VR China das Streben nach politischer Unabhängigkeit erleichtert, weil ein solcher eine außenpolitische Anerkennung bedeutet hätte (siehe Kapitel 3.3.3).

In der Phase zwischen 1958 und 1965 kam es zu einer Intensivierung der Erwartung der VR China an die Bundesregierungen. Wegen des Großen Sprungs nach vorn nahm der chinesische Bedarf an Investitionsgütern weiter zu und überstieg den in den zwei vorangegangenen Phasen gegebenen Bedarf. Auch die chinesische Außenpolitik wurde durch den Großen Sprung nach vorn stark beeinflusst. Mit dem Abzug der sowjetischen Entwicklungshilfe wurden die Beziehungen zwischen der VR China und der UdSSR offiziell abgebrochen, zumal die chinesische Seite die Sowjetunion für die auf den Großen Sprung nach vorn folgende Hungersnot mitverantwortlich machte. (siehe Kapitel 4.1.1) Wegen des Vietnamkriegs war auch eine Annäherung an die USA unmöglich. Die VR China geriet in eine isolierte Position in der Weltpolitik, sodass sie in der internationalen Politik auf eine Anerkennung durch andere Staaten, etwa die BRD, angewiesen war. Die nach der Readjustierung verabschiedete 3.-Front-Strategie (siehe Kapitel 4.1.2) war ein Beweggrund für die VR China, mit der BRD über einen offiziellen Handelsvertrag zu verhandeln, da der Bedarf an Anlagen und Know-how aus dem Westen schnell stieg. Anders als noch im Jahr 1957 akzeptierte die chinesische Seite aber nur noch einen Handelsvertrag auf offizieller Ebene, wobei die KPCh allerdings bereit war, für den Handelsvertrag Kompromisse bei der Berlin-Frage einzugehen.

Vor dem Hintergrund des antiwestlichen sowie antikapitalistischen Diskurses der Kulturrevolution ergriff die VR China in den Jahren 1966 und 1967 keine politische Initiative gegenüber der BRD. Zum ersten Mal lehnte die chinesische Seite einen Handelsvertrag auf offizieller Ebene ab (siehe Kapitel 5.4.2). Nach der Stabilisierung der innerstaatlichen Situation und der Beendigung der militärischen Auseinandersetzung an der Grenze zur Sowjetunion kehrte die VR China aus der weltpolitischen Isolation zurück. Durch die sogenannte „Ping-Pong-Diplomatie" unternahm die KPCh einen Schritt in Richtung einer politischen Annäherung an die USA (siehe Kapitel 5.2). Mit der Unterstützung der USA trat die VR China 1971 der UNO bei, was zu einer Welle der Anerkennung der VR China im Westen führte. Obwohl es dem Interesse der VR China entsprach, die Beziehungen zur BRD zu verbessern, wollte die VR China weiterhin keine entsprechende politische Initiative ergreifen. Ausschlaggebend hierfür war vermutlich die Skepsis gegenüber der Entspannungspolitik (siehe Kapitel 5.2) und möglicherweise sogar eine Vergeltung für die Ablehnung des Handelsvertrags von deutscher Seite im Jahr 1965 (siehe Kapitel 4.3.1). Außerdem lag der Schwerpunkt der chinesischen Außenpolitik zunächst auf der Annäherung an die USA – die Beziehung zur BRD war im Vergleich dazu von geringerer Bedeutung.

Nach der Aufnahme der diplomatischen Beziehungen und der Normalisierung der Wirtschaftsbeziehungen fand mehr wirtschaftlicher Austausch zwischen den beiden Ländern statt. Die deutschen Unternehmen erhielten bessere und einfachere Möglichkeiten, nach China zu reisen und direkte Informationen über den chinesischen Bedarf zu bekommen. Auch Besuche von Wirtschaftsdelegationen auf Landesebene, etwa der Besuch des hessischen Wirtschaftsministers, fanden statt. Die Forschungsergebnisse zeigen, dass die VR China weiterhin ihre Unabhängigkeit in der internationalen Politik und Wirtschaft aufrechterhalten wollte. Darüber hinaus wurden staatliche Schulden bei Banken und Regierungen abgelehnt. Nur Lieferantenkredite in Form von „deferred payments“ waren aus Sicht der VR China möglich, und zwar zu einem günstigeren als dem banküblichen Zinssatz. Die VR China interessierte sich weiterhin für Technologien und Know-how und wenig für fertige Produkte. International übliche Lizenz- und geistige Eigentumsrechte wurden allerdings von chinesischer Seite oft ignoriert. Die VR China kaufte nur solche fertigen Produkte ein, die nicht von China selbst produziert werden konnten, oder sie kaufte sie mit dem Ziel, eigene Engpässe zu überbrücken. Um das Handelsdefizit auszugleichen, gab es Gespräche über Exporte chinesischer Rohstoffe wie Erdöl und Kohle. China war an den deutschen Technologien im Bereich der Öl- und Kohlegewinnung interessiert, lehnte jedoch die verbindliche Lieferung solcher Ressourcen ab. Oft wurde die Nachfrage nach chinesischen Rohstoffen mit der Begründung abgelehnt, auf chinesischer Seite gebe es einen hohen Eigenbedarf. Joint-Ventures und verbindliche Lieferungen gegen technologische Unterstützung wurden weiterhin abgelehnt. Die chinesische Seite wünschte sich eine weitergehende Lockerung der deutschen Importpolitik gegenüber der VR China, z. B. im Bereich Textilien. Auch an einer Zusammenarbeit im Bereich von Kernkraftwerken zeigte die VR China Interesse.

Zusammenfassend lässt sich feststellen, dass die VR China durchaus ein Interesse an einer Verbesserung der politischen, aber insbesondere der wirtschaftlichen Beziehungen zur BRD hatte. Denn Preis und Qualität deutscher Güter entsprachen durchaus den chinesischen Interessen. Der deutsch-chinesische Handel wurde deshalb durch die innenpolitischen Konflikte um den politischen Kurs des Landes nur geringfügig behindert. Da es aber für die Bundesregierung vor 1972 als Frontstaat im Kalten Krieg nicht möglich war, einen offiziellen Handelsvertrag abzuschließen, blieb der Handel auf einem gemessen an der Größe der beiden Wirtschaftsräume bescheidenen Niveau, obwohl beide Seiten wohl eine Intensivierung des Handels begrüßt hätten. Nach der Aufnahme der diplomatischen Beziehungen und der Normalisierung der Wirtschaftsbeziehungen fokussierte die VR China vor allem die technische Zusammenarbeit ohne verbindliche Gegenlieferung. Weiterhin versuchte die VR China ihre Unabhängigkeit zu behalten. Vor der Aufnahme der diplomatischen Beziehungen war das Interesse der chinesischen Seite allerdings kein bedeutender Faktor für die Normalisierung der Handelsbeziehungen zwischen den beiden Ländern. Die Interessen der USA und der UdSSR hatten im Vergleich dazu einen größeren Einfluss auf die bilateralen Beziehungen, nicht nur politisch, sondern mittelbar auch wirtschaftlich.

Die Politik der USA gegenüber der VR China war von 1949 bis Anfang der 70er Jahre konsistent. Vor dem Hintergrund des scharfen antikommunistischen Diskurses war die VR China als großes kommunistisches Regime in Fernost bei den USA unbeliebt. Der Eintritt der VR China in den Koreakrieg veranlasste die US-Regierung zu einer feindlichen Außenpolitik und zu einem Wirtschaftsembargo gegen die VR China. Weitere Provokationen der chinesischen Seite in der Taiwanstraße und Lieferungen von Waffen und Ressourcen nach Vietnam bewegten die US-Regierungen über zwei Dekaden zu Sanktionen gegen die VR China. Die BRD war als Empfänger des Marshallplans und aufgrund des Besatzungsstatuts nach ihrer Gründung politisch und wirtschaftlich fest an die USA gebunden. Auch nach der Erlangung der deutschen Souveränität war die Bundesregierung ideologisch, wirtschaftlich und politisch weiterhin von den USA abhängig. Die BRD war durch ihren Charakter als „Frontstaat" in Europa von besonderer strategischer Bedeutung für den antikommunistischen Kampf der USA gegen den Ostblock. Das galt auch für den Bereich der Wirtschaft. Durch den Einbezug der BRD in das China-Embargo verhinderten die USA immer wieder die Entwicklung der Wirtschaftsbeziehungen zwischen der VR China und der BRD. So übten die USA im Jahr 1956 Druck auf Krupp aus, keine Industriedelegation nach China zu entsenden (siehe Kapitel 3.3.3). Die Verhandlungen zwischen der BRD und der VR China bezüglich des ersten offiziellen Handelsvertrags scheiterten letztendlich auch an den Einwänden der USA. Auch beim DEMAG-Projekt übten die USA wegen dessen Medienpräsenz Druck aus, um eine Beendigung des Projekts zu erwirken (siehe Kapitel 4.3.2). Wenn auch wohl widerwillig, so sahen die Bundesregierungen von Adenauer bis Brandt keine Möglichkeit, den Wünschen der deutschen Industrie zu entsprechen und bessere Rahmenbedingungen für den deutsch-chinesischen Handel zu schaffen.

Die militärische Auseinandersetzung zwischen China und der Sowjetunion im Jahr 1969 bedeutete einen Wendepunkt für die Beziehungen zwischen der VR China und den USA, insofern die Sowjetunion gemeinsamer *Feind* der VR China und der USA wurde. Nach der politischen Annäherung zwischen den beiden Ländern wurde auch das China-Embargo weitestgehend gelockert: Beim Import aus China entsprach die Warenliste derjenigen von osteuropäischen Staaten. Die USA standen der Entwicklung der wirtschaftlichen und politischen Beziehungen zwischen der BRD und der VR China nicht länger im Wege. Nach der Aufnahme der diplomatischen Beziehungen und der Normalisierung der Wirtschaftsbeziehungen wurde die Entwicklung der Beziehungen zwischen der VR China und der BRD hauptsächlich durch internationale politische sowie wirtschaftliche Organisationen wie die Internationale Atomenergie-Organisation eingeschränkt.

Bis Ende der 50er Jahre war die VR China offiziell mit der Sowjetunion in einem Bündnis. Vor dem Hintergrund der chinesischen außenpolitischen Richtlinie „zu einer Seite neigen“ und des Kompromisses bezüglich der sowjetischen Sonderrechte in der Mandschurei hatte die Sowjetunion keine offiziellen außenpolitischen Einwände gegen die neue Regierung in China (siehe Kapitel 2.1.2). Obwohl sich die Spaltung zwischen der Sowjetunion und der VR China schon ab Mitte der 50er Jahre ankündigte (siehe Kapitel 3.1.2), brach die Beziehung zwischen den beiden Ländern erst Ende der 50er Jahre während des Großen Sprungs nach vorn ab. In der Folge stellte sich allerdings nicht sofort ein stark antagonistisches Verhältnis zwischen den beiden Seiten ein. Die VR China versuchte vielmehr, die Schulden bei der Sowjetunion zurückzuzahlen. Die Rückzahlung der an die VR China vergebenen Kredite war auch im Interesse der UdSSR. Nach der Ablehnung der Stalin-Note im Jahr 1952 stand die BRD offiziell außerhalb des sowjetischen Machtbereichs. Die politischen und wirtschaftlichen Beziehungen zwischen der BRD und der VR China waren bis Ende der 60er Jahre nicht von besonderer strategischer Bedeutung für die UdSSR. Die Positionierung der Sowjetunion gegenüber der VR China änderte sich jedoch wegen des Ussuri-Konflikts (siehe Kapitel 5.2). Die militärische Auseinandersetzung an der Grenze zwischen den beiden Ländern führte zu einer feindlichen Haltung der Sowjetunion gegenüber der VR China. In dieser Phase war die Beziehung zur Sowjetunion wegen der neuen Ostpolitik von großer Relevanz für die Bundesregierung, und die die VR China betreffende Politik der BRD war nicht länger irrelevant für die Sowjetunion. Allerdings war die BRD sowohl militärisch als auch wirtschaftlich nicht so abhängig von der Sowjetunion wie von den USA. Daher verzögerte sich die Aufnahme der diplomatischen Beziehungen zwischen der VR China und der BRD. Nach der Aufnahme der diplomatischen Beziehungen legen die Quellen nicht nahe, dass die Sowjetunion weiter Einfluss auf die Wirtschaftsbeziehungen zwischen der VR China und der BRD ausübte.

Aus der Entwicklung der Beziehungen zwischen der VR China und den USA sowie der Sowjetunion kann geschlussfolgert werden, dass diese Beziehungen ausschlaggebend waren für die nur langsame politische und wirtschaftliche Annäherung. Anfang der 60er Jahre standen die USA der Entwicklung der wirtschaftlichen und politischen Beziehungen zwischen der VR China und der BRD im Wege, und in den späten 60er Jahren verhinderte die sowjetische Haltung gegenüber China eine frühere Aufnahme diplomatischer Beziehungen zwischen den beiden Ländern. Erst nach der Neutralisierung der Beziehungen zwischen der VR China und den beiden Supermächten des Kalten Krieges konnten die VR China und die BRD substanzielle Fortschritte bei der Normalisierung der bilateralen Beziehungen erzielen. Beide Supermächte hatten seit der Aufnahme der diplomatischen Beziehungen zwischen der VR China und der BRD bis zur Öffnungspolitik wesentlich weniger Einfluss auf die Wirtschaftsbeziehungen zwischen den beiden Ländern als davor.

Neben den Regierungen der VR China, der USA und der UdSSR war auch die deutsche Wirtschaft ein wichtiger Akteur, der Einfluss auf die China betreffende Politik der Bundesregierungen nahm. Deutsche Unternehmer versuchten trotz aller Schwierigkeiten, die Handelsbeziehungen mit China wieder aufzunehmen: Durch Schmuggel, die Einschaltung von Zwischenhändlern in Drittländern, Bartergeschäfte und Transitgeschäfte mit schlechten Zahlungs- und Lieferbedingungen bemühten sie sich um Zugang zum chinesischen Markt. Dabei war aber klar, dass die Bundesregierung nur einen geringen Einfluss ausüben konnte. Neben dem US-Embargo stellten auch die chinesische Innenpolitik und die Wirtschaftsreformen mit der Kollektivierung und der Enteignung privater Unternehmen Risiken für die deutsche Außenwirtschaft dar. Diese schreckten aber viele Unternehmen nicht ab. Sie schlossen sich ohne die Unterstützung der Bundesregierung zur OSTAG zusammen (siehe Kapitel 2.3) und versuchten durch diese Organisation, sich mehr Spielräume bei den Verhandlungen mit der VR China zu verschaffen. Dieser Versuch scheiterte jedoch an der Ablehnung des zwischen der OSTAG und den chinesischen Stellen abgeschlossenen Handelsabkommens durch die Bundesregierung. Diese Ablehnung bedeutete, dass der China-Handel nicht getrennt von politischen Erwägungen behandelt werden konnte. Ohne eine indirekte Kontrolle und die Einbeziehung der Bundesregierung in einem gewissen Umfang war der China-Handel nicht aussichtsreich. Nur mit Genehmigung der Bundesregierung durften sich Wirtschaftsvertreter der BRD mit einer chinesischen Delegation inoffiziell in Berlin treffen (siehe Kapitel 2.4). Die deutsche Wirtschaft war somit gezwungen, sich zwecks einer Verbesserung der Wirtschaftsbeziehungen zur VR China an die Bundesregierung zu wenden. Die deutsche Außenwirtschaft begrüßte Regulierungen des China-Handels. Auch bessere Kontakte zur VR China bezüglich des Güterbedarfs und aktuelle Informationen über das Embargo waren aus Sicht der deutschen Wirtschaft wünschenswert. Insofern war die deutsche Außenwirtschaft auf staatliche Unterstützung angewiesen, um die Risiken auf dem chinesischen Markt zu verringern.

Trotz aller Schwierigkeiten hatte die deutsche Wirtschaft ein großes Interesse daran, Handelsbeziehungen mit China aufzunehmen. Denn China war aufgrund der großen Bevölkerungszahl für die deutschen Unternehmen perspektivisch ein attraktiver Absatzmarkt. Die große Landfläche und die große Bedeutung der Landwirtschaft für die chinesische Volkswirtschaft machten das Land auch zu einem interessanten Lieferanten für Agrarprodukte und Rohstoffe. Durch die ersten Kontakte bemerkten die deutschen Unternehmen schnell, dass die VR China vor dem Hintergrund ihrer Industrialisierungsplanung einen großen Bedarf an Investitionsgütern und Know-how hatte. Das Potenzial der VR China als Absatzmarkt war somit größer als in der Vorkriegszeit.

Nach der Einrichtung des Ostausschusses mit dem China-Arbeitskreis hatte die deutsche Außenwirtschaft bessere Möglichkeiten, sich mit der Bundesregierung über den China-Handel auszutauschen und auf semi-staatlicher Ebene mit der VR China zu verhandeln. Die deutsche Industrie leitete bereits in der Phase zwischen 1953 und 1957 den Wunsch einer Lockerung oder Aufhebung des Handelsembargos gegenüber der VR China über den Ostausschuss an die Bundesregierung weiter (siehe Kapitel 3.3.1).

Infolge der allgemeinen Zunahme des Außenhandels und der Frustration hinsichtlich des Handels mit der Sowjetunion (siehe Kapitel 4.2.2) wuchs das Interesse am China-Handel schnell. Es fanden mehrere inoffizielle Treffen zwischen deutschen Wirtschaftsvertretern und chinesischen Delegationen statt, bei denen sich die beiden Länder über die Handelsbeziehungen austauschten (siehe Kapitel 4.3.1). Aufgrund des strikten US-Embargos und anderer Barrieren handelten viele deutsche Unternehmen durch Transitländer in Osteuropa. Auch die von der VR China gewünschten Bartergeschäfte gab es weiterhin. Das Handelsvolumen zwischen den beiden Ländern stieg ab 1954 konstant an, blieb aber, gemessen an der Größe der Wirtschaftsräume, weiterhin gering. Das US-Embargo war nicht das einzige Hindernis für die Entwicklung der Handelsbeziehungen zwischen den beiden Ländern. Geschäftliche Probleme wie die Anerkennung von Verträgen und von der chinesischen Seite willkürlich gesetzte Liefer- und Zahlungsbedingungen – Probleme, die in der Phase zwischen 1953 und 1957 entstanden – hemmten die weitere Entwicklung der bilateralen Wirtschaftsbeziehungen (siehe Kapitel 3.3.1). Vor diesem Hintergrund forderte die deutsche Wirtschaft die vertragliche Regulierung der Handelsbeziehungen zur VR China. Die Verhandlungen über ein Handelsabkommen scheiterten jedoch vorerst, weil die chinesische Seite zum Abschluss eines Abkommens ausschließlich auf Regierungsebene bereit war. Für die deutsche Außenwirtschaft bedeutete dies, dass die vertragliche Regulierung der Handelsbeziehungen zwischen den beiden Seiten fraglich war. Dank eines Kompromisses mit der chinesischen Seite wurde schließlich im Jahr 1957 ein semi-staatliches Handelsabkommen zwischen dem Ostausschuss und dem CCPIT abgeschlossen.

Nach dem Abschluss dieses ersten semi-staatlichen Handelsabkommens erlebte die deutsche Außenwirtschaft – auch wegen des großen industriellen Bedarfs – einen Peak des Handelsvolumens beim China-Handel (siehe Tabelle 1 im Anhang). Danach sank das Handelsvolumen aber erneut und erreichte im Jahr 1963 einen Tiefpunkt. Das abnehmende Handelsvolumen war zwar nicht nur durch die fehlenden offiziellen politischen und wirtschaftlichen Beziehungen bedingt, die deutsche Wirtschaft vermutete hierin jedoch einen Grund. Daher forderte die deutsche Wirtschaft die Bundesregierung 1961 durch den Ostausschuss auf, Regierungsvertreter zur Kantonmesse zu entsenden, weil sie sich eine offizielle Unterstützung durch die Bundesregierung auf der Kantonmesse erhoffte (siehe Kapitel 4.3.1). Dieser Versuch scheiterte jedoch. Im Jahr 1962 übte die chinesische Seite erneut Druck auf die deutschen Unternehmen aus, um die Aufnahme diplomatischer Beziehungen mit der BRD zu bewirken (siehe Kapitel 4.3.1). Auch im darauffolgenden Jahr beschwerte sich die chinesische Seite auf der Kantonmesse bei den deutschen Unternehmen über die fehlenden politischen Beziehungen (siehe Kapitel 4.3.1). Die deutsche Außenwirtschaft befürchtete aufgrund der Zurückhaltung der Bundesregierung bei ihrer China-Politik Konkurrenznachteile gegenüber anderen westlichen Ländern, etwa Frankreich. Nach der Aufnahme diplomatischer Beziehungen zwischen der VR China und Frankreich drängte der Ostausschuss die Bundesregierung dazu, die Handelsbeziehungen auf eine offizielle Ebene zu stellen. Vor diesem Hintergrund begann die Bundesregierung schließlich, mit der VR China über ein offizielles Abkommen zu verhandeln.

Nachdem die Verhandlungen über den offiziellen Handelsvertrag wegen des Drucks der USA im Jahr 1965 gescheitert waren, entwickelten sich die Handelsbeziehungen zwischen der BRD und der VR China zunächst dank der 3.-Front-Strategie bis 1967 gut. Angesichts dieser guten Entwicklungen und internationaler Schwierigkeiten revidierte die deutsche Wirtschaft ihren Wunsch nach offiziellen Handelsbeziehungen im Jahr 1966. Die positive Entwicklung kam jedoch 1968 an ihr Ende (siehe Tabelle 1 im Anhang). Angesichts des starken Rückgangs des Handelsvolumens begann die deutsche Wirtschaft erneut, um staatliche Unterstützung zu bitten. Im Jahr 1969 schlug die deutsche Industrie die Liberalisierung der Einfuhr aus der VR China vor. Nach der internationalen politischen Rückkehr der VR China und der Lockerung des US-Embargos sah sich die deutsche Außenwirtschaft auf dem chinesischen Markt wesentlich benachteiligt, weil keine offiziellen Beziehungen zwischen den beiden Ländern bestanden. Insbesondere für die ab Mitte der 60er Jahre beginnenden Anlagenlieferungen nach China war eine offizielle Regulierung zwischen den beiden Ländern, vor allem in Bezug auf die Finanzierung, von großer Bedeutung. Daher reichte Hufnagel als Vertreter der am China-Handel interessierten deutschen Unternehmen im Jahr 1971 ein Aide-Mémoire bei der Bundesregierung ein und forderte die Normalisierung der Wirtschaftsbeziehungen zwischen der BRD und der VR China (siehe Kapitel 5.4.3). Darin wurde kritisiert, dass die Zurückhaltung der Bundesregierung gegenüber der VR China zu Konkurrenznachteilen deutscher Unternehmen führe. Als Lösung für das Problem des chinesischen Handelsdefizits schlug die deutsche Außenwirtschaft ebenfalls mehr staatliche Unterstützungen vor, z. B. in Form der Liberalisierung der chinesischen Einfuhr und einer Kreditvergabe der Bundesregierung.

Nach der Aufnahme der diplomatischen Beziehungen wurde die BRD für die VR China das Land mit den viertmeisten Exporten und rückte als Importeur an die dritte Stelle. Ab 1972 bestanden wegen der internationalen Politik fast keine sonstigen Risiken und Schwierigkeiten. Die Verhandlungen mit der VR China als solche waren die größte Herausforderung für die deutsche Wirtschaft. Die VR China akzeptierte nur Lieferantenkredite mit günstigeren Zinssätzen, als sie direkt von deutschen Banken angeboten wurden; schon in den 70er Jahren ergaben sich für die deutschen Unternehmen zudem dadurch Probleme, dass die VR China Lizenzen für Know-how und technische Leistungen nicht anerkannte. Allerdings konnte auch die Bundesregierung solche Schwierigkeiten nicht beheben.

Zusammenfassend kann gesagt werden, dass die Bundesrepublik Deutschland aufgrund ihres Sonderstatus nach dem Zweiten Weltkrieg vor allem die Interessen der USA und der Sowjetunion berücksichtigte, um den Wiederaufbau der BRD zu ermöglichen. In Reaktion auf die Erfahrungen des Nationalsozialismus war die nationale Identität der neuen Bundesrepublik durch eine Neigung zu westlichen Demokratien geprägt und der Diskurs über die Westintegration setzte sich durch. Daher standen die USA bis 1971 der Entwicklung der politischen und wirtschaftlichen Beziehungen zwischen der VR China und den USA im Wege. Die Ostpolitik und der Ussuri-Konflikt führten dazu, dass sich die Aufnahme diplomatischer Beziehungen zwischen der Bundesrepublik und der VR China verzögerte. Die Bundesregierungen unterstützten die deutsche Wirtschaft beim China-Handel, soweit es ihnen unter Berücksichtigung der Beziehungen zu den zwei Supermächten und eigener außenpolitischer Erwägungen möglich war.

Im Folgenden werden die Strategien und Aktivitäten der deutschen Wirtschaft bzw. deutscher Unternehmen zusammengefasst. In der Phase zwischen 1949 und 1952 erfolgte der Handel der deutschen Wirtschaft mit der VR China ohne bilaterale staatliche Regulierung. Obwohl der Spielraum der deutschen Unternehmen auf dem chinesischen Markt bis zur Reform- und Öffnungspolitik eingeschränkt war, ist festzuhalten, dass die Handelsbeziehungen schon im Jahr 1949 wieder aufgenommen wurden. Deutsche Unternehmen versuchten angesichts der Handelstradition mit China und wegen des Potenzials als Absatzmarkt wieder Kontakt zu Handelsunternehmen in Shanghai, Tientsin, Hongkong usw. aufzunehmen. Siemens, BASF und weitere Unternehmen handelten zu Beginn der 50er Jahre durch ihren Vermittler in Hongkong mit chinesischen Unternehmen. Auch in der vom US-Embargo schwer betroffenen Eisen- und Stahlindustrie versuchten Firmen wie Krupp, durch Transitgeschäfte die Wirtschaftsbeziehungen zur VR China wieder aufzunehmen. Für eine einzelne deutsche Firma war es besonders schwierig, mit den chinesischen staatlichen Stellen zu verhandeln. Die Bundesregierung zwang die deutsche Außenwirtschaft nach der Ablehnung des von der OSTAG abgeschlossenen Handelsvertrags mit der VR China, sich bei vertraglichen Regulierungen an die Bundesregierung zu wenden. Mit der Entwicklung der Handelsbeziehungen ergaben sich zunehmend Schwierigkeiten, etwa in Bezug auf die Anerkennung von Verträgen vor dem Hintergrund fehlender Regulierungen. Die staatliche Unterstützung, wie das Einräumen der Mindestbedingungen für den China-Handel, war nicht ausreichend. Die deutsche Wirtschaft musste sogar dafür kämpfen, dass die Mindestbedingungen überhaupt offiziell in den Bundesanzeiger aufgenommen wurden. Wegen des US-Embargos mussten viele Geschäfte als Transitgeschäfte abgewickelt werden. Die von der chinesischen Seite gewünschten Bartergeschäfte wurden auch von deutschen Unternehmen akzeptiert, obwohl diese Art des Handels nicht international üblich war. Dies war mit höheren Kosten verbunden und hatte zudem einen negativen Einfluss auf die Handelsbilanz zwischen der VR China und der BRD. Die Schwierigkeiten, mit denen die deutsche Wirtschaft beim China-Handel konfrontiert war, entstanden vor allem durch die fehlende Normalisierung der Handelsbeziehungen.

Die deutschen Unternehmen forderten vertragliche Regulierungen mit der VR China und mehr staatliche Unterstützungen. Auch bezüglich des US-Embargos versuchte der China-Arbeitskreis des Ostausschusses die Bundesregierung dazu zu drängen, das CoCom von einer Lockerung des Embargos gegenüber der VR China zu überzeugen. Von der Normalisierung der Handelsbeziehungen erhoffte sich die deutsche Wirtschaft die erwünschten Regulierungen beim China-Handel. Die Bundesregierung sollte dadurch eine größere Selbstständigkeit in Bezug auf das China-Embargo erzielen, sodass es ihr möglich wäre, mehr staatliche Unterstützung für den China-Handel zu leisten.

Durch den Abschluss des ersten semi-staatlichen Handelsabkommens kam es zu einem schnellen Anstieg des Handelsvolumens. (siehe Tabelle 1 im Anhang) Dadurch sah die deutsche Wirtschaft den Vorteil einer vertraglichen Regulierung beim China-Handel bestätigt. Die chinesische Seite wollte den semi-staatlichen Vertrag jedoch nicht verlängern und bestand auf offiziellen Beziehungen zwischen den beiden Ländern. (siehe Kapitel 4.3.1) So geriet die deutsche Wirtschaft beim China-Handel ab 1958 wieder in einen vertragslosen Zustand. Ab 1958 verringerte sich auch das Handelsvolumen zwischen den beiden Ländern. Der Ostausschuss als semi-staatliches Organ und Vertreter der deutschen Wirtschaft sowie die chinesischen Stellen tauschten häufig Informationen und ihre Vorstellungen über die Entwicklung der Handelsbeziehungen untereinander aus. Dennoch kam es zu einer weiteren Verringerung des Handelsvolumens. Um die Kosten zu reduzieren und die Kontakte besser zu pflegen, wurden ab den 60er Jahren die Zwischenhändler durch viele deutsche Unternehmen, etwa durch Bayer, ausgeschaltet. Durch kontinuierlich erfolgende inoffizielle Treffen, den halbjährlichen Besuch der Kantonmesse und den Austausch von Unternehmensdelegationen kamen die deutschen Unternehmen leichter an Informationen, z. B. in Bezug auf den chinesischen Bedarf. Während dieser inoffiziellen Treffen und auf der Kantonmesse übte die chinesische Seite zudem Druck auf die deutschen Unternehmen aus, weil keine offiziellen Beziehungen zwischen der VR China und der BRD bestanden (siehe Kapitel 4.3.1). Gegenüber den westlichen Konkurrenten, deren Regierungen die Handelsbeziehungen durch offizielle Gespräche mit der VR China förderten, fühlten sich die deutschen Unternehmen auf dem chinesischen Markt benachteiligt. Allein durch semi-staatliche Gespräche zwischen dem Ostausschuss und den chinesischen Wirtschaftsstellen konnte die deutsche Wirtschaft in Bezug auf den China-Handel nicht die gewünschten Ergebnisse erzielen.

Nach dem Scheitern der Verhandlungen über den ersten offiziellen Handelsvertrag erkannte die deutsche Wirtschaft die mit dem Druck der USA verbundenen Schwierigkeiten der Normalisierung der Wirtschaftsbeziehungen zwischen der VR China und der BRD an. Auch mit der BRD als *semi-staatlichem Handelspartner* der VR China konnten die deutschen Unternehmen vor dem Hintergrund der Bundesbürgschaft und der Lieferantenkredite große Aufträge mit der VR China, einschließlich Anlagenlieferungen, abschließen. Die Situation änderte sich jedoch zu Beginn der 70er Jahre, als die deutschen Unternehmen im Vergleich zur Konkurrenz erneut benachteiligt waren, weil keine offiziellen Beziehungen zwischen der BRD und der VR China bestanden. Die VR China bevorzugte den Abschluss von Aufträgen mit Unternehmen aus Ländern, die diplomatische Beziehungen zur VR China unterhielten. Die Länder, die diplomatische Beziehungen zur VR China aufgenommen hatten, kamen schneller als die deutschen Unternehmen an Informationen über die chinesische Wirtschaft sowie über den Bedarf der VR China. Auch die Einreise von Geschäftsleuten und Technikern aus diesen Ländern war wesentlich einfacher. Da die Bundesregierung eine zurückhaltende Rolle gegenüber der VR China eingenommen hatte, bestanden für die deutschen Unternehmen große Konkurrenznachteile.

Kurz nach der Aufnahme diplomatischer Beziehungen zur VR China im Jahr 1972 schlossen die beiden Länder einen offiziellen Handelsvertrag und viele weitere staatliche Verträge ab. Dadurch ergaben sich für die deutschen Unternehmen vergrößerte Spielräume auf dem chinesischen Markt: Handelsmissionen wurden zur Förderung der Entwicklung der Wirtschaftsbeziehungen eingerichtet, die Zahlungsbedingungen wurden reguliert, die Währungskonvertibilität wurde geregelt, den deutschen Unternehmen wurde das Marketing auf dem chinesischen Markt durch die Messe TECHNOGERMA ermöglicht, der offizielle technische Austausch, verbunden mit Absatzmöglichkeiten, wurde intensiviert, die Einreise deutscher Techniker wurde erleichtert, die Einfuhr aus der VR China wurde liberalisiert, es kam zu einer Erweiterung der Geschäftsbereiche usw.

Dennoch beeinträchtigte das chinesische Handelsdefizit weiterhin die Entwicklung der Handelsbeziehungen. Zum Zwecke eines Ausgleichs des Handelsdefizits zwischen den beiden Ländern importierten deutsche Unternehmen verstärkt chinesische Rohstoffe und Produkte. So importierte etwa Krupp Arbeitsanzüge aus der VR China. Allerdings versuchte die VR China, den Rohstoffimport durch die BRD bzw. die Exportmenge aus der VR China streng zu kontrollieren. Manche Probleme, z. B. die Ablehnung einer Kreditaufnahme bei ausländischen Finanzinstituten und einer Einrichtung von Joint Ventures, beruhten allein auf Entscheidungen der chinesischen Seite. Die Bundesregierung versuchte, Gespräche mit dem chinesischen Staat zu führen und für die deutschen Unternehmen zu verhandeln. So kam es außer im Jahr 1977 zu einem stetigen Anstieg des Handelsvolumens zwischen den beiden Ländern (siehe Tabelle 1 im Anhang). Durch die Handelsmissionen tauschten die beiden Seiten sich fortan zudem offiziell über die Entwicklung der Wirtschaftsbeziehungen aus, und auch Verhandlungen in neuen Bereichen wie der Kernenergie waren zugelassen. Deutsche Unternehmen wie Siemens waren mit Genehmigung der Bundesregierung schnell im Gespräch mit der VR China.

Anhand der Ergebnisse der Forschung, die eine Zeitspanne von fast 30 Jahren umfasst, lassen sich die drei Hypothesen mit Blick auf die IPÖ prüfen:

1. *Die Entstehung sowie die Entwicklung der Wirtschaftsbeziehungen zwischen der VR China und der BRD folgten der Entwicklung der internationalen Politik im Kalten Krieg.*
   Die Entstehung und die Wiederaufnahme der Wirtschaftsbeziehungen zwischen der VR China und der BRD waren nicht durch die internationale Politik verursacht. Der internationale Handel hatte im Fall der VR China und der BRD eine eigene Dynamik – sogar während des Kalten Krieges. Solange die internationale Politik den Handel nicht absichtlich beeinträchtigte, beispielsweise durch ein Handelsembargo, konnte sich der Handel zwischen China und Deutschland trotz politischer, kultureller und ideologischer Unterschiede gut entwickeln. Auch

wenn es Schwankungen gab, ging die Wiederaufnahme der Wirtschaftsbeziehungen zwischen den beiden Ländern mit Vorteilen einher. Dennoch folgte die Entwicklung der Wirtschaftsbeziehungen weitgehend der internationalen Politik im Kalten Krieg. Die wirtschaftlichen, politischen und militärischen Abhängigkeiten von den Supermächten bzw. von den USA und der UdSSR schränkten den Handel zwischen den beiden Ländern ein.

2. *Die Entwicklung der Wirtschaftsbeziehungen verminderte die Konflikte zwischen der VR China und der BRD und hatte positive Auswirkungen auf die politischen Beziehungen zwischen den beiden Ländern.*
   Durch die Einflüsse der deutschen Wirtschaft auf die deutsche China betreffende Politik wird deutlich, dass die Entwicklung der Wirtschaftsbeziehungen positive Auswirkungen auf die bilateralen politischen Beziehungen hatte. Mit positiven Auswirkungen sind die gegenseitige Annäherung und friedliche Koexistenz gemeint. So war die deutsche Wirtschaft ein wichtiger Faktor, die Bundesregierung dazu zu veranlassen, mit einem fremden Land wie China und einer intransparenten Regierung wie der KPCh zu verhandeln und eine Annäherung voranzutreiben.
3. *Durch die Entwicklung der Wirtschaftsbeziehungen zwischen der VR China und der BRD nahm die Abhängigkeit der zwei Länder voneinander zu.*
   Im Untersuchungszeitraum sind keine Abhängigkeiten zwischen der VR China und der BRD zu beobachten. Deutlich wurden in den betrachteten 30 Jahren dagegen bestehende Abhängigkeiten zwischen anderen Ländern, etwa die Abhängigkeit Chinas von der Sowjetunion in den 50er Jahren und jene der BRD von den USA bis in die 70er Jahre. Dass zwischen China und der BRD keine Abhängigkeiten bestanden, liegt vor allem daran, dass das Handelsvolumen zwischen den beiden Seiten vor allem aus Sicht der BRD noch viel zu gering war. Das Kapital bzw. die Subventionen im Rahmen des Marshall-Plans, aber auch ausländische Kredite bzw. sowjetische Ausleihen, das Handelsvolumen und die Zusammensetzung der Warenstruktur sind im Allgemeinen die wichtigsten Faktoren, die Länder voneinander abhängig machen. Wenn Regierungen hinsichtlich dieser drei Faktoren strenge Regulierungen umsetzen, wie es die VR China gerade aus Furcht vor der Entstehung neuer Abhängigkeiten getan hat, sollte das jeweilige Land weniger Gefahr laufen, in eine zu starke Abhängigkeit von einem anderen Land zu geraten. Das Treiben von Handel allein wird nicht unbedingt Abhängigkeiten verursachen.
   Neben den drei Hypothesen kann mit Blick auf die IPÖ anhand der Forschung zu einem anderen Schluss gelangt werden.
4. *Die pragmatische, aber vorsichtige Außenwirtschaftspolitik half der VR China dabei, die Krise der sozialistischen Welt in den achtziger Jahren politisch zu „überleben“.*
   Probleme mit der Handelsbilanz hatten alle Staatshandelsländer, aber die VR China ging damit anders um als die Sowjetunion und die Staaten des europäischen Ostblocks. Während diese sich in der Hoffnung eines Tages hochwertige welt-

marktfähige Produkte liefern zu können, in eine immer größere Abhängigkeit von westlichen Kreditgebern manövrierten, beachtete die VR China bei allem Pragmatismus die alte Doktrin, sich nicht in die Abhängigkeit ausländischer Gläubiger zu begeben, auch wenn dadurch womöglich Wachstumspotenziale ungenutzt blieben. Die außenwirtschaftspolitische Handlungsfähigkeit war deshalb nie ernsthaft gefährdet. Hinzu kommt ein zweiter Unterschied gegenüber der Sowjetunion und den osteuropäischen Staaten. Während die deutsche Seite an chinesischen Textilien zum Schutz der eigenen Industrie kein Interesse hatte, war sie in den siebziger Jahren sehr stark an Lieferungen von chinesischem Erdöl und Steinkohle interessiert. Dazu kam es aber nicht, weil der Inlandsbedarf für die chinesische Regierung absoluten Vorrang hatte. Dabei nahm es die chinesische Führung in Kauf, dass auf die Einfuhr von Gütern verzichtet werden musste, die helfen sollten, den Entwicklungsunterschied gegenüber dem Westen zu reduzieren, weil sie mangels Devisen nicht importiert werden konnten. Ganz anders verhielten sich die europäischen Staatshandelsländer. Die wachsende Verschuldung gegenüber dem Westen führte dazu, dass in Ermangelung anderer weltmarktfähiger Produkte in den achtziger Jahren beispielsweise Polen Güter des täglichen Bedarfs in den Westen exportieren musste, so dass diese Güter für die eigene Bevölkerung nicht ausreichend zur Verfügung standen. Volkswirtschaftlich war das zwar nicht bedeutend, untergrub aber die Legitimation des politischen Systems. Warum sich die VR China für einen anderen Weg entschied und wie pragmatisch sie dabei vorging, ist vielleicht einer der wichtigsten Gründe für die Überlebensfähigkeit des chinesischen Modells in der „Krise des Sozialismus“ der achtziger Jahren.

8 Literaturverzeichnis

Abelshauser, W. 1983: *Wirtschaftsgeschichte der Bundesrepublik Deutschland (1945–1980)*. Erste Auflage. Suhrkamp Verlag.

Aggestam, L. 2006: *Role theory and European foreign policy*. A framework of analysis. In: Elgström, O. / Smith, M.: The European Union's Roles in International Politics. Concepts and analysis. 2006. Routledge.

Albers, M. 2014: *Business with Beijing, détente with Moscow*. West Germany's China policy in a global context, 1969–1982. In: Cold War History 14(2), April 2014. Routledge Taylor & Francis Group.

Alecke, B. 1999: *Deutsche Geldpolitik in der Ära Bretton Woods*. In: Tilly, R. (Hrsg.): Münsteraner Beiträge zur Cliometrie und quantitativen Wirtschaftsgeschichte. Band 7. 1999. LIT.

Auswärtiges Amt: *Deutschland und China: Bilaterale Beziehungen*. Online im Internet: https://www.auswaertiges-amt.de/de/aussenpolitik/laender/china-node/bilateral/200472. Datum: 29.12.2020.

Awater, L. 1996: *Die politische Wirtschaftsgeschichte der VR China*. Vom Sowjetmodell zur sozialistischen Marktwirtschaft. Münster: LIT.

Bange, O. 2013: *Der KSZE-Prozess und sicherheitspolitische Dynamik des Ost-West-Konflikts 1970–1990*. In: Bange, O. / Lemke, B. / Gruyter, W. 2013: Wege zur Wiedervereinigung. Die beiden deutschen Staaten in ihren Bündnissen 1970 bis 1990. Oldenbourg Wissenschaftsverlag.

Banken, R. 2005: *Die sowjetisch-chinesischen Beziehungen von 1949–1969 im Rahmen der weltweiten Interdependenz*: Entstehung, Wandel und Verfall des Bündnisses zwischen beiden kommunistischen Mächten, LIT Verlag.

Becker, H. / Straub, N. 2007: *Drachenflug*. Wirtschaftsmacht China quo vadis? Springer Verlag.

Bellers, J. / Demuth, A. 1993: *Außenwirtschaftspolitik im Vergleich: USA, Mexiko, Großbritannien, Frankreich, VR China, Japan*. LIT.

Benz, W. 2005: *Berlin – auf dem Weg zur geteilten Stadt*, In: Bundeszentral für politische Bildung: Informationen zur politischen Bildung (Heft 259). 27.04.2005, URL: http://www.bpb.de/geschichte/nationalsozialismus/dossier-nationalsozialismus/39619/das-geteilte-berlin?p=all, Datum: 15.01.2016.

Benz, W. 2005: *Zwei Staatsgründungen auf deutschem Boden*, In: Bundeszentral für politische Bildung: Informationen zur politischen Bildung (Heft 259). 23.04.2005, URL:http://www.bpb.de/geschichte/nationalsozialismus/dossier-nationalsozialismus/39624/doppelte-staatsgruendung?p=all, Datum: 15.01.2016.

Bieling, H. J. 2007: *Internationale Politische Ökonomie*, Eine Einführung. VS Verlag für Sozialwissenschaft.

Brandenburgische Landeszentrale für politische Bildung: *Die deutsch-polnische Grenze*. URL: https://www.politische-bildung-brandenburg.de/themen/nachbar-polen/die-deutsch-polnische-grenze. Datum: 28.06.2023.

Bührer, W. 2002: *Wirtschaftliche Entwicklung in der Bundesrepublik*, In: Bundeszentral für politische Bildung: Informationen zur politischen Bildung (Heft 270). 04.04.2002. URL: https://www.bpb.de/izpb/9748/wirtschaftliche-entwicklung-in-der-bundesrepublik?p=all. Datum: 20.01.2019.

Bundesministerium für Wirtschaft und Energie: *Die wirtschaftspolitische Entwicklung von 1949 bis heute*. URL: https://www.bmwi.de/Redaktion/DE/Textsammlungen/Ministerium/wirtschaftspolitik-seit-1949.html. Datum: 20.01.2019.

Bundeszentral für Politische Bildung: *Politisches System*. URL: http://www.bpb.de/nachschlagen/lexika/handwoerterbuch-politisches-system/202096/politisches-system?p=all. Datum: 25.01.2019.

Cain, F. 2010: *Das US-Handelsembargo und Europa*. In: Greiner, B. / Müller, C. T. / Weber, C. (Hrsg.) 2010: Ökonomie im Kalten Krieg. Studien zum Kalten Krieg. Band 4. HIS.

Cantir, C. / Kaarbo, J. 2012: *Contested Roles and Domestic Politics*. Reflections on Role Theory in Foreign Policy Analysis and IR Theory. In: Foreign Policy Analysis. 2012. Volume 8, Issue 1. Wiley-Blackwell.

Chai, W. 1975: *The search for a new China*. A Capsule History, Ideology, and Leadership of the Chinese Communist Party, 1921–1974 with selected documents. New York: Capricorn Books.

https://doi.org/10.1515/9783111245805-008

Chang, T. T. 2003: *Die chinesische Volkswirtschaft*. Grundlagen – Organisation – Planung. Forschungsberichte des Landes Nordrhein-Westfalen. Nr. 1280. Springer-Verlag.

Chinesische Akademie der Sozialwissenschaften, National Archives Administration of China 2011: Sammelband der Wirtschaftsakten der Volksrepublik China. Außenhandel 1958–1965. China Financial and Economic Publishing House. (中国社会科学院, 中央档案馆 2011: 中华人民共和国经济档案资料选编. 对外贸易卷. 1958–1965. 中国财政经济出版社.)

Christopeit, J. 1968: *Hermes-Deckung*. Inhalt und Funktion, Stellung im System der Exportförderung, wirtschaftspolitische Bedeutung mit rechtsvergleichender Bewertung. München: C. H. Beck'sche Verlagsbuchhandlung.

Dallin, D. J. 1961: *Soviet Foreign Policy after Stalin*. Chicago, New York.

Department of Comprehensive Statistics of National Bureau of Statistics, 1984: *Comprehensive Statistical Data and Materials on 50 Years of New China*. China Statistics Press.

Der Spiegel 17/1968: *Bonns Polizei liefert Mao Adressen*. Die Moskauer Regierungszeitung „Iswestija" über deutsch-chinesische Zusammenarbeit. 22.04.1968. URL: http://www.spiegel.de/spiegel/print/d-46106841.html. Datum: 23.08.2016.

Der Spiegel 51/1965: *CHINA / VIETNAMKRIEG*. Ganze Haufen. 15.12.1965. URL: http://www.spiegel.de/spiegel/print/d-46275338.html. Datum: 15.01.2019.

Deutsche Welle: Auf den Punkt – USA gegen China: Ein neuer Kalter Krieg? Online im Internet: https://www.dw.com/de/auf-den-punkt-usa-gegen-china-ein-neuer-kalter-krieg/av-54379016. Datum: 29.12.2020.

Deutscher Bundestag: *Historische Debatten (6)*. Ostverträge. 14.08.2017. URL: https://www.bundestag.de/dokumente/textarchiv/25557022_debatten06/200102. Datum 20.01.2019.

Die Presse, 2008: *Russland und China legen Grenzstreit endgültig bei*. URL: http://diepresse.com/home/politik/aussenpolitik/400143/Russland-und-China-legen-Grenzstreit-endgultig-bei. Datum: 15.08.2016.

Domes, J. 1972: *Die Ära Mao Tse-tung*. Kohlhammer.

Domes, J. 1985: *The Government and Politics of the PRC*: A Time of Transition. Westview Press.

Domes, J. 1986: *Chinesisch-sowjetischer Konflikt*. In: Woyke W. (Hrsg.) Handwörterbuch Internationale Politik. Uni-Taschenbücher, vol 702. 1986. Wiesbanden: VS Verlag für Sozialwissenschaften.

Dreyer, J. T. 2008: *China's Political System*. Modernization and Tradition. 6. Ed. Pearson Longman.

Eckardt, A. 2018: *China aims to boost economic ties with Germany in Trump era*. In: NBC News. 01.12.2018. URL: https://www.nbcnews.com/news/world/china-aims-boost-economic-ties-germany-trump-era-n940471.

Ehmke, H. / Koppe, K. / Wehner, H. (Hrsg.) 1986: *Zwanzig Jahre Ostpolitik*. Bilanz und Perspektiven. Verlag Neue Gesellschaft.

Elbl, F. 2001. *Politik der Bewegung*. Gerhard Schröder als Außenminister 1961–1966. Oldenbourg.

Elgström, O. / Smith, M. 2006: *Introduction*. In: Elgström, O. / Smith, M.: The European Union's Roles in International Politics. Concepts and analysis. 2006. Routledge.

Elleman, B. A. 2015: *Taiwan Straits*. Crisis in Asia and the Role of the U. S. Navy. Rowman & Littlefield.

Fink, C. / Schaefer, B. 2009: *Ostpolitik and the World, 1969–1974: Introduction*. In: Fink, C. / Schaefer, B. (Hrsg.): Ostpolitik, 1969–1974. 2009. Cambridge University Press.

Frank, C. 2011: *Comparing Germany's and Poland's ESDPs. Roles, path dependencies, learning and socialization*. In: Harnisch, S. / Frank, C. / Maull, H. W.: Role Theory in International Relations. Approaches and analyses. 2011. Routledge.

Frankfurter Allgemeine Zeitung, 2003: *Rezessionen in der Bundesrepublik*. ULR: https://www.faz.net/aktuell/wirtschaft/rezession-rezessionen-in-der-bundesrepublik-1103553.html. Datum: 20.01.2019.

Generalkonsulat der Volksrepublik China in Düsseldorf 22.11.2020: *Xi Jinping unterbreitet Vorschläge zur Führungsrolle der G20 für Post-COVID-19-Ära*. Online im Internet: http://dusseldorf.china-consulate.org/det/zgyw/t1836581.htm. Datum: 29.12.2020.

Geppert, D. 2002: *Die Ära Adenauer*. Stuttgart: Neil McBeath.

Glaeßner, G. J. 2007: *Politik in Deutschland*. 2. aktualisierte Auflage. VS Verlag für Sozialwissenschaften.

Glastetter, W. / Paulert, R. / Spörel, U. 1983: *Die wirtschaftliche Entwicklung in der Bundesrepublik Deutschland 1950–1980*. Befunde, Aspekte, Hintergründe. 2. Aufl. Campus Verlag.

Glaubitz, J. 1988: *China in der Weltpolitik (1971–1988)*. In: Ostkolleg der Bundeszentrale für politische Bildung (Hrsg.): VR China im Wandel. 2. überarbeitete und erweiterte Auflage. 1988. Ostkolleg der Bundeszentrale für politische Bildung.

Goodman, D. 1990: *Deng Xiaoping*. Cardinal.

Görtemaker, M. 1999: *Geschichte der Bundesrepublik Deutschland*. Von der Gründung bis zur Gegenwart. C. H. Beck.

Gossel, D. 1999: *Briten, Deutsche und Europa*. Die Deutsche Frage in der britischen Aussenpolitik, 1945–1962. Franz Steiner Verlag.

Grabicki, M. 2015: *Eine lange Reise*, Die Geschichte der BASF in China von 1885 bis heute, Hoffmann und Campe.

Griffith, W. E. 1981: *Die Ostpolitik der Bundesrepublik Deutschland*. Klett-Cotta.

Haftendorn, H. 1986: *Wurzeln der Ost- und Entspannungspolitik der Sozial-Liberalen Koalition*. In: Ehmke, H. / Koppe, K. / Wehner, H. (Hrsg.): Zwanzig Jahre Ostpolitik. Bilanz und Perspektiven. 1986. Verlag Neue Gesellschaft.

Hanrieder, W. F. 1991: *Deutschland, Europa, Amerika*. Die Außenpolitik der Bundesrepublik Deutschland 1949–1989. Paderborn: Ferdinand Schöningh.

Hardach, K. 1979: *Wirtschaftsgeschichte Deutschlands im 20. Jahrhundert*. 2. Durchgesehene Auflage. Vandenhoeck & Ruprecht.

Harnisch, S. / J. Schild. 2014: *Einleitung*. In: S. Harnisch/ J. Schild: Deutsche Außenpolitik und internationale Führung. Ressourcen, Praktiken und Politiken in einer veränderten Europäischen Union. 2014. Nomos.

Harnisch, S. 2011: *Dialogue and emergence*. George Herbert Mead's contribution to role theory and his reconstruction of international politics. In: Harnisch, S. / Frank, C. / Maull, H. W.: Role Theory in International Relations. Approaches and analyses. 2011. Routledge.

Harnisch, S. 2011: *Role Theory*. Operationalization of key concepts. In: Harnisch, S. / Frank, C. / Maull, H. W.: Role Theory in International Relations. Approaches and analyses. 2011. Routledge.

Harnisch, S. 2012: *Conceptualizing in the Minefield*. Role Theory and Foreign Policy Learning. In: Foreign Policy Analysis. 2012. Volume 8, Issue 1. Wiley-Blackwell.

Harnisch, S. 2014: *Deutsche Führung in der internationalen Gesellschaft*. Ein rollentheoretischer Ansatz. In: S. Harnisch/ J. Schild: Deutsche Außenpolitik und internationale Führung. Ressourcen, Praktiken und Politiken in einer veränderten Europäischen Union. 2014. Nomos.

Harnisch, S. / Frank, C. / Maull, H. W. 2011: *Introduction*. In: Harnisch, S. / Frank, C. / Maull, H. W.: Role Theory in International Relations. Approaches and analyses. 2011. Routledge.

He, F. 2018: *Die Wirtschaftsbeziehungen zwischen der Bundesrepublik Deutschland und der Volksrepublik China 1949–1978*. In: Kleinschmidt, K/ Ziegler, D: Dekolonisierungsgewinner. Deutsche Außenpolitik und Außenwirtschaftsbeziehungen im Zeitalter des Kalten Kriegs. 2018. Oldenbourg.

Heberer, T. 2008: *Das politische System der VR China im Prozess des Wandels*. In: Heberer, T. / Derichs, C. (Hrsg.): Einführung in die politischen System Ostasiens. VR China, Hongkong, Japan, Nordkorea, Südkorea, Taiwan. 2. Aktualisierte und erweiterte Auflage. 2008. Wiesbaden: VS.

Heilmann, S. 2004: *Das politische System der Volksrepublik China*. 2., aktualisierte Auflage. VS Verlag für Sozialwissenschaft.

Heinzig, D. 1988: *Chinas Beziehung zur Sowjetunion: Vom Konflikt zur begrenzten Kooperation*. In: Ostkolleg der Bundeszentrale für politische Bildung (Hrsg.): VR China im Wandel. 2. überarbeitete und erweiterte Auflage. 1988. Bonn: Ostkolleg der Bundeszentrale für politische Bildung.

Herrmann-Pillath, C. / Lackner, M. (Hrsg.) unter Mitarbeit von Fischer, D. und Müller-Hofstede, C. 1998: *Länderbericht China*. Politik, Wirtschaft und Gesellschaft im chinesischen Kulturraum. Bundeszentrale für politische Bildung.

Hollis, M. / Smith, S. 1991: *Explaining and Understanding International Relations*. Clarendon Press.

Holsti, K. J. 1970: *National Role Conceptions in the Study of Foreign Policy.* In: International Studies Quarterly. 1970. Volume 14, No.3. Wiley-Blackwell.

Horn, G. 1986: *Entspannung und Konfrontation in den Ost-West-Beziehungen.* In: Ehmke, H. / Koppe, K. / Wehner, H. (Hrsg.): Zwanzig Jahre Ostpolitik. Bilanz und Perspektiven. 1986. Bonn: Verlag Neue Gesellschaft.

https://news.china.com/history/all/11025807/20170117/30183070_all.html

Jackson, I. 2001: *The Economic Cold War.* America, Britain and East-West Trade, 1948–63. Palgrave.

Jakubec, I. 2006: *Schlupflöcher im „Eisernen Vorhang".* Tschechoslowakisch-deutsche Verkehrspolitik im Kalten Krieg. Die Eisenbahn und Elbeschiffahrt 1945–1989. In: Pohl, H. / Schulz, G. (Hrsg.) 2006: Beiträge zur Unternehmensgeschichte. Band 22. Franz Steiner Verlag.

Jüngerkes, S. 2012: *Diplomaten der Wirtschaft*, Die Geschichte des Ost-Ausschusses der deutschen Wirtschaft. Fibre.

Kaiser, S. 2018: *Angst vor dem großen Wirtschaftskrieg*. In: Spiegel Online. 25.01.2019. URL: http://www.spiegel.de/wirtschaft/unternehmen/china-gegen-usa-angst-vor-dem-grossen-wirtschaftskrieg-a-1250065.html.

Kalicki, J. H. 1975: *The Pattern of Sino-American Crises*. Political-military Interactions in the 1950s. Cambridge University Press.

Kaple, D. A. 2000: *Soviet advisors in China in the 1950s.* In: Westad, O. A. (Hrsg.) 2000: Brothers in arms. The rise and fall of the Sino-Soviet alliance, 1945–1963. Washington/ Stanford: Woodrow Wilson Center Press/ Stanford University Press.

Kasper. S. S. 2009: *Systemtheoretische Analyse des Einflusses der deutschen Wirtschaft auf die deutsche Außenpolitik*. LIT.

Kilian, W. 2001: *Die Hallstein-Doktrin.* Der diplomatische Krieg zwischen der BRD und der DDR 1955–1973. Duncker & Humblot.

Kissinger, H. 2011: *On China.* Penguin.

Kistler, H. 1986: *Bundesdeutsche Geschichte.* Die Entwicklung der Bundesrepublik Deutschland seit 1945. Bonn Aktuell.

Konrad Adenauer Stiftung, *Westintegration*, URL: http://www.konrad-adenauer.de/stichworte/aussenpolitik/westintegration/, Datum: 11.01.2016.

Kreile, M. 1978: *Osthandel und Ostpolitik.* Nomos.

Kueh, Y. Y. 2008: *China's New Industrialization Strategy.* Was Chairman Mao Really Necessary? Cheltenham: Edward Elgar.

Küsters, H. J. 2003: *Pariser Verträge 1955.* URL: http://www.konrad-adenauer.de/stichworte/aussenpolitik/pariser-vertrage-1955/, Datum: 02.04.2016.

Küstner, K. 2020: *Schwieriger Umgang mit einem Giganten.* In: tagesschau.de. Online im Internet: https://www.tagesschau.de/inland/deutsche-china-politik-101.html. Datum: 29.12.2020.

Lardy, N. R. 1987: *Economic recovery and the 1st Five-Year Plan.* In: MacFarquhar, R. / Fairbank, J. K. (Hrsg.) 1987: The Cambridge history of China. Volume 14. The People's Republic, Part 1: The Emergence of Revolutionary China 1949–1965. Cambrige University Press.

Leese, D. 2016: *Die chinesische Kulturrevolution.* 1966–1976. C. H. Beck.

Lehmann, H. G. 1981: *Chronik der Bundesrepublik Deutschland 1945/49–1981.* C. H. Beck.

Leutner, M. (Hrsg.) 1995: *Bundesrepublik Deutschland und China 1949 bis 1995.* Politik-Wirtschaft-Wissenschaft-Kultur. Bearb. von Trampedach, T.: Akademie Verlag.

Leutner, M. (Hrsg.), Verfasst von Steen, A. 2006: *Deutsch-Chinesische Beziehungen 1911–1927*, von Kolonialismus zur „Gleichberichtigung" eine Quellesammlung, Oldenbourg Akademieverlag.

Lewis, J. W. / Xue, L. 1991: *China builds the bomb*. Stanford University Press.

Lieberthal, K. 1987: *The Great Leap Forward and the split in the Yenan leadership*. In: MacFarquhar, R. / Fairbank, J. K. (Hrsg.): The Cambridge history of China. Volume 14. The People's Republic, Part 1: The Emergence of Revolutionary China 1949–1965. 1987. New York: Cambrige University Press.

Lindemann, M. 1994: *Anfänge einer neuen Ostpolitik?* Handelsvertragsverhandlungen und die Errichtung von Handelsvertretung in den Ostblock-Staaten. In: Blasius, R. 1994: Von Adenauer zu Erhard. Studien zur Auswärtigen Politik der Bundesrepublik Deutschland 1963. Oldenbourg.

Liu, G. G. (Hrsg.) 2006: *Analyseberichte der zehn chinesischen Fünfjahrespläne*. Volksverlag. (刘国光. 2006: 中国十个五年计划研究报告. 北京: 人民出版社.)

Liu, S. / Wu, Q. 1988: *Chinas sozialistische Wirtschaft*. Ein Abriss der Geschichte (1949–1984). Peking: Beijing Rundschau.

Mai, G. 1990: *Oppositionen deutscher Außenwirtschaftspolitik 1949–1953*, In: Herbst, L. / Büherer, W. / Sowade, H. (Hrsg.) 1990: Vom Marshallplan zur EWG. Oldenbourg.

Mead, G. H. 1967: *Mind, Self, and Society from the Standpoint of a Social Behaviorist*. The University of Chicago Press.

Meißner, W. (Hrsg.), bearbeitet von Feege, A. 1995: *Die DDR und China 1949 bis 1990*. Politk-Wirtschaft-Kultur, eine Quellensammlung. Akademie Verlag.

Möller, H. (Hrsg.) 2007: *Akten zur Auswärtigen Politik der Bundesrepublik Deutschland*. 1976, 1. Januar bis 30. Juni. Mitherausgeber: Hilderbrand, K. / Schöllgen, G., R. Oldenbourg Verlag.

Möller, K. 2005: *Die Außenpolitik der Volksrepublik China 1949–2004*: Eine Einführung, Springer-Verlag.

Moltmann, G. 1993: *Deutschland und die Monroe-Doktrin*. In: Elvert, J. / Salewski, M. 1993: Deutschland und der Westen im 19. und 20. Jahrhundert, Band 1. Franz Steiner Verlag.

Muscheid, J. 1986: *Die Steuerpolitik in der Bundesrepublik Deutschland 1949–1982*. 1. Auflage. Duncker & Humblot.

Nabers, D. 2011: *Identity and role change in international politics*. In: Harnisch, S. / Frank, C. / Maull, H. W.: Role Theory in International Relations. Approaches and analyses. 2011. Routledge.

Nakajima, M. 1987: *Foreign relations: from the Korean War to the Bandung Line*. In: MacFarquhar, R. / Fairbank, J. K. (Hrsg.) 1987: The Cambridge history of China. Volume 14. The People's Republic, Part 1: The Emergence of Revolutionary China 1949–1965. Cambrige University Press.

Naughton, B. 2007: *The Chinese Economy*. Transitions and Growth. Cambridge/ London: MIT.

Naumann, J. 2004: *Der lange Weg zur Anerkennung*. In: Bock, S. / Muth, I. / Schwiesau, H. (Hrsg.) 2004: DDR-Außenpolitik im Rückspiegel. Diplomaten im Gespräch. LIT.

Neßhöver, C. 1999: *Die Chinapolitik Deutschlands und Frankreichs zwischen Außenwirtschaftsförderung und Menschrechtsorientierung (1989 bis 1997)*. Auf der Suche Nach Balance. Hamburg: Verbund Stiftung deutsches Übersee-Institut.

North, M. (Hrsg.) mit Beiträge von Ambrosius, G. / Jenks, S. / Metz, R. / Schröter, H. G. / Ziegler, D. 2. völlig überarbeitete und aktualisierte Auflage 2005: *Deutsche Wirtschaftsgeschichte*. Ein Jahrtausend im Überblick. Verlag C. H. Beck.

Official Website of China Import- und Export Fair: *Übersicht Kanton-Messe*. URL: http://www.cantonfair.org.cn/german/detail_about.aspx?oid=486. Datum: 17.01.2019.

Osterhammel, J. 1979: *Das moderne China*. In: Geipel, R. / Haseloff, W. (Hrsg.) 1979: Schriften und Materialien zur Gemeinschaftskunde Reihe A. Verlag Moritz Diesterweg.

Osterhammel, J. 1989: *China und die Weltgesellschaft*. Vom 18. Jahrhundert bis in unsere Zeit. C. H. Beck.

Pan, Q. C. 2006: *A Century of China-German Relations*. World Affairs Press. (潘琪昌, 2006. 百年中德关系, 世界知识出版社).

Party History Research Center of the CPC Central Committee 2015: 中国产党大事记·1949年 *(Chronology of the Events of the Communist Party of China 1949)*, URL: http://cpc.people.com.cn/GB/64162/64164/4416007.html, Datum: 15.05.2015.

Perkins, D. H. 1991: *China's economic policy and performance.* In: MacFarquhar, R. / Fairbank, J. K. (Hrsg.): The Cambridge history of China. Volume 15. The People's Republic, Part 2: Revolutions within the Chinese Revolution 1966–1982. 1991. New York: Cambrige University Press.

Pollack, J. D. 1991: *The opening to America.* In: MacFarquhar, R. / Fairbank, J. K. (Hrsg.): The Cambridge history of China. Volume 15. The People's Republic, Part 2: Revolutions within the Chinese Revolution 1966–1982. 1991. New York: Cambrige University Press.

Poushter, J/ Castillo, A, 2018: *Americans and Germans are worlds apart in views of their countries' relationship.* In: Pew Research Center. 26.11.2018. URL: http://www.pewresearch.org/fact-tank/2018/11/26/americans-and-germans-are-worlds-apart-in-views-of-their-countries-relationship/. Datum: 31.01.2019.

Reisach, U. 2003: *Deutsch-chinesische Wirtschaftszusammenarbeit – das Beispiel Siemens.* In: Schüller, M. (Hrsg.): Strukturwandel in den deutsch-chinesischen Beziehung. Analysen und Praxisberichte. 2003. Hamburg: IFA.

Rudolph, K. 2004: *Wirtschaftsdiplomatie im Kalten Krieg.* Die Ostpolitik der westdeutschen Großindustrie 1945–1991. Campus.

Rundnicka, J. 2019: *Wert der deutschen Importe aus und Exporte nach China von 2006 bis 2018 (in Milliarden Euro)*, URL: https://de.statista.com/statistik/daten/studie/73860/umfrage/deutschland-import–export-handel-mit-china-seit-2006/. Datum: 11.12.2019.

Runge, W. 2003: *Schritt in die Weltpolitik? Beziehung der Bundesrepublik Deutschland zur VR China 1949–2002.* In: Schüller, M. (Hrsg.) 2003: Strukturwandel in den deutsch-chinesischen Beziehung. Analysen und Praxisberichte. IFA.

Schaefer, B. 2009: *„Krieg schafft Revolutionen, Revolutionen beenden den Krieg".* Furcht und Ideologie in China und der UdSSR, 1969–1976. In: Greiner, B. / Müller, C. Th. / Walter, D. (Hrsg.): Angst im Kalten Krieg. Studien zum Kalten Krieg. Band 3. 2009. HIS.

Schäfer. R 2008: *Die historische Betrachtung von Markteintrittsstrategien deutscher Unternehmen in China.* Herbert Utz Verlag.

Scharpf, W. F. 1987: *Sozialdemokratische Krisenpolitik in Europa.* Theorie und Gesellschaft. Campus.

Schier, P. 1988: *Die wirtschaftliche und gesellschaftliche Entwicklung bis zur Kulturrevolution 1949–1966.* In: Ostkolleg der Bundeszentrale für politische Bildung (Hrsg.) 1988: VR China im Wandel. 2. überarbeitete und erweiterte Auflage. Ostkolleg der Bundeszentrale für politische Bildung.

Schlarp, K. H. 2000: *Zwischen Konfrontation und Kooperation.* Die Anfangsjahre der deutsch-sowjetischen Wirtschaftsbeziehungen in der Ära Adenauer. LIT Verlag.

Schmidt-Glintzer, H. 2006: *Das neue China.* Von den Opiumkriegen bis heute. 4. Aktualisierte Auflage. C. H. Beck oHG.

Schmidt, D. / Heilmann, S. 2012: *Außenpolitik und Außenwirtschaft der Volksrepublik China.* Springer VS.

Schröder, H. J. 1997: *USA und westdeutscher Wiederaufstieg. (1945–1952).* In: Larres, K. / Oppenlland, T. (Hrsg.) 1997: Deutschland und die USA im 20. Jahrhundert. Wissenschaftliche Buchgesellschaft.

Schubert, K. / Klein, M. 2011: *Pariser Verträge*, In: Bundeszentral für politische Bildung: Das Politiklexikon. URL: http://www.bpb.de/nachschlagen/lexika/politiklexikon/17984/pariser-vertraege, Datum: 02.04.2016.

Schüller, M. 2003: *China-Deutschland wichtiger Wirtschaftspartner in Ostasien.* In: Schüller, M. (Hrsg.): Strukturwandel in den deutsch-chinesischen Beziehung. Analysen und Praxisberichte. 2003. IFA.

Schwab, K. M. 1966. *Der Exportkredit.* Hinweise für den deutschen Exporteur. Frankfurt am Main: Vereins Deutscher Maschinenbau-Anstalten e. V.

Schwarz, S. 2005: *Pariser Verträge – Besiegelung deutscher Zweistaatlichkeit.* In: Bundeszentral für politische Bildung: APUZ 17/2005. URL: http://www.bpb.de/apuz/29086/pariser-vertraege-besiegelung-deutscher-zweistaatlichkeit?p=all, Datum: 24.12.2018.

Segers, M. L. L. 2008: *Deutschlands Ringen mit der Relance.* Die Europapolitik der BRD während der Beratungen und Verhandlungen über die Römischen Verträge. Peter Lang.

Sejna, J. / Douglass, J. D. 1986: *Decision-Making in Communist Countries: An Inside View.* Cambridge, Massachusetts, Pergamon Brassey's.

Seller, H. F. 2007: *Der Weg der USA in die Weltpolitik*. Die amerikanische Außen- und Sicherheitspolitik in ihren Grundlinien. Herbert Utz Verlag.

Seppain, H. 1992: *Contrasting US and German Attitudes to Soviet Trade, 1917–91*. Politics by Economic Means. St. Martin's Press.

Simonis, U. E. 1968: *Die Entwicklungspolitik der Volksrepublik China 1949 bis 1962*. unter besonderer Berücksichtigung der technologischen Grundlagen. Duncker & Humblot.

Smith, A. 1974: *Der Wohlstand der Nation*. Eine Untersuchung seiner Natur und seiner Ursachen. Beck.

Stahnke, A. A. 1972: *The political context of Sino-West German trade*. In: Stahnke, A. A. (Hrsg.): A political and economic analysis. 1972. Praeger.

Stolberg, E. M. 1997: *Stalin und die chinesischen Kommunisten 1945–1953*. Eine Studie zur Entstehungsgeschichte der sowjetisch chinesischen Allianz vor dem Hintergrund des Kalten Kriegs. Franz Steiner Verlag.

Süddeutsche Zeitung, 2010: *Deutschland erlebte bisher vier Rezessionsjahre.* URL: https://www.sueddeutsche.de/wirtschaft/hintergrund-deutschland-erlebte-bisher-vier-rezessionsjahre-1.900031. Datum: 20.01.2019

Taube, M. 2003: *Chinas Rückkehr in die Weltgemeinschaft*. Triebkräfte und Widerstände auf dem Weg zu einem global player. In: Schüller, M. (Hrsg.): Strukturwandel in den deutsch-chinesischen Beziehung. Analysen und Praxisberichte. 2003. IFA.

Teiwese, F. C. / Sun, W. 1996: *The Tragedy of Lin Biao.* Riding the Tiger During the Cultural Revolution, 1966–1971. University of Hawaii Press.

Ten Brink, T. 2013: *Chinas Kapitalismus.* Entstehung, Verlauf, Paradoxien. Campus Verlag.

Thoß, B. 1993: *Der Abschluss der Blockbildung in West und Ost 1954/55*. In: Militärgeschichtlichen Forschungsamt (Hrsg.). 1993: Anfänger deutscher Sicherheitspolitik 1945–1956. Oldenbourg.

Thränhardt, D. 1996: *Geschichte der Bundesrepublik Deutschland*. Erweitere Neuausgabe. Schurkamp.

Trampedach, T. 1997: *Bonn und Peking: Die wechselseitige Einbindung in außenpolitische Strategien 1949–1990.* Verbund Stiftung deutsches Übersee-Institut.

Velbinger, H. 1977: *Eindämmung und Entspannung.* tuduv.

Vogt, M. (Hrsg.) 1987: *Deutsche Geschichte.* J. B. Metzlersche Verlagbuchhandlung.

Von Beyme, K. 2000: *Die politischen Theorien der Gegenwart*. Westdeutscher Verlag.

Von Prollius, M. 2006: *Deutsche Wirtschaftsgeschichte nach 1945*. Vandenhoeck & Ruprecht.

Walter, R. 1998: *Wirtschaftsgeschichte*. Vom Merkantilismus bis zur Gegenwart. 2. Überarbeitetet und aktualisierte Auflage. Böhlau Verlag.

Weggel, O. 1977: *Die Außenpolitik der VR China.* Kohlhammer.

Weggel, O. 1988: *Der Wandel in China seit der Kulturrevolution.* In: Ostkolleg der Bundeszentrale für politische Bildung (Hrsg.): VR China im Wandel. 2. überarbeitete und erweiterte Auflage. 1988. Bonn: Ostkolleg der Bundeszentrale für politische Bildung.

Weimer, W. 1998: *Deutsche Wirtschaftsgeschichte*. Von der Währungsreform bis zum Euro. Hoffmann und Campe.

Wendt, A. 1999: *Social Theory of International Politics*. Cambridge University Press.

Wengler, W. 1987: *Schriften zur deutschen Frage 1948–1986.* Herausgegeben von Zieger, G.. Walter de Gruyter.

Westad, O. A. 2007: *The Global Cold War.* Third World Interventions and the Making of Our Times. New York: Cambrige University Press.

Wettig, G. 2002: *Die Note vom 10. März 1952 im Kontext von Stalins Deutschland-Politik seit dem Zweiten Weltkrieg*, In: Zarusky, J. (Hrsg.) 2002.: Die Stalin-Note vom 10. März 1952: neue Quellen und Analysen. Oldenbourg.

Whiting, A. S. 1987: *The Sino-Soviet split.* In: MacFarquhar, R. / Fairbank, J. K. (Hrsg.): The Cambridge history of China. Volume 14. The People's Republic, Part 1: The Emergence of Revolutionary China 1949–1965. 1987. New York: Cambrige University Press.

Wienecke-Janz, D. (Projektleiter) 2008: *Die große Chronik-Weltgeschichte.* Das Ende des Ost-West-konflikts. 1973–1989. Bd. 19. Wissenmedia Verlag.

Wildmann, L. 2007: *Einführung in die Volkswirtschaftslehre, Mikroökonomie und Wettbewerbspolitik.* Module der Volkswirtschaftslehre Band 1. Oldenbourg Verlag.

Wolf, R. 2004: *Between Revisionism and Normalcy.* Germany's Foreign Policy Identity in the 20th century. In: Katada, S. N. / Maull, H. W. / Inoguchi, T.: Global Governance. Germany and Japan in the International System. ASHGATE.

Wörmann, C. 1982: *Der Osthandel der Bundesrepublik Deutschland.* Politische Rahmenbedingungen und ökonomische Bedeutung. Campus Verlag.

Wu, L. 2010: *Economic History of the People's Republic of China.* Erweitere Version. Band.1. China Morden Economics Publishing House. (武力, 2010. 中华人民共和国经济史, 增订版 上卷, 中国时代经济出版社).

Yedroudj, L. 2018: *US-China trade WAR will hit Germany NEXT – shock warning.* In: EXPRESS, 18.09.2018. URL: https://www.express.co.uk/news/world/1019383/us-china-trump-trade-war-germany-tariffs-businesses-companies-berlin. Datum: 31.01.2019.

Zeit Online. 1952: *Große Mauer im Chinahandel*, In: Zeit Online, 10.07.1952, URL: http://www.zeit.de/1952/28/grosse-mauer-im-chinahandel, Datum: 14.01.2016.

Zeit Online. 1972: *Bundestag ratifizierte die Ostverträge.* 26.05.1972, URL: https://www.zeit.de/1972/21/bundestag-ratifiziert-die-ostvertraege, Datum: 20.01.2019.

Zhai, Q. 1996: *Mao Zedong and Dulles's „Peaceful Evolution" Strategy.* Revelations from Bo Yibo's Memoris. In: Hershberg, J. G. (Hrsg.) 1996: Cold War International History Project. Issues 6–7. The Cold War in Asia. DIANE Publishing.

Zhang, S. G. 2001: *Economic Cold War. America's Embargo against China and the Sino-Soviet Alliance, 1949–1963.* Woodrow Wilson Center Press/ Stanford University Press.

Zhang, S. G. 1992: *Deterrence and Strategic Culture.* Chinese-American Confrontations, 1949–1958. Cornell University Press.

Zhang, S. G. 2010: *China und die Wirtschaftssanktionen des Westens, 1950–1953.* In: Greiner, B. / Müller, C. T. / Weber, C. (Hrsg.) 2010: Ökonomie im Kalten Krieg. Studien zum Kalten Krieg. Band 4. HIS.

Zohlnhöfer, R. 2006: *Vom Wirtschaftswunder zum kranken Mann Europas? Wirtschaftspolitik seit 1945.* In: Schmidt, M. G. & Zohlnhöfer, R. (Hrsg.) 2006: Regieren in der Bundesrepublik Deutschland. Innen- und Außenpolitik seit 1949. VS Verlag.

Unpublizierte Quellen

Historisches Archiv Krupp (HA Krupp):

- WA4
- WA51
- WA160

Bayer Unternehmensarchiv (BAL):

- 302-1009
- 302-1010
- 302/782
- 302/972

- 317/24
- 329/688
- 335/1
- 335/2
- 335/3
- 335/4
- 369/350
- 370-017
- 370-018
- 1301/16

Siemens-Archiv München:
- 35.LS 826
- 9318
- ZVA 35

Salzgitter AG-Konzernarchiv / Mannesmann-Archiv (SZAG KA):
- M82.701 Bd. 1.
- M82.702 Bd. 1.
- M82.704.1 Bd. 1
- M82.704.1 Bd. 2
- M82.704.1 Bd. 3

Thyssenkrupp Konzernarchiv (TKA):
- A/32170
- A/40398
- A/40402
- RSW/6330
- RSW/6331

Historische Archiv der Deutsche Bank (HADB):
- V30/156

Shanghai Municipal Archives /上海市档案馆:
- Q448-1-135
- Q448-5-6
- Q448-5-22-1
- Q448-5-22-2
- Q448-5-22-3
- Q448-5-22-4
- Q448-6-1-1
- Q448-6-1-2
- Q448-13-16

- B76-3-1500
- B103-4-416-5
- B134-6-1109-179
- B170-1-1075-7
- B170-1-1080-160
- B170-1-839-17
- B170-2-604-28
- B230-1-88-4
- B230-2-218-68
- B230-2-77
- B230-2-747-1
- B230-2-755-37

Beijing Municipal Archives /北京市档案馆:
- 005-002-00196
- 022-010-01278

Bundesarchiv:
- B136
- B102

Politisches Archiv des Auswärtigen Amts (AAPD):
- 1949/50, Dok. 70
- B12/667

The National Archives at College Park, Maryland (NACP):
- 604.6294A/12-1054

Interview mit Herrn Hilmar Kopper am 10.09.2014 in Frankfurt am Main.

Anhang

Tab. 1: Handelsvolumen zwischen der BRD und der VR China und wichtige politische Ereignisse in den beiden Ländern 1950-1980[1]

Ein- und Ausfuhr der BRD aus der/in die VR China (in Mio. DM)			
	Einfuhr	**Ausfuhr**	**Politische Ereignisse**
1950	K.A.	K.A.	Verschärfung des amerikanischen Handelsembargos wegen des Koreakriegs
1951	204,9	16,9	
1952	73,9	11,7	
1953	139,6	105,0	Beginn der Verhandlung des Handelsabkommens zwischen der BRD und der VR China
1954	151,5	90,2	
1955	192,7	109,9	Hallstein-Doktrin
1956	222,9	155,8	Anfang der ideologischen Abweichungen zwischen der VR China und der UdSSR.
1957	172,0	199,7	Abschließung des ersten inoffiziellen Handelsabkommens
1958	245,5	681,9	„Großer Sprung nach vorn“
1959	278,1	540,7	
1960	291,3	400,8	Abzug der sowjetischen Entwicklungshilfe aus der VR China
1961	159,4	123,3	Wirtschaftsreadjustierung durch die Fraktion Liu Shao-Qis
1962	156,4	124,5	
1963	162,5	61,3	Kontakt zwischen der BRD und der VR China in Bern
1964	206,9	101,9	Verhandlung des neuen Handelsabkommens
1965	290,9	316,0	Beginn der Intervention der USA im Vietnamkrieg, Scheitern des zweiten Handelsabkommens; „3.-Front-Strategie“
1966	370,1	517,7	Anfang der Kulturrevolution
1967	306,2	826,1	
1968	341,2	696,5	
1969	344,1	617,7	Ussuri-Konflikt zwischen der UdSSR und der VR China; Entspannungspolitik
1970	308,6	612,1	Abschließung des deutsch-sowjetischen Vertrags
1971	330,3	482,2	Pingpong-Diplomatie; Kissingers Besuch in China; Beitritt der VR China in die UNO
1972	342,2	532,4	Nixons Besuch in China; Ratifizierung der Ostverträge; Normalisierung der politischen Beziehungen zwischen der BRD und der VR China; neues Handelsabkommen

1 Quelle: Statistische Jahrbücher für die Bundesrepublik Deutschland 1950-1980.

https://doi.org/10.1515/9783111245805-009

Ein- und Ausfuhr der BRD aus der/in die VR China (in Mio. DM)			
	Einfuhr	**Ausfuhr**	**Politische Ereignisse**
1950	K.A.	K.A.	Verschärfung des amerikanischen Handelsembargos wegen des Koreakriegs
1973	396,9	815,2	Die Reise der ersten offiziellen deutschen Wirtschaftsdelegation in die VR China; Unterzeichnung des ersten offiziellen Handelsvertrags; Wirtschaftsregulierung von Zhou und Deng in China; Zusammenbruch des Bretton Woods Systems; Liberalisierung der Einfuhr aus China
1974	496,7	1082,3	Kritikkampagne gegen Konfuzius und Lin Biao
1975	553,4	1292,5	
1976	681,3	1578,0	Maos Tod; Ende der Kulturrevolution
1977	665,5	1158,7	Chinesische „Ordnung aus dem Chaos“
1978	734,2,3	1989,5	Anfang der chinesischen Reform- und Öffnungspolitik
1979	975,5	2734,4	
1980	1467,0	2078,4	

Index

https://doi.org/10.1515/9783111245805-010

www.ingramcontent.com/pod-product-compliance
Lightning Source LLC
LaVergne TN
LVHW081352011026
849161LV00013BA/2795